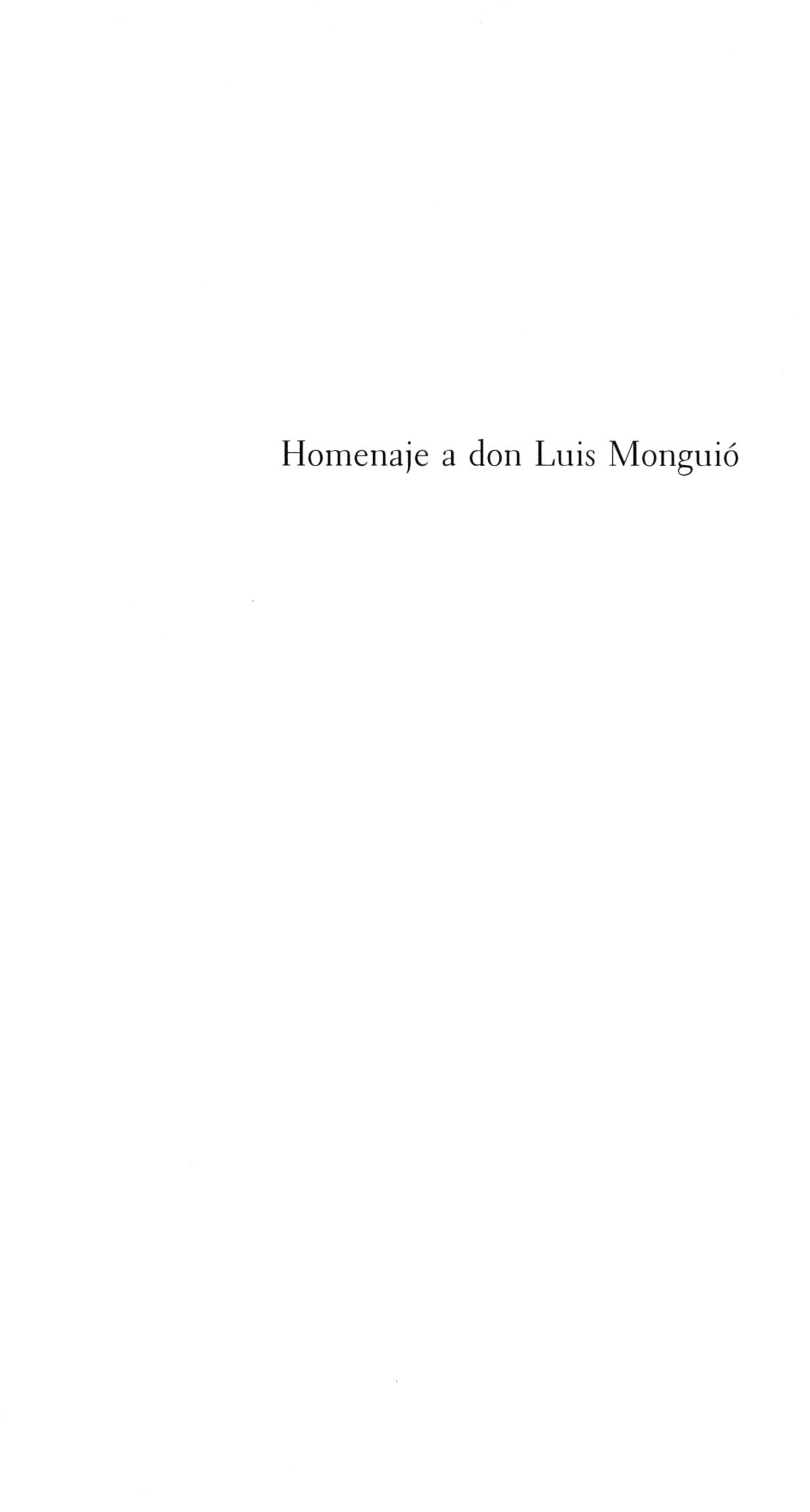

Homenaje a don Luis Monguió

Juan de la Ceusta—Hispanic Monographs

Series: *Homenajes*, N° 13

Homenaje a don Luis Monguió

Edited by
JORDI ALADRO-FONT
University of California, Santa Cruz

Assisted by
DAVID DABACO

Juan de la Cuesta
Newark, Delaware

270 Indian Road
Newark, Delaware 19711
(302) 453-8695
Fax: (302) 453-8601

MANUFACTURED IN THE UNITED STATES OF AMERICA

ISBN: 0-936388-82-X

Luis Monguió

Índice

Proemio
RICARDO RAMOS-TREMOLADA xi

Bibliografía
Compilada por DAVID DABACO xvii

Les Comparances:
element característic de la poesia d' Ausias March
JORDI ALADRO-FONT 1

El lenguaje de *Azul* de Ruben Darío
MANUEL ALVAR 25

Varia Lectio: "El Sur" de Jorge Luis Borges
NICOLÁS EMILIO ÁLVAREZ 45

Caviedes y Sor Juana
GUISEPPE BELLINI 63

La Rosa de Ausonio en Nueva España
EDNA BENÍTEZ 71

Otra Vez Villarroel
WOODROW BORAH 83

Significación Histórico-Literaria de la Poesía de Ausias March
RAFAEL BOSCH 97

Lengua y Paisaje en Riva-Agüero
JAIME CISNEROS 113

Petrarca sin petrarquismo: de Santillana a Boscán
ALICIA COLOMBÍ DE MONGUIÓ 119

El Espejo De Mi Tierra y el costumbrismo en el Perú
JORGE CORNEJO POLAR 145

J.V. Foix o la poesía de vanguardia como actividad peligrosa
MANUEL DURÁN 189

Epistolario Unamuno-Oller
JAMIE FERRÁN 201

La Lozana de Delicado y Alberti
MARISA GARCÍA VERDUGO 209

Problemas de la función histórica en el
género autobiográfico: Descargo de conciencia
(1930-1960) por P. Laín Entralgo
JUAN GILABERT 217

The Antipodal Góngora: Sor Juana in *El Sueño*
JAMES HIGGINS 233

El Tema de la "Yawar Fiesta" en la narrativa peruana del 50
ROBERT TER HORST 247

Ut pictura poesis. La dama ante el espejo: Darío y Watteau
LILY LITVAK 269

El Sistema fonológico en tiempo de Hernán Cortés
JUAN M. LOPE BLANCH 285

Una Creación psicológica de Miró: Don Álvaro Galindo
PACIENCIA ONTAÑÓN DE LOPE BLANCH 297

Garcilaso: prosa ajena y versos propios
ELIAS L. RIVERS 315

Los Cuentos de Juana de Alvaro Cepeda Samudio
RAFAEL SAAVEDRA 323

Flores ocultas de poesía cubana: imágenes fundaciones de una cultura
ELIANA SUÁREZ RIVERO 331

Anton Raphael Mengs in Spanish Literature
JOHN H. R. POLT 351

TABULA GRATULATORIA 375

Agradecimientos

ESPECIAL AGRADECIMIENTO A todos los colaboradores del presente volumen. A John Polt y a Tom Lathrop por sus valiosos consejos y ayuda. Finalmente, nuestra más sincera gratitud a la Embajada Española en Washington D.C. y al Ministerio de Asuntos Exteriores Español por su apoyo económico.

Proemio

RICARDO RAMOS-TREMOLADA

"Sólo se debe escribir sobre lo que se ama"
RENÁN

NO SON ESCASAS LAS memorias que nos unen a Luis Monguió. Ello explica, desocupado lector, este homenaje y esta nota personal que lo presenta.

Obligado es, en primer lugar, comenzar por el final, y con ello aludimos a las sinceras disculpas que debemos a los colaboradores de este libro por el largo tiempo que ha significado la edición del mismo. La inexperiencia tiene, por lo general, un alto precio, y éste es uno de esos casos. Ha transcurrido mucho tiempo desde aquel lejano encuentro que tuve con Jordi Aladro en 1994, en Washington, donde decidimos iniciar este homenaje a don Luis como reconocimiento a esa entrañable relación intelectual que con él habíamos adquirido en nuestros años de estudiantes en la Universidad de New York, en Albany, y con ocasión de haberse celebrado recientemente su 85 aniversario de nacimiento. Vivíamos aún la resaca de nuestros años de estudiantes graduados. No hacía mucho que el primero había concluido su doctorado en SUNY Albany y ya había comenzado a enseñar en UC Santa Cruz, mientras que el segundo había terminado un MA en SUNY Albany y había emprendido entonces sus estudios de doctorado en Georgetown University. Ingenuamente pensamos que nuestro entusiasmo sería más que suficiente para la consecución de este proyecto. Desconocíamos entonces ese sinfín de avatares editoriales que luego habrían de atrasar, una y otra vez y muy a nuestro pesar, la salida del libro que tiene usted, finalmente, entre manos.

Hechas ya las disculpas del caso, pasamos ahora al tema que nos convoca: don Luis Monguió.

Lo conocimos en un lugar de New York cuyo nombre, a pesar del tiempo transcurrido, no resiste el olvido. Entonces, por el año de 1988, concluía él su etapa de Profesor Visitante en la Universidad del Estado de New York, en Albany. Dicha estación, no obstante, era una de las últimas de una larga y admirable carrera profesional. Sabíamos que su paso por UC Berkeley había hecho historia entre los hispanistas del medio académico norteamericano. Bajo su dirección, precisamente, el departamento de español de Berkeley había alcanzado a ser considerado como "el mejor de los Estados Unidos," y su generación—de la que, entre otros, formaban parte José Montesinos, Antonio Rodriguez Moñino y Edwin S. Morby—había formado a no pocos de los mejores hispanistas del medio. Conocíamos, además, algunos de sus mejores aportes académicos. Uno de nosotros, por razones de origen y de gustos, estaba entrañablemente unido a quien había sido tema de estudio de Luis Monguió por muchísimos años: César Vallejo. Encontrar entonces a quien, de alguna manera, había iniciado internacionalmente el estudio crítico del poeta peruano, no era poca cosa. Encontrarlo, además, siempre dispuesto a escuchar y a ofrecer su consejo, con esa generosidad y modestia que no era, lamentablemente, común a muchos de sus colegas jóvenes, habría de ser para nosotros una experiencia indeleble.

Su fundador ensayo sobre el poeta peruano, *César Vallejo. Vida y obra. Bibliografía y antología*, data de 1950. Dicho trabajo, considerado en 1951 como "la monografía del año" por el *Handbook of Latin American Studies*, ha servido de pauta a muchos de los posteriores estudios críticos sobre Vallejo. A dicho ensayo le seguiría otro no menos importante, el mismo que habría de confirmar la rigurosidad crítica de Monguió. Nos referimos a *La poesía posmodernista peruana*, publicado en 1954. Dicho estudio, al hacer hincapié en el período que va del modernismo a la vanguardia, no hacía sino explicar el surgimiento en el Perú de un poeta como Vallejo, y, acaso sin proponérselo, de un libro como *Trilce*, ese gran poemario de Vallejo que hasta hoy sigue siendo un misterio para no pocos críticos. Desde su publicación, el trabajo de Monguió mereció reconocimiento de la crítica. Manuel Olguín, en *Journal of Aesthetics and Art Criticism*, decía en 1955 lo siguiente:.".. a warm, witty, direct language and a most intelligent and sensitive handling of modern techniques of criticism. In short, his book sets a first class model for future studies in contemporary Latin American poetry." Bernardo Gicovate, en *Comparative Literature*, decía en el mismo año lo siguiente:."...el método de este libro debería ser modelo de trabajos académicos. El autor ha distinguido períodos y tendencias con la sencillez de una inteligencia serena. Todo aquí está encajado en su lugar, visto con equilibrio de historiador y sensibilidad de crítico."

Los posteriores trabajos de Monguió confirmarían su demostrado talento. En 1958 publicará sus *Estudios sobre literatura hispanoamericana y española*, colección de ensayos previamente publicados en revistas, con los cuales demostraba Monguió que no estaba entre sus planes encasillarse en el estudio crítico de un sólo autor: Jaimes Freyre, Fontefrida, Rubén Darío, Eduardo Barrios, Ricardo Palma, y tantos otros, merecieron la atención crítica de Monguió, y son, según la modesta opinión de su autor, "piedrecitas" que quiere él aportar "a la obra colectiva del estudio de la literatura española e hispanoamericana." Y como decía Mejía Sánchez, "la recopilación de estos estudios pone de manifiesto la amplitud de las preocupaciones y los temas conocidos por Monguió, así como la seguridad y buen método con que los expone y desarrolla" (*Nueva Revista de Filología Hispánica*, XIII, 1959, 398)

Sin dejar de mencionar su estudio sobre Enrique Garcés, el siguiente trabajo importante de Monguió será *Don José Joaquín de Mora y el Perú del Ochocientos*, publicado en 1967. La aceptación crítica del mismo parece haber sido unánime. Guillermo Lohman Villena, en la *Revista Internacional de Bibliografía*, XX:2, decía lo siguiente: "No abundan los libros de los cuales sólo con elogios se puede hablar. Del presente cabe señalar, con satisfacción, que en él acredita su autor una vez más dos notas que merecen relevarse de entrada: su irreprochable método de investigación, riguroso y científico a carta cabal, y su profunda cultura literaria, que no se reduce al estricto ámbito de esta disciplina sino que cubre amplios conocimientos sobre áreas colindantes, tales como las corrientes estéticas, los principios filosóficos, las ideologías políticas, etc... Resulta a la verdad sumamente comprometido resumir dentro de una sucinta reseña el contenido denso y minucioso de un libro que desborda de datos nuevos y desconocidos y en cuyo texto se aprietan las informaciones de primera mano." Otro crítico peruano, Augusto Tamayo Vargas, opinaba lo siguiente: "Luis Monguió nos tiene acostumbrados a sus trabajos eruditos sobre el Perú.... Ahora nos ofrece de cuerpo entero la personalidad política, educacional y literaria de José Joaquín de Mora, español con sólo unos cuantos años de residencia en el Perú y Alto Perú, pero con decisiva importancia en el ambiente político y en la literatura peruana y boliviana... Creo que a la lectura de este enjundioso, severo, minucioso trabajo sobre Mora se cumplirá la esperanza del autor de que surja documentada pero palpitante la imagen activa, actuante, de Mora en la vida del Perú del siglo pasado."

Ese, en pocas líneas y prescindiendo de otros trabajos no menos importantes, es el Luis Monguió docente, cuyo bien merecido prestigio académico es por todos reconocido. Valgan ahora unas breves palabras sobre la faceta humana de don Luis, acaso principal estímulo del presente homenaje.

En Albany aprendimos a valorar esas cualidades de don Luis que trascienden los límites del texto, y que marcaron en nosotros una huella muy especial. Nuestra posterior confrontación del dantesco mundo académico actual, ya desde la docencia universitaria, nos haría apreciar mucho más la labor de Luis Monguió, cuyo ejemplar ejercicio lo había convertido en uno de los últimos humanistas del medio, en el original sentido del término. En Albany, a pesar de haberse ya formalmente retirado, una y mil veces, de la docencia universitaria, don Luis siguió ejerciéndola fuera de las aulas, sino era en una de las muchas ocasiones en que Alicia Colombí tenía a bien invitarlo a una de sus inolvidables clases, y entonces nos tocaba en suerte tenerlo al lado, siempre atento y siempre dispuesto a contribuir al debate intelectual al que Alicia sutilmente nos orientaba, con la información y las fuentes precisas del caso, ávido como pocos, y con el mismo entusiasmo estudiantil de muchos de nosotros. Fuera de las aulas, sin embargo, era ciertamente más fácil aproximarse a él. Solía pasear por los pasillos del campus ese espíritu humanista que siempre lo ha distinguido entre sus pares, y bastaba una mera inquietud intelectual para que él ofreciera, con ilimitado desinterés, su tiempo y sus conocimientos, para escuchar con atención, para corregir, para sugerir, para opinar, en fin, para establecer un diálogo que sin duda habría de servir de estímulo a quien supiera realmente valorarlo. Es que acercarse a don Luis era, de alguna manera, como gozar del placer que genera la lectura de un buen libro. Ameno, encantador, pero siempre riguroso hasta la médula.

Así fue como lo conocimos, siempre dispuesto al diálogo y nunca reacio a compartir sus conocimientos. Luego no nos habría de hacer falta mucho ingenio para constatar que, en un mundo ya infestado de ininteligibles monólogos, quedaban muy pocos maestros como don Luis.

Cuando dejamos Albany lo llevamos con nosotros. Creo que ya es un tatuaje indeleble en nosotros. La distancia nos habría de deparar algo más bello aún: su amistad. Esa amistad, tan llena de epístolas como de buen jerez, nos ha ayudado a mantener viva nuestra pasión por la literatura. Después de todo, no deja de ser paradójico el hecho de haber sabido solidificar esa pasión gracias a un hombre tan siglo XVIII como don Luis.

El presente homenaje es deudor de esa pasión aprendida, y pretende ser una mera constancia de la deuda humana e intelectual que tenemos con Luis Monguió.

Bibliografía de Luis Monguió

1941

Monguió, Luis. "Spanish-American Literature." *Britannica Book of the Year, March of Events of 1940*. Chicago: Encyclopaedia Britannica, Inc., 1941 (629-630).

1942

———. "Spanish-American Literature," *Britannica Book of the Year, March of Events of 1941*. Chicago: Encyclopaedia Britannica, Inc., 1942 (619-620).

1943

———. "Spanish-American Literature," *Britannica Book of the Year, March of Events of 1942*. Chicago: Encyclopaedia Britannica, Inc., 1943 (654-655).

———. "Sobre la caracterización del modernismo," *Revista Iberoamericana*. VII, 13 (November 1943): 69-80.

1944

———. "Spanish-American Literature," 1944, *Britannica Book of the Year, March of Events of 1943*. Chicago: Encyclopaedia Britannica, Inc., 1943 (655-656).

———. "Fortuna lexicográfica de barroco," *Revista de Indias*. 2a Epoca, 61 (enero 1944): 421-435.

———. "Recordatorio de Ricardo Jaimes Freyre," *Revista Iberoamericana*. VII, 15 (mayo 1944), 121-133.

———. "El corrido mexicano como canto de libertad," *Atenea*. LXXVI, 228-229 (junio - julio 1944): 248-283.

———. *Lector hispanoamericano*. en colaboración con Arturo Torres-Rioseco. Boston: D.C. Heath and Co., Publishers, 1944 (IX+158).

1946

———. "Un rastro del romance de Fontefrida en la poesía gauchesca." *Revista Iberoamericana*. X, 20 (marzo 1946): 49-54.

———. "Manuel Díaz Rodríguez y el conflicto entre lo práctico y lo ideal." *Revista Iberoamericana*. XI, 21 (junio 1946): 49-54.

———. "Poetas postmodernistas mexicanos." *Revista Hispánica Moderna*. XII, 3 (julio - octubre 1946): 239-266.

1947

———. "Death and Poetry, Spain 1936-1939." *Pacific*. II, 3 (abril 1947): 34-43.

1948

———."Voice of Mexico: The Corrido." *The Pacific Spectator*. II, 1 (invierno 1948): 98-106.

———. Reseña de: Carmen Laforet. *Nada*. 5a ed. *La Nueva Democracia*, XXVIII, 3 (julio 1948): 98-100.

———. "Lust for Riches. A Spanish Nineteenth Century Novel of the Gold Rush, and its Sources." *California Historical Society Quaterly*. XXVII, 3 (setiembre 1948): 237-248.

———. "Come, Gone, and Reviewed, Yes, The People, Yes." *Mills College Weekly*. XXXII, 7 (12 noviembre 1948): 1.

1949

———. Reseña de: Jorge Icaza, *Huairapamushcas*. *Occidental, An International Review of Books and Literature*. I, 3 (marzo 1949): 18-20.

———. Reseña de: Enrique Larreta, *La Naranja*. *Occidental*. I, 6 (junio 1949): 29-30.

———. "Contribución a la cronología de barroco y barroquismo en España." *PMLA*. LXIV, 5 (diciembre 1949): 1227-1231.

1950

———. Reseña de: Francisco Luis Bernárdez, *El Angel de la Guarda*. *Revista Iberoamericana*. XVI, 31 (julio 1950): 190-192.

———. "César Vallejo (1892-1938); Vida y obra; Bibliografía; Antología." *Revista Hispánica Moderna*. XVI, 1-4 (enero-diciembre 1950): 1-98, 192-228.

———. ed. *César Vallejo (1892-1938). Vida y obra. Bibliografía. Antología*. Autores Modernos. 19. Nueva York: Hispanic Institute in the United States, 1952.

———. ed. *César Vallejo*. Lima: Editora Perú Nuevo, 1960.

1951

———. "Fortunate, Proposal." *Mills College Weekly*. XXXIV, 20 (12 abril 1951): 3-4.

———. "Crematística de los novelistas españoles del siglo XIX." *Revista Hispánica Moderna*. XVII, 1-4 (enero-diciembre 1951): 111-127.

1952

———. "La modalidad peruana del modernismo." *Revista Iberoamericana*. XVII, 34 (enero 1952): 225-242.

———. "The Social Status of the Spanish Novelists in the Nineteenth Century." *The Journal of Aesthetics and Art Criticism*. X, 3 (marzo 1952): 264-272.

———. Reseña de: Elisa Villanueva Teixeira *La poesía de César Vallejo*. *Mar del Sur*. 19 (marzo-abril 1952): 96-100.

———. "Reflexiones sobre un aspecto de la novela hispanoamericana actual." *La novela iberoamericana*. ed. Arturo Torres-Rioseco. Albuquerque: The University of New Mexico Press, 1952 (89-104).

1953

———. "El agotamiento del modernismo en la poesía peruana." *Revista Iberoamericana*. XVIII, 36 (setiembre 1953): 227-267.

———. "Las estéticas nativistas en la poesía peruana reciente." *Revista Ibérica*. I, 1 (setiembre 1953): 25-37.

———. "Notícula sobre la poesía de Martín Adán," *Azul, Revista Literaria de América*. I, 1 (diciembre 1953): 123-129.

1954

———. "Traduttore, Traditore." *Number, a Magazine of Modern Poetry*. I, 4 (mayo 1954): 29-31.

———. *La poesía postmodernista peruana*. Berkeley and Los Angeles: University of California Press; y Mexico: Colección Tierra Firme 57, Fondo de Cultura Económica, 1954.

———. "Respuesta por el Lic. Luis Monguió, Mills College, Presidente del Instituto, al discurso de bienvenida del señor Recator." *Sexto Congreso del Instituto Internacional de Literatura Iberoamericana*. México: Imprenta Universitaria, 1954 (21-25).

———. Reseña de: Jorge Carrera Andrade. *Familia de la noche*. 2a ed. *Revista Iberoamericana*. XIX, 38 (setiembre 1954): 373-376.

1955

———. Reseña de: Ralph E. Warner. *Historia de la novela mexicana en el siglo XIX*. *Hispanic Review*. XXIII, 2 (abril 1955): 149-151.

———. "El origen de unos verses de 'A Roosevelt.'" *Hispania*. XXXVIII, 4 (diciembre 1955): 424-426.

1956

———. "Sobre un milagro en Meléndez, Palma y Barrios." *Revista Hispánica Moderna*. XXII, 1 (enero 1956): 1-11.

———. Resena de: Miledda C. D'Arrigo. *Gerardo Diego il poeta di Verses humanos. Revista Hispánica Moderna*. XXII, 3-4 (julio-octubre 1956): 316-317.

1957

———. Reseña de: Manuel Pedro González. *José María de Heredia, primogénito del romanficismo hispánico. Hispanic Review*. XXV, 2 (abril 1957): 148-150.

———. "Advertencia preliminar." y edición de *La cultura y la literatura iberoamericanas*. Memoria del VII Congreso del Instituto Internacional de Literatura Iberoamericana, 1955. Berkeley and Los Angeles: University of Califomia Press, 1957.

———. "El concepto de poesía en algunos poetas hispanoamericanos representativos." *Revista Hispánica Moderna*. XXIII, 2 (abril 1957): 109-132.

———. Reseña de: Carlos García-Prada. *Poetas modernistas hispanoamericanos Antología. Revista Iberoamericana*. XXII, 43 (enero-junio 1957): 162-164.

———. "A Decade of Spanish American Prose Writing." *Hispania*. XL, 3 (setiembre 1957): 287-289.

———. Reseña de: Emilio Orozco Díaz. *Temas del Barroco en poesía y pintura. The Journal of Aesthetics and Art Criticism*. XVI, 2 (diciembre 1957): 276-277.

———. "El negro en algunos poetas españoles y americanos anteriores a 1800." *Revista Iberoamericana*. XXII, 44 (julio-diciembre 1957): 245-259.

———. "Don Manuel José Quintana y su oda 'A la Expedición Española para propagar la vacuna en América.'" *Boletín del Instituto Riva-Agüero*. 3 (1956-1957): 175-184.

1958

———. *Estudios sobre literatura hispanoamericana y española*. México: Colección Studium, 20, Ediciones De Andrea, 1958.

———. Reseña de: Alejandro Romualdo y Sebastián Salazar Bondy, eds. *Antología general de la poesía peruana. Hispanic American Historical Review*. XXVIII, 3 (agosto 1958): 427-428.

1960
———. "The Poetry of Rafael Alberti." *Hispania*. XLIII, 2 (mayo 1960): 158-168.
———. *Sobre un escritor elogiado por Cervantes. Los verses del perulero Enrique Garcés y sus amigos*. Modern Philology. 58. Berkeley and Los Angeles: University of California Press, 1960).
———. Reseña de: Arturo Torres-Rioseco. *Madurez de la muerte*. *Nivel, Gaceta de cultura*. 22 (25 octubre 1960): 5.
———. Reseña de: Emilio Carilla. *El Romanticismo en la América hispánica*. *Revista Iberoamericana*. XXV, 50 (julio-diciembre 1960): 358-359.
———. "Optimismo o pesimismo en la evaluación de la historia de América: Las opiniones de algunos poetas hispanoamericanos." *Revista de la Casa de la Cultura Ecuatoriano*. XII, 22 (enero-diciembre 1960): 82-97.
1961
———. Reseña de Lowell Durham. *Manuel Díaz Rodríguez, Vida y obra*. y John S. Brushwood y Tosé Rojas Carcidueñas. *Breve historia de la novela mexicana*. *Hispanic Review*. XXIX, 1 (enero 1961): 73- 75.
———. "Nationalism and Social Discontent as Reflected in Spanish-American Literature." *The Annals of fhe American Academy of Political and Social Science*. CCIV [Latin America's Nationalistic Revolutions] (Marzo 1961): 63-73.
———. "La controversia literaria sobre 'Las Ruinas de Pachacámac' Lima, 1822." *Revista Iberoamericana*. XXVI, 51 (enero-junio 1961): 81-110.
———. Introduction. *Selected Poems of Pablo Neruda*. ed. and trans. Ben Belitt. New York: Grove Press, Inc., 1961 (7-29).
———. "Dos olvidadas cartas de Unamuno, con un poema inacabado." *Revista Hispánica Moderna*. XXVII, 3-4 (julio-octubre 1961): 373-380.
———. "Fray Diego Tadeo González and Spanish Taste in Poetry in the Eighteenth Century." *The Romanic Review*. LII, 4 (diciembre 1961): 241-260.
1962
———. "De la problemática del modernismo: La Crítica y el 'cosmopolitismo.'" *Revista Iberoamericana*. XXVIII, 53 (enero-junio 1962): 75-86.
———. "Una constante de la poesía de Pablo Neruda." *Norte, Revista Hispánica de Amsterdam*. III, 1 (setiembre 1962) 1-2.

———. "Colombian Literature in the Twentieth Century." *The Caribbean: Contemporary Colombia*. ed. A. Curris Wilgus. Gainesville: University of Florida Press, 1962 (214-226).

———. "Una nota sobre petrarquismo en el Perú del siglo XVI." *Memoria del Noveno Congreso del Instituto Internacional de Literatura Iberoamericana, 1959: Influencias extranjeras en la Literatura iberoamericana y otros temas*. México: Editorial Cultura, 1962 (175-188).

1964

———. "'Aquel fecundo autor de arlequinadas...,"' *Revista Hispánica Moderna*. XXX, 1 (enero, 1964): 1-11.

———. "Las tres primeras reseñas londinenses de 1826 de La Victoria de Junín." *Revista Iberoamericana*. XXX, 58 (julio-diciembre 1964): 225-237.

———. Reseña de: Guillermo Díaz Plaja. *El estudio de la literatura (Los métodos históricos)*. *Hispania*. XLVIIP (diciembre 1964): 873.

1965

———. "Catalan Poetry." *Encyclopedia of Poetry and Poetics*. ed. Alex Preminger. Princeton: Princeton University Press, 1965 (104-106).

———. "Don José Joaquín de Mora en Buenos Aires en 1827." *Homenaje a Angel del Río (1901-1962)*. Revista Hispánica Moderna XXI, 1-4 (enero-octubre 1965): 303-328.

1966

———. "The Poetry of Rafael Alberti: An Introduction." *Rafael Alberti: Selected Poems*. ed. and trans. by Ben Belitt. Berkeley and Los Angeles: University of California Press, 1966 (1-34).

———. "M. E. de Gorostiza, director de periódicos en Madrid, 1820-1821." *Homenaje a Rodríguez-Moñino: Estudios de erudición que le ofrecen sus amigos o discípulos hispanistas norteamericanos*. Madrid: Editorial Castalia, 1966 (I, 413-427).

———. "Una reseña parisina de 1826 de La Victoria de Junin." *Les Langues Neo-Latines*. LX: ii, 177 (junio-julio 1966): 15-22.

———. Reseña de: Alberto Escobar. ed., *Antología de la poesía peruana*. *Hispania*, XLIV, 4 (diciembre 1966): 897-898.

———. "Prólogo inútil." a Augusto Tamayo Vargas. *Nuevamente poesía*. (Buenos Aires, 1966): 7-8.

1967

———. "Para la historia de las ideas estéticas en el Perú: Noticia del Aguinaldo para el año de 1834," *Cahiers du Monde Hispanique et Luso-Brésilien (Caravelle)*. Actes du Colloque sur Littérature et histoire du Pérou. 4-6 Novembre 1965: Deuxième Partie, Toulouse. 8 (Julllet 1967): 9-30.

———. *Don José Joaquín de Mora y el Perú del Ochocientos*. Berkeley and Los Angeles: University of California Press; y Madrid: Editorial Castalia [Biblioteca de Erudición y Critica, IX], 1967.

———. "El 'loco' Quirós, Merino Ballesteros y don Manuel José Quintana," *Libro de Homenaje a Luis Alberto Sánchez en las 40 años de su docencia universitaria*. (1967 y 1968): 321-339.

1968

———. "En torno a 'El reino interior,' de Ruben Dario." *Homenaje a Federico de Onis*. Revista Hispánica Moderna. XXXIV, 3-4 (julio-octubre 1968): 721-728.

1969

———. Reseña de: Juan Loveluck, comp., *Diez estudios sobre Rubén Darío*. *Hispania*. LII, 2 (mayo 1969): 337.

1971

———. "'Las Luces' and the Enlightenment in Spanish America," *The Iberoamericâ Enlightenment*. ed, by A. Owen Albridge. Urban: University of Illinois Press, 1971 (211-233).

———. Reseña de: Solita Salinas de Marichal. *El mundo poético de Rafael Alberti*. *Modern Philology*. LXIX, I (agosto 1971): 94-95.

1972

———. "Una desconocida novela hispano-peruana sobre la guerra del Pacifico." *Revista Hispánica Moderna*. XXXV,3 (enero-abril 1969 [i.e., Marzo 1972]): 248-254.

———. Reseña de: Jefferson Pea Spell. *Bridging the Gap: Articles an Mexican Literature*. ed. Lotta M. Spell. *Hispanic American Historical Review*. LII, 2 (mayo 1972): 325-326.

———. Reseña de: Carlos Garcia Prada. *La copla errante en tierras colombianas*. *Nivel, Caceta de Cultura*. 161 (31 Agosto 1972): 4-67.

———. "Kingdom of this Earth: the Poetry of Pablo Neruda." *Latin American Literary Review*. I,1 (otoño 1972): 13-24.

———. *Notas y estudios de literatura peruana y americana*. Introducción de Alfredo A. Roggiano. Biblioteca del Nuevo Mundo, 6. Mexico: Editorial Libros de México, 1972.

1973

———. Reseña de: Ricardo Gullón. ed., *Rubén Darío, Sus mejores páginas. The Modern Languages Journal*. LVII, 1-2 (enero-febrero 1973): 72.

———. "Sobre 'A un Amigo, en el nacimiento de su primogénito,' de Olmedo." *Kentucky Romance Quarterly*. XX,I (1973): 19-30.

———. "La Poesía y la Independencia, Perú 1808-1825." *Literatura de la Emancipación Hispanoamericana y otros ensayos*. Memoria del XV Congreso del Instituto Internacional de Literatura Iberoamericana, 2a sesión en Lima, 9-14 de agosto de 1971. Lima: Dirección Universitaria de Bibliotecas y Publicaciones, 1972 i.e. 1973]): 7-15.

———. Introducción, edición, notas e índices. *Poesías de don Felipe Pardo y Aliaga*. Modern Philology, 107. Berkeley-Los Angeles-London: University of California Press, 1973.

———. "José F. Montesinos (1897-1972)." *Revista Hispánica Moderna*. XXXVI, 3 (1970-71 [i.e., Noviembre 1973]): 146-149.

1974

———. "La metafísica de Cesar Vallejo." *Far-Western Forum*. I,1 (Febrero 1974): 35-45.

———. "Un humorista trashumante del Ochocientos." *La Literatura Iberoamericana del siglo XIX*. Memoria del XV Congreso [del Instituto] Internacional de Literatura Iberoamericana, Universidad de Arizona, 21-24 de enero de 1971 (1974): 257-266.

———. "Sobre la 'Canci6n indiana' de Olmedo," *Estudios de literatura hispanoamericana en honor de José J. Arrom*. eds. Andrew P. Debicki y Enrique Pupo-Walker. Chapel Hill: University of North Carolina Department of Romance Languages, 1974 (71-86).

1975

———. "Una biblioteca obrera madrileña en 1912-1913." *Bulletin Hispanique, Burdeos*, LXXVII, 1-2 (enero-junio 1975): 154-173.

1976

———. "José F. Montesinos Papers." *Bancroftiana*. 64 (mayo 1976): 7.

———. "Polémica Palma-Perillán Buxó, Lima, 1878." *Kentucky Romance Quarterly*. XXIII, 3 (1976): 377-389.

1977
———. Reseña de: Juan Avalle-Arce, ed., *Las Memorias de Gonzalo Fernández de Oviedo. Hispanic Review*. XLV, 1(invierno 1977): 83-85.
1978
———. "Palabras e ideas: 'Patria' y 'Nación' en el Virreinato del Perú," *Revista Iberoamericana*. XLIV, 104-105 (junio-diciembre 1978): 451-470.
———. "Un vanguardista peruano: Carlos Oquendo de Amat." *Homenaje a Luis Leal. Estudios sobre literatura hispanoamericana*, eds. Bleznick y Valencia. Madrid: Insula, 1978 (203-214).
1979
———. "*Trilce* en su tiempo." *Insula*. XXXIV, 386-387 (enero-febrero 1979): 1 & 17.
———. "Rafael Alberti: Poetry and Painting." *Critica Hispánica*. I,1 (1979): 75-85.
———. "El 'Mercurio Peruano' (1791-95) y el indio." *Les Cultures Iberiques en devenir. Essais publiés en hommage á la mémoire de Marcel Bataillon (1895-1977)*. Paris: Fondation Singer-Polignac, 1979 (593-600).
1980
———. Reseña de: Daniel Eisenberg, "Poeta en Nueva York": *Historia y problemas de un texto de Lorca. Nueva Revista de Filología Hispánica*. XXIX, I (1980) 236-237.
1981
———. Reseña de: Nicolas Emilio Alvarez. *La obra literaria de Jorge Mañach. Kentucky Romance Quarterly*. XXVIII, 2 (1981): 209-211.
1982
———. "De Darío y Jiménez (un autógrafo fechado y algunas anotaciones)." *Studies in Honor of José Rubia Barcia*. eds. Roberta Johnson and Paul C. Smith. Lincoln: Society of Spanish and Spanish-American Studies, 1982 (109-113).
1983
———. "Compañía para Sor Juana: Mujeres cultas en el virreinato del Perú." *University of Dayton Review*. XVI, 2 (1983): 45-52.
1984
———. Prólogo. *La Poesía de Ernesto Cardenal: Cristianismo y Revolución*. Eduardo Urdanivia. Lima: Latinoamericana Editores, 1984 (9-10).
1985
———. "La Ilustración peruana y el indio." *America Indígena*. XLV, 2 (abril-junio 1985): 343-355.

1986

———. Reseña de: John Walker. *Metaphysics and Aesthetics in the Works of Eduardo Barrios*. *Hispanic Review*. L~V, 2 (primavera 1986): 244-245.

———. "Un periodista en verse en el Río de la Plata, 1874-75." *Actas del VIII Congreso de la Asociación Internacional de Hispanistas (1983)*. Madrid: Ediciones Istmo, 1986 (II, 333-334).

———. "Reconsideración del modernismo hispanoamericano." *Anuario de Letras*. XXIV (1986): 261-280.

1987

———. Reseña de: Daniel R. Reedy, ed. *Juan del Valle y Caviedes. Obra Completa*. No. 107, 19 & 1). *Ariel*. 4 (primavera 1987): 54-56.

———. "El teatro de Eloy Penllán Buxó en Lima, 1877-1881: De la zarzuela al drama de guerra," *Philologica Hispaniensia in honorem Manuel Alvar*. IV Madrid: Editonal Gredos, 1987 (267-277).

1988

———. "César Vallejo. Aniversario." *Cuadernos Hispanoamericanos*. No. 454-455 (abril-mayo 1988): 481-485.

———. "Giose Rimanelli, the American Writer." *Misure Critiche*. 65-67 (octubre 1987-junio 1988): 159-161.

———. "Las lecturas de un novelista del México virreinal." *Anuario de Letras*. XXVI (1988): 137-161.

1989

———. con Colombí-Monguió, Alicia. Reseña de: *Cancionero de Pedro de Rojas*. eds. J.J. Labrador, R. DiFranco, T. Cachero. *Journal of Hispanic Philology*. XIII, 2 (1989): 155-157.

———. Reseña de: Sonja Karsen. *Ensayos de historia y literatura iberoamericanas. Essays on Iberoamerican Literature and History*. *Revista Hispánica Moderna*. 2a Epoca, XLIII (junio 1990): 142-143.

———. "José Durand (1925-1990)." *Hispania*. 73:4 (diciembre 1990): 1049-1051.

1991

———. "José Durand (1925-1990)." *Revista Iberoamericana*. 155-156 (agosto-setiembre 1991): 681-684.

1992

———. and Faulhaber, Charles. "José Durand (1925-1990)." *University of California, In Memoriam, 1991*. (1992): 53-56.

———. "Vallejo desde un poema; *Trilce* XXXI." *Lienzo*. 13. (diciembre 1992): 69-75; y en *Vallejo y su obra, Actas del Coloquio internacional, Universidad de Lima, agosto 25-28 de 1992*. Tomo I (1994) 145-149.

———. "El 'noucientos' de Eugenio d' Ors y la revista *Novecientos*, Lima, 1924." *Scripta Philologica in Honrem Juan M. Lope Blanch*. Vol. III (1992): 345-350.

1993

———. "Vallejo: el otro, él mismo." *Encuentro con Vallejo, Coloquio internacional en el centenario de Vallejo, 1892-1992*. (1993): 11-15.

———. y Colombí-Monguió, Alicia. "José Durand (1925-1990)." *Homenaje a José Durand*. ed. Luis Cortest. Madrid: Editorial Verbum, 1993 (11-15).

Les Comparances: element característic de la poesia d'Ausias March

JORDI ALADRO

Introducció

ENCARA QUE "AB mi no.s pot comparar hom vivent" (LXII)[1], Ausias March, el millor poeta europeu del segle XV (amb perdò de François Villon), sí es compara amb tot i amb tothom. El fet que trobem mes comparances, en la seva forma extensa, en la obra d'Ausias March que en tot el *corpus* de la lírica trobadoresca ens indica l'importànca en que el poeta valencià tenía aquest recurs literari. L'idea d'aquest treball sorgeix davant la varietat referencial de què Ausias March fa ús en el camp de les semblances entre el seu jo i el món que l'envolta, la qual cosa implica un punt de contacte entre ambdós temes comparats, una analogia. Però no esperem, com s'esdevé en els trobadors, comparacions suggerides per la primavera, la bellesa de la lluna o per un mar tranquil. Els elements de les comparacions d'Ausias March, com diu Martí de Riquer, són "aspres, ferrenys, tèrbols i fins i tot macabres, fins a tal punt que ens és llegut de concloure que es tracta d'una actitud literària conscient i deliberada, la qual, altrament, és perfectament adequada al seu tarannà."(549) És a dir, la comparança en Ausias March mai és una retòrica ni variació elegant, ni fàcil recurs estilístic, sino part fonamental del seu procés poètic i humá.

Els termes de les comparacions d'Ausias March uns cops fugen del món de les coses concretes i tangibles i entren en el terreney del sentit figurat, i d'altres, tradueixen experiències abstractes en termes concrets. En qualsevol cas, el lector resta sorprés pel fons profund i hermètic en que es basa la

[1] Per aquest treball he fet servir l'edició de Pere Bohigas. Ausias March. *Poesias*. Barcelona:Editorial Barcino,1952.

comparança. Sembla del tot inversemblat, per exemple, comparar el mar tempestuós amb una cassola al forn: "Bullirà.l mar com la caçola.n forn" XLVI,9. D'aquest procés comparatiu entre dos mons a primer cop d'ull molt llunyans i distants com poden ser l'interior volcànic del poeta amb l'exterior quotidià, monòton i descolorit de la vida casolana, surt un plantejament mític dels tropos o figures de paraules. Tal vegada Ausias March fou el primer que inicià aquest desenvolupament mític-psicològic de la comparació tot i que la seva escola no ha tingut molts seguidors en llengua catalana, llevat de Lluís de Vilarrasa, Lleonard de Sors, Pere Torroella i Romeu Llull, encara que les seves similituds siguin més externes que internes; però la influència d'Ausias March sobre alguns dels poetes més importants del segle XVI en llengua castellana es indubtable: Joan Boscà, Diego Hurtado de Mendoza, Hernando de Acuña, Gutierrez de Cetina, Fernando de Herrera i especialment en Garcilaso de la Vega (cançó IV, elegia II, sonets VI, XIV, XXVII)[2].

El treball present no tracta de fer un catàleg de tota la gamma temàtica de comparacions que Ausias March utilitza sinó de resaltar les més freqüents i més características. Queda així dividit en els següents apartats o capítols: comparances amb malats, comparances amb els condemnats a mort, comparances animalístiques, comparances amb elements naturals i comparances marineres. D'altres han romàs a les tecles: les militars, les religioses, les mitològiques, les de mestre/servent, etc., que en menor quantitat també apareixen al llarg dels poemes.

Aquesta és la premissa de sortida del nostre treball, un estudi temàtic de les comparances més freqüents al llarg de l'obra poètica d'Ausias March, ja que és en les llargues comparacions del poeta valencià on trobem un dels trets més característics de la seva poesia. No es pot arribar a entendre la poesia d'Ausias March sense prestar atenció a l'ús que ell fa de l'analogia. Tantmateix, i com bé diu Robert Archer: "the true *locus* of the simile, as March uses it, is the poem as a whole, not merely the stanza in which it appears. The consequences of this, very often, are not only to enrich and amplify the ostensible meaning of the poem, but alter it."(180)

[2] Martí de Riquer: "Influencia de Ausias March en la lírica castellana de la Edad de Oro" *Revista Nacional de Educación*, I (1941) 49-74.

Comparances amb Malalts i Malalties[3]

El nombre més quantiós de comparances en la poesia d'Ausias March correspon al grup relacionat amb els malalts (l'amant), les malalties (les conseqüencies de l'amor) i els metges (a vegades símbol de l'amada). Totes aquestes analogies ja tenien un fort element simbòlic abans de que les emprara Ausias March. Del buidatge fet al llibre, se'n desprén que hi ha gran referència a les malalties que no pas als altres dos subgrups de metges i malalts.

Les principals comparacions d'aquest grup són les següents: A- Malalts físics; B- Malalts psíquics; C- Malalts de malalties desconegudes; D- Remeis.

A. Dins d'aquest grup de malalts físics tots ells tenen un abast global en la persona afectada que provoca la minva de facultats i impotència en el malalt. Ausias March es compara en alguns casos amb el pacient de la malaltia: el paralític o amb qui pateix de
pleuresia o de poagre:

> Lo viscahí qui.s troba.n Alemanya,
> paralítich,...
> A tal són yo en estrany loch posat, (CI,1,7),
>
> Sí com al hom no li basta poder,
> paralitich,...
> ne pren a mi que faç lo que no.m plau (LXXIV, 9,13)
>
> Semblant me trob al qui alegre canta
> e port. al cors disposició mala,
> que pleuresís o gota.l cors senyala
> e altres mals que.l esmentar espanta; (CXIII,181-184)

L'analogia del poeta amb el cec—sinònim de la passió i dels instints baixos—també es freqüent. Segons Ausias March el cec, que representa la passió cega, recupera la vista de manera momentània i parcial, com si

[3] Altres no estudiades en aquest treball són: LIX,1-4, 25-28; LXXXIII,1-4; C, 37-40; CXIII, 115 18, 149-50,181-88,221-24; CXIX, 71-76

tingués cataracta, quan s'acosta a l'amor honest. També trobem casos en l'obra de March de comparances entre la falta de pràctica del ritual amorós i la pèrdua momentània de la vista, produida per l'hàbit de viure entre tenebres. En aquestes ocasions la comparança és en tercera persona, més distant del jo poètic i, per tant, més impersonal i moralitzadora:

> Lo voler cech del tot ell. illumena,
> mas no en tant que leve.l cataracte, (XCII,35-36)
>
> Sí com se pert lo poder de la vista
> si.l om està longament en tenebres,
> axí.l voler se pert si no executa
> los fets aquells d'on havia costuma. (CXVII, 97-99)

O bé amb la pèrdua dels sentits i del seny:

> Així com pert hom lo veure y l'hoyr,
> e lo poder és perdut de tot seny
> quant son esguart en gran excés ateny,
> - e pot ser tant que.l seny pert lo sentir-,
> així mateix lo qui més delit vol
> que d'hon lo trau, hoc e d'ell, no.s requer, (CXX,17-22)

B. En quant alls rampells psíquics i histèrics, Ausias March també és capaç de comparar-s'hi en certs moments d'ira i dolor existencial amb."..l'hom foll qui.s fir l'ull d'una broca;/ com pus dret fir, sa vista destermena." (C,215-16) i amb "l'orb foll" o amb "l'hom frenètich":

> Sí com l'orb foll, corrent tira la via
> e no sab on sia son dubtós terme,
> e caminant no veu on lo peu ferme,
> trencat va.l coll e fi no consegria; (CXIII, 215-18)
>
> Sí com al hom frenètich l'es molt greu,
> quant a fer mal se vol ésser llevat,
> lo fort ligam que li hauran possat
> y ell mal no sent fins la follia veu,
> ne pren a mi quant só torbat per ira: (LIII,33-37)

Les dues comparances seguents són de tipus més medieval i supersticiós i contradiuen amplament la rigorositat mèdica que descrivia en el grup de les malalties físiques. Així ens mostra l'exotisme d'un home endimoniat:

Semblant a.quell qui ha mal de diable,
e, quant lo pren, Déu no coneix ne honra,
perqu. és d'aquell qui té ses virtuts preses,
e puix, jaquit, torna.n sa coneixença,
quant ser la carn Amor me passiona,
no.m sent rahó ne mal que per ell vinga. (CXVII,89-94)

I fins i tot se'ns presenta en aquella inharmonia dels quatre humors que ens trastoca el tarannà:

Dins lo cors d'om les humors se discorden;
de temps en temps llur poder se transmuda:
en un sols jorn regna malenconia,
n'aquell mateix còlera, sanh e fleuma. (XCIV,17-20)

Aquest casos ens demostren un desequilibri intern que provoca una reacció externa comparable a tot allò que anomenem psicosomàtic i actuen en el poeta desconcertant-lo i fent-lo sentir-se aliè i estrany a ell mateix. Aquest trectament de la follia, i la comparança que fa Ausias March entre el foll i l'amant, està més propera a la sensebilitat d'un Garcilaso o d'un Lope que no pas a la dels trobadors.

C. Potser aquest grup és el més nombrós. El fet de desconèixer la causa de la malaltia, o bé els seus efectes, dóna a la situació comparada un malestar ambigu i vacil.lant que provoca una sensació de perill intuït, d'amenaça que plana sobre l'ànim del poeta sense acabar-se de concretar. Se sap que hi és, el mal, però no se'n sap la causa, i, per tant, no es pot administrar el remei. La comparació amb el mal estrany o desconegut es fa sempre amb el mal d'amor que pateix Ausias March, tòpica comparança basada en l'analogia amor = plaer, desamor = dolor, dolor que pot ser anímic i també físic. I la gràcia d'Ausias March rau precisament en el fet de basar aquest dolor en un símptoma físic, la malaltia, que provoca una incertesa anímica en no poder-ne diagnosticar la seva naturalesa:

Així com és torbat algun bon metge
com del malalt lo mal no pot conèxer,
e veu bon polç e sa vida descréxer,
ab bon cervell, cor, ventrell, melsa, fetge;
dels vuit senyals mortals qu.Ypocràs posa,
no.n veu algú e sa vida s'abreuja; (CXIX,61-66)

Però normalment l'angoixa sentimental i el neguit del poeta són comparats directament amb els del malalt per tal d'abastar més directament i global la situació desesperada que provoquen el dubte i la ignorància de si la correspondència del seu amor és o no certa. La incomprensió i l'astorament del malalt quan, no reconeguts els primers símptomes, se sent atacat inevitablement per un mal mortal i sense remei, serveix al poeta per comparar el virus que està afectant el seu cor: l'amor, amb una subtil malaltia que quan el malalt se n'adona, ja no pot fer-hi res per a remediar-la:

Sí co.l malalt que no.ntén los senyals
del accident e pensa qu. està bé,
e veu pulguó que prestament li ve,
o àls pejor que.l descobre sos mals,
ne pren a me com amar ja no cuyt
per ignorar lo que dins Amor port,
e veig senyal cert d'amor com la mort,
que lo meu cor de amar no sta buyt. (CII,177-184)

També trobem en Ausias March la similitud entre mal d'amor i un mal físic desconegut que es configura, per tant, com una possible amenaça de mort:

Sí co.l malalt que la causa ignora
del accident, e no sap lo que.l mata,
vehent tot si que per dolor esclata,
e semblant mal no sentí algun. ora
-no cal dudtar, si roman en sospita,
si.l vench d'excés lo mal o de natura,
e si d'excés, quin fon, que tant procura, (CXV,71-78)

El poeta ens parla d'un mal antic al qual ja estava acostumat, al qual s'afageix un de nou i desconegut. Com que tot allò que no podem explicar mitjançant la ciència, fiquem aquesta nova malaltia dins del món de tot allò que és misteriós. D'aquesta manera el nou mal profetitza la mort:

Sí co.l malalt de viure té fermança
per alguns mals que familiars té
si algun mal d'altr.accident li ve
en por de mort l'imaginar lo lança,
ne pren a mé, que.m era ja no res
lo mal d'Amor, vivint sobre aquell,
e per mal nou, a morir vinch per ell,
per no sser tal e com molt major és. (LXVI,25-32)

Altres cops la desconeixença del mal que causa dolor amaga, precisament, un fons mortal inabordable molt més gran i incontrolable que el dolor que sent. Aquí el dolor seria una punta d'iceberg, una guspira insignificant però que assegura l'existència de un foc abrasador i destructiu, imparable en la seva magnitut:

tals que no sé los mijans qui.ls atracen,
mas solament resta.n mi lo sentir;
sí co.l malalt qui sa dolor sab dir,
no sab los mals qui la mort li percacen. (XXXV,5-8)

Aquest dubte, aquesta incertesa, aquest desfisi, provoquen en el malalt una mena d'autoanàlisi que li permet d'esbrinar la causa del seu mal, confegint, d'aquesta manera, les seves pròpies hipòtesis, les quals, a parer del poeta, no fan sinó augmentar el seu desvari. Veiem-ne dos exemples del poema XLIX, on la por devant l'estimada fa que el poeta es quedi mut:

A mal estrany és la pena estranya
e lo remey hauria sser estrany,
e qui de fret mor, per entrar en bany
haurà calor, si aygua freda.l banya;
e si.l començ ve per mig, inpossible
lo mig segueix e la fi, lo començ;
ab forces tals Amor mi, amant, venç,
que planament lo dir no.m és possible. (1-8)

I del poema CXIX, on els fets contradictoris que el poeta comenta (l'amant es maleeix així mateix pel fet de sentir-se atret pels encants d'una dona, encants que hauria de menysprear) són explicats amb les típiques comparances d'Ausias March:

> Sí co.l malalt que sobre si vol veure
> com li sdevench son accident de febra
> -diu que menjant carn de bou o de lebra
> o per fredor o per mal. aygua beure-,
> e no veu res que per l'accident baste,
> de què.l covė en gran sospita caure,
> ne pren a mi, que no puch juhí traure
> quin delit és lo que d'amor yo taste. (71-78)

Fins ara hem vist mals desconeguts pels malalts, aliens a llur voluntat i a llur consciència, l'ús dels quals ens mou a una reflexió especial del tarannà amorós d'Ausias March: no és el seu un amor volgut objectivament, és un impuls interior que l'aboca a una passió amorosa no corresposta i, per tant, dolorosa. Per això, perquè no és raonable, ni objectivable, ni analitzable no pot controlar la causa del seu mal d'amor. Només pot ser sentit. I el desamor que el té tan reduit no albira, de moment, cap esperança de millorar, ans, augmenta el neguit i la vacil.lació. Així la psicològia de l'amant, la seva introspecció, i el pessimisme seran constants en les comparacions d'Ausia March anticipant-se a "los más desesperados acentos de la musa romántica"(Menéndez y Pelayo 432).

Hi ha un cas, però, en què el malalt tot i que és conscient del seu mal es deixa véncer per el plaer momentani, cosa que li augmenta encara més el dolor. L'amant/malalt descobreix que el dany i el plaer que rep venen la mateixa font: l'estimada. És un dels pocs casos d'autolesió massoquista que trobem en els poemes d'Ausias March:

> Las! Mon delit dolor se converteix,
> doble's l'affany après d'un poch repòs,
> si co. l malalt qui per un plasent mos
> tot son menjar en dolor se nodreix; (I,29-32)

D. Quins remeis hi ha que puguin minvar i afeblir el mal d'amor? Ausias March en cita ben pocs. És mostra, per tant, força pessimista. Més aviat, els remeis per guarir no són mai fruit d'una reflexió del malalt o del seu convenciment envers el beuratge, sinó que ve obligada per un agent extern: el metge. El paper del metge és força important en aquestes comparances encara que en les seves mans no acostuma a produir-se el miracle. El metge només veu l'aspecte exterior i la malaltia del poeta, l'angoixa de l'amor, és ben a l'interior:

Metge scient no té lo cas per joch
com la calor no surt a part extrema;
l'ignorant veu que lo malalt no crema
e jutja'l sa, puys que mostra bon toch.
Lo pacient no porà dir son mal,
tot afeblit, ab lengua mal diserta;
gests e color assats fan descuberta,
part de l'afany, que tant com lo dir val. (III,9-16)

El metge és una mena de conseller-confessor-mare confident, amb uns valors ètics-morals que el poeta no se'n pot estar de evidenciar:

Així com és la sciènça del metge
bella.n extrem, segons si e hon guarda,
així.n extrem és la pràtica leja,
e tots los senys quasi fastig ne senten. (CXVII,233-36)

Almenys si el metge revelés al malalt la gravetat de la seva malaltia l'ànima, allò espiritual, es podria salvar, sino el cos, allò material. De la mateixa manera el poeta demana a la dama, el metge de la seva ànima, que revele els seus sentiments, el diagnòstic, ja que el poeta s'estima més saber la veritat que viure en aquest desvari de desamor i angoxa:

Tot metge pren càrech de consciença
si lo perill al malalt té secret:
lo cors hi pert, mas l'arma.n boc loch met;
comptes mortals porte.n reconexença. (XLIV,1-4)

El metge és també jutge i, com tal, objectiu respecte a la malaltia del seu pacient, contrapunt necessari al subjectivisme poètic d'Ausias March, un ull clínic capaç de reconduir mínimament el malalt d'amor:

Metg. en lo món saber no li bastà
sentir lo mal que lo malalt soferta,
mas per senyals en la part descuberta
porà jutjar l'om en quin punt està. (XVII,41-44)

I quan tot remei conegut no abasta a endormiscar aquest dolor punyent que aliena i altera el sentiment del poeta, sempre es pot tirar mà dels Valiums del moment:

Sí com aquell c. adorm ab artifici
son cos perquè la dolor no sufferte,
volgr. adormir los penssaments qui.m porten
coses a què ma voluntat s'enclina, (XXIV,17-20)

L'afany de fugir d'allò que interiorment té el poeta, sigui sentiment, sigui pensament, no ens és gens desconegut. Només cal que recordem aquells versos tan famosos que invoquen: "Plagués a Déu que mon pensar fós mort, e que passàs ma vida en durment...." Malgrat això, es fa palès a les poesies d'Ausias March un escepticisme clar envers els medicaments sota la forma de beuratges, píndoles i altres bullidures per a guarir el mal d'amor:

Si co.l malalt que.l metge lo fa cert
que no.s pot fer que de la mort escap
si donchs no beu de verí un anap,
e lo perill no li està cubert,
ne pren a mi, qui vull esperiment
molt perillós e sens ell no pusch viure: (LIX,1-6)

I amb tals bevandes perillòses i fatals, la conseqüència:

Si com aquell qui viu ab medicina
e ve per temps que no li val al viure,
axí muyr yo, qu. Amor, qui.m feya viure,
altre voler per lo meu no s'inclina. (CXV,15-19)

Comparances Animalistiques

Les comparances animalístiques que utilitza Ausias March provenen d'una recunaguda tradició poètica, tant dels trobadors com dels bestiaris medievals, però també trobem llargues analogies amb animals com el castor (XXIV,25-28), el taur (XXIX, 1-4, CIV, 53-56), el senglar (CX,17-20), la tortra (XLII,1-6), etc., que no aparixen en els predecessors del poeta valencià. Pel que fa a les comparacions amb animals, hi ha una clara preferència pels animals de terra ferma, tant domèstics com salvatges—l'animal brut—: "L'animal brut serà molt pus segur/d'est apetit que dona no serà,"(LXXI,73-74), "Lo temps és tal que tot animal brut/requer amor, cascú trobant son par;"(LXIV,1-2).

El nostre tendre Ausias March abandona la tècnica medieval de adjudicar virtuts i defectes humans als animals. Per exemple, és normal que els animals domèstics funcionin a les comparances amb el paper que els escau, o sigui, d'animals i prou, sense connotacions de cap mena: "ne l'ase ranch és animal corrent;" (VI), "mon cors mig mort deu ser viand. als cans; " (XCIX), "Si co.l senglar que devala del munt / pells cans petits qui no.l basten matar,/ e baix. al pla, on veu alans estar," (CX); o senzillament com recurs mètric "menys que d'un bou lo meu delit conech," (CII), o fruit del refranyer: "Lo cinquèn peu del moltó ab gran cura/ yo he cercat, - e no.n té sinó quatre! -" (CXVII); o amb reaccions primàries i instintives pròpries de la bèstia o d'un amant, com aquesta on es compara al brau quan fuig al ser vençut pel seu enemic amb el poeta vençut per la seva timidesa davant l'estimada. Però tots dos tornaran quan es sapiguen més forts:

> Si com lo taur s'en va fuyt pel desert
> quan és sobrat per son semblant qui.l força,
> ne torna may fins ha cobrada força
> per destruir aquell qui.l ha desert,
> tot enaxí.m cové lunyar de vós, (XXIX,1-5)

Pel que fa als animals salvatges, Ausias March prescindeix de l'astúcia de la renard, el poder del lleó, la dolenteria del llop o la bravura del cèrvol. Amb això vol donar a entendre que en l'amor ideal ha de dominar l'entendiment per endamunt de la passió. Són animals i com a tals serveixen per comparar les seves reaccions naturals amb les del poeta, la qual cosa resta sentimentalisme i emotivitat a certes situacions anímiques. En general responen a un mateix lema conegut de tots: "el gat escaldat de l'aigua tèbia fuig." Exemples d'aquesta actitud del poeta, a voltes contradictòria (la lluita entre l'amor pur i l'amor vil) però natural i instintiva en són:

dient que.l cors, ab sa complexió,
ha tal amor com hun lop o renart;
que lur poder d'amar és limitat,
car no és pus que apetit brutal, (IV,25-29)

Sí co.l castor caçat, per mort estorçre,
tirant ab dents part de son cors arranqua,
-per gran instint que Natura li dóna
sent que la mort li porten aquells membres-,
per ma rahó volgr. aver conexença
posant menyspreu als desigs qui.m turmenten,
matant lo cors, enpeccadant-me l'arma,
sí que jaquir los me covė per viure. (XXIV,25-32)

Cervo ferit no desija la font
aytant com yo ésser a vós pressent; (LXXXIX,1-2)

Lir entre carts, los escurçons no morden
ab tan fort mos com és lo de Amor; (XXXIV,41-42)

Menys que lo peix és en lo bosch trobat
e los lleons dins l'aygu. han lur sojorn,
la mi. amor per null temps pendrà torn,
sol conexent que de mi.us doneu grat; (II,17-20)

En menor quantitat, trobem també comparances amb els ocells. Cap d'ells afegeix connotacions negatives a l'estat del poeta, i en aquest sentit caldria apuntar un alliberament en el tractament que Ausias March aboca en els ocells. Els ocells que apareixen tenen, en llur majoria, una llarga i antiga tradició caracterològica que aquí no surt per enlloc:

Lo temps és tal que tot animal brut
requer amor, cascú trobant son par
lo cervo brau sent en lo bosch bramar,
e son fér bram per dolç cant és tengut;
agrons e corps han melodia tanta
que llur semblant, delitant, enamora;
lo rossinyol de tal cas s'entrenyora,

si lo seu cant s. enamorada spanta.

E, donchs, si.m dolch, lo dolre'm és degut
com veig amats menys de poder amar,
e lo grosser per apte veig passar:(LXIV,1-11)

Aquesta descripció, i comparança de la primavera (motiu molt emprat pels trobadors) és l'única que es troba en l'obra d'Ausias March, com va fer notar A. Pagès (77). Però el tòpic deixa d'ésser tòpic en el poeta valencià, per transformar-se en expressió d'accent personal i, per tant, renovadora. Així, en aquest exemple podem constatar com Ausias March equipara, i fins i tot depassa, la qualitat del cant de dos ocells dels quals mai no s'ha dit que canteren bé com són la garsa i el corb, amb el proverbial, llegendari i trist cant del rossinyol amb el qual se sent identificat el poeta que, com l'ocell, és menyspreat per la seva dama. Mostra evident de la superació, i per tant de modernitat, de la tradició medieval en Ausias March.

Comparances amb els Condemnats a Mort[4]

Dins aquest món tan proper a la mort, Ausias March inclou a més dels condemnats a mort per sentència, o sigui, per un designi involuntari a la seva persona però fatalment ineludible, a d'altres tipus de condemna mortal. La comparança més freqüent, però, és l'establerta entre aquells qui saben que rau a morir de forma violenta i per complir justícia, els qui es mouen entre dues aigües dubtoses: el desig i l'esperança de continuar vivint i l'inapel.labilitat de la condemna. Tornem altre cop a trobar-nos amb un Ausias March que no es fa totalment responsable de les seves accions; molts cops el poeta no maneja els seus fils sino que hi ha una mà externa que els mou per ell, el fa trontollar i el té en la corda fluixa i ell no ha sentit mai com a temptadora aquesta vocació fonambulista. Veiem un símil amb un condemnat que cobra coratge davant la mort però, i un cop li han dit que és perdonat, és executat desmaiat. Es a dir, quan l'amant deixa de pensar amb el passat se li torna més fort el dolor:

sí com aquell qui és jutgat a mort
he de lonch temps la sab e s'aconorta,
e creure.l fan que li serà estorta

[4] Altres no estudiades en aquest treball són: XVII,29-30; LI,1-6; LIX, 29-32.

e.l fan morir sens un punt de recort. (I,13-16)

Al poema XXXV el condemnat, malgrat la sentència, demana ajuda a Déu, o sigui, espera un impossible, conserva encara l'esperança, potser endebades:

Sí co.l precís que no.s de mort deliure,
vehent-se prop d'aquell seu jorn derrer,
ne prega Déu li sia mercener
e sab que va hon null hom se pot riure,
ne pren a me, qui fuig a la mercè
d'Amor en qui s'enclou tot lo meu ésser: (25-30)

El mateix dubte i el mateix neguit encapçalen el poema LI. La dama és el jutge que administra justícia, una justícia particular, la de l'amat que desespera d'amor i que comparteix amb el reu la por devant una nova audiència:

Tal só cell qui penssa que morà
e ja ll'an llest moltes veus la sentença,
mas per mercè l'és donàd. audiença:
creu e no creu que mercè li valrrà; (1-4)
...
Així, no pusch sens por vos desijar,
ne sser no.n puch del tot desesperant. (7-8)

També apareix una altra mena de condemnats a mort: aquell qui ho dedueix dels indicis:

Pren-m. enaxí com al devinador:
de sa greu mort per alguns clars mijans
prenusticant, no fugint de ses mans,
ja té per ffet tot quant és venidor. (CX,5-8)

D'altres vegades la presència de la mort no es fa tan anguniosa, tan indesitjable. La mort com remei al dolor existencial de l'amant; el joc entre la vida i la mort comparable al joc amorós del estira i arronsa que descabdella el poeta amb l'estimada. També trobem condemnats qui són cuidats per la mort, cridats, perseguits en un sentit gairebè literal: altre cop ens trobem amb aquest concepte medieval de mort per amor personificada en una dama: "e sí com l'om que la mort lo encorre," (LXXXVII), o bé:

tal com la mort crida.l benauyrat;
car si l'om és a mals aparellat,
la veu de mort li és melodiosa. (XI,22-24)

Amb tot, aquestes comparançes pessimistes amb la presència de la mort i les seves conseqüències, no són ni de bon tros tan negatives com pot ser la visualització de la mort d'un conegut, o, en tot cas, de la mort que pren una altra vida. En aquest cas l'espectacle l'horroritza més que no pas si visqués ell mateix aquell moment, amb la qual cosa podem deduir una integritat moral en el poeta que comporta la repulsa d'aquells fets aliens a la seva voluntat i que afectant una altra persona, produeixen la impotència en ell, que ho veu:

sí com aquell qui.n forca veu morir
son companyó, qui no.l passà de mal,
e diu qu. és molt cosa descominal
que per tal fet deja mort sostenir. (XLI,37-40)

Cascú requer e vol a son senblant;
per ço no.m plau la pràctica del vius.
D'imaginar mon estat són esquius;
sí com d'om mort, de mi prenen espant. (XIII,9-12)

Arrel de la mort de Isabel Martorell i davant l'inquietud d'on anirà l'ànima de l'estimada, encapçala un poema amb aquesta comparança:

La gran dolor que llengua no pot dir
del qui.s veu mort e no sap on irà
(no sab sson Déu si per a si.l volrrà
o si.n l'imfern lo volrrà sebollir):
semblant dolor lo meu esperit sent,
no sabent què de vós Déus à ordenat. (XCVI,1-6)

En aquesta comparació trascendeix els límits purament terrenals de la mort física i abasta un estadi metafísic, el més enllà. Ja no cavil.la sobre el dubte de la mort, l'esperança de la gràcia indultora que al darrer moment ens salvarà de la parca; dubte, ara és el dubte de la sort final de l'ànima.

Comparances amb Elements Naturals

També són molt abundoses aquest tipus de comparacions. Abreujant direm que es concentren en la divisió quatipartita dels elements de l'Univers: terra, aigua, foc i aire. Pel que fa a l'aire, el seu ús va gairebé sempre lligat a les comparances marines, on veiérem l'importància que adquiria el vent o els vents movent atzarosament la vela de la nau del poeta. Així, doncs, aquí no el tractarem.

Pel que fa els elements de terra podem constatar una preferència per les comparacions amb l'element noble per exel.lència: l'or

> Així com l'or sobre paper se posa,
> segons serà la bona o mala ssisa,
> tal semblant cas mon sentiment divisa
> d'aquest. amor segons en qui reposa. (LXXXVII,291-94)

També compara l'or, que es distingeix dels metalls amb els quals està barrejat, amb el seu "onest voler" que ressalta per damunt la mort: "Axí com l'or que de la mena.l traen...axí la Mort mon voler gros termena:... en mi roman sens mescla." (XCIV). Una altra comparació entre els metalls bruts i el metall noble serveix per a la semblança dels desigs dels amadors:

> Axí com cell de gran follia.s bast
> qui vol fer or de coure o de plom,
> los amadors en aquest punt tots som
> que volem seny on tot seny és degast
> e lealtat en cor malvat e fals,
> qu. Amor no ha menys de vilana por;
> car por gentil ve de notable cor
> que té fort mur a tots fets desleals. (CII,169-76)

En la següent analogia, Ausias March compara la complexitat de l'amor humà, composat d'actes sensuals i espirituals, amb els elements que, simples per natura, es mostraran complexos quan es barrajaran amb llurs contraris:

> Tot element elementat no.s simple,

ans és compost d'un altre son contrari;
mas és tan poch lo que del altre s'ampra,
que bé no es pot açò pels senys conèxer.
Tal és Amor, que.ls actes no ha simples,
car sensuals són e d'esperit toquen,
mas una part al altra sobremunta,
qu.ella.s diu tot, segons qual, bella u leja. (CXVII,177-84)

L'altre terme de comparació és l'aigua. Ja tractatarem l'aigua del mar, les onades i les seves conseqüències dins les comparacions de caire mariner. Aquí detallarem altres comparacions que tenen l'aigua (sinónim d'eternitat) com a element referencial; veiem aigua i amor:

Mal pendrà pint en l'aygua sa figura:
molt menys Amor pendrà lo no dispost;
ne pot estar l'aygua dins un loch rost:
axí Amor en cap d'om foll atura! (VII,13-16)

Aigua i destí inexorable dels seus sentiments envers Plena de Seny:

Plena de seny, tot mon seny vull despendre
amant a vós sens algun grat cossegre,
e durarà fins que del riu de Segre
l'aygua corrent amunt se puga stendre. (VII,65-68)

L'aigua de riu és com la, vida i la del mar com la mort: "Sí com los rius a la mar tots acorren,/ axí les fins totes en Tu se'n entren." (CV). I, finalment, aigua de pluja tempestuosa equival a la catarsi:

Ressemblant és a fort pluja d'estiu,
portant remor de trons, mostrant relamps,
i en poch espay los grans barranchs e camps
aygua no han que trameten al riu. (LXXI, 53-56)

Sí com lo temps a plour. aparellat,
la terra.l vent l'és a plour. avinent,
tota dolor d'altre m'és convinent
qu.en ma dolor sia passinat. (XC,9-12)

El darrer element motiu de comparacions és el foc. Apareix com un sinònim de passió en alguns casos:

> Sí com lo foch, quant és en la canela,
> mostra desig d'anar a ssa espera,
> ma voluntat hun moment no espera: (XX,33-35)
>
> Sí com lo foch creix la sua flamada
> quant li són dats molts fusts perquè.ls aflam,
> e lladonchs creix e mostra major fam,
> com pot sorbir osa que.l sia dada,
> ne pren a mi, car ma voluntat creix
> per los desigs presentats en ma penssa, (XXXIII,25-30)

Però en d'altres oblida aquest tòpic tan gastat i aborda la comparació per altres motius referencials. Així, per exemple, el foc és element imprescindible per la creació de l'acer, però no n'és part integrant:

> Tot enaxí com lo foch no.s en acte
> en lo acer, mas l'obra.s en potença,
> e mes al foch la calor lo desperta,
> car si.n l'acer no.y fos, no scalfaria,
> amor en temps està.n l'hom com defuncta,
> e puix reviu, mostrant-se.n part o tota,
> d'hon se veu clar que restava en l'àbit,
> prest en obrar, mogut per son consemble. (CXVII,169-76)

El foc pot ser també sinònim de permanència per contrast al fum fugisser: "ffoch és mon mal e mon bé sembla fum;" (XCIII); i, darrerament, tenim el foc com analogia de destrucció:

> Sí com lo foch tots humits li contrasten
> e los sechs lochs sa força obeexen,
> axí d'Amor ses influences vexen
> a tots aquells on sos poders abasten. (LXXXVII,295-98)

Comparances Marineres[5]

De comparances amb aspectes marítims (nau, mar i port) n'hi ha moltes; en els primers poemes "the emphasis is placed on the challenging violence of an environment which must be conquered; in the later poems the emphasis changes and the marine images portray the hostile unpredictability of an environment which can not be conquered but which must nonetheless be endureed" (Rolph 70); però pràticament tots ells—tan els del primer periode com els de l'últim[6]—tenen un denominador comú: la incertesa, el dubte, la vacil.lació i la turbulència anímiques i existencials del poeta davant el seu gran problema amorós. Bé ho senyala Rosa Leveroni quan diu que "Ausias és tot ell en les seves imatges marineres...La seva presència [el mar] dóna una volada i una suggestió rares a les poesies on apareix; sembla com si el poeta es trobés en el seu element més propi i essencial"(152). Una comparació amb la mar calma la trobem al poema CXVI: "sí com la mar un punt no se'n altera, / si hom ne trau una gran albufera." però aquestes analogies són escadusseres i condicionades; en aquest cas, per exemple, buscant el recer d'una albufera. Surt sovint un port desitjat—a vegades substituit per la "plaja" (II,1) o la "terra" (XXVII,31)—, imatge de recer i seguretat, al qual s'intenta arribar amb ajuda del vent:

ma voluntat hun moment no espera:
tant com mils pot, als vents dóna la vela
per arribar al port molt desitjat. (XX,33-35)

Fora del port pot haver-hi la mort:

en altre port a mi no té lo ferre
e si del tot port me desaferre,
en esta mar me trobaré negat. (XX,38-40)

Altres vegades la mort és al port; en arribar és l'Itaca del mariner:

---

[5] Altres no estudiades en aquest treball són: XX,4; LXXVi, 3-6; C,5-7; CII, 17-24; CIV, 37-38, 73-75; CXIII,180, 205-06; CXX,13-14. Per un estudi mes complet veure Zimmermann.

[6] Per l'estudi temàtic entre els dos perides de composició en l'obra d'Ausias March: Pere Bohigas " Metafísica y retórica en la obra de Ausiàs March." *Revista Valenciana de Filología* VI (1959) 2-31.

Quan plau a Déu que la fusta peresqua,
en segur port romp àncores y ormeig, (LXXXII,1-2)

Però normalment enmig de la turbulència marina es busca el recer salvador:

Axí com cell qui.s veu prop de la mort,
corrent mal temps, perillant en la mar,
e veu lo loch on se pot restaurar
e no.y ateny per sa malvada sort,
ne pren a mé, qui vaig affanys passant, (LXXXI,1-5)

És, doncs, moltes vegades, semblança de mort, però no de mort alliberadora, sinó de mort presonera que trenca sobtadament amb el viatge del mariner. Es relaciona aquest aspecte amb el *carpe diem* i la coneguda semblança manriquenya: "Nuestras vidas son los rios / que van a parar al mar, que es el morir." En dues ocasions Ausias March compara riu i vida / mar i mort, com a dicotomia existencial: Si com aquell qu.ab flaca barca.n riu

pesca son peix e viu sats cabalós,
mas per esser de béns pus abundós
entra.n la mar e no.y espera stiu,
ne pren aquell qui ama dona vil (CII,65-69)

I en aquesta altra contrasta la dolçor fluvial amb l'amargor marina:

l'imaginar l'amarch dolç assabora,
si com la mar los rius la obehexen
qu.en s. amargor lur dolçor convertexen. (CXIX,18-20)

El mar té traidoria, comporta reaccions imprevistes fins i tot per aquells mariners entesos que duen la salabror a la pell i barquegen en caminar. De les infidelitats marines també en té cura Ausias March comparant-les a les sorpreses que ell experimenta en la seva relació amorosa amb l'estimada. Ausias March és el patró que té la nau (els sentiments) resguardada a la platja (sinònim de seguretat momentània) quan fa sol i el cel és clar, però sorprès per un gran temporal (les contradiccions de l'amor), ha de buscar un racó ("los ports") mes segur. Les sorpreses de l'amor: moltes vegades el vent és tant al nostre favor que no podem fer la maniobra desitjada sense l'ajut d'un vent contrari.

> Pren-m. enaxí com lo patró qu.en platga
> té sa gran nau e pens. aver castell;
> vehent lo cel ésser molt clar e bell,
> creu fermament d'un. àncor. assats haja.
> E sent venir soptós un temporal
> de tempestat e temps incomportable;
> lleva son juhi: que si molt és durable,
> cercar los ports més qu. aturar li val. (II,1-8)

En aquestes comparances marines té gran importància l'acció del vent o dels vents, que aconsegueix fer palesa una dualitat de criteris en l'autor, normalment entre allò que li dicta la raó i la contràia reacció instintiva. Ausias March s'inpira per aquesta comparança en Dante[7]. Per contras els exemples de dos vents bufant una mateixa nau és una analogia molt extranya en la poesía trobadoresca;[8]

> Sí com la mar se plany greument e crida
> com dos forts vents la baten egualment,
> hu de levant e altre de ponent,
> e dura tant fins l'un vent à jaquida
> sa força gran per lo més poderós,
> dos grans desigs han combatut ma pensa,
> mas lo voler vers hu seguir dispensa; (IV,9-15)

La imatge dels vents contraris també és utilitzada per Ausias March per indicar el seu dubte entre el viure i el morir:

> Yo contrafaç nau en golf perillan,
> l'arbre perdent e son governador,
> e per contrast de dos vents no discor;

[7] "Io venni in loco d'ogne luce muto,
che mugghia come fa mar per tempesta,
se da contrari venti è combattuto." (*Inferno*, V, 28-30)

[8] L'excepció la trobem en Peire Cardenal (LXXVII,1-5). Peire Cardenal. *Poésies complétes*. Edició de René Lavaud. Toulouse: E. Privat, 1947.

los mariners enbadalits estan,
e cascú d'ells la sua carta tenta,
e són discorts en llur acordament:
hu volgra sser prop terra passos cent,
l'altre tan luny com vent pot dar empenta.
(XXVII,25-32)

Són els dos vents de sempre: el deure i el desig, la repressió i la passió, el veure i el sentir, el bo (la part espiritual de l'amor humà) i el dolent (el cos i els seus plaers efímers); dicotomia insalvable i irreconciliable. També apareixen pluralitats de vents que bufen per diversos punts cap a una mateixa direcció, una mateixa diana: la seva pobra i feble nau a mercè d'aquestes ventades d'amor i de mort:

Sí com als vents és donada la nau
mentr. és debat als mariners vengut,
-lladonchs la nau son camí ha tengut
per senya tal qual ans del contrast jau-,
(LXXIV,17-20)

I el famosíssim "Veles i vents" on el poeta enamorat substitueix al Creador per crear-se un món apocalíptic i fantàstic on ell es el principal protagonista. En aquest poema March descriu un viatge aterrador on els vents bufen tots alhora:

Veles e vents han mos desigs complir,
ffahent camins duptosos per la mar.
Mestre y ponent contra d'ells veig armar
xaloch, levant los deuen subvenir
ab lurs amichs lo grech e lo migjorn,
ffent humils prechs al vent tremuntanal
qu. en son bufar los sia parcial
e que tots cinch complesquen mon retorn. (XLVI,1-8)

Així doncs, les comparacions marines tenen una globalitat conceptual que no abasten les altres; són una extrapolació al líquid element d'allò que el poeta entén ser vida: la mar, que és la mateixa vida i, per tant, també és la mort. Rosa Leveroni suggereix que aquestes analogies han estat inspirades per l'observació personal; Archer—seguint a A. Pagès—contradiu aquesta opinió i aporta gran quantitat d'exemples de tradició trobadoresca:"A closer inspection of the marine imagery of troubadour verse, however, tends to confirm Pagès' viewpoint rather than Leveroni's." (40) Personalment, no crec que els dos punts de vista siguin contradictoris, mes aviat tot el contrari. Darrere d'un innovador sempre hi ha un gran coneixedor de la tradició. En les analogies d'Ausias March la tradició i l'experiència personal s'ajunten, es confonen i desepareixen, creen una nova sensebilitat poética.

Així, la nau és el poeta, que ha de nevegar; els vents són els elements externs que condicionen les reaccions del mariner: l'amor i el desamor, en un flux i un reflux constant, vacil.lant, incert i marejador, fora de l'àmbit purament conscient i voluntari dels seus criteris d'actuació davant l'embat de la tempesta; el port és el *locus amenus*, el paradís de la calma, el jardí plaent i també és la fi, la mort tranquil.la que espera al final de la travessa al primer poeta romàntic d'Europa.

UNIVERSITAT DE CALIFORNIA, SANTA CRUZ

TREBALLS CITATS

Amédée Pagès. *Commentaire des Poésies d'Auzias March*. Paris: Libraire Ancienne Honoré Champion, 1925.

Marcelino Menéndez y Pelayo. *Historia de las Ideas Estéticas en España*. Madrid: Editora Nacional, 1940.

Marie-Claire Zimmermann. "Les Métaphores de la mer dans la poésie d'Ausiàs March." *Iberica* 2 (1979) 41-57.

Martí de Riquer. *Història de la Literatura Catalana II*. Barcelona: Ariel, 1964.

Robert Ancher. *The Pervasive Image. The Role of Analogy in The Poetry of Ausiàs March*. Amsterdam/Philadelphia: John Benjamins Publising Company, 1985.

———. "The Workings of Allegory in Ausiàs March" *Modern Language Notes* 98 (1983) 169-88.

Rosa Levori. "Les imatges marines en la poesia d'Ausias March." *Bulletin of Hispanic Studies* XXVIII (1951) 152-66.

Wendy L. Rolph. "Conflict and Choice: The Sea-Storm in the Poems of Ausias March." *Hispanic Review* 39 (1971) 69-75.

La posición de Herrera y Reissig

MANUEL ALVAR

AZUL... FUE EL COMIENZO del modernismo. Antecedentes y precursores poco contaron a partir del gran libro de Rubén. Nos encontramos ahora con el intento de caracterizar a Herrera y Reissig dentro de la escuela revolucionaria. Pero las dudas nos asaltarán en cuanto hayamos leído los críticos: para Guillermo de Torre el poeta uruguayo en:

> su grandeza sólo admite paridad con la de Rubén Darío. Pero éste con toda su talla fue algo más y también algo menos que un poeta típicamente modernista. Quien en rigor encarna la tendencia con significación cabal y puede presentarse como cifra perfecta de ella no fue otro que Julio Herrera y Reissig (11).

A partir de la repulsa que los raros merecieron al poeta uruguayo, Vicente A. Salaverri lo hace ser ecléctico:

> las extravagancias y el esoterismo de los raros, que se pasan la vida haciendo piruetas macabras con el idioma, haciendo ritos extraños en el laboratorio de sus imaginaciones enfermizas, merecen la más severa condenación(30).

Y las censuras se convierten en un verdadero galimatías contra los revolucionarios, mientras que en los eclécticos encuentra "esa quintaesencia del gusto que constituye la naturaleza del intelectual del siglo." Y así continúa con sus ditirambos.

Por último hay quienes situando junto al Rubén de las *Prosas Profanas* al Herrera de *Las pascuas del Tiempo*, lo ven poco después de "la influencia del maestro y apunta ya a lo que será una de las partes fundamentales de su obra" (*Blengio, Aproximación* 8): 1903-1906 vienen a ser los motivos de independencia (*Blengio, Aproximación* 9).

He aquí tres criterios para valorar la pertenencia o no de Herrera y Reissig a la gran revolución encabezada por Rubén. Acaso subyacente ante una cuestión previa, ¿qué es el modernismo?[1] a la que no es el momento de volver a discutir. Lo que me interesa es ver cómo los dos poetas se acercaron y se repelieron de acuerdo con unos datos objetivos que podemos obtener del análisis de sendos libros. Será uno *Azul*... en su segunda edición (la de Guatemala) y otro *Los peregrinos de piedra*.[2] La comparación de los textos no deja de suscitar problemas, pues el libro del nicaragüense está impreso en 1890 (cuando sólo contaba 22 años), mientras que el del uruguayo tiene poemas de 1903 a1909. Aunque tomemos en consideración las dos fechas iniciales (1890-1903), son trece años de diferencia los que las separan y, entre medio, han visto la luz las *Prosas Profanas* (1896) que, se ha señalado, influyeron en Herrera.[3] No obstante hay razones que me han decidido por el cotejo, contando, claro está, con los índices léxicos de que dispongo. De una parte, *Azul*... es el comienzo del modernismo donde se incardinan cuantos rasgos van a definir a la escuela; de otra, el léxico como manifestación de un estilo es algo que dura, y duró, más de esos pocos años en los que Herrera se fue apartando de Rubén.[4]

El problema del léxico

Cuando se trata de caracterizar a una escuela literaria, la enorme influencia de su creador sirve para marcar unos rasgos que se toman como definitivos y relegan a los demás miembros a una situación de dudosa ambigüedad. Lo dije a propósito de Delmira Agustini (Alvar 10), cuanto más con referencia a Herrera y Reissig, poeta de mayor entidad. Por eso el análisis estilístico de los rasgos definidores ayudan a perfilar los límites de cada uno, los alcances y limitaciones de la escuela y las tendencias de los

---

[1] De esto me ocupo en *Del modernismo a la generación del* 98.

[2] Obra formada por *El laurel rosa* (1903), la primera serie de *Los éxtasis de la montaña* (1904-1907), *La torre de las esfinges* (1909), la primera serie de *Los parques abandonados* (1902-1905) y *Las campanas solariegas* (1907) (Bitro, *Herrera y Reissig* 33).

[3] "Herrera Y Reissig se manifiesta en su plenitud con *Las Pascuas del tiempo* (1900), bajo la influencia deslumbradora de *Prosas Profanas*" (Seluja 11).

[4] En *Los éxtasis de la montaña, Los Parques Abandonados* y *La Torre de las Esfinges* (Seluja 7).

miembros dotados de acusada personalidad. Por tanto, hablar de Herrera y Reissig, camino de la vanguardia me parece un acierto (*Blengio, Aproximación* 75). El poeta uruguayo no es Rubén, sino algo muy distinto que no está, por ejemplo, en Delmira Agustini. Porque, en efecto, mucho Rubén hay en *Holocausto* y *Wagnerianos* (de 1899), pero un análisis demorado del léxico nos pondrá sobre aviso de que no todo es igual; más aún ayudará a comprobar el acierto de cómo los poemas anteriores a 1900 mostraban una influencia sin asimilar (*Blengio, Aproximación* 7)[5] y es, a partir de 1903, cuando "comienza la progresiva liberalización" (*Blengio, Aproximación* 9). Entonces podremos comprender el valor de cotejar textos que están distanciados por trece años, pues permitirán marcar ese camino hacia la independencia y hacia diferentes posturas artísticas.

Claro que el léxico es por sí mismo un elemento caracterizador de cualquier estilo. Más aún, con él se podrá filiar a un poeta. Pero, también es cierto, que el léxico puede enmascarar muchas apariencias. Con un vocabulario fácil, y hasta trivial, se puede hacer una poesía difícil (Alvar, *Visión*... 72-74); un léxico puesto al servicio de unas intenciones puede dar unos resultados deslumbradores. Que nos sirva de ejemplo el soneto *Epitalamio ancestral* de *Las Clepsidras*.[6] Porque hay orden de palabras, estructuras de las frases, rimas pobres y ricas, etc., que nos llevan por un camino y no por otro.[7]

Los repertorios léxicos que manejo proceden de dos libros: uno inédito, publicado el otro. Respectivamente son:

María Teresa Mejía, *El léxico de "Azul..."* Memoria de Licenciatura leída in la Universidad Complutense de Madrid, 1986.

Angeles Estévez, *El léxico de Julio Herrera y Reissig. Concordancias de "Los peregrinos de piedra."* Anejo XLVI del *Boletín de la Real Academia Española*. Madrid, 1990.

[5] Blengio en *Herrera y Reissig*... se habla de su influencia sobre otros poetas del Uruguay (42).

[6] *Poesía completas y páginas en prosa de Tulio Herrera y Reissig*, ed., estudio preliminar y notas de Roberto Bula Piriz. (Madrid, 1961) I: 477.

[7] La *Revista de Occidente* dedicó dos números (86-87) a *Cien años de poesía en español. En el Centenarios de Azul ... (1888-1988)*, pero sus trabajos tienen un carácter general que no sirven para mi objeto.

Son dos trabajos muy distintos, pues el uno trata de articular el vocabulario de Rubén dentro de una teoría lexicográfica y el otro es un repertorio autorizado de todas las palabras de la obra de Herrera. Pero ambos tienen los términos empleados por los dos autores, con lo que el cotejo, si no demasiado fácil, tampoco tiene mayores dificultades.

Me ha parecido útil seguir un criterio taxonómico para poder ordenar los informes que extraigo de ambas obras. Nombre, adjetivo, verbo tienen su propia autonomía y aun hechos diferenciados dentro de los usos de cada poeta. Esta hipótesis de trabajo ha resultado fructífera, según obtendremos de los cotejos que voy a hacer.

Los sustantivos

En *Azul...* se han contado 2.607 sustantivos. De ellos hay 1.221 que son comunes a ambos libros, por tanto más de un 46.7% no tienen correspondencia, y un 53.3% es común a los dos repertorios. Cifras, ciertamente, muy elevadas, pues, aunque no todo sean valores absolutos, lo que de algún modo se pudiera reducir tampoco sería mucho. Por ejemplo, no figura *ángel*, pero si *angélica* ; no *árbol*, pero si *arboleda*; no *armonía*, pero sin *armoniosos*; no *Baco*, pero si *Bacante*, y así otros 32 casos.

Ahora bien, no tiene correspondencia *abanico*, *abril*, *acciones*, *acero*, *ácido*, etc., que son triviales en la lengua común y que para nada sirven en una caracterización. Entonces habría que buscar los términos que pudieran tener una connotación modernista para que los oposiciones adquirieran algún valor. Pienso en voces como *armonía*, *bohemia*, *bulevares*, *champaña*,[8] *chartreuse*, *chinería*, *cloróticas*, *crisálida*, *girándula*, *hipocentauros*, *hipsipila*, *japonería*, *lapislázuli*, *loto*, *Nagasaki*, *Nankín*, *Onfalia*, *palanquín*, *palisandro*, *peán*, *Pekín*, *pórfido*, *púrpura*, *Sajonia*, *sileno*, *sinsonte*, *terracota*, *Toqui*, *Venus Citerea*, *Venus de Milo*, *Wagner*, *Watteau*.

En ellas hay esos elementos tomados de países exóticos o de viejas culturas orientales. Cuando se habla de *chinerías* o *japonerías* se está atendiendo al prestigio que el lejano mundo adquirió entre poetas y pintores franceses de fin de siglo y cuyo valimiento, entre nosotros, pudo estar signado por Rubén (Marasso 50-51, Seluja 19-22, *Agustini* 10-11, Silva 26-27), y aun enriquecido en un mundo floral del que se escapan los *lotos* (Alvar,

[8] Documentación anterior a la que trae el *DELC* de Corominas. Muchísimas de la palabras de la lista ni siquiera se aducen. Téngase en cuenta el "Glosario de Rubén Darío" (Marasso 401-415).

Estudios... 160-165) y *bambúes*. El resto son ciudades como *Nagasaki*, *Nankín* o *Pekín* o la presencia de un *palanquín*, mientras que en Rubén aparecen, además, *Hong-Kong*, *Kioto* y *Kitón*. Mas que la coincidencia en los topónimos es significativa la evocación de nombres propios que aluden a ciudades exóticas y cuantos aditamentos más o menos oportunos se pudieran aducir, pero de ese oriente evocado, es la India quien arrancara poemas entusiasmados al vate uruguayo.

El mundo clásico esta presente por unos numerosos cultismos (antiguos o neológicos) comunes a ambos libros (*clorótica, crisálida, girándulas, hipocentauros, hipsipila, lapislázuli, palisandro, peán, pórfido, púrpura* y tantos otros. Unos tienen el carácter ornante de muchos esdrújulos; otros, la extrañeza de un mundo ajeno al común de los mortales; algunos, la invención falsiverdadera de unos elementos greco-latinos que nunca existieron en el mundo al que pretenden sugerir. Aparte quedan los nombres propios que hacen referencia a un olimpo mítico *(Acteón, Demeter, Eripanto, Eurídice, Filomela, Onfalia, Sileno, Venus Citerea, Venus de Milo*) o un arte que sería canon para el mundo de Occidente (*Fidias*).[9]

Otra serie de nombres va asociada a una cultura refinada o notoriamente prestigiosa: digamos el siglo XVIII francés (*Watteau*), la pintura, la literatura, la música cercana a sus días o de sus días mismos (*Corot, Delacroix, Durand, Goncourt, Wagner*) o los primores que evocan objetos delicados (*Sajonia, terracota*). Es lo que Darío ampliaría generosamente: *Bonnart, Borgoña, Buffon, Chardin, Hugo, Louvre, Normandía París, Rouan*, etc. (Seluja 51).

Nos queda todavía un mundo decadente aprendido en Francia o el significado que este país tuvo en un nuevo renacer de Europa: *bohemia, burdel, bulevares, Champaña, Chartreuse*, etc., acrecentados en Rubén con *chaise-longe, joyel, madame, mauré* y los ya tradicionales *tapiz* y *vergel*.

Por último la evocación de América en *Caupolicán, sinsonte*, y *toqui*. No hace falta recordar mucho: *toqui* y *Caupolicán* están en el célebre soneto que dedicó en *Azul...* al caudillo araucano. Campo éste demasiado pobre

---

[9] Rubén aumentaría la nómina: *Adonis, Afrodita, Anacreante, Apolo, Aspasia, Althotas, Centauro, Cíclope, Cupido, Dalila, Diana, Dionisio* y muchísimos más. Para la obra de Herrera, véanse las paginas que con el título de *El mundo antiguo* (Seluja 26-29), y para la de Rubén, Ernesto Mejía Sánchez, *Cuestiones rubendarianas*, (Madrid, 1970) 145-147. Mención aparte merece la importantísima obra de Marasso, cuyes índices facilitan la comprobación de todos estos nombres en la obra del poeta nicaragüense.

pero que tampoco resultó opulento en Rubén (*caimán, canoa, carey, huaco, maya*), pues la mayor parte de tales términos pertenecen ya al acervo común, y explicable su escasez, porque los modernistas estuvieron muy de espaldas a la realidad americana como una y otra vez se ha señalado: ha llegado a decirse que Rubén no es el poeta de América.[10]

Los ejemplos aducidos, no muchos por nutridas que parezcan las listas, no son sino breves muestras de la enorme riqueza que Rubén puso al servicio de una nueva sensibilidad. Herrera estuvo lejos de él. O, si somos mas exactos: el poeta nicaragüense era un modernista puro con todos los refinamientos que se suponen en la escuela; el uruguayo se había apartado de esas líneas fijadas y seguía otros rumbos.[11] Para mí, originales y muy apartados de lo que pudieron ser una servil imitación o unas discrepancias ocasionales. Herrera y Reissig es menos modernista que Rubén Darío. Su mundo no llega al frenesí del refinamiento que el gran poeta nicaragüense quiere fijar en sus páginas: exotismo en los lugares, y en los tiempos, y en la ordenación de sus recuerdos. Esto nos muestra esta parcela del léxico en el que Rubén anunciaba lo que habría de ser un mundo deslumbrante y que en *Azul*... pugnaba por llegar. En el fondo común que ambos poetas comparten, también están presentes el clasicismo (*albura, Anacreonte, anfora, antífona, cíclope, Cipria, Citeres, Grecia*, etc.) y todos los elementos que acabo de describir. No merece la pena que sigamos amontonando ejemplos: basta con lo dicho y con lo que veremos confirmado en los comentarios que siguen.

Los adjetivos

Pensaríamos que la adjetivación es una buena piedra de toque para comprobar las peculiaridades de la escuela[12] Pero me temo que no se va a

---

[10] No todos los autores están concordes, a pesar de páginas apologéticas como las de Abelardo Bonilla, *América y el pensamiento poético de Rubén Darío*. (San José de Costa Rica, 1967), y de Carlos Martín, *América en Rubén Darío* (Madrid, 1972), autores de mucha cuenta expusieron la doctrina que he aducido en el texto (Alvar, *Modernismo*..., 68).

[11] Por eso no me parece muy exacto decir que era la "más modernista de todos los modernistas"; mejor creo que cuadra apostillar que "operó realmente como precursor de las tendencias poéticas de vanguardia" (Blengio 52).

[12] Con carácter general, vid. Georgia M. Green, *Semantics and Syntactic Regularity*. (Bloomington-Londres, 1974).

confirmar la hipótesis. Según nuestros recuentos, en *Azul...* hay unos 1.435 adjetivos, de los cuales son comunes con *Los peregrinos de piedra*. Significan, pues, un 39'3%. La proporción es sensiblemente inferior a la de los sustantivos. Como en el caso precedente, las discrepancias en muchos casos no son absolutas, pues puede faltar la coincidencia total, pero ello no significa el desconocimiento de la familia léxica a la que pertenecen los términos cotejados. Por ejemplo *abrigados-abrigo, acariciador, acariciante-acaricia, aceitoso-aceitunas, adolescente-adolescencia, adorable-adorar, agruparse-agrupar* y en otras 68 ocasiones más. El cómputo lo he hecho sobre coincidencias totales, pero los casos de otras referencias léxicas sirven para fijar las condiciones estilísticas de los textos.

Si viéramos ahora que caracterización podría hacerse con los adjetivos presentes en ambas listas, tendríamos que una inmensa mayoría de ellos pertenecen a la lengua común y, por tanto, carecen de sentido para nuestro propósito. Los que tienen un valor estilísticamente intencional podrían ser *augusta, anacreóntica, áulicos, bíblicos, bizantinos, caprípede, crepuscular, cromáticas, etéreo, fatal, foscas, glacial, glauca, góticas, hieráticos, lila, mágico, nocturnos, olímpico, primaveral, rítmica, tornasolados, trémulo, violeta* y acaso algún otro que bien pudiera ir en la lista, pero que tal vez no tenga la marcada intención significativa de todos estos. Porque unas veces son esdrújulos ornantes[13] o enriquecidos con resabios arqueológicos que evocan pasados de misterio; otras adjetivos de colores indecisos (*lila, tornasolado, violeta*) o vinculados a momentos en los que se producen estados anímicos especialmente sensibles.[14] Nos encontramos con alguno de esos rasgos que suelen darse como caracterizadores del modernismo, y que ahora nos valen.[15] Pero acaso no sean demasiado precisos para distinguir el arte de los poetas porque también se quedan sin correspondencia *adamantina*,[16] *alabastrino*,

---

[13] La afición por el mundo latino venía a Rubén desde sus estudios con los jesuitas (1878- 1880), vid. Dolores A. Swana, *Rubén Darío. Antología poética*. (Nueva York, 1969) 19-24.

[14] Vid. "Simbolismo e impresionismo en el primer Juan Ramón," en mi *Juan Ramón Jiménez y la palabra poética*. (San Juan de Puerto Rico, 1986) 101-18.

[15]Para la función de los cultismos hay que tener presentes las dos obras clásicas de Dámaso Alonso y de María Rosa Lida, sobre Góngora y Juan de Mena, respectivamente.

[16] Cita a Jules Laforgue, Jacques Plowert en *su Petit Glossaire des auteurs decadents et symbolistes*. París, s.a., [1888]. Rubén pudo conocer este libro durante su

cibelina, cleopatrina, columbina, etc. y *apolíneo, dionisíaco, homéricos, jónicos* y no pocos más.

Como en el estudio de los sustantivos estamos lejos de los que fue la deslumbradora eclosión de la escuela. *Azul*... aún dista mucho de las *Prosas profanas* y de los *Cantos de vida y esperanza*. El modernismo está claro, pero atenuado. Herrera y Reissig ha vivido su plenitud, pero no ha sido definitivamente ganado por ella. Una lectura superficial tal vez nos haga abrigar unas esperanzas que el análisis demorado se encargará de atenuarlas.

Fijar la preferencia cromática de un escritor es manifestar un orden de predilecciones que sirven para caracterizar su arte. En la *Poesía de Delmira Agustino* hice una escala de frecuencias que puedo parangonar con los datos que ahora he obtenido. Según los cómputos de que dispongo los resultados son éstos:

	Azul	*Peregrinos*
azul	48	6
blanco	46	12
negro	43	5
rosa	11	4
rojo	4	6
verde	19	6

Herrera y Rubén se encuentra en esa preferencia por el *azul* y el *blanco* que es una tendencia marcadamente modernista; discrepa en *negro, rojo / rosa - verde*. He hablando de blanco y azul como colores de la escuela (Alvar 58-59), pero me parece sintomático ese negro que para Odilon Redon merecía todo respeto, pues nada lo prostituía;[17] esta sencilla afirmación acaso nos pusiera en camino para situar a Rubén en un momento pre-impresionista. En la misma obra que he citado en la nota anterior se recogen unas palabras de Renoir: "cierta mañana, faltándole el negro a uno de nosotros, se sirvió del azul: el impresionismo había nacido."

Picasso - ¿ otro acercamiento a Rubén? -, si carecía de azul, metía el

estancia en París (1900), si es que no lo vio en Bueno Aires. En *El reino interior* puso una apostilla con cierto humor en la que trasvasa dos palabras del *Glossaire*.

[17] Cit. por Paul Eluard, *Lumiére et Morale*, recogido en la *Anthologie des éscrits sur l'art* (1952).

rojo,[18] que para Balzac "se plaît dans le rouge."[19] No está mal la caracterización del gran novelista francés: es concorde con cuanto por otros caminos hemos descubierto en Darío.

Junto al *rojo*, el *rosa* es otro color de la sensualidad del que he tenido ocasión de hablar (Alvar 59); dejémoslo ahora para terminar con el *verde*: no podemos olvidar un poeta harto admirado —y aducido —por Rubén: Goethe. Mucho se ha traído en páginas españolas se "Grau, teurer Freud, is alle Theorie / Und grün des lebens goldner Baum," desde que Vossler lo puso como lema de su *Filosofía del lenguaje*, pero bien vale para esta ocasión (¿conoció Rubén el texto?) pues iba harto concorde con el espíritu del poeta, incluso al considerar *dorado* el árbol de la vida.

Los colores que enfrentan a los dos poetas pueden tener significados harto diferentes y, acaso, oportunos en la creación de dos poesías distintas. Acaso estemos asomándonos a esas palabras-clave que sirven para darnos una idea de los recursos empleados, que puedan irse emparejando con otras que juntas denunciarían la significación de un arte.[20]

Mis informes coinciden con los de Seluja en cuanto conciernen al *blanco*, con todo el simbolismo que los modernistas pusieren en él (Alvar 58-59), pero el *negro* es, en *Azul...*, el tercer color en orden de preferencias (43 veces), pero no en Herrera (sólo 5) y, en cuanto al amarillo, en Rubén apenas si cuenta (2 apariciones) y en Herrera alcanza 7, por encima del *azul* y el *verde*. Podríamos deducir algún sentido a todo esto: *azul*, *blanco* y *negro* hacen pensar en un Rubén que tuviera sus preferencias pictóricas por William Morris, James Whistler o Dante Gabriel Rosetti (Delevoy 25-43). *Blanco, azul, verde/rojo*, en un Herrera inclinado hacia Puvis de Chavannes o Maurice Denis (Delevoy 45-130, Pino 64-83). No quiero decir que la paleta de estos artistas fuera conocida por los poetas del mismo modo, sino que, en un determinado momento, la preferencia de los pintores coincidía con la de los escritores en cuanto al significado de los colores pues eran equivalentes a esas palabras-testimonio que sirven para marcar los estilos de un época.

Estamos ante una manifestación del modernismo: la utilización de los colores para crear una poesía pictórica de la que tanto usaron y abusaron.[21]

---

[18] Cit. por el propio Eluard en *Picasso et la peinture*. (Ginebra, 1983).

[19] *La Fille aux yeux d'or*, ed. P.G. Castex, (París, 1966).

[20] Vid. *La pintura en la poesía de Rubén Darío* (Marasso 4-5, 377-79).

[21] En mi *Modernismo...* (62-65) me ocupo de estas cuestiones, y cito abundante

Es un aspecto más de esa poesía sensorial que se ha señalado en varias ocasiones (Alvar 59, Seluja 39-41). Acaso sea el cromatismo donde podemos encontrar las manifestaciones de su personalidad, pues pensar que "son inusuales y raros" *ledo* (documentado una vez) e *hirsuto* (dos veces), no me parece que permita afinar mucho.

Los verbos

Voy a llevar a cabo unas consideraciones semejantes a las que he hecho en los dos apartados anteriores, pero debo hacer una salvedad: recurro a las formas del infinitivo estén o no documentadas, pues de otro modo, todo quedaría disperso y haría imposible la comparación. De acuerdo con esto, las 2.300 formas verbales quedan reducidas a 1.727 lexemas, de las cuales 568 son específicamente de *Azul*... y los otros 1.158, comunes a ambos repertorios. Es decir 49% funcionan en ambas series, proporción altísima y harto próxima al 53'3 de los sustantivos y remota del 39'3 de los adjetivos. Habrá que pensar que los verbos y los sustantivos constituyen la armadura del texto, mientras que los adjetivos pueden discrepar, ya que no funcionan de manera tan estable en el conjunto de las oraciones.[22]

Los verbos disidentes en las dos series no son siempre de los más comunes, por ejemplo *abejar, acallar, acerar, ahorcarse, aletear, amedrentarse, antojarse, anidarse, arbolar, asemejarse, atronar* (sin salir de la letra *a*),[23] frente a *agonizar, alegrar, adelantar, adular, alentar, alisar, almorzar, alzar(se), amar, amasar, apagar, aparecer, arder, arrancar, arrastrar, arrojar, arrugar, arrullar, asombrarse, atreverse* (todos también en la *a*).

Comparando las listas de verbos, llama la atención que Rubén Darío emplee numerosos onomatopéyicos o que designan acciones repetidas. Herrera no coincide con él. Ejemplifiquemos con testimonios del nicaragüense: *abejear, aletear, burbujear, chapotear, chapuzar, chasquear,*

---

bibliografía en las notas 14-39. En otro sentido habría que considerar el valor de la música (vid. Jean Pierre Barricelli, *Music and Literature*. Nueva York, 1988). En uno y otro caso, véase la "integración de las arte," en mi *Modernismo* (59-65).

22 Vid. Frederic Francois, "La description linguistique,," en A. Martinet, *Le Langage*. (París, 1968) 271-81.

23 Como ya están publicados parte de los materiales del *Diccionario Histórico* podemos comprobar el valor de alguno de estos verbos: en efecto, *alejear* es propiamente rubeniano, *aletear* se documenta en nuestro poeta al mismo tiempo que en la Pardo Bazán.

chillar, chirriar, cuchichear. Sólo coinciden en *arrullar, chispear, murmurar, rechinar y tiritar*.[24] Es como si hubiera una pretensión de eliminar un sustento expresivo para reemplazarlo por enunciados más objetivos.

Como en el caso de Rubén, los sustantivos dominan sobre los verbos y, entre estos, *ser* tiene una abrumadora presencia (73 documentaciones), en tanto *estar* no cuenta, en las variadas ocurrencias, sino con nueve modestísimas apariciones. La comparación es significativa: *ser* esta 220 veces en Darío y *estar*, 92. Con lo que bien podemos inferir que la poesía de Herrera se manifiesta con un carácter más esencial a la que confirma su proporción de sustantivos.

Resulta de lo dicho que los elementos que ayudan a caracterizar a los dos libros que considero, no son los sustantivos y los verbos, sino los adjetivos, lo que parece lógico, y significaría una base ornante para diferenciar a unos poetas de otros. No olvidemos, sin embargo, que *Azul...* es el primer libro del modernismo y *Los peregrinos de piedra* una culminación en el arte de Herrera. Pero lo que vino a fijar la presencia de los nombres dentro de la escuela no fueron las plenitudes de *Prosas profanas* (1896),[25] sino la segunda edición de *Azul...* (1890), que desde la pluma de don Juan Valera había asentado a un Rubén innovador y revolucionario. Es la conclusión a la que llegó Angeles Estévez cuando vio que Herrera se cargaba de originalidad al separarse del modernismo y "adentrarse en las esferas del conocimiento (ontológicas y axiológicas)" (Estévez 7).[26]

En las páginas anteriores he ido anotando presencias o ausencias de las palabras en la obra de los dos poetas. Es un criterio para caracterizar el quehacer de los artífices. Pero no será improcedente señalar los índices de frecuencias de las palabras. Me limitaré, ahora, a indicar los datos; luego, intentaré extraer unas conclusiones. Unicamente consignaré los términos que aparezcan más de diez veces:

---

[24] Vid. Maurice Grammont, "Les onomatopées." en el *Traité de Phonétique*. (París, 1963) 377-424.

[25] *Los Cantos de Vida y Esperanza* quedarían fuera de las presuntas correspondencias, dada su cronología (1905).

[26] Vid. Manuel Briceño Júarequi, *Rubén Darío artífice del epíteto*. (Caracas, 1972).

	Darío	*Herrera*
alma(s)	35	18
amado(s), -a(s) -ante(s)	26	1
amor(es)	40	12
armonía(s)	10	0
arte(s)	10	0
aurora	12	3
ave(s), -cita	11	14
beso(s)	39	14
boca(s)	26	3
bosque(s)	21	9
brazo(s), -ito	29	2
cabello(s), -era(s)	37	6
cabeza(s)	25	4
canto(s), -or	18	5
cielo(s)	33	26
cisne(s)	11	1
color(es)	31	0
cuadro(s)	15	0
cuerpo(s)	18	0
diamante(s)	11	0
dios(es), -a(s)	28	7
emperador(s), -triz	12	1
estrella(s)	15	6
flor(s)	46	3
hierro	12	0
himno	14	0
hoja(s)	15	0
hombre(s)	27	3
lengua(s)	12	2
luz(es)	56	5
mano(s)	36	11
mujer(es)	44	3
música(s)	17	3
nieve(s)	12	5
nifa(s)	19	3
niño(s), -a(s)	26	5
noche(s)	29	27

	Darío	*Herrera*
ojo(s)	59	28
pájaro(s)	37	2
palabra(s)	16	5
pecho(s)	16	0
perfume(s)	12	0
perla(s)	11	0
poema, poesía	52	0
pupilas	11	7
rama(s), -aje(s)	19	1
rey(es)	26	1
roca(s)	14	1
rosa(s)	47	7
rostro(s)	28	2
ruido(s)	22	0
salón(es)	14	0
sangre	15	1
sátiro(s)	17	3
selva(s)	21	2
seno(s)	12	6
señor(es)	24	0
sol	47	10
sonrisa(s)	16	1
sueño(s)	22	8
tierra(s)	25	3
viento	18	5
voz(es)	21	10

En primer lugar consideramos que con alta representación en Rubén, carecen de ella o es enormemente escasa en Herrera: *armonía, arte, canto(s), flor(es), himno, música(s), poema/poesía*. Son estos términos de un carácter que podríamos señalar como marcadores dentro de la escuela por su función estética para conformar una caracterización harto precisa. De otra parte, tengamos en cuenta los elementos que exaltan la materialidad del cuerpo y de sus actos: *beso(s), boca, brazo(s), cabello(s), cabeza(s), cuerpo, hombre(s), lengua(s), mujer(es), párpado(s), pecho(s), sangre, sonrisa(s)*. Citemos todavía un léxico que sirve para dignificar con su presencia el decoro del verso:[27] *cielo(s), color, cuadro, dios(es), emperador, luz(es), perfume(s), rey(es), rosa(s), salón(es)*, o los que pertenecen a un mundo de tópicos que la escuela divulgó: *cisnes* (Marasso 115, Salinas 75-102), *diamante(s), ninfa(s), perla, sátiro(s)*.[28] Rubén tiene cuantos lugares comunes viene caracterizando a su modernismo: refinamiento artístico, sensualidad, solemne decoro y erotismo. ¿No es acaso contundente leer *amado* y su cohorte en 26 ocasiones, mientras que en Herrera sólo aparece una? Los otros sustantivos no presentan las enormes diferencias que he anotado en las series anteriores y, probablemente, caracterizan mucho menos.

Frecuencias de los adjetivos

	Darío	*Herrera*
abierto(s), -a(s)	14	2
alta(s), -o(s)	15	0
ancho, -a(s)	12	1
ardiente(s), -orosa(s) -oroso(s)	20	1
azul(es), -ado	48	6
bello(s), -a(s)	32	2
blanco(s), -a(s)	46	13
brillante(s)	13	0
bueno(s), -a(s)	20	8
cristalino(s), -a(s)	13	1
desnudo (s), -a(s)	16	4
dorado(s), -a(s)	15	0
extraño(s), -a(s)	21	2
florecido(s), -a(s)	11	0

[27] Rubén lo dijo en las *Palabras Liminares* a las *Prosas Profanas*: "Veréis en mis verses princesas, reyes, cosas imperiales, visiones de países lejanos o imposibles: ¡qué queréis!, yo detesto la vida y el tiempo en que me tocó nacer; y a un presidente de República, no podré saludarle en el idioma que te cantaría a ti, ¡oh Heliogabel!, de cuya corte—oro, seda, mármol—me acuerdo en Sueños...," (Darío, 546).

[28] En 1905, Picasso empieza de algún modo su clasicismo: años después, la mitología fue esencial en su arte (Vid. M. Alvar, *Picasso y los mitos*. Universidad de Murcia, 1994). La evolución hacia nuevas formas se suscita en Manfred Frank, *Kaltes Herz. Unendliche Fahrt. Neue Mythologie* (Frankfurt a. M., 1989).

	Darío	*Herrera*
fresco(s), -a(s)	21	1
gran(de)(s)	79	10
hecho(s), -a	11	0
hermoso(s), -a(s)	23	0
húmedo(s),	12	4
largo(s), -a(s)	14	9
lindo(s), -a(s)	14	1
loco(s), -a	14	3
luminoso(s), -a(s)	18	0
lleno(s), -a(s)	39	3
negro(s), -a(s)	43	5
nuevo(s), -a(s)	14	3
oscuro, -a(s)	16	10
pálido(s), -a(s)	22	3
pequeño(s), -a(s)	14	1
robusto(s), -a(s)	11	0
rojo(s), -a(s)	14	6
soberbio, -a(s)	13	1
trémulo(s), -a(s)	14	2
vasto(s), -a(s)	14	0
verde(s)	19	6
viejo, -a(s)	20	11

Hemos tenido ocasión de comentar el sentido cromático de ambos poetas y no lo haré en este momento, y aun así habría que consignar la oposición en el caso de *dorado* (15 - 0). Voy a fijarme en la enorme diferencia que hay en el empleo de adjetivos ponderativos (*alto, ancho, grande, lleno, pequeño(s), robusto, vasto(s)*, en los que afectan a unas valoraciones estéticas (bello, hermoso, soberbio) enormemente diferenciadas en ambos poetas, en otras sensoriales (*cristalino, florecido, luminoso*) o en algunas más que nos sitúan en un campo indeciso de sensaciones (*oscuro, pálido, trémulo*).

Como en el caso del sustantivo, *Azul...* es un mundo de precisiones estéticas, sensoriales o de indecisas sensaciones. Ambigüedad de un arte del que Herrera y Reissig se siente desplazado y todo en él cobra un sentido neutro y nada concorde con lo que se manifiesta en unos primeros tanteos de la escuela, que después aún se acentuarán.

Frecuencia de los verbos

	Darío	*Herrera*
abrir	14	9
amar	26	8
andar	15	6
besar	11	3
brillar	11	0
frotar	13	4
buscar	13	2
caer	16	1
cantar	40	6
dar	18	13
deber	17	0
decir	74	12
dejar	25	6
escuchar	12	1
estar	92	9
haber	67	16
hablar	16	7
hacer	67	20
hallar	12	1
llegar	44	5
llenar	13	5
llevar	30	2
morir	11	8
mostrar	15	0
parecer	12	2
pasar	27	10
pensar	15	2
poder	20	3
poner(se)	20	4
quedar(se)	20	0
querer	27	2
reír	20	13
saber	27	5
salir	12	3
sentir	22	5
ser	256	65

	Darío	*Herrera*
tener	86	16
tocar	11	1
venir	20	6
ver	82	16
volar	15	1
volver	15	2

Los verbos resultantes de la criba (más de diez documentaciones) nos han dado una enumeración muy poco significativa, si exceptuamos *amar* y *cantar*, pues los verbos declarativos (*decir, hablar, mostrar*) o los existenciales (*ser, estar*), causativo (*hacer*) o de movimiento (*llegar, salir, volver*), o con matiz modal (*pasar, poder, poner(se), saber, venir, etc.*) (Alonso 230) muy poco añaden a la lengua común. Ciertamente es en el verbo donde menos se descubren esos elementos de la escuela que podrían caracterizar a los dos escritores. Acaso *amar, besar* por su carácter erótico; *cantar*, por el suyo estético, podrían ayudar a la definición de ambos poetas(Salinas 53, 102). El resto creo que poco sirve para una caracterización, pues decir que son "musicales" unas cuantas metáforas de verbos apenas significativos en el conjunto (una vez cada uno de los que se aducen) no creo que consigan formar granero.

Comentario último

En el análisis del vocabulario de *Azul...* y *Los peregrinos de piedra* creo que ayuda a resolver muchas cuestiones sobre la significación de Herrera y Reissig dentro del modernismo. Me parece que ya no podrán seguirse haciendo caracterizaciones subjetivas que sirven para todo y que para poco aprovechan. Una vez más habría que distinguir los estilos de época del estilo personal. La cronología, la geografía también, podrá determinar un modo de escribir, pero esto es algo que cuenta para situar a un artista en un tiempo, no en su peculiaridad personal. Entonces tenemos que Herrera y Reissig está en el quehacer de los poetas que revolucionaron la poesía de nuestra lengua a fines del siglo XIX y comienzos del XX, pero se aparta mucho de Rubén. No en vano sentía animadversión por "los raros" lo que es todo un síntoma. Y se aparta de Rubén en los elementos más externos, lo que no quiere decir que no los tenga, pero ¿no están en *La casa de Aizgorri* de Pío Baroja?[29] El

[29] Me parece significativo lo nada que aporta el *Glossaire* de Plowert.

cotejo de los elementos léxicos de ambos poetas nos pueden dar esas palabras-testimonio que pudieran caracterizar al quehacer de la escuela.[30] Rubén usa un mundo el en que los sustantivos denuncian su vocación hacia el paganismo, al prestigio francés, al exotismo, al decadentismo. Todo ello era muy claro dentro de los moldes de la escuela, pero Herrera se distanció de todo ello. Los mismo que se distanció en el mundo adjetival: donde las coincidencias están en lo que atañe a la lengua común y las discrepancias nos llevan lejos de la eclosión brillante de la escuela, y se separan en algo tan significativo como pueda ser su teoría del color. Por último, los verbos: las disensiones afectan a verbos no demasiado frecuentes y que escasamente sirven para caracterizar, mientras que los más abundantes, por serlo, tampoco sirven para gran cosa. No obstante el empleo de *ser* y *estar* manifiesta unas diferencias que nos hacen pensar en un Herrera de las esencias más en un poeta de las apariencias.

Si nos atenemos ahora a las frecuencias de los términos, las consecuencias que obtenemos son abrumadoras: el mundo estéticamente modernista apenas está—o nada—representado en el poeta uruguayo, porque en él los refinamientos de la vida, la exaltación del cuerpo, la escenografía (interiores, paisajes) tampoco vino a contar mucho y otro tanto habría que decir de una adjetivación que afecta a numerosos aspectos que puedan caracterizar a una poesía y a una vida.[31]

Tal vez aquí debamos poner nuestro punto final. Herrera y Reissig es, formalmente, un poeta modernista, pero el contenido de sus poemas lo ha alejado mucho de los oropeles de la escuela. Ha evolucionado y se ha separado de Rubén en mil aspectos fundamentales. No podemos pensar que sea un epígono, sino que su fuerte personalidad lo ha llevado muy lejos. Acaso, sí, hacia la poesía de vanguardia por un acto de consciente intelectualización.

REAL ACADEMIA ESPAÑOLA DE LA LENGUA

---

[30] Se ha dicho que es un ecléctico (Bula 60-61), tal vez sea un modo de señalar su independencia. Vid. G. Matoré, *La méthode en lexicoloaie*. (París, 1953) 65-69.

[31] Por otros caminos, Blengio Brito llego a conclusiones afines (del modernismo 50) y habló de "las variantes modernistas" del poeta (57); Salinas, (253-279). En cuanto a la concepción impresionista del lenguaje de Herrera, me remito al libro de A. Alonso, *El impresionismo en el lenguaje* (Buenos Aires, 1936) y a su artículo, "Por qué el lenguaje en sí mismo no puede ser impresionista."

OBRAS CITADAS

Alonso, Amado. "Sobre métodos: construcciones con verbos de movimiento." *Estudios lingüísticos. Temas españoles*. Madrid: Gredos, 1951.

Alvar, Manuel. *La poesía de Delmira Agustini*. Sevilla: Escuela de Estudios Hispano-Americanos de Sevilla, 1958.

———. *Del modernismo a la generación del 98*. Tomo XXXIX. *La Historia de España*, Mené dez Pidal. Madrid: Espasa-Calpe, 1994.

———. *Estudios léxicos*, Primera serie. Madison: Hispanic Seminary of Medieval Studies, 1984.

———. *Visión en claridad*. Madrid: Gredos, 1976.

Blengio Brito, Raúl. *Aproximación a la poesía de Herrera y Reissig*. Montevideo: Casa del Estudiante, 1967.

———. *Herrera y Reissig: del modernismo a la vanguardia*. Montevidio: Casa del Estudiante, 1978.

Bula Piriz, Roberto. *Poesías completas y páginas en prosa de Julio Herrera y Ressig*. Madrid: Aguilar, 1961.

Darío, Ruben. *Poesías completas*, ed. A. Méndez Plancarte. Madrid: Aguilar, 1967.

Delevoy, Robert L. "The unreality of the image," *Symbolists and Symbolism*. New York: Skira, 1978.

Estévez, Angeles. *El léxico de Julio Herrera y Reissig. Concordancias de "Los peregrinos de piedra."* Anejo XLVI del *Boletín de la Real Academia Española*. 1990.

Marasso, Arturo. *Rubén Darío y su creación poética*. Buenos Aires: Biblioteca Nueva, 1954.

Pino Saavedra, Yolanda. *La poesía de Julio Herrera y Reissig*. Santiago en Chile: Universidad de Chile, 1932.

Salaverri, Vicente A. *Pórtico a las Prosas de J. Herrera y Reissig*. Montevideo - Valencia, 1918.

Salinas, Pedro. *La poesía de Rubén Darío*. Buenos Aires: Losada, 1968.

Seluja, Antonio. "Las Clepsidras," *Homenaje a Julio Herrera y Reissig*. Montevideo: M. Oliveiri y Diego Pérez Pinto, 1963.

Silva Castro, Raúl. *Antología crítica del modernismo hispanoamericano*. Nueva York, 1963.

Torre, Guillermo de. *Poesías completas de Julio Herrera Reissig*. 3 ed. Buenos Aires: Losada, 1958.

Varia Lectio: "El Sur" de Jorge Luis Borges

NICOLÁS EMILIO ÁLVAREZ

EL NARRADOR OMNISCIENTE de "El Sur" relata en la introducción ficcional del cuento la historia de Juan Dahlmann, secretario de una biblioteca municipal de Buenos Aires, cuyo abuelo paterno Johannes Dahlmann, pastor de la iglesia evangélica, había emigrado a la Argentina en 1871; en tanto que su abuelo materno Francisco Flores había muerto batallando contra los indios. Ante la disparidad de ambos linajes, Dahlmann había optado por el legado de su abuelo criollo y abrigaba la añoranza de establecerse algún día en la estancia sureña que había heredado por la rama de los Flores.[1] Pero "En los últimos días de febrero de 1939, algo aconteció" (Borges, *Ficciones* 196).[2] El narrador prosigue relatando la diégesis, cuya primera sección narrativa enfoca los acontecimientos del sanatorio: Dahlmann sufrió un accidente al subir las escaleras de su casa, deseoso de revisar un ejemplar de *Las mil y una noches*. Trasladado a un sanatorio tras ocho días de agonía, éste fue operado a causa de la septicemia ocasionada por el golpe que se había dado en la cabeza. Una vez rebasada la crisis que lo hubo de tener al borde de la muerte, Dahlmann procede a emprender un

---

[1] Conveine recalcarse que Juan Dahlmann encantaba parejamente, al parecer, el legado de su abuelo alemán Johannes Dahlmann, pastor de la iglesia evangélica, tocante a su dedicación intelectual y a su medio de vida sedentario y pacífico de bibliotecario. El legado heredado de su abuelo alemán hace posible el contraste con el otro legado suyo proveniente de su abuelo guerrero y criollo. Véase Ronald W. Albright, *History of the Evangelical Church* (Harrisburg, Pennsylvania: The Evangelical Press, 1942).

[2] Jorge Luis Borges, Ficciones (Buenos Aires: Emecé, 1980). Citaremos por esta edición poniendo el número de la página correspondiente entre paréntesis.

viaje al sur a fin de ir a convalecer a su estancia. La segunda sección narrativa enfoca el viaje en tren al sur, el cual es precedido por dos viajes; uno a la estación de trenes; el otro, intermedio, a un café. De forma accidental, el tren que lo conduce al sur hubo de detenerse en una estación equivocada y extraña. En espera de reanudar su viaje, Dahlmann cena en un almacén en donde dos mocetones, acaso peones de chacra, y un compadrito de ojos achinados lo humillan. El compadrito, ebrio, lo reta a una pelea a cuchillo, tras haberlo injuriado a gritos. Un gaucho anciano e inmóvil le provee a Dahlmann una daga para el duelo. El narrador concluye el relat oe: "Dahlmann empuña con firmeza el cuchillo, que acaso no sabrá manejar, y sale a la llanura" (204).

Borges le indicó al lector en la posdata que le añadió en 1956 al prólogo de *Artificios* la existencia de dos lecturas posibles del cuento: "De *El Sur*, que es acaso mi mejor cuento, básteme prevenir que es posible leerlo como directa narración de hechos novelescos y también de otro modo" (120). Al parecer, Borges propuso así la posibilidad de una lectura literal mediante la cual el viaje al sur del protagonista se había efectuado ficcionalmente según las leyes físicas que rigen el mundo del lector; en tanto que la otra lectura aludida por él quedó indeterminada. En 1964, la indeterminación fue despejada por Borges en una entrevista concedida a James Irby: "Todo lo que sucede después de que sale Dahlmann del sanatorio puede interpretarse como una alucinación suya en el momento de morir de la septicemia, como una visión fantástica de cómo él hubiera querido morir. Por eso hay leves correspondencias entre las dos mitades del cuento: el tomo de las *Mil y una noches*, que figura en ambas partes; el coche de plaza, que primero lo lleva al sanatorio y luego a la estación; el parecido entre el patrón del almacén y un empleado del sanatorio; el roce que siente Dahlmann al hacerse la herida en la frente y el roce de la bolita de miga que le tira el compadrito para provocarlo" (14).

Bien vistas, ambas lecturas promulgadas por el autor parecen fundamentarse en una causa de orden *natural*: trátase al parecer de un viaje físico, no mental ni prodigioso, en una lectura; en la otra, el viaje es de origen sicológico, tampoco prodigioso. Inquirido en una entrevista sobre cuáles habían sido las circunstancias del accidente que había sufrido durante la Navidad de 1938, Borges contestó: "Habíamos invitado a cenar con nosotros a una hermosa joven chilena; como yo llegaba tarde y el ascensor no funcionaba, trepé rápidamente por la escalera. Sentí un golpe suave en la frente, como el de un murciélago, pero la muchacha me abrió la puerta, vi por su expresión que había algo anormal. Me pasé la mano así y quedó roja. Habían dejado una ventana abierta y me había golpeado contra ella. Este accidente provocó una septicemia que me postró; debí morir. Tenía fiebre muy alta y pesadillas durante mucho tiempo, insomnios dolorosos... JM: Esto aparece en su espléndido cuento 'El Sur'... JLB: Si, así es" (Milleret 57). Añádase a este trasfondo autobiográfico del relato otra relación destacada por Borges: "Yo puse a Dahlmann de origen alemán porque soy de cepa inglesa. Y luego lo puse en el sur, porque mi familia tenía estancias en el norte. Hay un juego de simetrías y contrastes" (Carrizo 232).[3] Por lo tanto, se confirma a nivel autobiográfico la génesis *natural* de ambas lecturas propuestas por Borges.

Ahora bien, en concordancia con la lectura sicológica atribuida por Borges a su narración, Allen Phillips afirmó que el viaje de Dahlmann provenía efectivamente de una alucinación debido al "golpe en la frente y la fiebre atroz que provoca (166).[4] Jaime Alazraki entendió que "la declaración de Borges no debe tomarse al pie de la letra [pues] significaría ver en su cuento un relato de fuerte índole realista contraria a la naturaleza de la narrativa de Borges de marcado carácter simbólico" (105).[5] Unos años después, este crítico aceptó la segunda lectura sugerida por Borges—la basada en la índole mental del viaje—y la justificó atribuyéndola a una motivación de sentimiento nacionalista: "Antes de morir, Dahlmann retorna a ese sueño del cual se sabe parte. Es el sueño de su linaje criollo que Dahlmann escogerá sólo antes de su muerte."(Alazraki, "Lec. estruct." 109-119).[6] Ante

[3] Véase el registro biográfico-literario del accidente de 1938 hecho por Emir Rodríguez Monegal, *Jorge Luis Borges: A Literary Biography* (New York: Dutton, 1978) 317-331. *Id.* Alicia Jurado, *Genio y figura de Jorge Luis Borges* (Buenos Aires: Eudeba, 1980) 47-48.

[4] Phillips recopiló en este volumen el estudio original suyo titulado " 'El Sur' de Borges," *Revista Hispánica Moderna* 29 (1963): 140-47.

[5] Alazraki propuso que "En `El Sur' ese *otro modo* [a que se refería Borges] sería leerlo como cifra de la historia argentina toda" (107).

[6] Alazraki reafirmó la misma lectura en una versión inglesa del artículo anterior, "Structure as meaning in 'The South'," *Borges and the Kabbalah: And other essays on his fiction and poetry*. (Cambridge: Cambridge University Press, 1988): "Through the reading suggested by the structure of the story, on the other hand, the fight organizes itself as a dream. Before dying in his hospital bed, Dahlmann dreams a death in consonance with that of his forebears" (71).

ambas lecturas fundadas en hechos naturales, el estudio presente se dirige a ponderar una lectura asentada en un fenómeno de orden ultranatural; vale decir que el viaje del protagonista Juan Dahlmann al sur de la Argentina importa un viaje a través del tiempo en calidad de ser viviente, procedimiento narrativo éste consagrado por la literatura de ciencia ficción.[7]

En "La flor de Coleridge," ensayo publicado inicialmente en el diario *La Nación* el 23 de septiembre de 1945, Borges discutió el concepto de un viaje onírico contenido en una nota de Coleridge: "Si un hombre atravesara el Paraíso en un sueño, y le dieran una flor como prueba de que había estado allí, y si al despertar encontrara esa flor en su mano... ¿entonces, que?" (Borges, *Nueva antología personal* 163). En contraste con este viaje mental, Borges continuó discutiendo la narración de dos viajes a través del tiempo consumados físicamente según los hechos novelescos. El primero, proveniente de la novela *The Time Machine* de H. George Wells (1866-1946), tratábase del viaje físico del protagonista al futuro, en calidad de ser viviente, del cual éste había regresado trayendo una flor marchita;[8] el

[7] Consta que el libro que la madre le leyera a Borges tras la operación quirúrgica de 1938 fue *Out of the Silent Planet*, obra de ciencia ficción, de C. S. Lewis; véase el examen hecho por Emir Rodríguez Monegal sobre la trascendencia de este libro en la obra de Borges, *A Literary Biography*, obra citada, 323-27; 333-34. La afición de Borges por el género de ciencia ficción-literatura fantástica lo llevó a editar, en colaboración con Adolfo Bioy Casares y Silvina Ocampo, *Antología de la literatura fantástica* (Buenos Aires: Ed. Sudamericana, 1940), cuyo prólogo, redactado por Bioy, constituyó un estudio del género; en él Bioy enumera *el viaje a través del tiempo* como uno de los principales argumentos fantásticos (8). Jorge Oscar Pickenhayn, *Borges a través de sus libros* (Buenos Aires: Ed. Plus Ultra, 1979), advirtió: "Borges tomaría muy en cuenta las ideas expuestas por Bioy Casares en la segunda parte del citado prólogo. La técnica narrativa del cuento fantástico, sus leyes retóricas, las observaciones generales y la enumeración de los principales temas y argumentos, son principios que el autor de *Ficciones* aplicaría de inmediato" (161). Véase Emir Rodríguez Monegal, "Borges: una teoría de la literatura fantástica," *Revista Iberoamericana* 95 (1976): 177-189; Donald A. Yates, "Borges y la literatura fantástica," *Kentucky Romance Quarterly* 13 (1967): 34-40.

[8] La lectura de *The Time Machine* junto a otras lecturas de obras de ciencia ficción hechas por Borges fueron evaluadas por Rodríguez Monegal, *A Literary Biography*, 70-78. Borges se ocupó de Wells al publicar *Discusión* en 1932, véase "H. G. Wells y las parábolas" y luego le dedicó otro ensayo en 1952 al publicar *Otras inquisiciones*, véase Jorge Luis Borges, *Obras completas* 1923-1972 (Buenos Aires:

segundo viaje a través del tiempo aducido por Borges fue el del protagonista de la novela *The Sense of the Past* de Henry James que, al ver un retrato que inexplicablemente lo figuraba, se trasladó en vida a la instancia de su pintura: Ralph Pendrel "se traslada al siglo XVIII porque lo fascina un viejo retrato, pero ese retrato requiere, para existir, que Pendrel se haya trasladado al siglo XVIII. La causa es posterior al efecto, el motivo del viaje es una de las consecuencias del viaje" (165). En 1949, con ocasión de una disertación ofrecida en Montevideo, Borges estipuló cuatro procedimientos narrativos esenciales: "la obra de arte dentro de la misma obra, la contaminación de la realidad por el sueño, *el viaje en el tiempo*, el doble" (subrayamos).[9] El viaje a través del tiempo importaba así un procedimiento narrativo que Borges juzgaba distintivo de la literatura de ciencia ficción o fantástica con años de antelación a la publicación de "El Sur,"[10] el cual vio la luz en el suplemento literario de *La Nación* el 8 de febrero de 1953 y luego Borges lo recopiló en la segunda edición de *Ficciones*, hecha por Emecé, en 1956.

Otro factor concomitante a la mitopoesis de "El Sur" parece haber provenido de la estima en que Borges tenía la obra de Gilbert K. Chesterton (1874-1936). En el ensayo titulado "Los laberintos policiales y Chesterton," publicado en *Sur* en julio de 1935, Borges declaró: "Chesterton, siempre, realiza el *tour de force* de proponer una aclaración sobrenatural y de remplazarla luego, sin pérdida, con otra de este mundo."[11] Parece que, en

---

Emecé, 1974) 175-76, 697-99, respectivamente. Véase John Huntington, "The Science Fiction of H. G. Wells," *Science Fiction: A Critical Guide*, ed. Patrick Parrinder (New York: Longman, 1979) 34-50.

[9] Véase Emir Rodríguez Monegal, *Narradores de esta América*, 2 tomos (Buenos Aires: Ed. Alfa, 1976) 1:220.

[10] Remitimos al lector al análisis comparativo entre el género de ciencia ficción y el género fantástico efectuado por Eric S. Rabkin, "Genre Criticism: Science Fiction and the Fantastic," *Science Fiction: A Collection of Critical Essays* (Englewood Cliffs, New Jersey: Prentice Hall, 1976) 89-101; id. "The Fantastic and Genre Criticism," en su obra *The Fantastic in Literature* (Princeton, New Jersey: Princeton University Press, 1976) 117-50; Tzvetan Todorov, *The Fantastic: A Structural Approach to a Literary Genre*, Trad. Richard Haward, Intro. Robert Scholes (Ithaca, New York: Cornell University Press, 1973) 157-75. Véase Mike Ashley, *The Illustrated Book of Science Fiction* (New York: Simon & Schuster, 1982) 16-17; 39-44; *The New Encyclopedia of Science Fiction*, ed. James Gunn (New York: Viking, 1988) 466-67.

[11] Jorge Luis Borges, *Ficcionario: Una antología de sus textos*. Ed., intro., prólogos y notas de Emir Rodríguez Monegal (México: Fondo de Cultura Económica, 1981)

emulación de este admirado escritor británico, Borges invirtió el procedimiento narrativo de Chesterton al realizar el *tour de force* de narrativizar ese viaje ultranatural a través del tiempo, mas remplazándolo sin pérdida de tiempo con las otras dos semiosis de índole natural ("de este mundo") precitadas.[12]

Textualmente, el lector puede aquilatar la maestría con que Borges procuró respaldar la semiosis del origen mental del viaje, si a los lexemas puntualizados por él, les añadimos otros no menos fehacientes que él pergeñó en su apoyo: "era como si a un tiempo [Dahlmann] fuera dos hombres: el que avanzaba por el día otoñal y por la geografía de la patria, y el otro, encarcelado en un sanatorio y sujeto a metódicas servidumbres" (199); "todas esas cosas eran casuales, como *sueños* de la llanura"; "Alguna vez durmió y en sus *sueños* estaba el ímpetu del tren" (200, subrayamos); "*No hubieran permitido en el sanatorio que me pasaran estas cosas*, pensó" (204). Los lexemas anteriores son presididos por un enunciado inscrito con anterioridad al viaje y vertebrante de la semiosis global de la narración: "A la realidad le gustan las simetrías y los leves anacronismos" (198). Efectivamente, en ambas subdiégesis, Borges tendió tales simetrías puntualizadas, pero asimismo tramó unos "leves anacronismos" a los que significativamente no aludió en dicha entrevista y en los cuales dejó cifrada la trascendencia ultranatural de su relato, como habremos de ver. Por último, ha de añadirse al conjunto de dichas simetrías la vinculación postrera entre la subdiégesis del sanatorio y la subdiégesis del viaje, según ello culmina en el desenlace narrativo: "Sintió, al atravesar el umbral, que morir en una pelea a cuchillo,

---

98. Este ensayo no fue recopilado en las *Obras completas* 1923-1973 (Buenos Aires: Emecé, 1974); analizamos la historia bibliográfica de la obra borgeana en un estudio titulado "Unas acotaciones al texto borgeano," *Crítica Hispánica* 17.2 (1995): 276-285.

[12] La resonancia de Chesterton en la obra de Borges fue destacada por Robert Gillespie, "Detection: Borges and Father Brown," *Novel* 7 (1974) 220-30; véase Naomi Lindstrom, "The Argentine Reading of Chesterton," *The Chesterton Review* 6 (1980) 272-79. Perduró hasta el final la admiración de Borges por la obra de Chesterton; véase Jorge Luis Borges y Osvaldo Villari *Diálogos últimos* (Buenos Aires: Sudamericana, 1987) 122-28. Borges incluso seleccionó la obra del escritor británico para encargarse de su edición; véase Jorge Luis Borges, *Biblioteca personal (prólogos)* (Madrid: Alianza Editorial, 1988) 14-15. En ambas declaraciones anteriores, la de 1987 y la de 1988, Borges reiteró su juicio original sobre los elementos integrantes de ese *tour de force* chestertoniano señalados en su ensayo de 1935, citado arriba.

a cielo abierto y acometiendo, hubiera sido una liberación para él, una felicidad y una fiesta, en la primera noche del sanatorio, cuando le clavaron la aguja. Sintió que si él, entonces, hubiera pedido elegir o soñar su muerte, ésta es la muerte que hubiera elegido o soñado" (204). De suerte que la lectura que sustenta la índole mental del viaje de Dahlmann al sur fue textual e intencionalmente inscrita por Borges e incluso avalada por él, explícitamente, en la entrevista concedida a Irby.

De otra parte, la lectura que propugna la realidad física del viaje de Dahlmann ha sido relegada a un segundo plano puesto que los mismos críticos que la consideran tienden a privilegiar la lectura del origen mental del viaje.[13] Es patente que la preponderancia semiótica asumida por los lexemas que respaldan la lectura del origen sicológico del viaje opaca la tesis del viaje físico al sur. Mas la refutación textual de esta tesis viene dada por el lexema en que el patrón del almacén se dirige a Dahlmann llamándolo por su nombre, sin que pudiera haber sabido el nombre del protagonista ya que, conforme a los hechos novelescos, Dahlmann no había trabado conocimiento con el patrón del almacén con anterioridad a esta ocasión ni tampoco se había hallado él antes en dicha comarca, con la cual sólo se había topado accidentalmente a causa de la inusitada parada del tren no en "la estación de siempre sino en otra, un poco anterior y apenas conocida por Dahlmann" (200). El lexema en cuestión entraña uno de esos "leves anacronismos" atribuidos por el narrador a su relato: "Resolvió salir; ya estaba de pie cuando el patrón se le acercó y lo exhortó con voz alarmada:—Señor Dahlmann, no les haga caso a esos mozos, que están medio alegres" (203).

La parada accidental del tren en una estación extraña y equivocada implica otro "anacronismo" más y traba una concatenación semiótica palpable con el accidente que había puesto en peligro la vida de Dahlmann y lo había precipitado en la dirección del viaje a través del tiempo. Este viaje en el tiempo le acarreará a Dahlmann otros dos accidentes también "anacrónicos": el siniestro accidente en el que el anciano gaucho estático le proporciona la daga para el combate y el accidente del duelo que finiquita la narración y la vida de Dahlmann. Queda, al parecer, como la lectura más

[13] Véase Zunilda Gertel, "'El Sur' de Borges; búsqueda de la identidad en el laberinto," *Nueva Narrativa Hispanoamericana* 1:2 (1971): 39; Didier T. Jaén, Borges' Esoteric Library: *Metaphysics to Metafiction* (Lanham, Maryland: University Press of America, 1992) 121-124; Martin S. Stabb, *Borges Revisited* (Boston: Twayne Publishers, 1991) 42-44.

plausible del relato aquélla que sustenta la tesis del origen mental del viaje al sur, mediante la cual todas las simetrías y dichos "leves anacronismos" aparentan alcanzar una resolución. Se entiende así la difusión que tal lectura ha alcanzado en los análisis del cuento.[14]

Ahora bien, la lectura que propone que la narración subsecuente a la subdiégesis del sanatorio procede de un sueño o de una pesadilla o pudiera provenir de un estado alucinatorio al momento de morir a causa de la septicemia o pudiera deberse al efecto de un medicamento alucinógeno a consecuencia de la operación quirúrgica a que Dahlmann fue sometido rebasa la coherencia y la preponderancia lógicas que manifiesta el texto. De ser cierta cualquiera de las razones anteriores, la subdiégesis del viaje al sur sería inverosímil debido a la palpable causalidad que predomina en el discurso narrativo junto a la lógica ínsita que manifiestan los juicios, las imágenes y las descripciones que conforman esta subdiégesis. Concordamos con Ronald Christ al afirmar la vigencia lata de la causalidad y de la lógica en la narración: "What 'Narrative Art and Magic' demands then, and what 'The South' provides, is a narrative based on a reasonable relationship of cause and effect embodied in a closely worked web of significant detail." (125).

La causalidad y la lógica preponderantes en el discurso son incongruentes con el onirismo o con la alucinación atribuidos a Dahlmann puesto que tales fenómenos generan una expresión que, por naturaleza, ha de violar la lógica y el principio de causalidad. Parece un tanto ilógico e inverosímil el atribuirle al estado mental alucinatorio u onírico achacado a Dahlmann instantes antes de morir el siguiente enunciado lógico que incluso adquiere la formulación de una disquisición filosófica: "Entró. Ahí estaba el

---

[14] Además de Alazraki, Gertel, Jaén, Phillips y Stabb, cuyas obras hemos citado, véase Ion T. Agheana, *The Prose of Jorge Luis Borges: Existencialism and the Dynamics of Surprise* (New York: Peter Lang, 1984) 107-109; Stelio Cro, *Jorge Luis Borges: Poeta, Saggista e Narratore* (Milano: U. Mursia, 1971) 162-163; Robert J. González-Casanovas, "Borges's Argentinian South: Legend, Fiction, and Myth in 'El Sur'," *Philological Papers* 37 (1991): 151-57; John B. Hall, "Borges' 'El Sur': A Garden of Forking Paths?" *Iberomania* (Göttingen) 3 (1975): 71-77; Naomi Lindstrom, *Jorge Luis Borges: A Study of the Short Fiction* (Boston: Twayne Publishers, 1990). Lindstrom estipula dos lecturas posibles: una recaba el viaje mental; la otra, el viaje de un muerto (52). Sin embargo, esta última lectura, sólo mencionada, resulta textualmente infundable.

gato, dormido. Pidió una taza de café, la endulzó lentamente, la probó (ese placer le había sido vedado en la clínica) y pensó, mientras alisaba el negro pelaje, que aquel contacto era ilusorio y que estaban como separados por un cristal, *porque el hombre vive en el tiempo, en la sucesión, y el mágico animal, en la actualidad, en la eternidad del instante*" (198, subrayamos). Ni tampoco parece ser lógico ni verosímil el atribuirle a los siguientes enunciados argumentativos y descriptivos un origen alucinatorio u onírico, por ejemplo: "Dahlmann registró con satisfacción la vincha, el poncho de bayeta, el largo chiripá y la bota de potro y se dijo, rememorando inútiles discusiones... que gauchos de ésos ya no quedaban más en el Sur"; "El patrón le trajo sardinas y después carne asada; Dahlmann las empujó con unos vasos de vino tinto" (202), paladeándolo. Vistas desde la perspectiva del viaje puramente alucinatorio u onírico las incongruencias de este tenor se dilatan a lo largo de la subdiégesis del viaje. Tal vez lo que ha pasado inadvertido es que tal causalidad y tal lógica narrativas le eran necesarias a Borges a fin de imprimirle una configuración realista a su narración con el objetivo de trascender este realismo en aras de insuflarle y de encubrir el tramado ultranatural del viaje a través del tiempo y cumplimentar así, con creces, ese *tour de force* a lo Chesterton.

A saber, sólo resta como la lectura más coherente y verosímil del relato el "leerlo como directa narración de hechos novelescos" (120), tal como aseveró Borges en el prólogo precitado empleando, sin embargo, una fraseología hartamente ambigua con el fin de animar a sus lectores a presumir que el autor asentía y validaba con ello la tesis de que el viaje se había efectuado realmente según las leyes físicas que rigen el mundo del lector. Lo cierto es que tales hechos novelescos proyectan la narración hacia la dimensión ultranatural del viaje a través del tiempo, cuya índole fue enunciada por el narrador: "*Dahlmann pudo sospechar que viajaba al pasado y no sólo al Sur*" (subrayamos, 204). Previamente, el narrador había subrayado el carácter ultranatural del viaje al consignar sin ambages la transfiguración de la realidad: "También el coche era distinto; no era el que fue en Constitución, al dejar el andén: la llanura y las horas lo habían atravesado y transfigurado" (200). Esa transfiguración del coche efectuada por el espacio y por el tiempo ("la llanura y las horas") indica el desplazamiento actual del viajero hacia otra dimensión de la realidad y consigna a la vez que el tren ("el coche," según la sinécdoque) es el medio o vehículo que sirve de transbordación.

E incluso, con la finalidad de remachar el fenómeno de ese viaje ultranatural, Borges plasmó previamente la faceta mítica de la *transposición del umbral* mediante los dos viajes precedentes. Trátase, primeramente, del viaje que conduce a Dahlmann a la estación de trenes. Aparte de su función intrínseca de proveer un viaje coadyuvante al viaje en el tiempo, el narrador omnisciente lo utiliza para sentar, mediante un discurso autorial, la significación esotérica de *el sur*: "Nadie ignora que el Sur empieza del otro lado de Rivadavia. Dahlmann solía repetir que ello no es una convención y que *quien atraviesa esa calle entra en un mundo más antiguo y más firme*" (198, subrayamos), El segundo viaje coadyuvante es el viaje subsiguiente a un café: treinta minutos antes de que partiera el tren, Dahlmann decidió abandonar la estación con la intención enigmática de ir a alisar el pelaje de un gato negro: "Recordó bruscamente que en un café de la calle Brasil (a pocos metros de la casa de Yrigoyen) había un enorme gato que se dejaba acariciar por la gente, como una divinidad desdeñosa" (198). El carácter aparentemente desvinculado y enigmático de este narratema tal vez haya motivado su exclusión casi plena de las lecturas críticas aplicadas al cuento;[15] mas resulta indescontable no ya por su apreciable extensión textual, sino a causa de su valor semiótico al narrativizar el ritual mitológico de la transposición del umbral y del pasaje desde la realidad natural que rige la subdiégesis del sanatorio a la realidad ultranatural que rige durante la subdiégesis del viaje.[16]

Tradicionalmente, se le atribuye al gato poderes mágicos y divinos a fuer de símbolo ominoso de la hechicería, de la noche y de la muerte.[17] Y, textualmente, se verifica que Dahlmann se desplaza en su viaje a través del tiempo hacia la noche y hacia su muerte, tras ese ritual mitológico durante el cual le rinde culto al felino en procura de su favor. Temporalmente, el

---

[15] Salvo Zunilda Gertel que ponderó la trascendencia del gato como "símbolo de lo intemporal, arquetipo de la especie que lo incluye; por ello es presencia mágica fuera de la temporalidad sucesiva" (obra citada, 42). Huelga encarecerse que en la narrativa borgeana aun el menor lexema suele resultar semióticamente significante.

[16] La transposición del umbral así como el rito de pasaje son dos aspectos del viaje mítico del héroe estudiado por Joseph Campbell, *The Hero With a Thousand Faces* (New Jersey: Princeton University Press, 1978) 77-108.

[17] Robert Briffault, *The Mothers: A Study of the Origins of Sentiments and Institutions*, 3 tomos (New York: MacMillan, 1927) 2:621; José Antonio Pérez Rioja, *Diccionario de símbolos y mitos* (Madrid: Tecnos, 1971) 221; J. E. Cirlot, A *Dictionary of Symbols* (New York: Philosophical Library, 1962) 38.

viaje se inicia con "la luz amarilla del nuevo día" (198). Luego prosigue con el ocaso: "Ya se había hundido el sol" (201). El viaje concluye en plena noche pues "La oscuridad fue quedándose con el campo" (202). Y la transposición final de Dahlmann de su vida a su muerte acontece durante esa noche, según el narratema precitado del desenlace (204). Debe agregarse la semiosis que el símbolo de la noche proyecta a través de la segunda subdiégesis no tan sólo como significante mitológico de la muerte, del cual Borges oportunamente se valió al parecer, sino porque al salir afuera del almacén para entablar ese duelo *anacrónico* Dahlmann se aleja de la luz del recinto para internarse en la oscuridad nocturna que presuntamente le dificultará aún más la defensa de su vida. Luz, noche, oscuridad se convierten en significantes semióticos del desplazamiento ultranatural del protagonista hacia otra dimensión de la realidad.

No obstante, el significante mágico primordial que rige la narración radica en el ejemplar descabalado de *Las mil y una noches*, obra cuatro veces vinculada a los acontecimientos desencadenantes de la acción narrativa. Este libro de aventuras mágicas incita el romanticismo congénito del protagonista y conjura los elementos mágicos y fatídicos que coadyuvan a la dimensión fantástica de la narración. De ahí que el narrador apunte: "Viajar con este libro, tan vinculado a la historia de su desdicha, era... un desafío alegre y secreto a las frustradas *fuerzas del mal*" (199, subrayamos). El "genio que ha jurado matar a su bienhechor" (199), tal como lee Dahlmann en *Las mil y una noches* según avanza el tren, se había traducido en el malhadado accidente que había ocasionado el viaje del protagonista a otra dimensión de la realidad; se traduce también en la parada fortuita del tren en una estación equivocada y, concretamente, en las fortuitas y míticas circunstancias del almacén en que el anciano gaucho estático le facilita a Dahlmann el arma que lo habrá de redimir de un pasado desidioso. Y finalmente se traduce en el fatídico duelo a cuchillo entablado entre un bibliotecario romántico, convaleciente e inofensivo y un *compadrito* agresivo, ducho en el manejo de dicha arma ("Entre malas palabras y obscenidades, tiró al aire un largo cuchillo, lo siguió con los ojos, lo barajó, e invitó a Dahlmann a pelear," (203). Esa parada accidentada del tren ("en medio del campo," [200]) y esa estación primitiva ("era poco más que un andén con un cobertizo," [201]) semiotizan puntualmente la llegada a otra dimensión de la realidad; es decir, la traslación de Dahlmann a un destino trascendente.

Concomitante al significante regente de *Las mil y una noches* es la figura concertada por ese gaucho longevo y estático del almacén en quien

"Dahlmann vio una cifra del Sur (del Sur que era suyo)" (203) y quien deliberada y siniestramente le provee a Dahlmann la daga con que éste habrá de sellar su muerte porque "Era como si el Sur hubiera resuelto que Dahlmann aceptara el duelo" (203). El estatismo y la conformación del viejo gaucho que echado en el suelo se acurrucaba contra el mostrador (201) concuerdan con el gato yaciente y dormido; así como concuerda el color negro del gato con el del gaucho que era "oscuro, chico y reseco" (201). Añádase que el discurso autorial de que dicho gaucho "estaba como fuera del tiempo, en una eternidad" (201) tiende una analogía patente con los enunciados descriptivos y discursivos empleados anteriormente con respecto al gato: "porque el hombre vive en el tiempo... y el *mágico* animal... en la *eternidad* del instante" (subrayamos, 199).[18] Así, conjuntamente con el gato, dicho gaucho concierta la eternidad y se convierte en otro significante mítico de la fatalidad tutelar cifrada en *Las mil y una noches* de la cual encarna la personificación narrativa de ese "ese genio que había jurado matar a su bienhechor" (199). Su figura preconiza la entrada de Dahlmann a la eternidad de la muerte, habiendo sido cuatro los viajes que había emprendido éste así como son cuatro los accidentes ocurridos a Dahlmann y cuatro constituyen las alusiones textuales a *Las mil y una noches*.[19]

El procedimiento narrativo del viaje a través del tiempo absorbe y fundamenta todos los lexemas y narratemas concernientes a la subdiégesis del viaje, incluyendo aquellos que Borges pergeñó con el propósito de intentar imbuirles un aura mental. De ahí que el lexema en que el patrón del

[18] Al estudiar la reocurrencia de sucesos o imágenes semejantes en la escritura borgeana, Ana María Barrenechea apunta la patente semejanza entre este viejo gaucho de "El Sur" y el anciano de "El hombre en el umbral" de *El Aleph*: "In the Indian setting, the old man, a symbol of the divinity or of destiny, is untouched by the vicissitudes of life. This changes when he is placed in a Latin American environment. He still views humanity *sub specie aeternitatis*, but he is now touched by something we find in many of Borges's texts: the sense that we have hidden destinies blind as the blood we inherit." "On the Diverse (South American) Intonation of Some (Universal) Metaphors," *Borges and His Succesors: The Borgesian Impact on Literature and the Arts*, ed. Edna Aizenberg (Columbia: University of Missouri Press, 1990) 21.

[19] Los cuatro viajes del protagonista Dahlmann envuelven, primeramente, el viaje al sanatorio; seguido éste por el viaje que lo lleva a la estación de trenes, ambos realizados en un coche de plaza como bien lo indica Borges; luego, el viaje al café y, por último, el viaje mitopoético a través del tiempo.

almacén exhorta por su nombre a Dahlmann, sin que pudiera haber sabido su nombre, resulta ser una manipulación diestra de esos "leves anacronismos" narrativos con la finalidad de recabar la *eternidad*, a cuya órbita se había desplazado Dahlmann, y a fin de conjugar semióticamente la eternidad de la muerte.

Borges quiso imprimirle a este viaje al sur una causalidad sicológica definida con el propósito de consolidar y amparar aún más la pátina realista de la narración. Secunda la lectura del viaje en el tiempo el que esta configuración realista incluso corresponda, al decir de Borges, al arte semejante con que Wells había plasmado *The Time Machine*: "Wells haba observado que esa época finales del siglo XIX y principios del XXI, que es la nuestra, descreía de magias y talismanes, de la pompa retórica y de los énfasis. Ya entonces, como ahora, la imaginación aceptaba lo prodigioso, siempre que su raíz fuera científica, no sobrenatural. En cada uno de sus textos hay un solo prodigio; las circunstancias que lo ciñen son minuciosamente grises y cotidianas."[20] Tal causalidad sicológica de raigambre realista explica el romanticismo congénito de Dahlmann, procedente de su abuelo criollo "de muerte romántica" y elegido "(tal vez a impulsos de la sangre germánica)" (195), sangre heredada de su abuelo paterno Johannes Dahlmann, y tiende a justificar su preferencia por la lectura de obras románticas y de aventuras.

Este romanticismo hacíasele necesario a Borges a fin de justificar asimismo el hecho de que este bibliotecario determine ir a convalecer, luego de un estado tan grávido de salud, a la estancia de legado romántico y guerrero heredada de su abuelo Francisco Flores, muerto en la frontera de Buenos Aires, "lanceado por indios de Catriel" (195). La repercusión romántica que asume la estancia en la mente de Dahlmann quedó fijada desde un principio en la introducción ficcional: "una de las costumbres de su memoria era la imagen de los eucaliptos balsámicos y de la larga casa rosada que alguna vez fue carmesí... Verano tras verano se contentaba con la idea abstracta de posesión y con la certidumbre de que su casa estaba esperándolo" (196). Bien vista, la estancia simbolizaba para Dahlmann el repositorio de su auténtica identidad; es decir, su identificación plena con su linaje criollo; simbolizaba también el irremediable viaje en el tiempo en

20 Véase "Herbert George Wells: *La máquina del tiempo, El hombre invisible*," Jorge Luis Borges, *Biblioteca personal*, 29.

consecución de esa autenticidad personal y simbolizaba la inexorable muerte violenta del protagonista en paralelismo relativo con la muerte de su abuelo criollo y heroico. No será casual entonces que tanto la casa ("alguna vez fue carmesí," [196]) como el almacén ("alguna vez, había sido punzó," [201]) hayan sido intrasemiotizados doblemente por Borges mediante una sintaxis similar y mediante el color simbólico de la violencia y de la pasión que ambos recintos conjugan.

Desde la perspectiva del lector, sin embargo, tal vez ese viaje del protagonista importa un exabrupto romántico puesto que la estancia sureña distanciaba inopinadamente a Dahlmann, en caso de alguna recaída o contratiempo, de la atención médica especializada que acababa de recibir en el sanatorio de Buenos Aires. El temperamento romántico que Borges le infundió a Dahlmann cumplía también el cometido de justificar sicológicamente ante el lector la aparente insensatez de éste de aceptar un duelo a cuchillo habiendo apenas iniciado su proceso de convalecencia y para cuyo duelo este bibliotecario era inepto. No obstante, en conformidad con la sicología romántica de Dahlmann, el duelo venía a ser justamente una tardía pero añorada reivindicación de su vida. En suma, el romanticismo criollo de Dahlmann que Borges semiotizó mediante ese ícono de efigie patriarcal (195), acaso de aspecto patriótico y figuración tal vez de su aguerrido abuelo; mediante una espada tal vez heroica y músicas tal vez marciales (195) y mediante la estancia sureña de legado heroico (195); romanticismo simbolizado metalépticamente asimismo por el recuerdo de la novela trágica de *Pablo y Virginia*; por la afición patriótica del protagonista por la estrofas del *Martín Fierro* y, primordialmente, por la lectura fatídica de *Las mil y una noches*, le impulsa a emprender su viaje en el tiempo hacia otra dimensión de la realidad en donde el sedentario empleado de una biblioteca municipal corona su vida muriendo no en la simbólica posición supina de un paciente de sanatorio, sino en el sur, empuñando con coraje un cuchillo en la instancia activa de combate. De ahí que su muerte[21] se

---

[21] Concordamos con Borges en que, pese al discurso elíptico, no existe otro desenlace sino la muerte del protagonista al final: "Me dijeron por qué no había descrito la muerte. Yo creo que hubiera sido más débil si hubiera descrito la muerte de él ¿no? El *sale a la llanura* para morir. Se entiende que va a morir. Puesto que no sabe pelear. Además, *que acaso no sabrá manejar*: ese *acaso* es una forma de decir *sin duda* no sabrá manejar; ¿no? Es un énfasis ese *acaso*. Bueno, la palabra *casi* es un énfasis también, ¿eh? (Borges, *Borges el memorioso* 231).

convierta en "una liberación para él, una felicidad y una fiesta" y represente simultáneamente un suicidio y una redención.[22] Dahlmann se deshace así de aquel presente anodino suyo de secretario de una simbólica biblioteca municipal (196) y física y sicológicamente se forja una muerte romántica que para él tal vez haya asumido visos heroicos.

En conclusión, el viaje a través del tiempo se originó con la partida hacia el sur del protagonista abordo del tren. La tramitación narrativa entre la subdiégesis del sanatorio a la del viaje conllevó el viaje en coche del sanatorio a la estación de ferrocarriles y el viaje al café. Este último importa un viaje iniciático de orden mitológico mediante el cual Dahlmann le rinde culto, previamente, a la deidad felina en procura de su gracia para la realización de su viaje ultranatural. Al alisar el pelaje del gato negro y dormido, Dahlmann transpone así el umbral de su viaje en el tiempo y entra en contacto con otra dimensión de lo real. El tren funge de vehículo de transbordación entre el tiempo cronológico absoluto que rige la subdiégesis del sanatorio y el no-tiempo que lo aguarda a su llegada a esa dimensión de lo real en que rige la eternidad, así definida por Borges: "Los teólogos definen la eternidad como la simultánea y lúcida posesión de todos los instantes del tiempo y la declaran uno de los atributos divinos."[23] Dahlmann viaja en vida a la dimensión de la realidad en donde pasado, presente y

[22] Según Emir Rodríguez Monegal, el accidente sufrido por Borges en 1938 asumió una significación trascendente: "Después de la muerte del Padre y del 'accidente' expiatorio que es su consecuencia, Borges da libre curso a sus facultades narrativas. El accidente asume la forma simbólica de un suicidio y de un renacimiento: el Fénix renace de las cenizas de la fiebre." *Borges por él mismo* (Caracas: Monte Avila, 1980) 27. Tal vez dicho suicidio simbólico de Borges alegado por Rodríguez Monegal conforme otro elemento autobiográfico trasladado a la narración.

[23] Jorge Luis Borges, "El tiempo y J. W. Dunne," (*Obras completas* 648). Por demás, Borges alega haber experimentado personalmente la eternidad: "El fácil pensamiento *Estoy en mil ochocientos y tantos* dejó de ser unas cuantas aproximativas palabras...Me sentí muerto...mas bien me sospeché poseedor del sentido reticente o ausente de la inconcebible palabra *eternidad*." (*Obras completas* 765, subrayamos). Huelga apuntar la articulación de la eternidad en muchos textos borgeanos así el protagonista de "El Aleph" experimenta la eternidad al contemplar el Aleph; otro tanto le acontece a Tzinacán, el protagonista de "La escritura del dios." Véase mi estudio "Borges y Tzinacán," *Revista Iberoamericana* 127 (1984): 59-73, donde examinamos tal eternidad.

futuro simultáneamente coexisten. De ahí que el patrón del almacén pudiera conocer su nombre, sin haberlo sabido anteriormente y que aquél pueda morir a manos de un compadrito anacrónico y desconocido y en un anacrónico y absurdo duelo a cuchillo. Tales anacronías no lo son tales conforme al concepto de eternidad; lo son tales sólo desde la perspectiva del lector. Huelga decirse que la eternidad imbuida en las postrimerías de la subdiégesis del viaje sólo es dable en contraste con el tiempo absoluto forjado por Borges para la subdiégesis del sanatorio; mas este tiempo cronológico se imponía narrativamente a fin de fundamentar la pátina realista global del relato.

Cabrá ponderarse de formidable maestría narrativa el que las dos lecturas críticas esenciales posteriormente aplicadas a "El Sur" hubieran sido preconcebidas y formuladas por Borges ya en 1956, adelantándose a ser el primer exégeta de su relato. Al plantear allí Borges esa doble lectura del texto conforme a la directa narración de los hechos novelescos y luego "de otro modo," tal vez preveía que esta segunda lectura, por su misma postulación elíptica, sería encarecida por los lectores, quienes se empeñarían por sí mismos en desentrañarla o instarían al autor a explicitarla, tal como efectivamente ocurrió en la entrevista concedida a Irby en términos de un viaje de índole mental. Esta segunda lectura, en contraste con la primera, pareciera ser a primera vista más sutil y enriquecedora del texto. El relato habría satisfecho así el *tour de force* de amalgamar dos semiosis distintas y aparentemente válidas. Mas debe considerarse una dilucidación de Borges concertada en 1973: "But in 'The South' the plot is about—well, actually, *there are several plots*. One of these might be that the man died on the operating table, and that the whole thing was a dream of his, in which he was striving to get the death he wanted." (*on Writing* 50, subrayamos). Borges reafirma la lectura canónica del viaje mental, tras haber afirmado la existencia de otras lecturas.[24] Tal vez quepa conjeturarse que Borges

[24] Otra lectura del cuento sería la que se abstiene de tomar partido tocante a la índole del viaje puesto que justamente se entiende que lo esencial de la narración es la ambigüedad de todo ello; ésta es la lectura de Donald L. Shaw, *Borges' Narrative Strategies* (Leeds, Great Britain: Francis Cairns, 1992): "as nearly every critic has noticed, the story is about the ambiguity of reality. We do not know whether the events described in the later part of the tale are intended to be taken as 'real' (in the fictional sense) or as a hallucination or dream of Dahlmann's while he is in the clinic (or even on the train)" (35). Otra lectura, de espaldas a la índole del viaje, de corte

preconcibiera que la lectura que preconiza el origen mental del viaje no tendría al cabo una justificación textual absoluta y hubiera confiado que un análisis que ello observara planteara la semiosis fantástica y trascendente del viaje a través del tiempo.

Siete años antes de su fallecimiento Borges aún sostenía su predilección por "El Sur": "Ese es el mejor cuento mío" (Borges, *Borges el memorioso* 231). Tal vez esta convicción del autor procediera de una conjunción de factores. Uno sería el vasto trasfondo autobiográfico que Borges le imprimió al cuento, según expusimos; entendiéndose que, a la par de Dahlmann, Borges desempeñó las funciones de bibliotecario en una biblioteca municipal y admiraba, igualmente, a sus ancestros patrióticos de profesión militar así como la virtud del coraje y una vida más aventurera (*A Literary Biography* 3-14, 306-10). Otro factor acaso sería la envergadura estética de "El Sur," despojado como está de epígrafe, de subtextos y del formidable carácter erudito de muchos de sus relatos, mas partícipe magistral de los cuatro procedimientos narrativos estipulados por Borges en su disertación de Montevideo. Nos referimos al *doble*, personificado por el Dahlmann bibliotecario, pacífico e intelectual y por el Dahlmann aventurero del viaje al sur y del duelo. Asimismo nos referimos a *la contaminación de la realidad por el sueño* que se tradujo en la semiosis onírico-alucinatoria de la narración. Igual monto cobró el procedimiento narrativo *de la obra de arte dentro de la obra de arte* al ser meridianamente cifrado en *Las mil y una noches*, pero el cual articula también la alusión a *Pablo y Virginia* de Bernardin de Saint-Pierre, novela en que sus protagonistas, como Dahlmann, perecen en el viaje; mas con la inversión, tocante al texto borgeano, de que se desplazan esencialmente de un mundo idílico a otro despiadado y fatídico simbolizado por la civilización. A igual finalidad metaléptica obedece la introducción de la obra ápice de la literatura gauchesca, el *Martín Fierro*, en simbolización precisa de la argentinidad reverenciada por Dahlmann, Poco extrañará entonces que el procedimiento narrativo de *el viaje a través del tiempo* haya vertebrado el viaje al sur.

El acoplamiento de tales factores autobiográficos y estéticos en un texto

---

freudiano y de resonancia nula hasta el momento en los estudios borgeanos, fue propuesta por Blas Matamoro en términos de madre, padre, castigo, símbolo coital de la pelea, el falo, la castración, la actitud sexual pasiva, *etcétera*; véase "El juego trascendente," *Contra Borges*, compilación y estudio preliminar de Juan Fló (Buenos Aires: Ed. Galerna, 1978) 166-69.

cuya realización unitaria aparenta relativa sencillez y cuyos valores literarios son preeminentes tal vez haya significado para Borges la supremacía narrativa que él le concedió.

AUBURN UNIVERSITY

OBRAS CITADAS

Alazraki, Jaime. *La prosa narrativa de Jorge Luis Borges: Temas - Estilos*. Madrid: Gredos, 1968.

———. "Lectura estructuralista de 'El Sur' de Borges." *Escritura* 3 (1977): 109-119.

Borges, Jorge Luis. *Borges on Writing*, ed. Norman Thomas di Giovanni, Daniel Halpern, Frank Macshane. New York: Dutton, 1973.

———. *Ficciones*. Buenos Aires: Emecé, 1980.

———. *Ficcionario: una antología de sus textos*. México: Fondo de Cultura Económica, 1981.

———. *Nueva antología personal*. México: Siglo Veintiuno, 1980.

———. *Obras Completas 1923-1972*. Buenos Aires: Emecé, 1974.

Carrizo, Antonio. *Borges el memorioso: Conversaciones de Jorge Luis Borges con Antonio Carrizo*. México: Fondo de Cultura Económica, 1983.

Christ, Ronald J. *The Narrow Act: Borges' Art of Allusion*. New York: New York University Press, 1969.

Irby, James E. "Encuentro con Borges," *Vida universitaria de México* (12 de abril de 1964): 14.

Milleret, Jean de. *Entrevistas con Jorge Luis Borges*. Trad. Gabriel Rodríguez. Caracas: Monte Ávila, 1970.

Phillips, Allen W. *Estudios y notas sobre literatura hispanoamericana*. México: Nuevo Mundo, 1965.

Caviedes y Sor Juana

GIUSEPPE BELLINI

EL SIGLO XVII, VISTO desde nuestra actual perspectiva, está dominado en la Colonia por dos figuras extraordinarias y diferentes, Sor Juana Inés de la Cruz en el Virreinato de la Nueva España y Juan del Valle y Caviedes en el del Perú. Hace tiempo ya, que el valor de la obra de la monja mexicana ha sido nuevamente reconocido,[1] más reciente es la valoración positiva de la creación artística del satírico peruano.[2] Ambas figuras están unidas por un curioso destino, que las pone continuamente en comparación: no se habla de Sor Juana sin hacer luego referencia a Caviedes, o viceversa. Determina

---

[1] No citaré la extensa bibliografía sobre Sor Juana y su obra y me limitaré a recordar: la ámplia labor de Marie Cécil Bénassy-Berling, *Humanisme et rélicrion chez Sor Juana Inés de la Cruz. La femme et la culture au XVII siècle*, (Paris: Editions Hispaniques, Publications de la Sorbonne, 1982), y sus muchos trabajos posteriores; los estudios y las ediciones de Georgina Sabat de Rivers, especialmente *El Sueño de Sor Juana Inés de la Cruz. Tradiciones literarias y originalidad*, (London: Tamesis Book Ltd., 1977), y el estudio y edición de la *Inunbación Castálida*, (Madrid: Castalia, 1982); el Libro de Octavio Paz, *Sor Juana Inés de la Cruz o las trampas de la fe*, 3ª ed. (México: Fondo de Cultura Económica, 1985). En cuanto al aporte italiano recodaré mi viejo libro *L'opera letteraria di Sor Juana Inés de la Cruz*. (Milano: Cisalpino, 1964), y el de Dario Puccini, *Suor Juana Inés de la Cruz. Studio d'una personalità del Barocco messicano*, (Roma: Edizioni dell'Ateneo, 1967),

[2] Me refiero en particular no tanto a los ya remotos estudios de Luis Alberto Sánchez, sino a los de G.L. Kolb, *Juan del Valle y Caviedes. A study of the Life. Time and Poetry of a Spanish Colonial Satirist*. (New London: Connecticut College, 1959), y de D.R.Redy, *The poetic art of Juan del Valle y Caviedes*, (Chapel Hill: The University of North Carolina Press, 1964), y además a la edición realizada por María Leticia Cáceres, *Obra Completa*, de Caviedes, con estudios de Cáceres y de Luis Jaime Cisneros y Guillermo Lohmann Villena, (Lima: Biblioteca Clásicos del Perú, 1990).

esta situación no solamente su extraordinaria personalidad literaria, sino su misma vida, advirtiendo que, mientras en sus comienzos la fama del poeta de la Ribera estaba ligada, mas que todo, a un morbosa insistencia sobre aspectos "malditos" de su aventura terrena,[3] con la Fénix de México es en tiempos todavía recientes cuando, a lo menos en Italia, se ha dado en novelar sobre su vida conventual, insinuando sospechas de homosexualidad;[4] insinuaciones no solamente descabelladas, sino del todo gratuitas, pero que le dan a ciertos intérpretes freudianos de su personalidad, motivo para regodearse en una supuesta pocilga.

También en esto las dos figuras señeras del siglo XVII acaban por encontrarse, víctimas ambas de estudiosos noveleros, que se dejan guiar solamente por sus gustos muy discutibles. ¿Y qué diremos del conocido poema en el cual Caviedes afirma que Sor Juana le pidió que le enviara sus versos?[5] Tampoco tenemos pruebas; la monja de México no habla nunca de Caviedes en su obra; su creación parece estar muy lejos del clima propio de la del peruano: tan culta y aristocrática ella -aunque no tanto como para eliminar el humor,[6] y tan populachera la de Caviedes, aunque no inculta,

---

[3] A esta interpretación, o sea del odio de Caviedes por los médicos porque no le habrían sabido curar enfermedades venéreas—versión puesta en circulación por J.M. Gutiérres en 1864, en su *Juan Caviedes* en *Escritores coloniales americanos*, (Buenos Aires: Raigal, 1857) y aceptada por L.A. Sánchez en sus estudios, desde *Un villon criollo, Revista Iberoamericana*, II, (1940); hasta su última *Historia comríarada de las literaturas americanas*, (Buenos Aires: Losada, 1972), donde la atenúa bastante, me opuse a partir de mi temprano ensayo, "Actualidad de Juan del Valle y Caviedes," *Caravelle*. VII (Toulouse 1966), hasta *Quevedo en América*. (Milano: Cisalpino-Goliardica, 1974) y mi *Historia de la literatura hispanoamericana*, 2ª ed. (Madrid: Castalia, 1990), subrayando, al contrario, la preocupación profundamente moral del poeta, crítico de su tiempo.

[4] Cfr. por ejemplo, de A. Morino el estudio introductorio a su traducción de la *Respuesta a Suor Filotea*, (Palermo: Sellerio, 1995), y sobre todo el drama curioso de Dacia Maraini, "Suor Juana," en *Suor Juana Inés de la Cruz, Risposta a Suor Filotea*, al cuidado de A. Morino, (Torino: La Rosa, 1980).

[5] "Carta que escribió el autor a la Monja de México habiéndole ésta enviado a pedir algunos de sus versos, siendo ella en esto y en todo el mayor ingenio de estos siglos" (Caviedes 613-617).

[6] Véase a este propósito el estudio de Elías L. Rivers, "Indecencias de una monjita mejicana," en AA.VV. *Homenaje a William L. Fichter*. ed. A.D. Kossof y J. Amor y Vázquez, (Madrid: Castalia, 1971) y mi estudio sobre "L'umorismo, arma femminista

ciertamente, sino todo lo contrario.

¿Por qué motivo Caviedes se inventaría que Sor Juana le había pedido sus versos? ¿Para darse pisto, para acreditar su categoría de poeta? Todo es posible, aunque poco me inclino a aceptarlo, puesto el carácter orgulloso del satírico, que parece legítimo deducir de ciertas composiciones.

¿Podría de veras Sor Juana haberse interesado al pobre poeta de la lejana Lima? Que ella tuviera presente este mundo lo sabemos por un romance con que responde a un caballero peruano que le había demostrado su admiración (613-617). ¿Pudo la monja desconocer la existencia de un poeta que, en el lejano Perú, gozaba ciertamente, y único, de seguro renombre, si no fama? Su atención iba, naturalmente, con explicable preferencia, a las "inimitables Plumas de la Europa" (Inés de la Cruz 158-161), que con sus elogios habían hecho "mayores" sus obras, pero su "americanismo," que entendemos sincero, sin nada de revolucionario o independentista, no la inclinaría a informarse igualmente sobre lo que en el ámbito literario, sucedía en otras regiones de su América?

Y, por otra parte, ¿por qué sólo Caviedes debía saber de Sor Juana y ella de él? Claro que la fama de la monja volaba más alto que la del pobre poeta peruano, encerrado en al ámbito limeño, sin libro editado, ni hojas sueltas, pero es difícil que una inteligencia tan viva y curiosa como la de la Fénix no dignara de atención a una poeta que cultivaba temas en parte correspondientes con los suyos, aunque tenía una gran parte de su obra dedicada a la sátira más impiadosa y, si queremos "desvergonzada" de las costumbres.

Son interrogativos no inútiles, creo, a los cuales no podemos dar sino una respuesta por aproximación, provisional, pero que se funda en algunos datos plausibles.

En torno a la vida de Sor Juana lo conocemos ya todo, o casi todo, pues la monja pasa por alto en su *Respuesta*, lo hemos, y lo han, notado ya varias veces, un largo período de su existencia. En cuanto a Caviedes ya, por mérito sobre todo de Antonio Lorente Medina,[7] hemos salido abundantemente de la nebulosa en que navegaban sus orígenes y su figura

---

nel teatro di Sor Juana," *Studi di Letteratura francese*. X (Firenze, 1983).

[7] Numerosos son los resultados publicados de este incansable crítico e investigador de Archivos. Me limito a indicar un importante ensayo, que nos aclara muchas zonas oscuras en torno a Caviedes: "Algunas precisiones sobre la vida v la obra de Juan del Valle v Caviedes," *Quaderni Ibero-americani* IX (1991): 69-70.

se nos presenta ahora más clara e identificable. Debido a estos motivos, y apoyándonos en su obra, y en la de Sor Juana, es posible ver en los dos artistas, personalidades que ciertamente pueden afirmar una serie de puntos de contacto no tan difíciles de demostrar.

¿Cuándo compondría Caviedes su poema, su "Carta" poética supuestamente o realmente, enviando a Sor Juana "alguno de sus versos," como la monja le pedía? No lo sabemos, pero es interesante notar que al poeta Sor Juana le pedía, si realmente se la pidió, una selección de su poesía. Libros no, pues Caviedes no tenía nada publicado ni había compuesto "obra" orgánica alguna, a no ser el conjunto de poemas reunidos bajo el título de *Guerra física* o, como se dio en llamarlos, *Diente del Parnaso*.

En el caso de que realmente la monja se los hubiera pedido estos versos, ¿cuáles le enviaría Caviedes? Tampoco esta pregunta tiene respuesta cierta. Podemos únicamente suponer que, debido a la condición religiosa de la Fénix y la fama de su cultura, el satírico peruano le enviaría algo que podía estar bien dentro de las temáticas sorjuaninas: poesía de habilidad barroca, poesía religiosa, poesía filosófica y satírica "decente," digamos, por ejemplo el poema "Doctos de Chafalonía" en el cual tanta parte tiene la nota personal del poeta, que nunca había logrado salir de su misérrima condición, por más que se codeara con los poderosos en la tertulia virreinal, y el orgulloso soneto sobre el poder de la inteligencia,[8] una especie de "consolación" a través del talento, frente a la mala planta, de vida inextinguible, del saber de "introducciones," que permitía alcanzar puesto y medrar por méritos que nada tenían que ver con el mérito verdadero.

Sólo el producto de su ingenio podía consolar al poeta, pues no se lo debía a nadie, a ningún favor y por eso no suponía "pensiones":

> Sin aquestas pensiones, el talento se consigue, perdón que ofrezco al cielo; con su luz entretiene y da contento.
> Si poesías y ciencias dan consuelo, así el que tuviere entendimiento
> el más feliz será que hay en el suelo.

¿Qué reacción tendría Sor Juana frente a estos versos, siempre que los

[8] "Que no hay más felicidad en esta vida que el entendimiento" (Cavides 430).

leyera? Supongo que, de haberlos realmente leído, la monja encontraría en ellos mucho de su misma experiencia. Ella misma, en condiciones diferentes, había abandonado la corte virreinal y había ingresado al convento para continuar en sus estudios, en su ejercicio artístico, que tantas persecuciones debía acarrearle, aunque le dio fama para los siglos. Sor Juana, autora de una obra tan dominada por la autobiografía, frente al no menos autobiográfico Caviedes, no debía de quedar indiferente, pues en varios de sus poemas veía ciertamente reflejarse su propia vida. No olvidemos lo que en la *Respuesta* La monja afirma a propósito de su inclinación avasalladora hacia el estudio y la creación artística, de su sed de aprendimiento, y su dolorosa denuncia de las dificultades que continuamente se le opusieron en el convento: si había alcanzado el éxito como artista, ello no había significado más que infelicidad. En su defensa escribe, en la *Respuesta a Sor Filotea*, que La acusaba de dedicarse demasiado a cosas profanas:

> ¿Quién no creerá, viendo tan generales aplausos que he navegado viento en popa y mar en leche, sobre las palmas de las aclamaciones comunes? Pues Dios sabe que no ha sido muy así; porque entre las flores de esas mismas aclamaciones, se han levantado y despertado tales áspides de emulaciones y persecuciones, cuántas no podré contar; y los que más nocivos y sensibles para mí han sido, no son ¿aquellos que con declarado odio y malevolencia me han perseguido, sino los que amándome y deseándo mi bien (y por ventura mereciendo mucho con Dios por la buena intención) me han mortificado, y atormentado más que los otros [...] (Bellini 79).

Al final, Sor Juana se callará definitivamente, limitándose a unos pocos documentos rituales: declaraciones de adhesión a la Santa Iglesia Católica, protesta de su propia indignidad de pecadora, etc..

Nada sabemos cierto a propósito de las dificultades que encontró Caviedes en su vocación intelectual, a no ser su persistente condición indigente, que lo dejó, al momento de su muerte sin la posibilidad siquiera de pagarse el entierro. Sin embargo nadie, parece, logró hacerlo callar y ciertamente persecuciones debió de sufrir de parte de los varios personajes, especialmente médicos, casi todos en posición dominante, a quienes satirizaba con humor cruel. Mientras Sor Juana parece casi pedir disculpa por la fuerza de su "inclinación" (Bellini 79), Caviedes declara con orgullo que todo se lo debe a sí mismo, a su propia inteligencia, no a las áulas universitarias o a estudios regulares y afirma su aporte fresco a la poesía:

> y así doy frutos silvestres de árbol de inculta montaña, que la ciencia del cultivo no aprendió en lengua la azada (81-84).

La postura de ambos poetas frente al hombre y al mundo los acerca aún más. Los dos habían tenido a lo menos un maestro común, Francisco de Quevedo, del cual, cada uno según su propia índole, habían ido escogiendo dentro de su obra lo que más correspondía a su personal inclinación. Una línea común la representa cierta filosofía de la vida, el desencanto del mundo, la falta de aprecio por el hombre en general, y si la monja de México insistía sobre el desengaño de lo temporal — "La posesión de cosas temporales,/ temporal es, Alcino, y es abuso / el querer conservarlas siempre iguales" (Inés de la Cruz 292), Caviedes radiografiaba con íntima amargura la universal avería a través de las muchas máscaras con que intentaban disfrazarse los personajes que dominaban la vida diaria de la capital peruana.

La Colonia, a través de estos dos personajes, muestra ya su íntima decadencia. El drama personal de Sor Juana recibe tanta resonancia a través de la *Respuesta a Sor Filotea*, que se transforma en drama de todo el Virreinato de la Nueva España. Y Caviedes, en toda su obra satírica no hace más que denunciar el desastre, que es un desastre humano, moral esencialmente. El aislamiento de la monja de México, su silencio final, denuncian más que otras formas de protesta el momento crítico de un mundo fundado sobre un principio de autoridad del todo injusto. Con la resonancia de su voz, bien metido dentro de la sociedad, Juan del Valle y Caviedes muestra el desastre del Virreinato del Perú. Ambos testimonios de una época a la que, en forma distinta, pero directa, han participado.

Estas pocas líneas dedico al Profesor Don Luis Monguió, en la ocasión de celebrar sus 85 años, cifra feliz para quien la festeja y para sus amigos y discípulos, en el número de los cuales me pongo yo. Un verso de Leopardi viene al caso: "serena ogni montagna." Es lo que le deseo a Don Luis, "montaña" de sabiduría, siempre serena.

UNIVERSIDAD DE MILÁN

OBRAS CITADAS

Bellini, Giuseppe. *Sor Juana e i suoi misteri*. Milano: Consiglio Nazionale delle Ricerche, Cisalpino-Goliardica, 1987.

Caviedes, Juan Valle de. *Obra Completa*. ed. María Leticia Cáceres, y estudios de

Luis Jaime Cisneros y Guillermo Lohmann Villena. Lima: Biblioteca Clásicos del Perú, 1990.

Inés de la Cruz, Sor Juana. "Respondiendo a un Caballero del Perú, que le envió unos Barros diciéndole que se volviese hombre," *Obras Completas*, ed. A. Méndez Plancarte. tomo I. México: Fondo de Cultura Económica, 1951.

La Rosa de Ausonio en Nueva España

EDNA BENÍTEZ

"Destino de soneto: oh! rosa asesinada."

LA "ELEGÍA DE LA ROSA" o "De Rosis nascentibus" otorgó "carta de ciudadanía" a un *topos* tratado infinitas veces en la literatura grecolatina y en las vernáculas renacentistas. En sus últimos versos Ausonio exhorta a gozar la juventud y su belleza antes de la vejez y la muerte. En éste, al decir de El Brócense "florido epigrama," la vida del hombre es comparada con "la poco durable y casi momentánea vida de la rosa"(Gallego Morell 348); símil que ha generado un segundo tópico: la caducidad de la reina de las flores. Ambos *topoi* de Ausonio con frecuencia se divorcian, por lo cual existe un amplio corpus poético donde se canta exclusivamente la condición arquetípica de la flor, símbolo de la hermosura en el tiempo. En estos poemas la exhortación al goce del "collige, virgo" o el "carpe diem" horaciano están ausentes; la mayoría acentúa en la rosa el aspecto didáctico-moral, Como hemos de ver, tanto el tema del "collige, virgo" como la brevedad de la rosa florecieron enriquecidos en Nueva España.

El "collige, virgo, rosas" fue subtexto de numerosos poetas de lengua española,[1] pero aquellos que conozcan la tradición del topos habrán de reconocer que en un breve poema de fines del siglo XVII se encierra una de sus versiones mas admirables. Se trata del que escribió Don Agustín de

[1] "Siendo tan difícil señalar el limite entre la paráfrasis poética y la imitación, me ha parecido conveniente, tratándose de composiciones breves como las de Ausonio, presentar reunidas las traducciones e imitaciones de cada poesía para que pueda apreciarse el partido que de cada una de ellas han sacado nuestros ingenios." (Menéndez Pelayo 194). Dentro de una poética cuya esencia es imitativa lo imprescindible es justamente determinar si se trata de traducción por parafrástica que sea o de imitación en sus diferentes niveles transformadores; distinción crucial a la que aquí he de atender.

Salazar y Torres entre las "Traducciones de varios poetas latinos" en la Cythara de Apolo, publicada póstumamente por Juan de Vera y Tassis: (48)

> Collige, virgo, rosas,
> dum flos novus et nova pubes,
> et memor esto aevum sic properare tuum.
> . . .
>
> Coge, Virgen hermosa,
> La que al Alva brotó purpúrea rosa,
> Mientras la dulce edad lozana dura;
> Y advierte, que flor vive la hermosura.

En su primer verso, Salazar trasladó lo que era ya "lugar común de casi todos los mejores poetas"(Gallego Morell 591); sutil manera de reclamar su puesto entre ellos. Si bien las dos primeras palabras corresponden exactamente al original, el poeta ánade el adjetivo "hermosa." ¿Se tratará tan sólo de un lugar común o sabiamente hallará mayor sentido en la estructura del poema? En el segundo verso, Salazar incorpora parafrásticamente el verso 45 del poema de Ausonio: "quam modo nascentem rutilus conspexit Eous" ("que al nacer contempló la brillante aurora"); además, ánade el calificativo "purpúrea" tomado de otro verso del original: "púrpura rubra notat"(v.26), que Herrera traduce como "purpúreo velo."(Gallego Morell 591).[2] Por lo tanto, la versión de Salazar no puede ser considerada traducción literal ni parafrástica del distico latino, pues incluye material ajeno al mismo. El tercer verso comienza con "mientras," traducción exacta del latino *dum*; adverbio temporal que usado anafóricamente será una de las palabras clave en las futuras imitaciones del "collige, virgo." Luego traduce de forma parafrástica "nova pubes" por "dulce edad lozana." El añadido del adjetivo "dulce" corrobora que estos versos no son una traducción. Hasta ahora hemos observado cómo Salazar incorpora en su poema dos palabras que no aparecen en el original: "hermosa" y "dulce." Lejos de ser meros clisés, estos adjetivos nos remiten al poema que inaugura la trayectoria del "collige, virgo" en lengua española. En el principio fue Garcilaso.

---

[2] Herrera traduce el poema de Ausonio en su comentario del soneto XXIII de Garcilaso.

Coged de vuestra alegre primavera
el *dulce* fruto, antes que el tiempo airado
cubra de nieve la *hermosa* cumbre." (son. XXIII)

En Garcilaso la exhortación al disfrute de la juventud se expresa en el goce del "dulce fruto." El adjetivo proviene de los "dolce anni" de su modelo Bernardo Tasso. La "dulce edad" de Salazar transforma sus modelos a la vez que los invoca. Un par de palabras basta para evocar a un poeta y con el toda una tradición imitativa; he aquí una de las magias de la imitatio. La lectura del poema de Salazar nos invita y obliga a tener presente no sólo al clásico antiguo que era Ausonio sino también, al clásico moderno que ya era Garcilaso.

El poeta barroco traduce exactamente el "et memor" (v.50) de Ausonio en su "y advierte" (v.4). Luego, con gran economía de recursos condensa en el último verso el simbolismo de la rosa, elimina el simil y pasa a la equivalencia conceptual al establecer el paralelo entre la brevedad de la flor y la de la hermosura. Al omitir el término comparativo, y precisamente en el sintetismo de la metáfora, la clausura cobra notable fuerza poética: "Y advierte, que flor vive la hermosura,"

En este punto cabe volver a la pregunta que dejamos suspensa respecto al añadido del primer verso. Ahora sí puede observarse que Salazar comienza y termina el soneto con una *traductio*: hermosa/hermosura. La "Virgen hermosa" del comienzo aún vive en la plenitud de su belleza, pero tres versos más tarde se confronta con el funesto destino de su hermosura. La misma palabra apunta hacia dos realidades distintas: la plenitud/el principio, la destrucción/el final. No, el poeta no ha pecado de descuidada repetición, sino que acierta en su calculada búsqueda de intensidad en la clausura poética. No tuvo que describir a la hermosa, Garcilaso ya lo había hecho en el soneto XXIII ("En tanto que de rosa y azucena..."); tampoco tuvo que explayarse en el símil de la rosa y la belleza humana, lo había hecho Ausonio. Salazar y Torres elabora su imitación del "collige, virgo" en apretada síntesis coral.

Detengámonos ahora en la significativa traducción de la "Oda a Leucónoe" de Horacio atribuida a Góngora (Menéndez Pelayo 28):

"carpe diem, quam minimum credula postero" (v.8)
(Goza el hoy, mínimamente fiable es el mañana)

"coge la flor que hoy nace alegre, ufana;
¿Quién sabe si otra nacerá mañana? (vv23-24)

Resulta elocuente observar como al último verso de Horacio -de donde el tópico del *carpe diem* recibe su nombre corresponde en Góngora al tópico de Ausonio: "coge la flor que hoy nace alegre, ufana..." Evidentemente el poeta ha elegido dentro de la libertad de la traducción parafrástica avanzar hacia una *contamitatio* imitativa; donde se ve claramente la fusión de Ausonio y su "collige, virgo" con el "carpe diem" horaciano. Este entrelazamiento de los temas clásicos en lo que pretende ser una traducción puede considerarse emblemático de la suerte de ambos tópicos en la literatura hispánica.[3] La atribución a Góngora también resulta elocuente. El poeta cordobés, no ya en esta traducción sino en práctica imitativa, incorporó ambos temas en dos de sus más célebres sonetos y en varios romances.[4]

La larga serie imitativa del tema de Ausonio en la poesía hispánica culmina su trayectoria por ultramar en los admirables poemas de Bernardo de Balbuena, Agustín de Salazar y Torres y Sor Juana Inés de la Cruz. Entre los poetas coloniales, Balbuena se entronca directamente con la ya larga tradición clásica del "collige, virgo." En su soneto, "Mientras que por la limpia y tersa frente"—con frecuencia olvidado en las antologías sobre el tema—[5]el poeta presenta un admirable caso de emulación, tipo muy particular de *imitatio*. Balbuena incorpora voces y ecos que marcan hitos en el recorrido poético del "collige, virgo"; a su vez se presenta la voz del poeta criollo aspirando a superar la de sus bienamados modelos. ¡Magistral ejemplo

---

[3] Ver Blanca González de Escandón, *Los temas del carpe diem y la brevedad de la rosa en la Poesía española*, (Barcelona: Univ. de Barcelona, 1938). La autora presenta la trayectoria poética del "collige, virgo" y el "carpe-diem" siguiendo su huella desde la antigüedad hasta nuestro siglo, con especial atención en la poesía española.

[4] Luis de Góngora. *Sonetos completos*, ed. Birute Ciplijauskaite (Madrid: Castalia, 1982) 230-1. Entre los sonetos ver también pp. 312-13. *Romances*, ed. Antonio Carreno (Madrid: Cátedra, 1985) 119-122. Entre los romances ver también: "Castillo de San Cervantes" (num. 34, versos 81-84), "En la fuerza de Almería" (num. 82, vv. 61-64).

[5] González de Escandón no lo incluye en su antología, *Temas*, ni Antonio García Berrio en su estudio: "Tipología textual de los sonetos clásicos españoles sobre el carpe diem." *Dispositio* 3.9 (1978): 243-293.

de las letras del Siglo de Oro en las selvas de América![6]

En este momento daremos un salto cronológico para ver el tratamiento del "collige, virgo/ carpe diem" en un soneto de Sor Juana Inés de la Cruz: "Muestra se debe escoger antes el morir, que exponerse a los ultrajes de la vejez." Sor Juana provoca en el lector sorpresa literaria al mostrar cómo entre las manos del buen poeta el lugar común cobra frescura de originalidad.[7]

Miró Celia una rosa que en el prado
ostentaba feliz la pompa vana
y con afeites de carmín y grana
bañaba alegre el rostro delicado;

y dijo: -Goza, sin temor del Hado,
el curso breve de tu edad lozana,
pues no podrá la muerte de mañana
quitarte lo que hubieres hoy gozado;

y aunque llega la muerte presurosa
y tu fragante vida se te aleja,
no sientas el morir tan bella y moza:

mira que la experiencia te aconseja
que es fortuna morirte siendo hermosa
y no ver el ultraje de ser vieja.

Se trata del "carpe diem" y el verbo imperativo lo confirma: "Goza" (v.5); la repetición del tópico en su palabra emblemática abrirá, paradójicamente, camino al asombro. Primera sorpresa: dos personajes principales habitan el espacio poético: Celia y la rosa. Segundo trastorno del *topos*: tanto la rosa como la voz poética se han personificado. La rosa de Sor

---

[6] No me detendré en el análisis de este soneto ya que ha sido estudiado por Alicia de Colombí-Monguió en "Estrategias imitativas en el Siglo de Oro de Bernardo de Balbuena" *BHS* 66 (1989): 227-39.

[7] García Berrio, *Tipología* 251, 268 comenta: "aquella nada ñoña religiosa aborda valientemente el "carpe diem," *desbordándolo* incluso en todos sus aspectos," Más adelante describe el soneto como "raro," "composición anormal en los sonetos típicos."

Juana es "bella y moza," "ostentaba feliz la pompa vana" y "bañaba alegre el rostro delicado." La voz poética deja de ser anónima y masculina; ahora se llama Celia. Esta especie de "Ligurina" vieja,[8] en quien la amenaza horaciana del paso del tiempo se ha cumplido, se dirige a la flor para exhortarla y aconsejarla: "Mira que la experiencia te aconseja."(v.12) En Celia se personifica la gloria perdida de la juventud y la hermosura ("el ultraje de ser vieja"); en la rosa, no sólo la flor sino además, la muchacha vanidosa y aún lozana. Estupenda y originalisima combinación de Horacio y Ausonio. Claro que ya no debería sorprendernos que fuera la monja mexicana quien le otorgara voz, cuerpo y un nuevo semblante a los viejos componentes del tópico. El soneto de Sor Juana culmina en el consejo ofrecido por la vieja Celia a la rosa moza: "que es fortuna morirte siendo hermosa/ y no ver el ultraje de ser vieja." Ya hemos de ver como este concepto ata directamente el soneto de Sor Juana con uno donde Salazar y Torres expresa una variante poco común dentro del tópico de la brevedad de la rosa.

En otro registro de voz Sor Juana canta a la rosa: "En que da moral censura a una rosa, y en ella a sus semejantes"

Rosa divina que en gentil cultura
eres, con tu fragante sutileza,
magisterio purpúreo en la belleza,
enseñanza nevada a la hermosura.

Amago de la humana arquitectura,
ejemplo de la vana gentileza,
en cuyo ser unió naturaleza
la cuna alegre y triste sepultura.

¡Cuan altiva en tu pompa, presumida,
soberbia, el riesgo de morir desdeñas,
y luego desmayada y encogida

de tu caduco ser das mustias señas,

[8] En la Oda "Ad Ligurinun" (Libro IV, #10) Horacio confronta al joven hermoso, cruel y soberbio con la amenaza del deterioro de la juventud y su futura añoranza por la belleza y el tiempo perdido.

con que con docta muerte y necia vida,
viviendo engañas y muriendo enseñas!

La rosa de Sor Juana es, en la acepción medieval del término, un *exemplum*. A nivel léxico el aspecto didáctico se enfatiza reiterando palabras como: "magisterio" (v.3), "enseñanza" (v.4), "ejemplo" (v.5), "*docta* muerte" (v.13). Sor Juana hace explícito el didáctismo implícito en su modelo: "Estas que fueron pompa y alegría"(Calderón 266-267).[9] Calderón en este soneto establece el símil entre la vida de la rosa y la humana, el didáctismo se asoma en el verso: "será escarmiento de la vida humana" (v.7). Sor Juana parte de esta idea, intensificándola. Del poema de Calderón repite términos como "vana"(v.6), "pompa" (v.9); pero donde la presencia calderoniana se hace evidente es en el verso "en cuyo ser unió naturaleza/la cuna alegre y triste sepultura" (v.8), eco clásico del ilustre modelo: "cuna y sepulcro en un botón hallaron"(v.11).

La censura que anuncia el titulo se desata en una incisiva reprimenda contra la rosa, calificada de: "altiva," "presumida," "soberbia," desdeñosa (v.10), y al fin "desmayada y encogida." La que comenzó siendo "rosa divina" se ha desvirtuado; su vanidad la conduce a la soberbia y su soberbia hace que neciamente desdeñe la muerte. La rosa sirve de *memento mori*: "de tu caduco ser das mustias señas"(v.12) y su "vana" vida debe servir de ejemplo *ex contrario* a sus semejantes.

El soneto de Sor Juana bien podría recitarse desde un púlpito como

9 Estas que fueron pompa y alegría
despertando al albor de la mañana,
a la tarde serán lástima vana,
durmiendo en brazos de la noche fría.
Este matiz, que al cielo desafía,
iris listado de oro, nieve y grana,
será escarmiento de la vida humana:
¡tanto se emprende en termino de un día!
A florecer las rosas madrugaron,
y para envejecerse florecieron:
cuna y sepulcro en un botón hallaron,
Tales los hombres sus fortunas vieron:
en un día nacieron y expiraron;
que pasados los siglos, horas fueron

exemplum de sermón. Sin embargo, la monja mexicana no ha hecho otra cosa que seguir el curso poético natural de un didáctismo presente desde Ausonio, subrayado por Calderón -su modelo inmediato- y exacerbado por ella. En otras palabras, no ha violentado los componentes de la tradición del tópico. Pero, ¿qué sucede cuando se "problematiza" un elemento considerado "sine qua non" por muchos poetas de la rosa, cuando al tono solemne lo trastorna el donaire, cuando la rosa es sólo una rosa? Tal es el caso del soneto de Salazar y Torres: "Con moralidad de la rosa, escribe haciendo donaire"

Rosa del prado, estrella nacarada,
Astro que el mismo prado ha producido
A los soplos del céfiro encendido,
Que no pierde la rosa por soplada.

Reina del soto, del abril jurada,
Como el purpúreo dice real vestido,
De tanto tirio murice teñido,
Que esto quiere decir que es colorada;

Mueres ajada y vives presumida
Que aunque de presunción peca la hermosa,
También de ajada muchas veces peca.

Copia de la beldad miro en tu vida:
Sale fresca al nacer y es fresca rosa,
Viene seca a morir y es rosa seca.

Una descripción típica de la culta rosa barroca ocupa los primeros versos (vv.1-3) pero en el cuarto, el "donaire" sustituye a la retórica erudita y el juego de palabras conduce a la primera subversión del tópico. Al afirmar que no importa que la rosa sea presumida (v.4 "soplada") Salazar contradice a todos los poetas que a lo largo de los tiempos han venido condenando al rosal y su presunción. En el segundo cuarteto (vv.5-7) exacerba la retórica culta al describir el color de la rosa para desinflarla coloquialmente en prosaica explicación "Que esto quiere decir que es colorada" (v,8). Así la estructura del soneto se va definiendo en los cuartetos; cada uno presenta en sus tres primeros versos un lugar común del barroco, utilizando la suntuosa retórica que solemnemente canto innumerables rosas poéticas. Luego, en el verso final de cada cuarteto, el topos se subvierte y se prosifica.

¿Se repetirá la misma estructura en los tercetos? En el primero (vv.10-11) se presenta el *leit-motiv* de los poemas didácticos —con moralidad de la rosa—, pero de seguido junto al juicio ético de la presunción se emite uno estético (v.11); quitándole así gravedad al aspecto didáctico-moral. La misma estructura se repite en el último terceto, cuyo primer verso con el conocido símil pareciera ser el preámbulo para el cierre con "moraleja" del soneto; pero el poeta desmonta el coturno simbólico-didáctico con prosaico realismo: la flor al nacer es fresca y al morir es simplemente una "rosa seca" (v.14). De este modo el poeta presenta la rosa desde una doble óptica: la que el topos ha consagrado al convertirla en metáfora de la vida humana, con el lenguaje y la carga didáctico-moral que el tópico conlleva para juxtaponerle una perspectiva realista y subversiva, "desmoralizar" a la rosa y carnavalizar el tópico, Es como si en la flor de Salazar se confrontaran las miradas de Don Quijote y Sancho.[10]

Su atrevimiento poético también afecta otro soneto suyo donde "Celebra la brevedad de la vida de la rosa"

Este ejemplo feliz de la hermosura,
Que en purpúreos ardores resplandece,
Si a dar admiraciones amanece,
A no dar escarmientos se apresura.

No miden las espacios su ventura,
Pues cuando breve exhalación florece,
De aplausos de la vista se enriquece
Y de injurias del tiempo se asegura.

¿Para que mas edad, si no mejora
La pompa que en fragante incendio brilla,
Y a cada instante contrapone un daño?

Sobrada eternidad es una hora

---

[10] Salazar y Torres da muestra de su lectura del *Quijote* en uno de sus poemas. ver *Cythara*, 71: "Dulcinea no amava a Don Quixote?"

Para ser en la muerte maravilla,
Y no ser en la vida desengaño.

Desde el "celebra" del título se anuncia la vuelta de tuerca del poeta al sustituir el tono elegiaco con que habitualmente se canta la brevedad de la flor por uno laudatorio. La rosa se describe empleando imágenes ya acuñadas en la tradición y por lo tanto, propiedad común de los vates de la rosa. Sin embargo, Salazar al escribir su poema tuvo *in mentis* dos autores específicos: Calderón y Góngora.

Calderón de la Barca en el célebre soneto que inspirara a Sor Juana, "Estas que fueron pompa y alegría," marca la vida breve y funesta de las rosas (vv.1-4); clara reminiscencia del poema de Ausonio: "quam longa una dies, aetas tam longa rosarum" (v.43). Tal como las rosas, así es la vida de los hombres. Por lo tanto la flor adquiere una implícita dimensión didáctico-moral, que como ya notamos, se vislumbra en el verso: "será escarmiento de la vida humana." (v.7). Salazar en su canto a la rosa tiene presente la "pompa" (v.10) y el "escarmiento"(v.4) de Calderón; sin embargo, es precisamente esta idea del didáctismo de la rosa la que va a negar en dos versos notables: "A *no* dar escarmientos se apresura," "Y *no* ser en la vida desengaño." La contradicción del modelo no puede quedar mas obviamente declarada.

La presencia de Góngora en este soneto va más allá de un poema en particular. En el soneto: "Ayer naciste, morirás mañana," la voz poética gongorina interroga/amonesta a la rosa: "Para ser tan breve ¿quién te dio la vida?/para vivir tan poco estas lucida/y para no ser nada estas lozana?" En lo que parece una respuesta directa al poeta cordobés, dice Salazar: "Para que más edad si no mejora la pompa.../sobrada eternidad es una hora." En su soneto verdaderamente se celebra la brevedad de la rosa, es decir, la muerte temprana no es vista como un agente destructor de lozanía y juventud, sino como el pasaje que le permite a la rosa vivir "in illo tempore," eternizada en el tiempo sin tiempo de su belleza.

Esta variante del tema la toma Salazar de la letrilla V de Góngora, donde se describe la brevedad de la vida de las flores y las exhorta a tomar ejemplo de la no tan breve vida de los hombres: "Aprended, Flores, en mi/lo que va de ayer a hoy,/que ayer maravilla fui,/y hoy sombra mía aún no soy."(Góngora 47).[11] Al llegar a la descripción del alhelí? encontramos el motivo principal del soneto de Salazar y Torres:

> El alhelí, aunque grosero
> en fragancia y en color,
> mas días ve que otra flor,
> pues ve los de un Mayo entero:
> *morir maravilla* quiero
> y no vivir alhelí. (v. 26-31)

La voz poética de la letrilla opta por lo efímero de la belleza antes que vivir la decadencia que representa la "longevidad" del alhelí. En Salazar la idea se transfiere a la rosa y se expresa en el verso: "Para ser en la *muerte maravilla*" (v.13). La letrilla no sólo le sugiere el tema a Salazar, sino que le presta un verso que el poeta incorpora de manera parafrástica en su soneto y que proviene de los de Góngora: "morir maravilla," "ayer maravilla fui."

Esta variante del tema de la brevedad de la rosa pasa de Góngora a Salazar y de éste a Sor Juana. Sor Juana, en el soneto que hemos visto, expresa la misma idea al decir: "Que es fortuna morirte siendo hermosa/Y no ver el ultraje de ser vieja." Ideal que resultó atractivo al alma romántica de otro poeta mexicano quien dos siglos más tarde también aspiraba a: "morir y joven: antes que destruya/el tiempo aleve la gentil corona." (Gutiérrez Najera 11).

En este "ejemplo feliz" de imitación tan ecléctica cuanto dialéctica Salazar subvierte sus modelos y la larga tradición del tema que lamenta la brevedad de la rosa. Dentro del tópico —tierra de todos— Agustín de Salazar y Torres encuentra la marcada singularidad de su voz poética.

Así como de las generaciones de las rosas Borges un día rescatara la de Milton, estos poetas de la Nueva España también supieron salvar del olvido otra rosa: la de Ausonio. Al hacerlo, nos entregaron fresca la rosa multiforme, brillante, permutable del barroco americano.

SUNY, Albany

---

[11] Esta copia gozó de gran popularidad. Dice Herrero García: "Para mi no hay duda de que esta glosa de Góngora fue la que desató la corriente de glosadores que durante todo el seiscientos cultivaron el mismo tema..." Ver M. Herrero García, *Estimaciones literarias del siglo XVII*, (Madrid: Voluntad, 1930) 204-5.

OBRAS CITADAS

Agustín de Salazar y Torres. *Cythara de Apolo, varias posees divinas y humanas que escribió Don Agustín de Salazar y Torres y saca a luz D. Juan de Vera Tasis y Villarroel, su mayor amigo. Dedicadas a Don Isidoro de Burgos Mantilla y Barcena. Primera Parta.* 2ª ed. Madrid, 1694.

Calderón de la Barca. *El príncipe constante, Obras completas.* ed. A. Valbuena Briones. tomo II. Madrid: Aguilar, 1987.

Gallego Morell, Antonio, ed. *Garcilaso de la Vega y sus comentaristas.* Granada: Universidad de Granada, 1966.

Góngora, Luis de. *Letrillas,* ed. Robert Jammes. Madrid: Clásicos Castalia, 1980.

Gutierrez Najera, Manuel. "Para entonces," *Antología de La poesía española e hispanoamericana.* ed. Federico de Onís. Madrid: Centro de Estudios Históricos, 1934.

Menéndez Pelayo, Marcelino. *Bibliografía hispano-latina clásica.* ed. E. Sánchez Reyes. Madrid: CSIC, 1950.

Otra vez Villarroel

WOODROW BORAH

ENTRE LAS MAS IMPORTANTES e impresionantes obras mexicanas de análisis social figura la llamada *Enfermedades políticas que padece la capital de esta Nueva España* escrita hace más de dos siglos. Constituye una descripción brillante y vitriólica con un conocimiento íntimo de la colonia en sus aspectos de religión, administración eclesiástica y real, y los estamentos del pueblo. Durante un siglo circuló sólo en copias manuscritas o en una transcripción en letras de molde publicada por Carlos María Bustamante en 1830-1831 sin atribución de autor (Villarroel vii-viii). La firma del autor, el Lic. Hipólito Villarroel, figuraba sólo en la copia manuscrita de la Biblioteca Bancroft, la que se había comprado en la venta de la biblioteca particular de José Fernández Ramírez en 1880 sin indicación de donde el Sr. Ramírez la había obtenido.[1] ¿Pero quién fue el Lic. Hipólito Villarroel? ¿Cómo llegó a conocer México con tanta penetración y tanta amargura? Había bastantes investigadores que opinaron que el nombre era nombre de pluma para esconder la identidad del autor y así evitar represalias si la obra llegara a publicarse. Aún en el año de 1981 hubo investigadores de esta opinión.

Mientras tanto una serie de investigaciones en los archivos empezaron a descubrir la pista del licenciado. En 1937 Don Vito Alessio Robles encontró en el ramo de Tierras del Archivo General de la Nación un informe legal fechado en Saltillo el 6 junio de 1769 con la firma del Lic. Don Hipólito Ruiz Villarroel, como Juez Comisario nombrado por el virrey el Marqués de Croix. Una nota del descubrimiento entró como apéndice en

[1] Véase George P. Hammond. A *Guide to the Manuscript Collections of the Bancroft Library*, (Berkeley y Los Angeles: University of California Press, 1972) 2:252; y la introducción escrita por Genaro Estrada (Villarroel viii-ix).

la segunda edición de las *Enfermedades políticas* bajo el cuidado del Sr. Genaro Estrada, publicada en 1937 (509-510). En los mismos años 1930 el catedrático norteamericano Lesley Byrd Simpson encontró en el ramo de Civil del Archivo General de la Nación unos capítulos contra el Lic. Villarroel en su función de alcalde mayor de la provincia de Tlapa.[2] Unos años después en los 1960 investigadores españoles que escribieron una historia colectiva, bajo la dirección de D. José Antonio Calderón Quijano, de los virreyes de la Nueva España durante los reinados de Carlos III y Carlos IV hallaron en el Archivo General de Indias bastantes documentos sobre las actuaciones del Lic. Villarroel e informes emanados de él.[3] Posteriormente, en 1981-82 yo que esto escribo pude encontrar algunos detalles mas y aún localizar la partida en el Sagrario de México de su muerte e inhumación.[4]

Ya es cierto que el Lic. Villarroel existió y fue él autor. Sin embargo, queda todavía como una figura misteriosa. No sabemos ni el año ni el paraje de su nacimiento; tampoco datos de su familia, de su vida como joven y de su formación intelectual y profesional en España. Cuando llegó a México y en cuales circunstancias quedan ignotas, así como muchos detalles de su vida en México. Sólo del texto mismo y de los documentos descubiertos podemos deducir algunas migajas de información de su vida y carrera en México. Esperamos que investigadores futuros podrán solucionar las dudas poco a poco.

El autor de las *Enfermedades políticas* hasta la fecha tiene mala suerte en las ediciones posteriores de la obra. La primera edición de la obra por Carlos María Bustamante apareció como suplementos al diario "La Voz de la Patria," que salió después en 1831 en un tomo de 178 páginas con el titulo, *México por Dentro y Fuera bajo el Gobierno de los Virreyes o sea Enfermedades Políticas*, etc. Falta la parte 6ª y contiene las variaciones que

---

[2] Tomo 2176, exp. 1. La película que sacó Simpson del expediente se archiva en la biblioteca Bancroft en el tomo 6 de sus amplificaciones de fotografías.

[3] Véase *Los virreyes de Nueva España en el reinado de Carlos III*. (Sevilla: Escuela de Estudios Hispano-Americanos de Sevilla, 2 tomos, 1967-1968) 1:222-225 y 2:313-316.

[4] Woodrow Borah, "Alguna luz sobre el autor de la luz sobre el autor de las *Enfermedades políticas*." *Estudios de Historia Novohispana*. México Archivo del Sagrario, 8 (1985): 51-79. Libro de los difuntos Españoles, núm. 30, f. 108f, partida del 31 de marzo de 1794.

dictaron los caprichos de Bustamante. No sabemos el numero de ejemplares del tomo publicado ni el tiraje de los suplementos pero unos centenares entre los dos hubiera sido la cantidad de ejemplares para el público lector algo escaso de aquella época. La mayor parte de los ejemplares del tomo y de los suplementos han desaparecido.

Mas de un siglo después, en 1937 los Bibliófilos Mexicanos publicaron una segunda edición de 50 ejemplares en una fiel lectura del manuscrito que incluye la parte 6ª. Se preparó bajo el cuidado de Don Genaro Estrada con una introducción erudita en la cual Don Genaro enumeró las copias manuscritas de la obra de cuya existencia hay nota bibliográfica, relató la historia de la edición de Carlos María Bustamante y contó sus esfuerzos para averiguar quién fuera Villarroel, lo que resultó sin resultado. A última hora llegó la carta de Alessio Robles que aparece como un apéndice de dos páginas.[5]

La tercera edición publicada en 1979 por Miguel Angel Porrúa con 500 ejemplares reproduce en facsímil la edición de 1937 pero añade una introducción y bibliografía por Aurora Arnáiz Amigo, siendo la introducción un ensayo literario evidentemente escrito rápidamente pues la autora llama equivocadamente a Villarroel como Valerio. En 1982 una segunda impresión puso en venta unos 500 ejemplares mas.[6]

El número de ejemplares en todas las ediciones no puede sumar encima de 1150 mas el tiraje de los suplementos de "La Voz de la Patria." Con los años el total de ejemplares actualmente en existencia seguramente llega a menos. Ya que el contenido de la obra se puede aplicar en justicia hoy día a la República Mexicana, se puede deplorar que no hay una edición numerosa y barata accesible al público mexicano. La rareza de ejemplares y su alto precio privan al público actual la lectura de esta obra maestra.

De algunas indicaciones en la obra y lo que sabemos de la vida de Villarroel, podemos suponer que nunca tuvo plan de publicarla, al contrario, intentó una circulación entre la alta oficialía de la época. La obra nos llega en tres copias manuscritas en limpio, las que fueron preparadas por escribientes profesionales del siglo XVIII y cuya escritura no se asemeja a la del firma del autor al final de la copia en la Biblioteca Bancroft (Villarroel

---

[5] La historia de las dos primeras ediciones y de los manuscritos se puede hallar en Estrada, *Introducción*. (Villarroel v-xv, 509-510).

[6] Villarroel, *Enfermedades*, 3ª ed., con adición de una introducción de 22 páginas por Aurora Arnáiz Amigo, sin números y con colofón.

viii-xiv). De las tres, una se encuentra en la Biblioteca Nacional de México, otra en la Biblioteca Nacional de Madrid, y la tercera en la Biblioteca Bancroft de la Universidad de California. A pesar del hecho de que Bustamante nunca indicó la fuente del texto que publicó, no queda duda de que fue el manuscrito de la Biblioteca Nacional de México, en el cual falta la parte 6ª y tampoco hay indicación del autor. Se trata de un manuscrito grande de 151 páginas. La fuente de la edición excelente bajo la dirección de D. Genaro Estrada se puede identificar como el manuscrito en la Biblioteca Nacional de Madrid, el cual consiste de cuatro tomos pequeños de 738 páginas en total. La copia en la Biblioteca Bancroft, igualmente completa, también de cuatro pequeños tomos, lleva la fecha México, 1 de julio de 1787 y es la única que ostenta la firma del autor.

No podemos saber cuantas copias en manuscrito se prepararon; sólo tenemos la certidumbre de estas tres y de una mas; ya que el propósito fue de influir en la reforma de la administración de la Nueva España, la que se contemplaba y resultó en el sistema de intendentes. Esto fue el proyecto de las cinco primeras partes y hay que postular que se mandó un ejemplar de ellas a España (el texto de la copia en la Biblioteca Nacional de México) mientras que Villarroel retuvo un duplicado, el cual a su muerte llegó a la Biblioteca Nacional local. La copia enviada a España o queda en manos particulares o ya no existe. Estos manuscritos están copiados por escribientes que Villarroel pagó, directamente del borrador original. Aquel borrador ha desaparecido, probablemente destruído cuando el autor tenía la copia limpia de las cinco primeras partes e igualmente el borrador de la parte 6ª cuando había copia limpia de ella. De los datos escasos que ofrecen los manuscritos y del hecho que Villarroel murió en 1794, podemos inferir que no tenía planes de publicación, por lo menos en su vida, y que costeó la copia en limpio de las cinco primeras partes cuando terminó el borrador de ellas en mayo de 1785. El resultado sería la copia en la Biblioteca Nacional de México. Cuando Villarroel escribió la parte 6ª sobre la Ordenanza de Intendentes para la Nueva España, promulgada en diciembre de 1786, el licenciado costeó la preparación de dos copias mas. Una fechada 1 de julio de 1787 que evidentemente retuvo para su satisfacción y fue ésta que pasó a su muerte por manos desconocidas para entrar en la biblioteca particular de Don José Fernando Ramírez y de allí a la Biblioteca Bancroft. La otra copia, sin firma ni fecha, presumiblemente se mandó a una persona en la Corte de Madrid de su confianza para emplearla con discreción y cuidado porque en la parte 6ª el licenciado argumentó con la fuerza de sus conocimientos de la Nueva España contra cláusulas importantes de la Ordenanza de Intendentes, especialmente el remplazo de los alcaldes mayores por subdelegados y la prohibición del reparto de mercancías. Parece poco probable que esta persona de influencia en la Corte fuera el formidable Ministro de Indias, José de Gálvez, el marqués de Sonora y el promotor de la Ordenanza, al que el licenciado había servido en varias capacidades durante su visita general de la Nueva España y probablemente le prestó ayuda como patrón (Borah 54-55, 59-60, 68-70). No hubiera sido impedimento la muerte de Gálvez el 17 de junio de 1787 ya que la noticia seguramente tardó a lo menos un mes y probablemente mas tiempo para llegar a México, pero la impaciencia e intolerancia del Ministro de Indias hacia comentarios hostiles a sus proyectos de parte de sus inferiores y sobretodo de sus ayudantes o amigos[7] claramente echa a tierra esta teoría. No importa quién fue el amigo a quién Villarroel mandó la copia, lo cierto es que ella llegó por circunstancias ignotas a la Biblioteca Nacional de Madrid. Si tengo razón en estas conjeturas, el licenciado tenía el plan de una circulación limitada de su obra en manuscrito entre los personajes poderosos en la Corte con la esperanza de influir en las reformas borbónicas.

De la vida del autor, poco sabemos con excepción de los puestos oficiales que desempeñó y los detalles escasos que se pueden espigar de su texto. Nació en Castilla la Vieja de acuerdo con la partida registrada por un sacerdote del Sagrario de México relativa a su muerte e inhumación. De sus padres y familia nos falta toda información excepto su apellido de lo cual podemos inferir que su padre presumiblemente se llamó Rodríguez, un apellido muy común y corriente en Castilla, y su madre Villarroel. Como hicieron muchos ibéricos, el licenciado en sus décadas últimas prefirió abandonar el patronímico plebeyo en favor de su matronímico mas distinguido. De sus escritos juzgamos que escribió con facilidad un castellano excelente, que conoció el latín, y que tuvo una formación buena en la literatura española legal. Seguramente obtuvo el título de licenciado en España antes de emigrar a la Nueva España y a la vez su licenciatura sugiere que estudió con éxito en una de las universidades o los colegios mayores que pudieron conferir tal grado. El dato que pudo conseguirse una formación excelente hasta la licenciatura implica que su familia disfrutaba de los

[7] Herbert Ingram Priestley, *José de Gálvez, Visitor-General of New Spain (1765-1771)*. (Berkeley: University of California Press, 1916) 10, 216-233 y 275-283.

recursos para surtir los gastos considerables y que posiblemente fuera hidalga. El título de Don que nuestro licenciado ostentaba, en tal caso, vendría de su descendencias más bien que de su profesión honorable en el atmósfera mas tolerante del Nuevo Mundo.

Los detalles de la carrera de Villarroel y las ideas en sus escritos nos dan la impresión de que nació entre 1715 y 1725, pues entró en el puesto de alcalde mayor de Cuautla Amilpas cerca de 1761, algún tiempo después de ganar el título de licenciado. Ya que el puesto fue vendible y tuvo que negociarse en Madrid,[8] el hecho de compra implica una cantidad de capital o en manos de su familia o del licenciado. La compra del puesto posiblemente le indujo a radicarse en la Nueva España. Además, las ideas expuestas en su prosa asemejan a las de la primera generación española del Siglo de las Luces, es decir, la generación de los ministros distinguidos de Carlos III—Aranda, Campomanes, Floridablanca y José de Gálvez. Como ellos, tuvo una lealtad absoluta a la monarquía, era católico devoto pero deploró los excesos de culto y la devoción popular; como ellos fue firmemente regalista y pondría limites al poder de la Iglesia al provecho de la corona. Fue nacionalista español abogando el restaurar a España el status de un gran poder parecido al de Gran Bretaña, en particular, y a ese fin forjaría la Península y sus territorios ultramarinos en un sistema nacional unificado, con nuevas industrias capaces de reemplazar lo importado y surtir recursos a la capital. La aplicación de la lógica y la razón solucionaría cualquier problema y aseguraría que las instituciones funcionarían bien. Todas estas ideas circulaban en la época en los cafés y tertulias de la Península más bien que en las universidades y colegios mayores que todavía esperaban una reforma. En la Nueva España no circularon mucho antes de 1768 cuando incitaron la formación de un grupo de criollos al tanto de las nuevas ideas, los que se preocuparon con una vida mejor y la creación del poder en una patria mas chica, es decir, la Nueva España. Claramente nuestro licenciado perteneció al Siglo de las Luces peninsular.[9]

---

[8] Horst Pietschmann, "Alcaldes Mayores, Corregidores und Subdelegados. Zum Problem der Distriksbeamtenschaft im Vizekönigreich Neuspanien" *Jahrbuch für Geschichte vom Staat, Wirtschalt und Gesellschaft Lateinamerikas*. 9 (1972): 244.

[9] Antonio Domínguez Ortiz, *Sociedad y estado en el sigo XVIII español*. (Barcelona y México: Ariel, 1976) 477-478; Jean Sarrailh, *La España ilustrada de la segunda mitad del siglo XVIII*. Trad. Antonio Alatorre (México: Fondo de Cultura Económica, 1957) 110-151, 413-505 y 573-707; Roberto Moreno de los Arcos, "La

En su vida personal era solitario y austero. Nunca se casó. De las pocas opiniones de él que tenemos de sus contemporáneos, sale como industrioso, duro en sus juicios y en las sentencias que recomendó como asesor de la Acordada, y formidable adversario. Ya que sus enemigos no allegaron vicios mayores de su parte con excepción de las extorsiones normales de un gobernador de provincia (Borah 64-67, 71-72), tenemos la impresión de una vida sobria. Si así fuera, conformó con el modelo estereotípico del emigrante español venido a América para ganarse fortuna: austero, económico, industrioso y piadoso.[10]

En sus escritos el licenciado muestra un sentido marcado de sus propias virtudes y a la vez de los vicios que caracterizaban mucho de su mundo, especialmente los estamentos inferiores. Los indios, declaró, son indignos de confianza, mentirosos, sucios y perezosos;[11] los sentimientos de ayuda en su provecho que animaron los juristas y administradores recién venidos de España mal concebidos y contraproducentes.[12] En esto de los indios, difirió de su patrón, José de Gálvez, pues en la opinión de Villarroel el reparto de mercancías era necesario para hacerles entrar en el sistema económico del imperio y el abolirlo llegaría a las consecuencias funestas de una producción indígena de autosubsistencia (Villarroel 465-482). La misma opinión unos años después fue compartida por el obispo de Oaxaca el Sr. Bergosa y Jordán, la cual se demostraba en el decaimiento económico de productos dependientes del reparto como la grana.[13] De los ministros recién venidos de España, el licenciado escribió desdeñosamente

...como los ministros de todas clases, que se envían a las Indias para la

---

historia antigua de Léon y Gama," *Estudios de Historia Novohispana*, 7 (1981): 52-53; y José Miranda, *Humbolt y México*. (México: Universidad Nacional de México, 1962) 11-49.

[10] David A. Brading. *Miners and Merchants in Bourgon Mexico, 1763-1810*. (Cambidge: Cambridge University Press, 1971) 102-114 y 221-212.

[11] Por ejemplo, *Enfermedades* (89-93).

[12] Véase Villarroel (58-59, 96, 110, 115 y 148-149).

[13] Brian R. Hamentt, *Política y comercio en el sur de México, 1750-1821*. (México: Instituto Mexicano de Comercio Exterior, 1976) 187-188; José Antonio Calderón Quijano, ed., *Los virreyes de Nueva España en el reinado de Carlos IV*. (Sevilla: Escuela de Estudios Hispano-Americanos de Sevilla, 2 tomos, 1972) 1:166-171. Ver también la nota 19.

> administración de la justicia... cada uno piensa que sólo es destinado a avassallar al género humano, sin tampoco abatir su orgullo a preguntar lo que ignora, sino que todo lo saben....(Villarroel 58-59).

Se opuso violentamente al Juzgado General de Indios, una importante institución para la defensa de los indios (Villarroel 85-86), criticó severamente la insistencia picapleitos sobre cada detalle del procedimiento judicial en los procesos criminales—

> a título de los precisos trámites judiciales se eternizan los negocios multiplicando sin necesidad las entidades, los costos y el tiempo para perder enteramente a los litigantes (Villarroel 110-111).
>
> El [fiscal] del crimen como no da cuenta al rey de las alteraciones que padecen las leyes en esta línea, quedando burlado su espíritu por antiponérsele en el de una piedad mal entendida, cual es la que se ejecuta con muchos reos que se ven libres de sus delitos con escándalo del público, cuando parecerían más bien en el patíbulo para escarmiento de otros—(Villarroel 115).

Tuvo una opinión muy favorable de la Acordada donde funcionó como asesor y de sus procedimientos más rápidos en los procesos criminales, hasta el punto de proponer un tribunal semejante para la Audiencia de Guadalajara (Villarroel 147-152).

Sus ideas del tratamiento necesario para los indios constituyen a nuestros ojos una mezcla curiosa de lo práctico, conservador, profético, y en defensa de la explotación. Censuró a los indios como perezosos, indignos de confianza, abandonados a los vicios, mentiras y borrachera, pero también concedió que eran explotados sin misericordia especialmente por el clero secular hasta el punto de apoderarse injustamente de sus tierras. La política que favoreció les hubiera repartido terrenos pasando por lo alto la limitación en el fundo legal de seiscientas varas pero también permitiría a españoles y otros no-indios libre asentamiento en los pueblos indios; es decir, abandonaría formalmente la política de dos repúblicas y daría conocimiento legal al mestizaje que crecía con cada día (Villarroel 46-47, 483-490). Del pleitismo de los indígenas comentó

> No hay en la redondez del orbe paraje donde se ventilen más pleitos

sobre tierras, siendo así que son inmensos los sitios eriazos y despoblados que se encuentren en este nuevo mundo (Villarroel 53).

Al leer el libro, uno se da cuenta que a pesar del vigor y aún ferocidad con que representa muchos abusos, el libro realmente pertenece a una categoría bien conocida en la literatura española de los siglos XVII y XVIII, arbitrismo y la forma más respetable del XVIII, proyectismo. Arbitrismo, más prominente en el siglo XVII propuso frecuentemente proyectos de reforma extravagantes y difíciles; proyectismo, más prominente en el siglo XVIII, analizó los males del sistema económico y político mal coordinado, herencia de los reyes Hapsburgos, y propuso el desarrollo de un sistema imperial más al día en imitación de las exitosas políticas de Inglaterra y Francia. Escritores famosos de este grupo eran José del Campillo y Cosío (Brading 25-26). Gerónimo de Uztariz,[14] Bernardo de Ulloa[15] y Bernardo Ward,[16] todos peninsulares. El licenciado Villarroel, a pesar de escribir en México y de limitarse a un dominio del imperio, claramente queda adentro de la misma categoría. Sus críticas y sus ideas para mejoramiento miran a una administración más eficiente, una economía más productiva, el crecimiento del poder real y del prestigio de España en el mundo. Cualquiera que fueran sus riñas y sus quejas para con sus compañeros en el servicio real, vivió y murió súbdito leal a la Corona de España—a lo menos en sus conceptos.

Las circunstancias de la composición del libro *Enfermedades* y el motivo final para escribirlo nos presentan problemas que no se pueden resolver fácilmente. Muchos resisten solución hasta hoy. El proceso de escribir el libro tuvo lugar relativamente rápidamente de acuerdo con las fechas que el autor puso al final de porciones. Terminó las partes 1ª-4ª por el 6 de abril de 1785, la fecha al final de la parte 4ª (Villarroel 385). El 12 de mayo de 1785

---

[14] *Theorica, y practica de comercio, y de marina, en diferentes discursos, y calificados exemplares, que, con especificas providencias, se procuran adaptar a la monarchia española para su prompta restauración*.... 2ª ed. rev. (Madrid: Imprenta de A. Sanz, 1757).

[15] *Restablecimiento de las fabricas, y comercio español: errores que se padecen en las causales de su candencia, quales son los legitimos obstaculos que le destruyen, y los medios eficaces de que florezca*... (Madrid: A. Martín, 2 tomos, 1740).

[16] *Proyecto económico, en que se proponen varias providencias, dirigidas a promover los intereses de España, con los medios y fondos necesarios para su plantificación: escrita en el año de 1762...obra posthuma*. 2ª. ed., (Madrid: Joachin Ibarra, 1779).

completó la parte 5ª (Villarroel 410) y la "La Carta del Autor de esta obra a un Amigo" lleva la fecha del 20 de mayo de 1785 (Villarroel 30). Ya que la parte 5ª consta de las páginas 389 a 410—21 páginas en la edición de Don Genaro Estrada—necesitó cinco semanas para su composición, las partes 1ª-4ª, las que ocupan la páginas 31 a 387, es decir 356 páginas, hubieran consumido mucho más tiempo, probablemente todos los primeros meses de 1784 y bastantes de 1783. Sabemos que en aquellos meses el autor en su función de asesor interino del Tribunal de la Acordada despachaba una acumulación impresionante de casos atrasados (Borah 66-69), la que exigió la mayor parte de su tiempo y presumiblemente le dejó escasas horas libres para otra actividad. El mismo lo consta:

> Y tomando la pluma en aquellos cortos espacios que me dejan libres mis pesadas tareas, estampé en el papel las observaciones que mis cortas luces han podido divisar sobre cada una de las materias que tratan (Villarroel 29).

Es cierto que como abogado formado, tenía años de experiencia en la preparación de documentos legales y en la organización lógica rápida de material. Sin embargo, la complejidad y largura de las materias en el libro y la agudez y penetración de las observaciones indican un período largo de examinación y reflexión antes de que el autor se sentó para escribir. Otra vez el autor confiesa que tal fue el proceso en el prefacio; pasó mucho tiempo en examinar los problemas y enfermedades de la capital así que los remedios que pudieran aplicarse para curarles, en "conversaciones familiares" con un amigo carísimo:

> Qué vivamente y con qué eficacia se me han venido a la memoria en la ausencia de v. m. (carísimo amigo mío) aquellas conversaciones familiares, que eran el objecto de nuestra diversión y pasatiempo. Cuántos esfuerzos no he hecho para divertir mi fantasía procurando retraerla y fijarla sólo en aquellas materias melancólicas, funestas y nada deleitables de mi destino. Pero parece que una fuerza superior me arrastraba con violencia a no poner la imaginación en otra cosa, que en reducir a compendio aquellas providencias económicas y gubernativas, que a nuestras cortas luces se hacían tan asequibles como necesarias para el lustre y esplendor de esta capital, para la comodidad de sus habitantes, como para la buena administración de la justicia, que a

> nuestro modo de pensar se hallaba tan abatida en los juzgados eclesiásticos y seculares.
>
> Confiésole a v. m. con toda ingenuidad que debo, que aunque en este asunto caminábamos acordes y movidos de un propio celo y que fueron muy repetidas las instancias que me hizo a su partida, para que formase un extracto de los defectos mas substanciales que habíamos advertido en cada uno de los establecimientos políticos, civiles y militares de esta capital; y, sin embargo, también de las repitidas instrucciones de v. m. mirando a mejor luz el empeño que iba a tomar, no me podrá negar los esfuerzos que he hecho para contenerme y disuadir a v. m. igualmente de la concebida idea de la formación del citado extracto,... Estas consideraciones me hicieron tal impresión en el ánimo, que propuse separarme del asunto aunque fuese a costa de perder su amistad; pero supo v. m. redargüirme con tanta energía y pintarme con tan vivos colores la precisión en que me hallaba de ejecutarlo, pues de otra suerte no cumpliría con las leyes de la buena amistad y que por otra parte faltaría a las de buen vasallo del Rey Nuestro Señor.... La idea es la que v. m. verá; pero debe considerarle en perspectiva al modo de teatro de comedia, en que sólo se divida la decoración, porque si v. m. se acerca a reconocer el fondo y lo que ocultan los bastidores, no encontrará más que zoquetes, troncos, escorcias y basuras entre los que representan la escena....
>
> He resulto, por último, poner a esta papel el título de Enfermedades Políticas por los motivos que v. m. no ignora; y supuesto a que me dice en la última suya, que tiene proporción para valentearlo y que por un sabio médico se apliquen los remedios oportunos a la curación de algunas de las enfermedades de que adolece este cuerpo político, se lo dirijo a v. m. para que haga de él el uso que le parezca, a consecuencia de los vivísimos deseos que me asisten de que se logren los fines a que se dirige, el de continuar yo en su apreciable amistad y el de que me imponga las órdenes de su agrado (Villarroel 27-30).

Esta carta prefatoria "a un amigo" indica que Villarroel tuvo charlas largas e íntimas con un amigo carísimo cuya identidad recela, en las que se esbozó y ordenó lo que sería el contenido de *Enfermedades políticas*, que en las charlas los dos amigos se hallaron de acuerdo sobre los males y problemas, que el amigo repetidamente sugirió, realmente instruyó, al licenciado de escribir el libro, que antes de salir de la Nueva España (seguramente para la Península) reiteró su instrucción, y que en la última carta de una correspondencia seguida el amigo volvió a su instrucción, esta vez con el estímulo que tuvo "proporción para valentearlo." Unas charlas que cubrieron el contenido del libro no faltarían a ocupar muchas horas y un tiempo largo. ¿Cuándo hubieran podido tener lugar? ¿En México o fuera de la capital? El licenciado estuvo largo período fuera de México en la época que sirvió de ayudante a José de Gálvez en el norte y de comisionado judicial especial y otra vez cuando desempeñó el cargo de alcalde mayor de Tlapa. Estuvo fuera de México de agosto 1770 hasta la primavera de 1774 cuando estuvo en España. Así que las charlas o tuvieron lugar en el norte entre febrero de 1768 y agosto de 1770 o en México después de la terminación de su administración en Tlapa cerca de fines de 1779.

El único dato que nos suministra de la identidad de su "amigo carísimo" queda en la dedicatoria enigmática al principio del libro: "S. D. J. A. G.," con la frase en latín, "Non ego cuncta cano" (Villarroel 25), No canto (o digo) todo. Las dos primeras letras de la dedicatoria significan Señor Don, pero ¿quién corresponde a las iniciales J. A. G.? Uno tendría la tentación de leerlas como una dedicatoria a José de Gálvez, patrón durante muchos años del licenciado. En contra queda el hecho de que el famoso Ministro de Indias recibió como nombre de pila José A. Gálvez. Tampoco corresponde a cualquier miembro de su familia en aquella época (Priestley 1-2). Se puede argüir la forma de la dedicatoria fue un modo de disfrazar la identidad de José de Gálvez, pero esto sería proponer relaciones mucho mas íntimas entre el visitador-general y el licenciado y pasar por lo alto el concepto altanero de Don José de su dignidad.[17] Lo único seguro que podemos sacar de la dedicatoria es que la persona fue hidalgo y peninsular.

Entre varios esfuerzos para averiguar quién pudiera ser la persona de la dedicatoria, pregunté a la Doctora Linda Arnold, especialista en los burócratas de la época, si en su fichero pudiera hallar una persona con iniciales correspondientes a J. A. G. Muy amablemente me contestó por carta que había encontrado la obra de Villarroel en Madrid, se había impresionado mucho con los conocimientos íntimos del funcionamiento del gobierno virreinal y de su sensatez. El único ministro que pudo hallar con las iniciales necesarias fue Juan Antonio Gutiérrez [de Herrera], empleado real experimentado en asuntos fiscales que terminó su carrera como factor oficial

---

[17] Véase Villarroel (9-11, 132-133, 159, 161, 239-240, 244 *et passim*).

real en México y murió en la misma ciudad al año de 1786, sin viajar a España. Probablemente conoció a Villarroel y hubiera tenido charlas con él, pero tampoco tuvo las otras necesarias características. Evidentemente J. A. G. no fue ministro real, y hay que buscar un mercante rico e influyente. La Dra. Arnold me proporcionó otro dato muy interesante, que en la copia de la Biblioteca Nacional de Madrid no hay ninguna anotación marginal lo que indica una lectura crítica por un burócrata real y que tampoco encontró referencia en la documentación oficial de la época.[18] De esto se infiere dos puntos: 1- que la copia que el licenciado mandó a España no pudo ser "valenteado" a pesar de los esfuerzos del amigo o quizá por falta de ellos; y 2- que probablemente Villarroel envió previamente una copia con el texto del manuscrito en la Biblioteca Nacional de México, la que sería la primera versión. Esta copia tampoco tuvo influencia y quedará todavía en una biblioteca particular o habrá desaparecido. El manuscrito en la Biblioteca Nacional de Madrid con su parte final en contra de la prohibición del reparto de mercancías llegó demasiado tarde cuando ya se había determinado la política reformadora y en todos casos era contraria a la determinación del la Corte de disminuir el drenaje de rentas por los alcaldes mayores para aumentar lo que sacaba el erario real.[19] Allí quedamos.

El licenciado Villarroel, hay que añadir, sobrevivió después de completar su obra casi siete años pues murió el 30 de marzo de 1794. De acuerdo con la partida en el registro de enterramientos mantenidos por el Sagrario de México recibió los sacramentos y fue enterrado en el Sagrario. La costumbre en tales circunstancias fue de testar. Tal testamento nos hubiera proveído los datos de sus padres, nacimiento, y sobre familia y herederos, pero una búsqueda entre los 61 notarios de aquellos años cuyos documentos se hallan en el Archivo de Notarías del Distrito Federal, entre las notaciones de testamentos por los sacerdotes en el Archivo General de la Nación no rindió nada. El mismo misterio que nos esconde tanto de la vida del licenciado también envuelve su testamento.

UNIVERSITY OF CALIFORNIA, BERKELEY

---

[18] Carta personal, Blacksburg, Virginia, el 6 de febrero de 1990.

[19] Richard L. Garner, Spiro E. Stefanou, *Economic Growth and Change in Bourbon Mexico*. (Gainesville: University Press of Florida, 1993), *passim*, pero especialmente 195-204, y 215-245.

OBRAS CITADAS

Borah, Woodrow. "Alguna luz sobre el autor de las *Enfermedades políticas*." *Estudios de Historia Novohispana*. 8:51-79 (1985).

Brading, David A. *Miners and Merchants in Bourgon Mexico, 1763-1810*. Cambridge: Universtiy Press Cambridge, 1971.

Priestley, Herbert Ingram. *José de Gálvez, Visitor-General of New Spain (1765-1771)*. Berkeley: University of California Press, Berkeley, 1916.

Villarroel, *Enfermedades políticas*. Intro. Genaro Estrada. 3rd. Ed. México: Miguel Ángel Porrúa, S.A., 1979.

Significación histórico-literaria de la poesía de Ausias March

RAFAEL BOSCH

LA VIDA DEL POETA VALENCIANO del siglo XV Ausias March (c.1397-1459)—cuyo nombre debe pronunciarse *au'zias mark*[1]—nos ha sido perfectamente documentada desde principios de nuestro siglo. Por otra parte, todas las opiniones están concordes, desde su propia época, en que su poesía es de un valor extraordinario.[2] Nos encontramos sin duda ante una de las contribuciones más sobresalientes a la literatura no sólo en lengua catalana sino también a la literatura española en general, tanto en consideración a su época como también con un valor permanente.

Ahora bien, aunque no hay lugar a dudas sobre el extraordinario nivel de esta poesía, los lectores y estudiosos no tienen más remedio que enfrentarse desde el principio con un caso de gran problematicidad. Uno de los problemas básicos para la estimación de esta poesía consiste en la intensa

---

[1] En esta transcripción fonética que ofrecemos nos decidimos, en la cuestión de la acentuación del nombre, por los que ponen el acento en la penúltima sílaba, tales como Joan Fuster, A. Pagès, Dámaso Alonso y Martí de Riquer. Véase a este respecto la gran información suministrada por Rafael Ferreres, en su decisivo estudio que precede a su traducción castellana, es decir: Ausias March, *Obra poética completa*, (Madrid: Clásicos Castalia, 1979). La información que acabamos de comentar se da en el volumen I (18). Esta edición consta de dos volúmenes. El ensayo previo está en el volumen I.

[2] El reconocimiento del gran valor de esta poesía ha sido prácticamente universal, y se produce desde el mismo siglo en que vivió el poeta y sobre todo poco después, a partir del siglo XVI. Fue admirado por Juan Boscán, Jorge de Montemayor, Gaspar Gil Polo y Lope de Vega (cf. Ferreres, I, pp.19-20 y 41-42).

contradicción que los críticos han visto entre la vida del poeta, en términos generales, y su poesía. Esa contradicción ha sido constatada, pero no creemos que nadie haya intentado resolverla.[3] Ésta es una de las cuestiones fundamentales con que quisiéramos enfrentarnos aquí, en este breve estudio.

Un segundo problema en torno al cual debemos tomar posición de principio es el del sentido profundo y valor formal de esa poesía. Y esto ha de hacerse en la doble faz de toda consideración de la forma literaria, es decir, la forma temática y la forma expresiva o estilística.

Cierto es que a principios de siglo Amédée Pagès ha dedicado en su importante libro, unas pocas páginas (249-255) a la forma y estilo de March, pero sólo ha presentado ciertos principios y fenómenos, sin desarrollarlos en profundidad. En cuanto a Rafael Ferreres, éste se ha extendido más que Pagès en aspectos formales básicos, aunque tampoco ha relacionado el estilo con la forma temática (95-110). Sin embargo, creemos que establecer esa correlación nos permitiría comprender mejor la significación y valor de la gran poesía de March.

Comencemos, pues, por hacer constar, antes que nada, que la vida personal de Ausias March nos muestra ante todo un ejemplo muy significativo del típico valenciano de clase media-alta descendiente de una progenie de antecesores catalanes que han sabido situarse pronto cerca de los

---

[3] Amédée Pagès, en su muy valioso libro *Auzias March et ses prédéceseurs*, simplemente hace constar, con respecto a los aspectos injustos de la vida de March, que "su vida privada no responde a la idea que nos podríamos haber forjado por la lectura de la mayoría de sus poesías" (120). Este breve comentario es sin duda oportuno, pero el crítico no estudia el problema, e incluso se puede decir que toda referencia suya a la vida del escritor y de sus antepasados está marcada por un cierto conformismo o conservadurismo que le impide sacar consecuencias realistas o derogatorias. A Pagès le parece natural que los pequeños o medianos señores en el siglo XV sean egoístas, autoritarios y violentos feudales que subsistente: Ferreres, por el contrario, adopta una clara actitud condenatoria. Así, dice: "En sus actuaciones como señor de horca y cuchillo no merece, ciertamente el calificativo de benigno ni, tal vez, el de justiciero" (31). Está documentado buen número de violencias contra sus vasallos (en su mayoría musulmanes), y hasta una demanda legal por el rapto de una joven, demanda que fue Ferreres, desoída por influencia de las alturas. Ferreres, sin embargo, tampoco presenta el importante problema de cómo un hombre orgulloso de su posición social y de una ética tan indeseable pudo hacer gran poesía. En cambio esta debe ser una de las principales cuestiones que nos proponemos tratar aquí.

reyes de la dinastía catalano-aragonesa como administradores de linaje burgués que muy frecuentemente han desempeñado cargos con responsabilidades económicas. Se empieza a tener documentos sobre sus antecesores con la figura de Pere March, notario barcelonés, aunque es posible que su origen más lejano fuera aragonés. El apellido March sugiere en seguida la idea la unidad de peso—usada en muchas partes de Europa—del oro y la plata, de modo que podría sospecharse una ascendencia judía en esa estirpe, y, como Mayans y Siscar dice que Ausias tenía relaciones de parentesco con el gran humanista valenciano Juan Luis Vives (cuyos padres fueron condenados por la Inquisición), resulta indudable que los March eran conversos.[4]

Este primer Pere March (de quien descendieron, como veremos en seguida, varios otros Peres o Pedros), rindiendo servicios al rey Jaume I, "el Conqueridor," recibe del rey terrenos (en Gandia) al consolidarse la toma de Valencia por los invasores catalano-aragoneses. Como hace notar Pagès, los personajes cercanos al rey que eran premiados por sus servicios con "repartimientos" de tierras no estaban obligados a residir en estos terrenos, que eran explotados en parte por colonos venidos del Norte y sobre todo por musulmanes que se habían quedado en el poder y que pagaban impuestos a los nuevos señores.

Este hecho se contradice notoriamente con la teoría legendaria de que sólo los invasores o conquistadores ocuparon los nuevos territorios mientras la población musulmana se expatriaba, teoría insostenible y de origen ultraconservador, cuyo origen se encuentra en los esfuerzos tradicionalistas por presentarnos una imagen de pureza ancestral de la población del este de la Península. Así surgió la teoría legendaria de que sólo los conquistadores ocuparon los nuevos territorios mientras la población musulmana se expatriaba o era expulsada. Esta vieja teoría "purista" es hoy día insostenible, aunque la encontramos hasta hoy en algunos estudiosos serios y muy respetables. Lo que si que hay que suponer es que en Valencia, como en otras partes meridionales y orientales de la Península, la población nativa, que secularmente se había mezclado con la de origen musulmán (y judío), es decir, sobre todo con contingentes musulmanes extrapeninsulares, fue poco a poco asimilándose a los invasores del noroeste salvo en casos

[4] A esta conclusión llega Ferreres (10) fundándose en el parentesco con Luis Vives—a quien sus padres, como sabemos, enviaron al extranjero para salvarlo de la hoguera. Sobre el parentesco de los March y los Vives.

excepcionales.[5]

A ese primer Pere March le siguió un segundo Pere March que fue "secretario de ración" de Jaume II, es decir, como también se expresaba en la monarquía del estado catalano-aragonés, "mestre (o maestre) racional," o tesorero real, que determinaba las cantidades o raciones con que se pagaba a los soldados, funcionarios y criados. Estos dos Pere March, el primero notario y el segundo racionero, consiguieron elevarse en fortuna y en la administración económica, como funcionarios que servían a los intereses económicos de la corona y que recibían favores de ésta. Así se inicia una serie de descendientes que hacen una carrera y llevan una vida semejante. Un tercer Pere March tendrá el título de Tesorero General de la corona de Aragón, todavía bajo el reínado de Jaume II. Además, este tercer Pere March aspira a ser nombrado caballero participando en las campañas militares de Cerdeña. Los March se distinguirán en campañas militares, y esto llega hasta Ausias.

Con los dos hijos de este tercer Pere March se inicia la división en la

---

[5] Estos casos excepcionales fueron los de los musulmanes a los que, en el campo, se les permitieron libertades y costumbres para ser así mejor explotados por los pequeños señores feudales. Estos grupos relativamente pequeños se convirtieron así en esclavos dependientes de sus amos, que aparentemente los protegían, y que dependían del favor de la aristocracia castellana, que no los aniquiló como en otras partes de la Península porque dependían de ella. Sin embargo, la aristocracia castellana de los grandes fue entenado en una decadencia económica rápida de modo que, al acentuares tal decadencia al giro del siglo XVI al XVII, buscó nuevos recursos de dondequiera, y así impuso la expulsión de los "moriscos," que hacía mucho tiempo que ya no tenían conatos de rebeldía o protesta sino que se habían convertido en sumisos defensores de los privilegios de sus señores. La grandeza destruyó así uno de los principales factores de la base económica del pequeño feudalismo que había sobrevivido excepcionalmente en el este de la Península (Valencia y Aragón). De ese modo los grandes de Castilla pudieron repartirse fácilmente nuevos terrenos que explotar en su esfuerzo inútil de contener la enorme depresión económica. Ahora bien, en la época de March los siervos musulmanes abandonados a su suerte por sus señores mahometanos todavía tenían pujos de rebeldía y protesta contra sus nuevos opresores. Ahora bien, el paso de las generaciones haría que esta población nativa de Valencia, que había pasado por un periodo de varios siglos de musulmanización y mezcla con elementos musulmanes venidos de fuera, fuera adaptándose en general a las nuevas condiciones, y sólo una minoría (los que serian llamados más tarde "moriscos") persistirían en sus hábitos y creencias hasta la expulsión.

estirpe de los March, pues un nuevo (cuarto) Pere March hereda los terrenos y bienes en Cataluña, mientras que el otro hijo, Jaume, se establece en el reino de Valencia. Este Jaume, en su vejez, es el primer March que es armado caballero. Al morir su hermano sin descendencia, hereda los bienes comunes, que repartirá dando los de Cataluña a su hijo Jaume y los de Valencia a su hijo Pere. Éste fue el padre de Ausias March. Tanto el padre de Ausias como un tío suyo escribieron poemas, y evidentemente Pagès exagera al llamarlos poetas y considerarlos por extenso. Su obra fue convencional y carente de interés. Solamente Ausias consiguió un alto nivel en su labor literaria.

Ante todo, pues, debemos plantearnos en qué consiste la grandeza de este poeta. Sabemos que, en su vida social y familiar solamente se distinguió por los rasgos enaltecedores del caballero combativo y heroico, a la vez que poseído de su alcurnia y de su poder sobre los inferiores. Ha participado en campañas militares en las que demostró su extraordinario valor, hecho que menosprecia en parte Pagès mientras que es resaltado, con entera justicia, por Ferreres. Nos vemos obligados, por lo tanto, a ver la cara y cruz del hombre. Debemos considerar en él la ambición de poder y riqueza, la cual le llevó a aumentar su caudal por medio de dos matrimonios sucesivos con damas ricas que evidentemente no le inspiraron ningún entusiasmo erótico.[6] Tampoco debemos olvidar que su orgullo de hombre poderoso y ambicioso, que incluía el menosprecio de los humildes, a quienes trató duramente, parece un rasgo dominante de los acontecimientos de su vida. Todos estos factores nos presentan el problema crítico de cómo un hombre de tal naturaleza pudo escribir gran poesía, que tanta admiración ha suscitado desde época temprana y que hoy seguimos admirando. Veamos a continuación cómo creemos que debe resolverse este problema enigmático.

En la sociedad de clases, por causa de su carácter complejo, existe una diferencia o dualidad en el desarrollo de la personalidad que no se conocía en las sociedades primitivas y que ha de ser abolida en el futuro social de la humanidad. Esta dualidad es una contradicción dialéctica entre la vida social

---

[6] La primera de estas esposas, que murió tempranamente, era hermana de Joanot Martorell, uno de los dos autores de la famosa novela de caballerías titulada *Tirant lo Blanch*. Martorell y March pertenecían evidentemente a la misma clase social, el estrato alto de la pequeña burguesía que había quedado ennoblecido por causa de su fortuna, y en el caso de March, por una larga historia de servicios de su familia a los reyes desde Jaume I.

del individuo y el nivel más intimo de la individualidad personal. La contradicción puede manifestarse de diferentes formas, pero el hecho es que debemos considerarla, dentro de la dialéctica materialista, como compuesta de una tesis y una antítesis que deben resolverse en una síntesis. Y como la contradicción dialéctica tiene un carácter esencialmente temporal y dinámico debemos considerar cuál es el factor dominante en un momento histórico determinado y si ese factor seguirá predominando a la larga o si, con el paso del tiempo, va a predominar el factor opuesto. Hay que considerar incluso si en el transcurso de las épocas, la contradicción original queda obscurecida por el surgimiento de nuevas contradicciones.

Pues bien, es evidente que la contradicción original y fundamental en el caso de Ausias March la empiezan formando la tesis de su posición social en conflicto con la antítesis de su actividad poética íntima. Por una parte, pues, tenemos la posición social del caballero orgulloso y a veces cruel (tesis) en contraste, por otra parte, con una espiritualidad intima incontestable y de gran valor (antítesis) y esta última es la fuente de una gran creación poética. Esta contradicción se resuelve en una síntesis donde uno de los dos elementos tiene que predominar y el otro quedar subordinado. Si tenemos, básicamente, que comenzar por la vida del hombre, es innegable que el factor predominante fue la realidad altanera y violenta de un noble mediano y poderoso por sus antecedentes familiares y su cercanía a varias esferas del poder. La poesía, sobre todo la amorosa, que es la de más alta calidad, constituyó en vida del hombre un factor subordinado de antítesis. Ahora bien, el carácter de esta síntesis va a cambiar inmediatamente tras la muerte del poeta.

La importancia y conducta social del escritor adquieren muy pronto un carácter secundario, y el factor dominante va a ser la obra poética. Lo que antes era la antítesis es muy pronto la tesis, y así se considera desde los primeros comentaristas e imitadores. Todos reconocerán el carácter nobiliario de la persona del poeta, y algunos le reconocen el titulo de "mossèn," es decir, caballero o "don," miembro de una orden de caballería, como March efectivamente lo fue; pero todos pasan en seguida a comentar con especial acento lo que ahora se ha convertido en el aspecto principal de su personalidad: su reconocido valor poético, que empieza a imitarse, y que es la base de la estimación y encomio que le han dedicado los críticos desde el principio hasta hoy.

Ahora bien, hay contradicciones conciliables y otras inconciliables o antagónicas. Las conciliables apuntan a su resolución desde el tiempo mismo de su surgimiento. Las antagónicas o inconciliables sólo se resuelven con la aparición de nuevos fenómenos que alteran radicalmente toda la situación original. Eso es lo que ocurre en este caso con la muerte del poeta. De ese modo, la contradicción entre la vida y la poesía de Ausias March en su época pasa después a segundo término y se resuelve en otras contradicciones. Esto es precisamente lo que da carácter permanente a la obra literaria de March. Tras su muerte, el factor de la vida exterior se reduce a su carácter de noble, pequeño aunque poderoso, en situación que se refiere a su origen burgués (antítesis) y la creación de su obra poética (tesis). Es decir, que en esta nueva síntesis el factor dominante será la poesía, condicionada como es natural e inevitable—por el nivel social del escritor, que será ahora un criterio determinante de la producción poética.

Esta interpretación no está en conflicto con el principio fundamental de nuestra filosofía, según el cual la base material de la vida social es anterior a los desarrollos culturales, que surgen a partir de aquélla (si bien hay también una repercusión derivada, de modo que la cultura influye dialécticamente sobre la vida material). Por principio, la vida social es la base de la actividad cultural, pero el carácter de doble dirección de las relaciones entre sociedad y cultura puede producir, y produce a menudo, que la cultura de otros tiempos actúe dialécticamente sobre nuestra sociedad más moderna. Es decir, parece un hecho que ideas y sentimientos surgidos en las sociedades españolas del siglo XV, y por lo tanto en un período de transformación parcial y lenta de la formación socioeconómica feudal a la capitalista puede sin duda haber producido creaciones culturales que tengan significación—y hasta grande significación el futuro.

De ese modo, como hemos tratado de mostrar, la obra poética de Ausias March puede tener, y tiene, grandeza, si la consideramos básicamente como una expresión de su tiempo, pero que lo sobrepasa muy pronto poyectándose hacia el futuro. La contradicción antagónica de su época se convierte así en algo que, sin olvidar las causas histórico-sociales que la motivaron, sobrepasa las limitaciones de su tiempo proyectándose hacia el futuro. Y entonces debemos reconocer que esa obra poética es algo extraordinario para la sociedad y la época que la produjeron. En ese sentido, es sobre todo una tarea intima, de meditación, principalmente amorosa y de concentración principalmente psicológica, aunque el lenguaje debía a su época el presentarse en términos de raciocinio al que suele escapar por medio de procedimientos expresivos como el uso de opósitos (a veces también llama do de antítesis). Esto no excluye abundantes reflexiones morales, aunque de un carácter elemental y propio de la época, de modo que no tenemos que buscarle fundamentación peripatética o de ningún otro tipo de filosofía sistemática.[7] Son las consideraciones, a veces hipócritas, del noble retirado a su intimidad privada.

Vamos a tratar de mostrar lo que llevamos dicho por medio de unos pocos ejemplos. Habíamos indicado antes que, de las diferentes divisiones hechas por la critica (a partir de Pagès) de los temas tratados por March, es decir, amor, muerte, moral y religión, solamente el tema del amor le ha hecho escribir grandes poemas. No está claro si esos versos están dirigidos a una sola mujer, pero nos inclinamos a creerlo así. Era evidentemente una mujer casada y de alta posición social, y en una ocasión se le ha llamado Teresa (Ferreres 70-71). Alude a ella con frecuencia como "Plena de seny" (mujer llena de talento o discreción) y "Llir entre cards" (lirio entre cardos). También le ha aplicado otros apelativos con menos frecuencia: "Bella ab bon seny" (Bella de buen entendimiento), "Mon darrer bé" (mi bien último o supremo), etc. Pagès ha demostrado (y hasta exagerado) la influencia de los trovadores provenzales sobre Ausias March. ¿Qué es, entonces, lo que March ha innovado? Ferreres se pone en el empeño de que March no tiene gran influencia de Dante ni de Petrarca, aunque si reconoce coincidencias con ellos, hasta el punto de que los tres han tenido el mismo tipo de primer encuentro con la amada. Es difícil negar que estos poetas se leyeran los unos a los otros, aunque sus referencias semejantes no sean literales.

Ahora bien, Ferreres no encuentra en March nada del espíritu renacentista (Ferreres 46-47) y creemos que, al pensar así, el crítico absolutiza el concepto histórico-cultural de Renacimiento. Es innegable que las sociedades española: de la época imperial han sido detenidas por la grandeza castellana en el camino hacia su modernización. La grandeza ha tenido un carácter ambivalente: uno de sus factores ha sido en general la contradicción con los restos del feudalismo, del que han quedado factores, ejemplos y rasgos aislados, incluyendo el hecho de que esa clase social representaba un tipo de superfeudalismo. La grandeza ha frenado y en gran parte destruido las bases generales del feudalismo, con pequeñas excepciones

[7] La teoría que atribuye a March principios filosóficos de origen aristotélico fue presentada por primera vez por Pagès, que la sostiene en muchas páginas de su libro. El gran historiador de la literatura y crítico Joan Fuster, ha sabido oponerse sabiamente a los que atribuyen a March pensamientos muy filosóficos o religiosos en su edición de: Ausias March, *Antología poética*, (Barcelona: Selecta, 1959).

de tolerancia en Valencia y Aragón (claro que este fenómeno no duró sino hasta principios del siglo XVII). El feudalismo medieval, como fenómeno. general, ha sido substituido por el poder de la grandeza: las grandes posesiones agrícolas y sobre todo la supremacía de la Mesta. Por otra parte, la grandeza ha derrotado las dos grandes revoluciones protoburguesas que fueron las primeras de la Europa moderna, es decir, las Germanias y las Comunidades. Encontrar que un poeta valenciano como Jordi de Sant Jordi sí es renacentista mientras otro como Ausias March no lo es adoptar una actitud absolutista que no ayuda a comprenderlos.

Vamos ahora a examinar uno de los poemas típicos del mejor Ausias March. Empecemos justamente por el primero de la serie. Daremos primero el texto catalán y luego nuestra traducción.

I Axí com cell qui'n lo somni 's delita
e son delit de foll pensament ve,
ne pren a mi, que'l temps passat me té

l'imaginar qu'altre bé no'hy habita.
Sentint estar en aguayt ma dolor,
sabent de cert qu'en ses mans he de jaure.
Temps de 'venir en negun bé'm pot caure;
aquell passat en mi és lo millor.

II Del temps present no'm trobe amador
mas del passat, qu'és no-res e finit;
d'aquest oensar me sojorn e'm delit,
mas quan lo pert, s'esforca ma dolor
sí com aquell qui és jtgat a mort
e de llonc temps la sab i s'aconhorta,
e creure'l fan gue li serà estorta
e'l fan morir sens un punt de recort.

III ¡Plagués a Déu que mon pensar fos mort,
e que passàs ma vida en durment!
Malament viu gui té lo pensament
per enamich, fent-li d'enuyts report;
e com lo vol d'algun plaer servir
li'n pren axí com dona 'b son infant,

que si verí li demana plorant
ha ten poc seny que no'l sap contradir.

IV Fóra millor ma dolor soferir
que no mesclar poca part de plaer
entre 'quells mals qui'm giten de saber
com del passat plaer me covè 'xir.
¡Las! Mon delit dolor se converteix;
doble's l'afany aprés d'un poc repòs,
si com malalt qui per un plasent mos
tot son menjar en dolor se nodreix;

V com l'ermità qui 'nyorament no'l creix
d'aquells amichs que tení' en lo món,
essent llonc temps que'n lo poblat no fon,
per fortuyt cars un d'ells li apareix,
qui los passats plaers li renovella,
sí que'l passat present li fa tornar;
mas com s'en part l'és forçat congoxar;
lo bé, com fuig, ab grans crits mal apella.

VII Plena de seny, quant amor és molt vella,
absença és lo verme que la gasta,
si fermetat durament no contrasta,
e creura poch, si l'envejós consella.

Veamos ahora nuestra traducción aproximada.

I Así como aquél que en el sueño se deleita
y su deleite de loco pensamiento viene,
me viene a mí que el tiempo pasado me contiene
la imaginación de que no habita ahí ningún otro bien.
Sintiendo estar al acecho mi dolor,
sabiendo de cierto que en sus manos he de yacer.
El tiempo venidero a ningún bien puede lanzarme;
aquel pasado para mi es lo mejor.

II Del tiempo presente no me encuentro amador,

sino del pasado que es insignificante y acabado;
En este pensamiento me quedo y me deleito,
pero cuando lo pierdo se refuerza mi dolor
así como aquél que es condenado a muerte
y por largo tiempo lo sabe y se consuela,
y le hacen creer que se ha librado de ello
y le hacen morir sin dar lugar a recurso.

III ¡Pluguiese a Dios que mi pensamiento estuviese muerto
y que (yo) pasase mi vida durmiendo!
Mal vive quien tiene al pensamiento
por enemigo dándole cuenta de enojos;
y cuando le quiere con algún placer servir
le sucede así como mujer con su infante,
que si veneno le pide llorando
tiene tan poco juicio que no sabe contrariarlo.

IV Fuera mejor mi dolor sufrir
que mezclar un poco de placer
entre aquellos males, que me enferman de saber
cómo del pasado me conviene salir.
¡Ay! mi placer en dolor se convierte;
doble es el afán tras un poco de reposo,
así como el enfermo que por un placentero bocado
toda su comida de dolor se nutre;

V como el ermitaño que la añoranza no le crece
de aquellos amigos que tenía en el mundo,
habiendo mucho tiempo que en poblado no estuvo,
por caso fortuito uno de ellos se le aparece,
el cual los placeres pasados le renueva
de modo que el pasado el presente le hace volver;
pero cuando se parte le es forzoso acongojarse:
el bien, cuando huye, con grandes gritos lo llama.

VI (Mujer) llena de buen sentido, cuando el amor es muy viejo
la ausencia es el gusano que lo gasta,
si la firmeza fuertemente no se le opone,

y atraviesa poco si el envidioso aconseja.

Este poema, que hemos elegido simplemente porque es el primero de la colección, pero que es característico de los versos dedicados a esta mujer o dama, a la que aquí mismo se la califica de "llena de discreción" o "llena de sensatez," nos muestra el talante que desde el comienzo da el tono fundamental de todos estos cantos. Ferreres tiene en parte razón cuando cree que otros poetas coetáneos muestran más claramente la influencia italianizante, y a este propósito da los ejemplos de Iñigo López de Mendoza y de Jordi de Sant Jordi.[8] Ahora bien, al juzgar estas características formales desde un punto de vista estrecho, se pierde el complejo problema de la forma poética en sus más importantes contradicciones. Aquí es donde no tenemos más remedio que distinguir todos los aspectos necesarios que importan a nuestro juicio.

Al hablar de la forma poética debemos considerarla en sus dos aspectos: la forma temática y la forma del estilo. En este último sentido, es evidente que no encontraremos en March el intento de copia de las formas estróficas que se da en López de Mendoza, en sus sonetos y en su *Comedieta de Ponza*. (O *El infierno de los enamorados*). Por una parte, March no ha imitado a Dante o Petrarca de una manera casi literal, no sólo en sus temas sino en su versificación, como lo ha hecho López de Mendoza. En cuanto a la versificación, el no escribir sonetos u otras formas italianas que luego acabarían por preponderar en las sociedades peninsulares, constituye un factor que exige reflexión critica. Se da aquí un aspecto contradictorio. Desde el punto de vista de que López de Mendoza es un precursor de la adopción de formas italianas de versificación, su mérito es indudable, aunque su intento sea un fracaso. Y lo es, en primer lugar, porque no ha sabido

[8] "No hay, o por lo menos no encuentro, en la obra de Ausias March un solo canto que pueda considerarse plenamente o casi plenamente dentro del sentir - desde luego ni pensar en la expresión literaria - renacentista. Hay versos aislados que, si buscamos bien, también se encuentran en poetas considerados enteramente medievales. No tiene como su amigo y admirador el Marqués de Santillana esa cara y cruz de provenzalista - en sus serranillas y otras combinaciones métricas - y de renacentista - en sus soneto al modo italiano, en su *Comedieta de Ponza*. Estos dos grandes señores vivieron casi los mismos años. El valenciano de 1397 a 1459. El palentino de 1398 a 1458. Los dos estuvieron en Italia" (En otro lugar se hace referencia a Sant Jordi). Este modo de juzgar nos parece injusto (Ferreres 46-47).

comprender las formas italianas que ha querido introducir. Todo esto hace que el mérito de este intento sea sobre todo un esfuerzo de voluntad, y poco más. La mentalidad de este aristócrata castellano es reaccionaria en un doble sentido. Su proyecto de combinar la religión cristiana con la mitología griega produce resultados tremendamente ridículos. Así, por ejemplo, el soneto número 14 en que la aparición milagrosa de Jesús a tres de sus discípulos en el Monte Tabor es la perfecta expresión de los sentimientos que el poeta tiene hacia la amada, por efecto del dios Amor (Eros, o Cupido),porque ella es hija de la diosa romana Latona, produce en cualquier lector razonable una inevitable invitación a la risa. Pero, dejando aparte estos defectos del tema, consideremos qué valor puede tener la forma temática. Tomemos así unos versos de *La comedieta de Ponza*:

Oh vos, dubitantes, creed las historias
  e los infortunios de los humánales,
e ved si los triunfos, honores e glorias
  a grandes poderes son perpetuales.
Mirad los imperios e casas reales,
  e cómo Fortuna es superiora;
revuelve lo alto en bajo a deshora
  e face los ricos e pobres iguales.

Nadie dirá que se expresen aquí ideas personales: aparte de la referencia a la diosa Fortuna, parece que estemos escuchando un sermón. Y esto debe concluirse no sólo sobre las ideas expresadas, sino sobre la manera de declararlas, es decir, la forma temática. En cambio, volvamos ahora al primer: canto, que hemos citado, de la obra de Ausias March. Ante todo consideremos el tema.

La grandeza de la poesía de March reside en la sinceridad y hondura con que presenta sus sentimientos y pensamientos. Su temática tiene una gran originalidad por su tono de meditación sentimental íntima. La forma estrófica constituida por varias partes numeradas, ordinariamente seis o siete, todas ellas en forma de dos cuartetos unidos o seguidos pero con rimas diferentes y el conjunto acabando en un solo cuarteto, es sin duda algo diferente de las formas estróficas diferentes que se adoptarán en la poesía española a partir del siglo XVI. Ahora bien, los temas tienen una hondura y una pasión concorde con la reflexión que desmienten el comentario de Ferreres de que esta poesía no tiene nada de renacentista. Si nos enfrentamos con los temas la forma temática, los cantos o poemas de Ausias March tienen un carácter completamente moderno y nada medieval. En los poetas del siglo XV no volveremos a encontrar temas o formas temáticas que sean tan modernas (aparte de las formas estróficas, que Iñigo López de Mendoza introduce no sólo imperfectamente sino además sin espíritu renacentista). En la poesía italianizante, ese celebrado Marqués de Santillana no nos ha dicho nada ni valioso ni original. En cambio Ausias March, por sus temas y la forma de concebirlos, es un gran poeta del Renacimiento.

March no sólo es un gran poeta renacentista, sino que se adelanta así a todos los escritores de su siglo por el modo de honda intensidad de sus ideas y expresiones. ¿Cómo puede pensarse que no es renacentista un poeta que nos habla, y no a la ligera sino profunda y personalmente, de Ticio, de Teseo y Ariadna, de Dido y Eneas, para expresar sus sentimientos íntimos? Veamos, por ejemplo, la comparación que se hace con Ticio (March XIII):

> Cell Texion qui'l buytre menga'l fetge
> e per tots temps brota la carn de nou,
> en son menjar aquell ocell may clou;
> pus fort dolor d'aquesta-m té lo setge,
> car es un verm qui romp la mia pensa,
> altre lo cor, qui may cessen de rompre,
> e llur treball no's porra entrerrompre
> sinó ab ço que d'haver se defensa.

Traduzcamos.

> Como Ticio a quien el buitre come el hígado
> y a cada momento le brota la carne de nuevo,
> en su comer aquella ave nunca termina;
> más fuerte dolor que aqueste tiene la sede,
> pues es un gusano que roe mi pensamiento,
> otro va al corazón que nunca cesan de roer,
> y su tarea no se podrá interrumpir
> sino con aquello que se le impide tener.

¿Es esto un manejar la mitología clásica como una decoración superficial y sin sentido, o por el contrario, dar fundamento a una imagen personal, profunda y moderna? Con todas las limitaciones de la España de su siglo y de su personalidad social, la poesía de Ausias March tiene un valor y una modernidad excepcionales, por su imaginación fecunda, su tono íntimo y personal que no volverá a aparecer sino siglos después, y por la tensión dinámica que la nutre y atraviesa.

SUNY, ALBANY

OBRAS CITADAS

Pagès, Amédée. *Auzias March es ses prédéceseurs*. París: Honoré Champion, 1912.
Ferreres, Rafael. Ausias March: *Obra poética completa*. Madrid: Clásicos Castalia, 1979.

Lengua y paisaje en Riva-Agüero

LUIS JAIME CISNEROS

A Luis Monguió
lumen cordi.

NO FUE LA LENGUA EN Riva-Agüero ajena a su actividad de historiador. No hubo entre el idioma y él distancias ni desacuerdos. Fue instrumento para entroncarse con la realidad inmediata y fundirse en ella, ya fuese esa realidad el acontecer histórico o el paisaje en que la historia se había concretado. Lenguaje e individuo en solidaridad.

Se diría que el paisaje aparece en Riva-Agüero como un aceptable refugio para sus apasionamientos. Donde advertimos en él al hombre de letras no es en los escritos históricos ni en los de tema literario, donde el lenguaje adquiere, por gracia de la solemnidad que la provoca, engolamiento y toques de oratoria. Pero está patente su destreza literaria en la descripción del paisaje que se ofrece a la contemplación, facilita la fusión natural y espontánea de Riva-Agüero con la naturaleza y propicia, así, su imprevisto fervor estético. Claro está que todo individuo se halla en capacidad de "descubrir valores estéticos en una gama más o menos amplia de experiencias." Unos creen que todas las experiencias son practicables; otros parecen saber (o presentir) que tal suerte sólo es privilegio de los elegidos.

No fue Riva-Agüero hombre insensible ante el paisaje. Y en verdad lo que interesa plantear es esta pregunta; ¿qué experiencias ingresaban en el campo de la visión estética y se ofrecían en figuras iluminadas? Creo que pueden conjeturarse algunas: el ojo estético de Riva-Agüero enfocaba aquellas experiencias susceptibles de adornos simbolistas y herederas de cierto matiz modernista, así como se centraba en experiencias que pudieran ser o haber sido estimuladas por el peso vigente de la historia. Cuando en la llanura de Anta tropieza con un riachuelo, lo describe mezclándolo con lecturas de Garcilaso:

"El riachuelo de nuestra izquierda, cascajoso y rápido, lleva aguas color de acero. Las tradiciones indias contaban que el día de la batalla se convirtió en un raudal rojo con la sangre de los treinta mil hombres que perecieron en sus riberas" (*Com. Reales*. I.5. XIX)

Apenas el uso acertado de la calificación remata la imagen del riachuelo, se deja ganar Riva-Agüero por la evocación de sus lecturas garcilacistas. Pero cuando oímos explotar su desnuda emoción, advertimos en el lenguaje claros rasgos de prosa modernista que alcanza ciertamente relieve literario. Así nos lo muestra en el pasaje en que relata la noche que duerme en Pomacocha:

Primero fue *el batir* del follaje y el *crujido de los árboles* por las *agitadas ráfagas* del aire, el *clarinear* de los gallos, el *mugir* de los bueyes, un lejano *ladrido*, el trémulo *balar* de los rebaños distantes. En seguida, el *trajín* de la ordeña matinal, hecha *a la luz de lamparillas* de latón; un rápido *altercado*, el *manoteo* de las recuas. Después, a la incierta y *gris claridad* de la aurora, el *remover* los aperos de labranza, las *salidas* de las yuntas, el gorjeo de los pájaros; *entre pausas de silencio*, la *tonada* de un triste, gritos intermitentes de arrieros, el *chasquido* de los látigos; y ya bien abierto y brillante el sol, el *seco* y *apretado galopar* de las yuntas de ovejas, que pasaban delante a remudar de pastos" (179-80).

Extraordinaria concesión al mudo sensorial. Halago para el oído ("el batir del follaje, el *crujido* de los árboles anuncian el imperio de sonidos sutiles y prolongados; el contraste entre "pausas de silencio" y "gritos intermitentes" de arrieros) se corresponde con imágenes para el mundo visual con " la incierta y gris claridad de la aurora." Todo ello es de innegable estirpe modernista, con ecos del Valle-Inclán de las " Sonatas."

Pero cuando la escena lo convoca a una escueta descripción, sin eco en el sentimiento y con la estricta y sola perspectiva de la descripción pura, asoma en Riva-Agüero el lenguaje sobrio de línea tradicional rastreable solamente en el campo léxico: chapeadas monturas, pañuelos a manera de *barboquejos*, jinetes sentados a mujeriega. Este sesgo tradicionalista no autorizaría a pensar que Riva-Agüero se halla en una corriente periclitada, pues su actitud ante la lengua es la que aparece prefigurada en Eguren, cuya influencia en la prosa de muchos de nuestros escritores no ha sido aún atendida con esmero. No se ha escrito todavía sobre el lenguaje de Riva-Agüero y por ello no ha podido apreciarse el alcance de sus recreaciones léxicas; cuando nos describe como "escaramuzaban" los soldados de Nuño de Castro, o cuando, al describirnos la salida de Ayacucho alude a los viajeros que "oblicuaban" el camino, Riva-Agüero se halla en el mismo mundo lingüístico que Yurkievich ha estudiado en Vallejo. Y son datos útiles para mostrar cómo realmente estaba Riva-Agüero inserto en su época. Porque si es verdad que en su correspondencia con Palma y con Blanca de los Ríos asistimos algunos alardes majaderos de "casticismo," su credo lingüístico está casi resumido en la carta que dirige en 1906 a Unamuno para celebrar su *Vida de Don Quijote y Sancho*, donde le leemos celebrar que el rector salmantino "atienda más a la autoridad de la lengua viva en boca del pueblo que a las reliquias conservadas en los libros clásicos" (16).

A pesar de que el epistolario puede mostrarnos su aptitud para la indignación y la violencia, no hay en Riva-Agüero usos truculentos de lenguaje ni aptitud para observar la truculencia, rasgo todavía romántico que puede advertirse en unas de las descripciones que en 1937 hace sobre el paisaje serrano Mariano Ibérico, en quien el animismo descriptivo está más alejado que Riva-Agüero de la prosa post-modernista.

Es sabido que la adjetivación suele ser elemento importante en el diagnóstico de un estilo. La de Riva-Agüero desmiente la actitud destemplada y enfática que podrían denunciar sus escritos políticos. El campo epitético de Riva-Agüero se halla mucho más cerca de la preclara asistencia baudelauriana y se ve favorecida por la aclimatación de Bergson. Lo que Riva-Agüero va a destacar, por eso, en el paisaje no son las cualidades sino "la observación de tal cualidad" en los objetos y en los hombres. Es decir, la vivencia sensórea. Y así podemos explicarnos las adjetivaciones sisnestésicas, que responden a estas notas singulares: "su carácter individual y subconsciente, su vaguedad sugestiva y la voluntad de matización que la motiva." Es ciertamente deuda modernista este poder ver la naturaleza con percepción tan penetrante y complicada. Bastan pocos ejemplos: el campo de Ayacucho le depara "una perplejidad triste e inquieta"; y eso lo persigue hasta esta hermosa alusión crepuscular:

> "No eran ciertamente alegres los pensamientos que me asaltaban, cuando al caer la tarde, entre *el oro desfallecido* de los trigos y del cielo, volvía de Quínua a la ciudad de Ayacucho" (Riva-Agüero 118)

El esplendor de la prosa luce entero en momentos en que—privado de adjetivos, y librada la descripción sólo al empuje de la sobriedad—Riva-

Agüero descubre los suburbios ayacuchanos:

> Los suburbios de Ayacucho están cubiertos de crecidos tunales; pero después, cuando se sale hacia el noroeste, comienza la aridez a poco trecho. Sube el camino por una pampa seca y pedregosa. Algunos cactos manchan las desiertas laderas. En un collado próximo a la eminencia de la Picota, nos detuvimos a mirar el panorama de la Picota, nos detuvimos a mirar el panorama de la ciudad. Bajo la pureza magnífica del cielo, entre los cerros claros y desnudos, y la breve campiña, de arbolado escaso y vegetación espinosa, aparece nítida, alucinante de blancura, como una imagen del Oriente islámico, luminoso y estéril" (121).

La eficacia descriptiva de los adjetivos elude toda concesión a los sentimientos. Ahí están los "*crecidos* tunales" adjetivo que pone de relieve la esbeltez; la calificación de "la pampa *seca* y *pedregosa*" parece reforzar la base descrita y no añade cualidades. Y por último, "la breve campiña, de arbolado *escaso* y vegetación *espinosa*" rechazan toda simpatía por las impresiones y buscan exaltar la estrictez del propósito descriptivo.

En sus irritaciones esporádicas o en sus momentos de calma tuvo ciertamente Riva-Agüero placer en recrear escenas históricas. Su viaje por la sierra está lleno de pretextos para hurgar en escenarios históricos de los que él supo—con rigor científico—desbrozar la leyenda para sumirse en la pura contemplación patriótica y expresarla poéticamente. No le interesa el paisaje estereotipado por la literatura; casi no hay alusiones a escritores ni a viajeros en su relato cada vez que debe transmitirnos la impresión que el paisaje le suscita. Cuando, recorriendo Paucaray, rémora la decisión de Pachacútec de domeñar a los Huancas, aun cuando se apoya en los datos de Santa Cruz Salcamayhua, todos los personajes son mostrados como si fuesen ellos también objetos naturales del paisaje.

Estas actitudes informan un estilo particular. La lengua literaria que lo acecha está en Riva-Agüero acunada en una vieja experiencia de lecturas. Los ojos con que ve el paisaje y la lengua en que lo describe y exalta están nutridos de paisajes y lecturas vividas por el autor; y desde tanta lectura y tanto escenario paisajístico experimentados, Riva-Agüero se convierte en un testigo singular. Es hombre que maneja la lengua con cuidadoso regocijo y no titubea en congeniar arcaísmo y neologismo, consciente como parece estar de uno y otro, al par que aseguran la fisonomía de español general, enlazan, los dos polos de la tradición lingüística y de algún modo expresan el sentido de lo tradicional que defiende Riva-Agüero en sus escritos. Se trata de una prosa dirigida a los ojos interiores del lector y que busca mover en él su propia conciencia de receptor y de testigo real; por eso es prosa que procura no perder el timbre oral de la conversación. No hay para mi esforzado propósito literario en *Paisajes*. Aunque los usos lingüísticos no niegan los evidentes conocimientos literarios de Riva-Agüero, no denuncian en el texto tanto ese conocimiento como sí expresan un sentimiento natural de la lengua que le permite a veces realzar con giros fastuosos—barrocos por léxico y sintaxis muchas veces—expresiones que, libradas a la modalidad general, impedirían dar a la descripción los relieves que ambiciona. No en balde la prosa de Riva-Agüero nos coloca en el terreno de la elocuencia; la conciencia de que en él se daba el entero circuito de la actividad lingüística despertó sin duda en él la necesidad se "ser elocuente frente a mí mismo." Su elocuencia era la del retórico "que supone un público en pasividad propicia para hechizarlo." Ya Luis Loayza destacó que la defensa que hace Riva-Agüero de Castelar, frente a los ataques violentos de Manuel González Prada, "revela su inclinación por la oratoria"; y en verdad en esa defensa lo tienen a Riva-Agüero sin cuidado las ideas del tribuno español (centro del ataque de González Prada) sino el hecho de que Castelar sea "el primer orador español, de grandilocuencia, pompa y armonía incomparables." Pero no llegó a ser la de Riva-Agüero una elocuencia de acción: no fue (ni pretendió serlo) un orador de masas, ni supo (y tal vez no quiso) influir en ellas. Influye en la actitud intelectual, acusa recibo del impacto en la obligada meditación de la lectura. Por eso cultivó esmeradamente el modelamiento de sus frases, la organización, de la estructura melódica de sus textos. Sus discursos, sus cartas, sus monografías son—en la perspectiva diacrónica—progresivo y eficaz testimonio. *Paisajes Peruanos* es tal vez su ejemplario mejor. No lo desmiente este pasaje que nos pinta un mediodía en el Convento de Ocopa:

> "La cúpula encalada y la cruz que la corona, resaltan *fulgurantes* sobre el fondo de los cerros, que ofrecen tintes ocres y *reflejos azulinos* de pavón entre los toques verdosos y amarillentos de la hierba agostada. Hace un calor de *sequedad* extraña, aunque el viento *delgado* de la serranía remece el follaje de los árboles. En la esplendente cuenca del cielo, se agolpan nubes pequeñas y redondas" (Riva-Agüero 163).

Perteneció Riva-Argüeo a una generación nacida y educada—según propia confesión—"en pleno delirio decadente y simbolista." Vivió esa generación en un contexto lingüístico inestudiado. Habrá que ponerse a rastrear cuánto leyeron a Eguren esos hombres y a través de él a los europeos que de algún modo fueron modelos silenciosos de expresión simbolista.

PONTÍFICA UNIVERSIDAD CATÓLICA DEL PERÚ
INSTITUTO RIVA-AGÜERO

OBRAS CITADAS

Riva-Agüero, José de la. *Paisajes peruanos*. ed. Raúl Porres Barrenechea. Lima: Impresa Santa María, 1955.

Unamuno, Miguel de. *Epistolario*. Ed. Guitiérrez-Estenssoro.

Petrarca sin petrarquismo: de Santillana a Boscán

ALICIA COLOMBÍ-MONGUIÓ

SE SUELE DEFINIR COMO petrarquista todo texto, por lo general poético, que de alguna manera muestra la influencia directa o indirecta de Petrarca y en particular la de su *Canzoniere*. Sin que tal enunciado contenga una sola palabra errada ha llevado con frecuencia a sobrado error. En materia dada tan por sentado parecerá temerario intentar restringir el significado y alcance de la imitación petrarquista, pero creo que urge hacerlo, tanto por la importancia de la cuestión cuanto por la reincidencia en el malentendido. Dada la naturaleza de un fenómeno tan difuso y omnicomprensivo como lo fue el petrarquismo se pensaría prudente caracterizarlo del modo más amplio posible, pero tal ventaja resulta engañosa cuando se trata de una definición tan elástica que abarca más de lo que aprieta. Más que restringir los términos me parece necesario precisar qué es lo que se entiende por imitación de Petrarca. Su poesía ofrece los más variados materiales, y nada tan fácil como entrar a saco de sus vistosas metáforas, imágenes, símbolos y alegorías, y sobre todo esos 'opósitos' cuyos oximorones sedujeron las plumas de medio mundo y por cierto de toda España, desde Jordi de Sant Jordi a Santillana, desde Lope hasta Quevedo. Sin embargo, no toda apropiación implica necesariamente petrarquismo. De ahí que la definición al uso, justamente por lo amplia y por lo elástica, ha llevado inconscientemente a un generalizar sin discriminar, cuando de discriminación se trata, porque sin ella, se atiende heterogéneamente a partes del texto sin percibirse el todo de una realidad supremamente homogénea, y así la crítica se desperdiga superficialmente en lo superficial. Pero basta ya de apriorismos para ir al meollo.

Si por petrarquismo ha de entenderse cualquier influencia del Petrarca vernáculo, las literaturas hispánicas lo conocieron particularmente en Cataluña—que en esto, claro, tiene prioridad temporal—casi sin retraso respecto a la italiana, la cual aparte del caso del caso único de Boccaccio, también hubo de esperar hasta casi mediados del XV para que floreciera en plumas tan varias como las de Aquilano y Lorenzo de Medicis, Poliziano y Cariteo, el ítalo-catalán. La figura preeminente de lo que se ha llamado nuestro "primer petrarquismo" es sin duda la del Marqués de Santillana, quien envió a Doña Violante de Prades "algunos. . . Sonetos que agora nuevamente he començado de façer al itálico modo," (Lapesa 179) de los cuales el más antiguo que puede fecharse, como fehacientemente lo ha hecho Rafael Lapesa, data de 1438. No había mediado el siglo y ya el *Canzoniere* incide en nuestra poesía, como aun antes lo hicieron los *Trionfi*. No andaríamos muy a la zaga de Italia si en verdad se tratase de petrarquismo, pero ¿cómo y hasta qué punto éste lo es auténticamente? Para aquilatar la calidad de la mencionada definición de petrarquismo, veamos qué ocurre con el soneto de Santillana que, a juzgar por las *Anotaciones a Garcilaso* de Herrera, debía ser el que mejor se conocía en el Siglo de Oro. Me refiero a "Lejos de vos y cerca de cuidado," cuyo tema es esencialmente el de los opósitos del amor. Más que nada y desde muy temprano—recuérdese el "Cantus Troili" de Chaucer—las antítesis del *Canzoniere* deslumbraron a innúmeros ingenios con lo más vistoso y fácil de una poesía percibida apenas en su relumbre superficial. Tal vez nadie se hubiese asombrado más de tanto entusiasmo como el mismísimo Petrarca, y—siendo tan egocéntrico como era—acaso hasta se hubiera picado bastante, pues al fin de cuentas él no había inventado los tan meneados opósitos. Ya mucho antes habían cundido por la lírica provenzal, para de ahí pasar a la italiana y a la francesa—nada menos que a libro tan leído como el *Roman de la Rose*—hasta llegar a los versos de los *Trionfi* y del *Canzoniere* donde hallaron paradigma final en dos de sus sonetos más prolíficos, "Pace non trovo e non ho da far guerra" (CXXXIV) y "S'amor non è, che dunque è quel qu'io sento?" (CXXXII), por siglos modélicos del oximorón erótico.

Las antítesis del soneto de Santillana, sin embargo, no provienen de ningún texto de Petrarca sino, como demostró Joseph Seronde, de una balada de Guillaume de Machaut, mientras que su primer terceto depende del *Lay Mortel* del mismo. En los dos casos se trata de derivación directa, como se comprueba sin más que una simple confrontación textual:

Santillana	Guillaume de Machaut:
Lexos de vos é çerca de cuydado,	*loing* de mercy...
pobre de goço é rico de tristeza,	*Riches* d'amour et mendians

	'amie,/*povres d'espoir*/ [*v.5:de esperança*]
fallido de reposo e *abastado* *de mortal pena* congoxa é graveza;	*pleins* *de doleur* et diseteus d'aÿe./
desnudo d'esperança e abrigado d'inmensa cuyta, e visto de aspereza,	*nus* de tout ce que me peut *resjoir* [v.2: *gozo*] / sui per amer.. .
la mi vida me fuye, mal mi grado, e muerte me persigue sin pereza.	
Nin son bastantes a *satisfazer* la *sed ardiente de mi grand desseo* Tajo al pressente, nin me socorrer la enferma Guadiana, nin lo creo; sólo Guadalquivir tiene poder de me guarir é sólo aquél desseo.[1]	C'est la fontaine douce et clere/ qui peut du tout *assassier*/ *l'ardente soif de mon desirier.*

Siendo la fuente directa Machaut, e indirecta la literatura franco - provenzal, las antítesis del Marqués no derivan de Petrarca directa ni indirectamente, por lo cual, de juzgarse por la definición que estamos examinando, no serían petrarquistas. Falaz conclusión.

Habían admirado a Don Iñigo las recurrentes antítesis de "Pace non trovo" que su amigo Jordi de Sant Jordi parafraseara por primera vez en la Península en un poema que, no por casualidad, Santillana eligió para elogiarlo en su "Proemio e carta:" "una canción de opósitos que comienza: Tos jons aprench e desaprench ensems."[2] Naturalmente el Marqués conocía los oximorones de esos *Trionfi* que había imitado, y los de las *Rime*, a cuyos "muchos sonetos" hace alusión. De modo que no sería difícil que, al

[1] Maxim P. A. M. Kerkhof y Dirk Tuin. *Los Sonetos 'Al Itálico Modo' de Iñigo López de Mendoza, Marqués de Santillana*. (Madicson: The Hispanic Seminary of Medieval Studies, 1985) Soneto XIX (81). Todos los sonetos de Santillana se citan por esta edición.

[2] Manuel Durán. *Marqués de Santillana. Poesías Completas* II. (Madrid: Clásicos Castalia, 1986) 213.

componer los cuartetos del suyo desde el subtexto de Machaut, Santillana tuviera en mientes a Petrarca; y, de hecho, lo tuvo. Quien lea su poema con cuidado ha de entender que mi certidumbre no se arriesga en conjeturas. De seguro puede decirse que al usar el texto francés Don Iñigo estaba pensando en el *Canzoniere* porque cuando, en la mitad el segundo cuarteto, pone fin a la serie antitética hace que toda ella desemboque en dos versos, no por azar en privilegiada posición de cierre: "la mi vida me fuye, mal mi grado, e muerte me persigue sin pereza." Versos definitorios. No gracias a lo más vistoso, sino a lo más genuino del *Canzoniere*: "La vita fugge e non s'arresta un'ora/e la morte vien dietro a gran giornate." (CCLXXII). Aquí el Marqués no ha trastabillado ni siquiera en el ritmo de sus endecasílabos, que en tantas otras ocasiones le fue tan difícil de domesticar. En el primer terceto parece abandonar a Petrarca para regresar a Machaut, pero habiendo suscitado ya la clara presencia del vate de Valclusa, ¿cómo no oír correr al Sorga por este Guadalquivir? Santillana no ha compuesto meras variantes de una balada francesa: la ha petrarquizado. Por todo lo cual resulta que a pesar de que la inmensa mayoría de sus versos derivan de un texto y de una tradición independiente del *Canzoniere*, este poema es quizá lo más genuinamente petrarquista de toda nuestra lírica hasta llegar a Boscán y Garcilaso después de 1526. Teniendo esto en cuenta, podemos concluir que en lo que atañe a este soneto la definición de petrarquismo no reconocería como petrarquista un poema por su mayor parte derivado directamente de textos no petrarquistas. El peligro de todo esto puede calibrarse cuando vemos que un crítico tan fino como Lapesa no escuchara esos versos definitorios que, a mi juicio, rigen el soneto, encauzan los opósitos y determinan la naturaleza del poema todo.[3]

Siguiendo la pista de las consabidas antítesis, consideremos otro soneto del Marqués, no menos oximorónico, al cual, para facilitar el cotejo, transcribo aquí junto a su conocida fuente:

Qual se mostrava la gentil Lavina
en los honrados templos de Laurençia,
quando solempnizavan á Heritina
las gentes della, con toda femençia;

Eneida XI, 476-80: "Dirígese la reina llevando ofrendas, a lo alto del templo de Palas, a su lado va la virgen Lavinia clavados en tierra los bellos ojos... "

[3] Lapesa en su análisis de este soneto no menciona más fuente directa que Machaut.

e qual paresçe flor de clavellina
en los frescos jardines de Florençia,
vieron mis ojos en forma divina
la vuestra imájen e /diva:deal/ presençia;

quando la llaga o mortal ferida
llagó mi pecho con dardo amoroso:
la qual me mata en prompto e da vida

me faze ledo, contento e quexoso,
alegre passo la pena indevida;
ardiendo en fuego, me fallo en reposo. (III, 63)

Evidentemente con estos tercetos hemos entrado en tierras del *Canzoniere* a través de una serie de clisés, que van de la mortal llaga y la infalible flecha amorosa, hasta una rápida sucesión de los consabidos opósitos. Justamente por ser clisés me es imposible precisar un subtexto determinado de Petrarca; incluso los arquetípicos sonetos oximorónicos (CXXXII y CXXXIV) no contienen un solo verso que pueda reconocerse como fuente directa de los del Marqués, si bien la influencia de las *Rime* es, por lo obvia, indiscutible. De acudirse a la definición a prueba, no podría menos que afirmar el petrarquismo del poema ; y sin embargo, nada tan ajeno al verdadero petrarquismo como este soneto de Santillana.

Es fácil entender que para un petrarquista una fuente de Virgilio es cosa muy distinta y de muy otro alcance que una de Machaut, simplemente porque el mantuano fue y muy a las claras el poeta que más imitó Petrarca tanto en sus versos latinos como en los vernáculos. De modo tal que el virgilianismo en la poesía humanista puede muy bien ser pauta del más auténtico petrarquismo, como lo es en la "Égloga Primera" de Garcilaso. A pesar del repetido intento crítico de ver en ella un recién nacido clasicismo con implicada mengua del influjo petrarquista, es el más auténtico Petrarca quien, desde su propio clasicismo está determinando profundamente el poema del toledano al informarlo desde el meollo de su poética. Si Virgilio funcionase en el soneto de Santillana como lo hace en la obra de Boscán y de Garcilaso, tendríamos en su primer cuarteto una notable muestra de petrarquismo, la cual se podría hacer caber en la definición, sea como imitación indirecta de Petrarca a través de un subtexto de su modelo favorito, sea como imitación directa del procedimiento imitativo del mismo Petrarca. Atendamos por tanto al alcance de la fuente virgiliana en el soneto del

Marqués. Sus cuatro versos tan solo transmiten abreviadamente la acción que narran los de la *Eneida*, nada más que su argumento, y así no son prosificación, paráfrasis, ni imitación de Virgilio en modo, estilo o en simple traslado de frase o palabra. Para escribir este cuarteto no se necesitaba ningún conocimiento directo de la épica virgiliana, que como es sabido le estaba vedado a nuestro poeta sin latines. De ahí que ningún verso de este soneto transparente en lo más mínimo uno solo de Virgilio. No se trata pues de imitación: la *Eneida* no funciona aquí de verdadero subtexto literario, se queda en mera fuente informativa; por eso esta alusión clásica no indica ningún petrarquismo, por no ser imitación de un subtexto virgiliano ni virgiliano-petrarquista, ni mucho menos del procedimiento imitativo de Petrarca.

En el segundo cuarteto, ya abandonado el templo pagano de la gentil Lavinia,[4] sin transición alguna nos vemos en jardines florentinos en la presencia de una *donna angelicata*, allegada a estos versos, mucho más que por auras petrarquianas, por muy claro soplo stilnovista. Santillana ha yuxtapuesto al escenario del Lacio clásico el de la *Vita Nuova*, y al desdibujado perfil de la doncella romana la opaca sombra de Beatriz. Si bien Petrarca estuvo más influido por Dante de lo que creía—o de lo que pretendía creer—el segundo cuarteto del Marqués no requiere ningún petrarquismo, ni aun de segunda mano; nuestra poesía había sabido de tales stilnovismos desde Imperial. En suma, excepto en la forma soneto, este poema está impregnado por entero de ese medievalismo que, homogeneizando las realidades más heterogéneas las situaba en siempre anacrónica simultaneidad. Ni Virgilio, ni Dante, ni Petrarca son aquí presencias vivas, tan sólo *auctores* en muy medieval amalgama, si bien dentro de un canon ampliado para incluir a los dos toscanos, según la moda del momento.

Caso semejante, aunque más sencillo, se da en otro soneto cuya fuente ha apuntado Don Rafael Lapesa en el *Canzoniere*: (190)

Venció Anibál el conflicto de Canas	Vinse Anibàl, e non seppe usar poi
e non dubdava Livio, si quisiera	ben la vittoriosa sua ventura.
qu'en pocos días o pocas semanas	Però, signor mio caro, aggiate cura

[4] Kerkhof y Tuin (63). La identificación de estos críticos Heritina: Ericina: Venus me parece totalmente convincente; además poéticamente es la mas acertada pues en el soneto se alaba la belleza de la amada.

a Rroma con Ytalia posseyera. (XXX, 93) Che similmente non avegna a voi. (CIII)

Tanto el poema de Santillana como su modelo tienen el mismo tema, aconsejar al noble destinatario de sus versos—victorioso en el campo de batalla—que persevere en la guerra. Aun más, Don Iñigo en el mismísimo arranque del primer verso repite literalmente el de Petrarca: *Venció Anibál—Vinse Anibàl*[5] ¿Prueba fehaciente de petrarquismo? Así parece pensarlo Lapesa, puesto que da el poema como ejemplo de que "petrarquismo hay también en sus sonetos políticos"(Lapesa 190). Una vez más está en funciones la definición al uso. Engañosamente, porque pasadas las primeras dos palabras, las cosas cobran color muy diferente. Ya la segunda parte del verso se extiende en un dato erudito — "el conflicto de Canas"—que viene a amplificarse aun más en el segundo con la alusión libresca al historiador romano, continuada en el tercero y el cuarto con mayor abundancia de información histórica.

Curiosamente ni en este cuarteto, ni en el siguiente—dedicado por entero al elogio del rey—ni en los tercetos exhortativo de perseverar en la guerra, Santillana completa el pensamiento básico para el cual Petrarca había traído a cuentas la suerte del cartaginés, "Señor, no te ocurra a ti lo que le pasó a Aníbal, que no supo usar de su victoria." Don Iñigo, en pleno despliegue de erudición en ningún momento ata el caso a las circunstancias de Juan II, sin prestar atención a que su modelo lo hace de inmediato en el tercer verso. Posiblemente llevado por fervor exhibicionista, se ha olvidado que Aníbal sólo cabe en función ejemplar. En efecto, "Petrarca, valiéndose del ejemplo de Aníbal, que por inconstante dejó malograr sus victorias sobre los romanos, incita a Stéfano Colonna para que continúe la lucha contra los Orsini," pero no es cierto que "el Marqués utiliza la misma lección de la historia para espolear a Juan II contra el condestable" (Lapesa 190). Justamente lo más notable de este soneto es que habiendo comenzado espejando exactamente el modelo ilustre se aparte tanto del mismo que ni siquiera utiliza la figura de Aníbal como *exemplum ex contrario*, dejando el primer cuarteto sin ninguna atadura con el resto del poema. De ser petrarquista cualquier texto que derive del *Canzoniere*, este soneto lo

[5] Me parece acertada la acentuación aguda por razones rítmicas, *Anibál*, Manuel Durán. *Marqués de Santillana. Poesías Completas I* . (Madrid: Clásicos Castalia, 1975) 326; y así Josep M. Solá Solé. *Los Sonetos 'Al Itálico Modo' del Marqués de Santillana*. (Barcelona: Puvill, 1980) 65.

sería...por dos palabras. Dos palabras que en realidad no hacen más que subrayar lo lejos que está el poema de Santillana del de Petrarca.

Algo muy parecido pasa con un soneto moral del Marqués:

> Non es a nos de limitar *el año,*
> *el mes, nin la semana, nin el día,*
> *la hora, el punto*; sea tal engaño
> lexos de nos e fugya toda vía.
>
> Quando menos dubdamos nuestro daño,
> la grand baylessa de nuestra baylía
> corta la tela del humanal paño;
> non suenan trompas nin nos desafía. (XXII, 85)

Basta la más somera familiaridad con las *Rime* para reconocer que desde el final del verso hasta la mitad del tercero Santillana está recordando el comienzo de un soneto célebre, "Benedetto sia 'l giorno e l' mese e l' anno/ e la stagione e 'l tempo e l'ora e 'l punto," en que Petrarca celebra haber visto a su amada por primera vez (LXI), de modo semejante a como lo hizo en el XIII. Ya en dos sonetos amorosos (el I y el IX) Don Iñigo había poetizado la cronometría del *Canzoniere*:

> Quando *veo* la gentil criatura
> qu'l çielo acorde con naturaleza
> formaron, *loo mi buena ventura,*
> *el punto e hora que tanta belleza*
> *me demostraron* e su fermosura...
> (Son. I, 60)

> I"bendico il loco e 'l tempo e l'ora
> *che si alto miraron* gli occhi mei.
> (XIII)

> v.9 *Loo* mi lengua maguer sea indigna
> *aquel buen punto que primero vi*
> la vuestra ymagen e forma divina. (Son. IX, 71)

Como puede verse, en ambos poemas Santillana ha seguido bastante de cerca el modelo de las *Rime*, y—salvo por el primer terceto del I- - estos sonetos junto con" Lexos de vos é çerca de cuydado" son de lo más genuinamente petrarquista de su poesía. Muy otro es el caso con el soneto moral. La cronometría que Petrarca usó sola y exclusivamente en sentido amoroso aquí no es más que bella cobertura en un poema derivado esencialmente de los Evangelios.

No es dado al hombre decidir cuánto tiempo ha de vivir, "quién de vosotros puede, por más que se preocupe, añadir un solo codo a la medida de su vida?" (Mt. 6: 27). Tampoco es posible saber en qué momento llegará el fin: "Velad, pues, porque no sabéis *el día ni la hora*" (Mt. 25:13); "Mas de *aquel día y hora*, nadie sabe nada" (Mt. 24: 36; Mc. 13: 32). La muerte llega cuando menos se piensa, como en la parábola del rico que ante la muy abundante cosecha se preparaba de construir nuevos graneros, descansar, comer, beber y banquetear, cuando "Dios le dijo: Necio, esta misma noche te reclamarán el alma" (Lc. 12: 16-20). En efecto, "la muerte individual, a diferencia de lo que ocurrirá en el Juicio Final, no llega acompañada de avisos sobrenaturales ni son de trompetas" (Durán I: 325). Acertadísima nota de Manuel Durán, quien ha debido vislumbrar tras el verso de Santillana el intertexto escatológico; "el sol se oscurecerá, la luna no dará su resplandor...Él enviará a sus ángeles con sonora trompeta" (Mt. 24: 29-31).

La escatología novotestamentaria yace, escondida tras la cobertura petrarquiana, desde los primeros versos hasta el cierre de los cuartetos. La secuencia cronométrica del *Canzoniere* disfraza ese repetido 'día y hora' que desde los sinópticos informan el poema. Santillana gustaba de amplificaciones como la que prosaicamente destruye la promesa de verdadero petrarquismo en el soneto XXV:

> Alégrome de ver aquella tierra,
> *non menos la çibdad e la morada,*
> *sean planiçies o campos o sierra,*
> donde vos vi yo la primer jornada. (88)

Algo parecido, aunque poéticamente mucho más afortunado, pasó con "Non es a nos de limitar el año." A diferencia de los sonetos I y IX, el tema no pudo llevarlo directamente hacia la cronometría erótica de las *Rime*. Pero hasta allí llegó; a mi juicio, indirectamente desde 'el día y la hora' de los evangelistas. Es decir Santillana, partiendo probablemente de la parábola del rico no prevenido para la muerte en el Evangelio según San Lucas se encuentra casi inmediatamente con el consejo escatológico— "También vosotros estad preparados, porque en el momento que no penséis, vendrá el Hijo del Hombre" (Lc 12: 40). Ya en tal contexto debieron acumulársele en la memoria los versículos más conocidos sobre el ignorado momento escatológico y los aplica, muy naturalmente, al de la muerte individual. Fueron los tales versículos con su fórmula del impenetrable 'día y hora' que, gracias al entusiasmo amplificatorio de nuestro poeta, lo llevaron a la secuencia del *Canzoniere*, "'l giorno e l' mese e l' anno/ e la stagione e 'l tempo e l'ora e 'l punto," en su "el año, el mes, *nin* la semana, *nin* el día, la hora, el punto." Los versos del Marqués siguen fielmente los del soneto LXI de las *Rime*, con una sola variante de importancia, esos *nin* que delatan el texto de San Mateo (el día *ni* la hora, 25:13). En una palabra, aquí su tan obvio petrarquismo apenas si es adorno retórico al servicio de muy otro y primordial subtexto.

Los tercetos del Marqués continúan la prédica evangélica:

> Pues non sirvamos a quien non devemos,
> nin es servida con mil servidores
> naturaleza, si bien lo entendemos;
>
> de poco es farta, nin procura honores.
> Iove se sirva e a Çeres dexemos,
> nin piense alguno servir dos señores.

El verso final declara abiertamente la clave de todo el soneto: "Nadie puede servir a dos señores, porque aborrecerá a uno y amará al otro, o bien se entregará a uno y despreciará al otro" (Mt. 6:24. Lc 16:13.). Sirvamos a Dios sobrenatural, y no a la Naturaleza, a Jove y no a Ceres. Podría resultar peregrina la alusión a una deidad por lo general considerada virtuosa y benigna en vez, por ejemplo, de Venus, la lúbrica. En este caso, sin embargo, la erudición de Santillana no desborda su debido cauce. Esta maternal diosa de la tierra en plenitud cereal es adecuadísima figura de la Madre Naturaleza. Además me parece probable que la mencionada parábola en el Evangelio según San Lucas suscitara la imagen de Ceres: " Los campos de cierto hombre rico dieron mucho fruto." Campos en espiga:"edificaré otros [graneros] más grandes, y reuniré allí todo mi trigo." El hombre desprevenido de la parábola ha elegido a Ceres, y olvidado a ese Dios supremo, único señor del futuro—Jove de las alturas—que le reclamará de súbdito su alma (Lc. 12: 16-20). De ahí la disyuntiva entre Jupiter, el señor de quien debemos ser servidores, y Ceres, la Señora de la tierra fecunda, Madre del trigo, Madre Naturaleza, de quien no hemos de serlo porque, en palabra evangélica "nadie puede servir a dos señores," y en palabras del poeta "nin piense alguno servir dos señores." En lo que a su poema respecta, Santillana, habiendo abandonado muy presto el de Petrarca, sigue tan sólo el señorío escriturario.

Por todo lo cual concluyo que el alcance discriminatorio de la definición de petrarquismo es de sobra insuficiente, porque si en el primer caso ("Qual se mostrava la gentil Lavina") ha resultado en exceso restrictiva para definir el, aunque inmaduro, cierto petrarquismo de un poema, en los casos subsiguientes resulta tan amplia que categorizaria como petrarquistas composiciones que en realidad no lo son.

Como es sabido la poesía de Santillana perdura por mucho tiempo en los cancioneros castellanos, y así el fantasma de Petrarca comienza a frecuentar sus páginas desde los poemas del Marqués; se lo presiente en el *de Estúñiga*, en la "Nao de Amor" de Juan de Dueñas hasta que en el *Cancionero General* de 1511 se lo vislumbra en algunos versos sueltos—ya en palabra trasladada, ya en imágenes y antítesis—y en el de 1514 en mención explícita, traducción directa y en una oportunidad hasta en la estructura entera de una canción. Así y todo no es más que un fantasma. La sombra y no la presencia de Petrarca.

Aunque Lapesa considere que, con excepción de Santillana, "sería aventurado afirmar que cualquier poeta castellano anterior a Boscán tuviese familiaridad con el *Canzoniere* petrarquesco" me parece menos que aventurado reconocer entre las páginas de nuestros cancioneros la esporádica huella del vate de Valclusa tanto en el *de Estúñiga* como en el *General*. Sería muy raro que Juan de Dueñas en Italia no hubiese conocido las *Rime sparse* cuando compuso en Nápoles su muy imitada "Nao de Amor," "stando en prisión en la torre de Sant Vicente,"[6] por lo cual me parece acertado Pierre Le Gentil cuando propuso como fuente del poema un bellísimo soneto de Petrarca (278-279):

> Passa la nave mia colma d'oblio
> en aspro mare, a mezza note, il verno
> in fra Scilla e Cariddi; et al governo

[6] Marcelino Menéndez Pelayo. *Antología de poetas líricos castellanos*. IV, (Santander: Aldus, 1944) 320. Respecto a la difusión de la "Nao de Amor" baste decir que consta en dos cancioneros, ver Keith Whinnon. *La poesía amatoria cancioneril en la época de los Reyes Católicos*. (Durham: Durham Modern Language Series, 1981) 92. Notas 23 y 24.

siedi 'l signore, anzi 'l nimico mio.

A ciascun remo un penser pronto e rio,
che la tempesta e 'l fin par ch'abbi a scherno:
la vela rompe un vento, umido, eterno,
di sospir, di esperanze e di desio.

Pioggia di lagrimar, nebbia di sdegni
bagna e rallenta le già stanche sarte,
che son d'error con ignoranzia attorto.
Celansi I duo miei dolci usati segni;
morta fra l'onde è la ragion e l'arte:
tal ch' i' ncomincio a disperar del porto. (CLXXXIX)

En estos versos se alegoriza el estado y las fatigas del amante-nave, gobernado por el Amor, su señor y enemigo (vv. 4-5). Cada parte de la embarcación y cada accidente de la tormenta que la acosa conllevan el símbolo de la inquietud, perturbación y congoja que sufre el alma enamorada y los peligros por los que atraviesa. El poema de Dueñas usa la misma metáfora del enamorado-nave, pero en vez de los catorce versos de Petrarca, su alegoría se expande por doscientostrés en veintidós estrofas de nueve y una finida. A todas luces aquí estamos ante algo substancialmente distinto del soneto italiano. Estructuralmente la "Nao de Amor" consta de varias partes bien diferenciables: 1) una estrofa inicial que presenta a modo de resumen la situación del enamorado, que se elaborará en las restantes estrofas (vv. 1-9); 2) la construcción de la misma, y su partida al templo del dios Amor (vv. 10-54) el comienzo del viaje por un mar calmo hasta que se levanta repentinamente una tempestad (vv. 55-72); 4) descripción de la terrible tormenta que deshace la nave y lleva al amante a una playa de sal, (vv. 73- 153); 5) el pedido a Alfonso el Magnánimo que salve al desterrado de "los lasos e red," no del amor, claro está, sino de su prisión napolitana (vv. 154-203). Como se puede notar por esta enumeración el poema yuxtapone dos temas muy diferentes,[7] el erótico y el que llamaré político a

[7] Nicasio Salvador Miguel. *La poesía cancioneril. El Cancionero de Estúñiga.* (Madrid: Alhambra, 1977) 83; según él en el poema "se entremezclan el plano amoroso y el de la actividad cotidiana" en realidad estos planos no se entremezclan sino que se yuxtaponen como podrá verse en mi consideración de la estructura

falta de mejor nombre.

La relación entre el soneto y el poema de Juan de Dueñas es solamente temática; en ambos se dice de una navegación por un mar tempestuoso, en la cual los vientos rompen las velas y el dolor anega al amante:

En altas ondas del mar	*per aspro mare*	sacudiendo las entenas,
navegando *con fortuna*	*la tempesta*	esforçé con velas buenas
al tiempo *vela ninguna*		mas non pude contrastar
non podiendo comportar,	*la vela rompe un vento,*	el grand poder de mis penas.
contrarios vientos a par[8]		

Se ha dicho que la "Nao de amor" toma del *Canzoniere* la metáfora de la nave (Miguel 83). Por cierto la varía de tal modo que, estrictamente hablando, no se trata de la misma metáfora. En Petrarca el amante es a un tiempo embarcación y tempestad ya que, por un lado, sus pensamientos son los remos y las sartas están hechas de ese error e ignorancia propias de un alma-nave "colma d'oblio;" mientras, por otro lado, la tormenta no es menos subjetiva: los vientos son sus suspiros, esperanzas y deseos, la lluvia su llanto, niebla la pena del desdén, mientras en las turbadas aguas han muerto "la ragion e l'arte" bajo un cielo ausente de los ojos amados. Como se verá, el yo poético del poema español es a la vez y confusamente navegante y nave, y su tormenta parece un fenómeno exterior, ajeno, distinto del enamorado.

Como la primera estrofa de la "Nao," a modo de proemio, condensa sintéticamente el poema entero, la ya dicha yuxtaposición temática hace que sus últimos versos resulten totalmente ambiguos. Muy a diferencia de la íntima alegoría de Petrarca, estos versos en ningún momento declaran su referente simbólico. ¿Cuál es ese "gran poder de mis penas"? ¿Las del amor o las de la cárcel? Imposible saberlo, puesto que muy probablemente esta estrofa se añadió o se alteró cuando el poeta ya había agregado la última parte—con la súplica de ayuda al rey en su muy concreta situación histórica—a una composición amorosa que originalmente no debía tener

sino que se yuxtaponen como podrá verse en mi consideración de la estructura temática de la "Nao de Amor."

[8] Manuel y Elena Alvar. *Cancionero de Estúñiga. Edición paleográfica.* (Zaragoza: Inst. Fernando el Católico, 1981) 117-122. Todas mis citas de poemas del *Cancionero de Estúñiga* se hacen por esta edición modernizando levemente la grafía (por ej.: nn-ñ; u-v), y anotando el número de página en el texto.

nada que ver con la desventura bélica de Juan de Dueñas. La introducción acabada, se comienza la narrativa con la primera acción del enamorado:

Nave de grande humildança
fiz por compás nin velando,
en amor fortificando
su camino de esperança;
las tablas de lealtança
iunctadas de discreción,
enpegadas de razón
en la casa de temprança
servando iusto timón.

El yo poético se va edificando en virtudes, es decir, va construyendo la nave. Lo hace con el mismo tipo de enumeración alegórica de cuya aridez saben nuestros cancioneros, como ese "Vergel del pensamiento,"[9] "el qual fue hedificado" por otro amante:

sus árboles son porfía
et las flores esperança,
el fructo grand alegría
y en [el] ortolano andança.
(*C. Estúñiga*, vv. 13-16: 96)

También en su soneto había yuxtapuesto Petrarca una serie de elementos simbólicos, pero entre los de su nave y los que conforman la de Dueñas media el abismo que va de una alegoría que crece entrelazando orgánicamente cada una de sus metáforas, a otra cuyo sustento no es otro que la cópula del verbo explícito o tácito ("sus árboles son porfía/ et las flores esperança") o simplemente la atadura de la preposición:

A ciascun remo un penser pronto e rio,
che la tempesta e 'l fin par ch'abbi a scherno:

Yo fize de fortaleza
el mástel et la mezana,

[9] Para ejemplos de este tipo de enumeración alegórica ver María Rosa Lida de Malkiel, "La visión del trasmundo en las literaturas hispánicas," Howard Rollin Patch. *El otro mundo en la literatura medieval*. (México-Buenos Aires: Fondo de Cultura Económica, 1956) 399.

di sospir, di esperanze e di desio.

Pioggia di lagrimar, nebbia di sdegni
bagna e rallenta le già stanche sarte,
che son d'error con ignoranzia attorto

fusta, nueva, syn corteça;
las xarcias de firmeza,
las velas otro que tal;
a sorra puse de sal
pistada con grand destreza,
con obediencia coral.

En el soneto se puede contemplar el nocturno de un alma atormentada, donde cada elemento nos concretiza el dolor, temor, error universales si personalísimos. En su cúmulo enumerativo Juan de Dueñas no apretuja más que descarnadas abstracciones. La alegoría del soneto tiene la intimidad de un autorretrato; la de la "Nao de Amor" la frigidez de una ecuación.

El poeta de abstracción en abstracción, confuso de irrealidades, a veces parece olvidar de qué tipo de navío se trata, y en plena empresa su astillero verbal en medio de la enumeración simbólica de virtudes ensambla elementos que deben ser mejores materiales navieros que alegóricos—como la "fusta nueva, syn corteça" (v. 22). No es de asombrar, por tanto que la nave, diferenciándose del enamorado, cobre autonomía:

Yo nunca tal fermosura
vieron mis ojos de cosa
....
Do entré con vestidura

de grand amor estimada
de azul et oro franiada
con tiseras de mesura
la falda bien cercenada.

He aquí al enamorado no ya nave sino navegante. El simbolismo ha pasado al vestido, desde su virtuosa hechura a estos colores emblemáticos de tan larga moda en nuestras letras. En este punto comienza la travesía.

Pasada la primera estrofa, Juan de Dueñas se ha apartado del soneto fuente, sin que quede más que vaguísima relación temática. Es de notar que este es un amante cuya amada no ha aparecido ni por asomos. En verdad a lo largo de todo el poema no se hace una sola alusión directa de la señora de sus deseos y esperanzas, pero creo que en la estrofa siguiente puede vislumbrársela muy al sesgo:

Io al puerto delectoso
a la col[l] a la mar calma
más llana que non la palma
en todo tiempo reposo;
sentí gentil amoroso

sentí gentil amoroso
de las bandas de poniente
un aire tanto plaziente
que de mis velas gozoso
le fize rico presente.

No me parece improbable que el aire placentero simbolice a la amada, y que llegue a estos versos desde otros donde Petrarca figuró a *Laura-l'aura* en una travesía en todo similar a las de estas estrofas de la "Nao de Amor:"

Indi per lato mar vidi una nave
con le sarte di seta e d'or la vela,
tutta d'avorio e d'ebeno contesta:
e'l mar tranquillo e l'aura era soave,
e'l ciel qual é se nulla nube il vela:
ella carca di ricca merce onesta;
poi repente tempesta
orïental turbò sí l'aere e l'onde
che la nave percosse ad un scoglio.
(CCCXXXIII)

Et mi nave toda una
rromp[I]endo las aguas biva[s]
con defensiones passivas
a contrastar la fortuna,
como quien va por laguna
contento del navegar,
en un puncto vi la mar
syn obediencia alguna
En rebelión singular.

No se trata ya del soneto, sino de la "Canzone delle visioni," tan imitada en nuestro Siglo de Oro, y que acaso comience aquí su largo percurso por las letras hispánicas. Salvo que Dueñas no figura a la dama en el navío, en su pasaje de la calma a la imprevista tormenta este sufre la misma desastrada suerte. El español preserva también varios motivos de la *canzone*, la amada-aire, tan peculiar del amante de Laura, y el de señalar la dirección de donde viene el viento, unos suaves — "de las bandas *de poniente*/ un aire tanto plaziente"—otros turbulentos, "poi repente tempesta/ *oriental* turbò sí l'aere." Si Petrarca quiso indicar que la peste negra vino desde el Asia, Juan de Dueñas en tierra italiana probablemente pretendía señalar que su dama era española. En la concentración simbólica, en la identidad de símbolos y la total similitud de acontecimientos, en estas dos estrofas, asombrosamente, nuestro poeta casi está petrarquizando. Claro que de inmediato retorna a sus hábitos cancioneriles, en este caso una extensa glosa de la "repente tempesta." La nave, con la que por un momento volvió a identificarse el yo poético,[10] queda destrozada, y cuando por última vez se le mezclan las metáforas también se consuma el divorcio entre el amante-nave y el navegante naufragado: "fízome dar al través" como sólo una embarcación encalla "en una playa de sal/ do se deslizan mis pies" (vv. 151-153), los cuales no pueden pertenecer más que a un hombre. La casi invisible amada ha desaparecido del todo desde el v. 64, pero en el 143 la reemplaza ese "señor"—tan distinto del *signore* alegórico que lleva el gobierno de la nave en el soneto—que regresa en el v.154 para permanecer hasta el fin del poema. Se trata de un "Rey poderoso"(v.164) muy otro que el Amor de Petrarca, y esta vez de carne y hueso, concretísimo y español:

> Rey de summo poderío,
> querría mudar de posta,
> navegando por la costa
> en otro firme navío
> ....
> El qual tengo començado
> non de madera de roble
> mas de aquel cimiento noble
> que en España es fundado. (vv. 176-184)

Navío que solamente podrán completar las reales manos (v. 189), en esperanza de cuyo socorro termina esta "Nao," ya no precisamente de amor.

Al negar el petrarquismo del poema, no niego y hasta amplío con una fuente aun más segura que la propuesta por Le Gentil la impronta del *Canzoniere* en Juan de Dueñas. De la misma manera puede identificarse otra simultaneidad de motivos semejantes en uno de los poemas más deliciosos de toda nuestra lírica cancioneril. Me refiero a esa joya del *Cancionero de Estúñiga*, que tan inopinadamente Menéndez Pelayo bautizó "Serranilla" (350) y Margherita Morreale llamó con más acierto "canción de lavanderas" (276):

> Desnuda en una queça,
> lavando a la fontana,
> estava la niña loçana

[10] vv. 113-114: "e las tablas carcomidas/del gusano cuydados."

las manos sobre la treça.

Sin çarcillos nin sartal,
en una corta camisa,
fermosura natural,
la boca llena de risa,
descubierta la cabeça
como ninfa de Dïana,
mirava la niña loçana
las manos sobre la treça. (*C. de Estúñiga*, 274)

Don Marcelino considera que en estos versos Carvajal "glosa letras conocidamente populares, como la de '*la ninna loçana*'" (269). En ese caso me parece que la lírica popular se glosó desde reminiscencias de un madrigal, exquisito por cierto, de las *Rime sparse* (LII):

Non al suo amante più *Dïana* piacque	como ninfa de *Dïana*,
quando, per tal ventura, tutta *ignuda*	*desnuda* en una queça,
la vide in mezzo de *le gelide acque*;	*mirava* [a] la niña loçana. *a la fontana*
ch' a me la pastorella alpestra e cruda	
posta a bagnar un leggiadretto velo	*lavando*
ch'a l'aura il vago e biondo *capel* chiuda.	*descubierta la cabeça*

Salvo por el cuarto (en vista de esta *pastorella*, Don Marcelino, sin saberlo, quizá no erró demasiado al llamar "serranilla" el poema de Carvajal) y por los dos últimos (7 y 8), no hay verso en el madrigal que no contenga algún concepto que de un modo u otro no aparezca en el poemita de este otro español también avecindado a la corte napolitana del Rey Magnánimo. En ambas composiciones se contempla 1) a una joven desnuda, 2) con la cabeza descubierta, 3) en una fuente, 4) lavando, 5) a la cual alguien mira (considero que el sujeto de "mirava la niña loçana" es el poeta o mejor dicho, el implícito yo poético; de otro modo el verbo transitivo queda sin su esperado complemento directo, y la oración incompleta), y 6) la alusión a Diana, particularmente significativa porque la obra de Carvajal contiene escasísimas menciones mitológicas, y porque ésta se da en un contexto popular al cual es necesariamente ajena. Tal abundancia de coincidencias y semejanzas en composiciones tan breves jamás han ocurrido por casualidad. El poema estará enraizado en la tradición hispánica pero, sin ser petrarquista, ya en feliz maridaje con lo mejor de Petrarca.

Pasando del de *Estúñiga* al *Cancionero General* de 1511, encontramos una canción del caballero Cartagena que comienza "La fuerça del fuego que alumbra que ciega,/ mi cuerpo, mi alma, mi muerte, mi vida, "versos donde Menéndez Pelayo sintió los del soneto CCII del *Canzoniere*, " la fiamma che m'incende e strugge."[11] Presentado como fuente de "La fuerça del fuego que alumbra que ciega," su argumento por lo vago resulta poco convincente, ya que se trata de lugar tan común que puede ser ejido de todos y posesión de ninguno. Sin embargo, Don Marcelino no se equivocó en la fuente en cuestión, pero se olvidó de probar cómo vino a reconocerla en el opaco clisé de este verso, y creo es ya hora de remediar su olvido. Cartagena había escrito otra composición—una larga glosa de las coplas a las que se refiere Menéndez Peleyo—donde el primer hemistiquio del ya citado comienzo de la canción "la fuerça del fuego" se glosa en "La fuerça del fuego *que enciende* que ciega." Es precisamente en este verso de la glosa donde se revela que Cartagena tenía en mientes "la fiamma *che incende*" de Petrarca. En la glosa pues, y no en las coplas, se halla la prueba necesaria de derivación directa del *Canzoniere*, y sólo gracias a la glosa puede descubrirse la familiaridad del poeta con la poesía del toscano.

Menéndez Pelayo aduce acertadamente un ejemplo más: "Mi alma, mi cuerpo, sofriendo tal pena /han ya concertado partirse de en uno/..../ pues ven ya Muerte..." que proviene de "l'alma cui Morte del suo albergo [del cuerpo] caccia,/ da me si parte" (CCLXVI). No es posible que Don Marcelino tuviese ante los ojos el *Cancionero General*,[12] donde se lee "pues ven, ven ya Muerte," no siendo de pensar que suprimiese por capricho la

[11] Pelayo (135): Cartagena"muestrase un tanto versado en la literatura italiana, especialmente en las obras de Petrarca"; "Cartagena no se cansa de encarecer a ejemplo suyo [de Petrarca] *la fiamma che m'incende e strugge*. "La fuerça del fuego que alumbra que ciega,/ mi cuerpo, mi alma, mi muerte, mi vida." Sin embargo, salvo por el copcepto de fuego amoroso, este verso de Cartagena no comparte con el italiano ni una sola palabra o imagen. Fuego-*fiamma*; alumbra y ciega—*incende e strugge*, no son ciertamente términos ni imagenes correspondientes de las cuales se pueda inducir ningún tipo de derivación directa o indirecta.

[12] Antonio Rodríguez Moñino. *Cancionero General recopilado por Hernando del Castillo* (Valencia, 1511) en reproducción facsímile (Madrid, 1958), las coplas se encuentran en los folios LXXXIV recto y CCXII verso; la glosa de Cartagena en LXXXIV recto y verso. Además de lo notado en el texto allí se lee"sufriendo" y no "sofriendo," "han concertado" sin "ya" de por medio.

repetición enfática del verbo. Debe haber estado escribiendo de memoria, o transcribiendo de un texto defectuoso y fragmentario, pues cita esta estrofa de la glosa como parte de "esta canción, que pudiéramos llamar de opósitos y que recuerda también una muy célebre del poeta catalán Mosén Jordi, fue tema de varias glosas... [una] del autor mismo" (IX,135-136). Está claro que Menéndez Pelayo pensó que "esta canción" era un poema diferente de la glosa, sin darse cuenta que estaba citando la tercera estrofa de la misma. Sírvanos de ejemplo el resbalón de la más egregia memoria que ha conocido y conocerá la erudición hispánica, y acordemos que Don Marcelino acierta en lo que más importa. Dada la similitud de conceptos y sobre todo la concordancia de palabras entre los sonetos italianos y la glosa, hay razones de sobra para afirmar que Cartagena conocía el *Canzoniere* y que lo había usado como fuente directa de su poesía. En cambio no hay razón suficiente para decir que Cartagena "imita [a Petrarca] en lo que [éste] tiene menos digno de imitación" tal como "los juegos de palabras" (IX,135).

Júzguese esta presunta imitación por otros versos del revelador "La fuerça del fuego que enciende que ciega:"

> Su fuerça que fuerça mi fuerça por fuerça
> m' esfuerça que fuerçe mi mal no diziendo;
> dolor no consiente que calle, m'esfuerça
> que mal callaré mil muertes sufriendo.

¡Valiente petrarquismo! ¿Es esto imitación aun de lo peor del *Canzoniere*? ¿Cuándo escribió Petrarca "juegos de palabras" remotamente semejantes? En este mismo ensayo se pueden observar dos instancias de uno de los más representativos suyos—*Laura-l'aura* (en el madrigal "ch'a *l'aura* il vago e biondo capel chiuda," y en la Canción CCCXXIII "e l'aura era soave"), sutileza foránea a la poesía cancioneril. La reiteración verbal de Cartagena es una peculiaridad distintiva del conceptismo de nuestros cancioneros, y nada tiene que ver con el vate de Valclusa. De hecho, "Petrarca que tanto jugó con los términos *Laura, l'aura, lauro*...no mostró igual apego por la figura etimológica, prodigada, en cambio, por los castellanos." (Lapesa, *De la Edad Media* 151). Sabias palabras de Lapesa, que llegan acompañadas de una ilustración harto oportuna en una copla de Jorge Manrique, que aunque más sencillo exhibe el idéntico juego que Cartagena:

Es amor fuerça tan fuerte
que fuerça toda razón;
una fuerça de tal suerte
que todo seso convierte
en su fuerça y afiçión.

En suma, el juego poético de Cartagena es la repetición verbal, rasgo característico de la lírica cancioneril, especialmente la *traductio*, "el empleo de la misma palabra, de sustantivo o adjetivo en distintos casos de la declinación, o de verbo en distintos tiempos, personas, etc, de la conjugación. En un caso singular, en el que como diría Gracían, la agudeza es extremada, se pueden combinar las dos cosas" (Whinnom 54-56). Pues bien, el de la glosa de Cartagena es ejemplo de singularísima agudeza cancioneril.[13]

Nada tiene esto que ver con la poesía del *Canzoniere* y sin embargo, de acuerdo con la definición de que por petrarquismo ha de entenderse cualquier influencia—directa o indirecta—del Petrarca vernáculo en un autor y en una composición, Cartagena ha de ser petrarquista, como también ha serlo Juan de Dueñas puesto que ambos toman metáforas, imágenes o algún rasgo verbal de las *Rime sparse*. Claro que lo que están haciendo nada tiene que ver con lo que hizo Petrarca ni haría ningún genuino imitador suyo. Los españoles glosan, hábito tan propio del alma cancioneril como ajeno a la petrarquista.

Al llegar al *Cancionero General* de 1514 la influencia de Petrarca se hace aun más aparente en unos versos del Almirante de Castilla, así como en unas quintillas de un buen amigo suyo, el caballero Juan Boscán. El Almirante declara que al amante de Laura "no le curó la herida/ el arco por

[13] Juego de palabras semejante se hallará también en una canción y en un soneto de Boscán, reiteración verbal que también a él llega como hábito cancioneril: "con esto me sforcé/ si esforçarse se llama ser forçado:/esforçándome pues menos hiciera" (Canción XLVIII, vv. 256-258); "Mueve el querer las alas con gran *fuerça/* tras el loor de aquella que yo canto./ Al comernzar levántase un espanto/ tal que es peor el seso si se *esfuerça./* Por otra parte la razón me *fuerça;/* yo hablo y callo y estoy assí entretanto; *esfuerço* alguna vez y otras me spanto;/ en fin la gana de scrivir *refuerça*" (Soneto LXXXVIII, vv. 1-4). Todos los poemas de Boscán se citan por *Obras poéticas de Juan Boscán.* ed. crítica Martín de Riquer, Antonio Comas y Joaquín Molas. (Barcelona: Facultad de Filosofía y Letras Universidad de Barcelona, 1957) 117 y175.

aventar" (Pelayo X, 224). De haber sido sus versos translación más amañada de "piaga per allentar d'arco non sana" y aún de haberse acumulado entre sus páginas cien ejemplos de este tipo ¿hubiese el *Cancionero General* dado genuinas muestras de petrarquismo? De oír tales versos el admirable Navagero por cierto reconocería su fuente, pero en modo alguno los hubiese juzgado petrarquistas, tal como tampoco hubiera hecho con la Canción XIV en que Boscán intentó trasladar tanto la estructura como las imágenes de la CXXXV de Petrarca:

Las cosas de menos pruevas,
de más nueva extrañedad,
las que están por montes, cuevas,
más extremas y más nuevas
son más de mi calidad.
Que con mi vida penosa,
por dondequiera que voy
ando yo com' una cosa
que parece monstruosa,
dudoso de lo que soy.

Un' ave no conocida,
la cual fénix es llamada,
dizen q'es cosa sabida
que después de ser quemada
torna luego a tomar vida.
Mi corazón afligido
con sus males verdaderos
se halla en este partido,
que después de consumido
que rebive para quereros. (*Obras* 30)

Qual più diversa e nova
cosa fu mai in qualche stranio clima,
quella, se ben s'estima,
più mi rasembra, a tal son giunto, Amore.
Là, onde il dì ven fore,
vola un augel, che sol, senza consorte
di volontaria morte
rinasce, e tutto a viver si rinova.
Così sol si ritrova
lo mio voler, e così 'n su la cima

de'suoi alti pensieri al sol si volve,
e così si risolve,
e così torna al suo stato di prima
Arde e more, e riprende I nervi suoi,
e vive poi con la fenice a prova.

La estructura de la canción castellana, con sus siete doble quintillas, ha trasladado la de la *canzone* de siete estrofas, seis de las cuales contienen una comparación del enamorado con un animal simbólico o un sitio exótico, siendo la última la coda o *congèe* donde el amante habla desde su realidad concreta. Las variantes de Boscán son mínimas. Cambia un símil al tomar para su sexta estrofa la figura simbólica del águila, que proviene de un poema de Serafino Aquilano; lo cual no conlleva ningún cambio estructural. Nuestro poeta sólo se desvía de la estructura de la *Canzone* CXXXV en sus primeras quintillas, donde amplifica el contenido de los cuatro versos iniciales de Petrarca, quien en el quinto introduce su primera figura simbólica, la del fénix, que ocupará toda la segunda estrofa de la canción de Boscán. Si no pasa inadvertido, podría pensarse que como cambio no es gran cosa. Sin embargo, no por eso deja de ser significativo. ¿Por qué necesitó dos quintillas para transmitir el contenido de cuatro versos? Considerando la diferencia métrica entre ambos poemas, que se usaran cuatro para los primeros dos de Petrarca vaya y pase; pero que para transmitir el contenido del breve "piú me rasembra" se necesiten seis octosílabos es harina de otro costal. Y no lo es, porque todo esto sale de un costal mismo: el de la poética de nuestros cancioneros, para cuyos autores era hábito del alma la glosa de un texto ajeno. Salvo que en vez de glosar uno pocos versos del *Canzoniere* ha glosado casi todo el poema, tal como Cartagena sus coplas; y salvo en preservar la estructura de la *canzone* ha hecho lo mismo—aunque menos extensamente—que Juan Dueñas en su larga *amplificatio* de textos sueltos de las *Rime sparse*. En fin, la Canción de Boscán con tanto símil del *Canzoniere* a cuestas no es poema petrarquista sino glosa de cancionero.

Ante la consideración de Rafael Lapesa de que "sería aventurado afirmar que [salvo Santillana] cualquier poeta castellano anterior a Boscán tuviese familiaridad con el *Canzoniere* petrarquesco" (Lapesa, *De la Edad Media* 148) podemos asegurar que más de uno tuvo a mano las *Rime sparse* y las leyó, como se ha visto. Ahora bien, si por familiaridad pudiera entenderse íntima comprensión de la poética de Petrarca, a pesar de bastantes préstamos y uno que otro hurto, ninguno de estos poetas la tuvo. El petrarquismo no es sólo cuestión de fuentes. Implica y exige una poética. De sobra lo sabía Boscán; por eso, en el momento de ordenar sus obras, consideró sus quintillas poema cancioneril, y así la puso en su Libro I. Lo hizo al final de sus días, tras ser por mucho tiempo cumplido petrarquista, cuando comprendía de sobra lo que no aún no ha entendido bien la crítica moderna. En sus quintillas de 1514, Boscán glosa a Petrarca, no lo imita, como no imita a Aquilano.[14] Esta no es una imitación ecléctica, sino simplemente un poema con una fuente primaria y una secundaria.

Más de una década después, se lanzará con su amigo toledano a la revolución que, al mediar el siglo, hizo cambiar para siempre el carácter de

[14] Antonio Armisén, "Alegoría e imitación en las coplas de Boscán 'Las cosas de menos pruevas,'" *Boletin de la Biblioteca Menéndez Pelayo*, (1983): 79-140; donde junto a un fino análisis del poema considera que éste es una imitación ecléctica.

todos nuestros cancioneros, incluido el *General*. No podía ser menos, no porque se habían puesto de moda las *Rime sparse*, sino porque con el petrarquismo se introdujo en la literatura española la genuina poética humanista. En verdad, *hic incipit vita nova*. La poesía petrarquista implicaba mucho más que una temática erótica, mucho más que la incorporación de imágenes visuales, mucho más que símiles, metáforas, oximorones y clisés en abundancia. Petrarca había introducido la poética de la sabia *imitatio* humanista, y fue esta poética en *imitatio Petrarcae* la que el Cardenal Bembo haría triunfar *orbi et urbe* en 1525 desde sus *Prose della volgar lingua*, muy poco tiempo antes de aquellos consejos seminales del gran humanista veneciano a Boscán.[15] Petrarquista es quien ha asimilado la poética de Petrarca, que no es otra que la de la *imitatio* humanista. Esta, y no otra, es la definición que propongo. No conozco ninguna más sencilla y de mayor capacidad discriminatoria: petrarquismo es la poesía y la poética del humanismo, [especial, pero no exclusivamente, en lenguas vernáculas].

Esas quintillas seudopetrarquistas, fino ornato del *Cancionero General*, justamente por serlo poco o nada tienen que ver con la esencia de la poesía de Petrarca. Después de aquella conversación auroral de Navagero con el discípulo de Lucio Marineo Sículo en el Generalife las cosas cambiaron radicalmente. Lo que desde entonces habría de intentarse sería nada menos que dar a luz una literatura fecundada en el despertar a una concepción del quehacer del poeta dentro de una poética que exigía una visión hasta entonces inédita en España Habría de crearse en forma, modo, estilo y espíritu la poesía del humanismo español.

Aunque en 1550 deja de imprimirse en Castilla el *Cancionero General*, es fácil rastrear en las ediciones publicadas fuera del reino qué nuevos poetas vendrían a habitar sus páginas. Así, en la Segunda Parte del impresor zaragozano Esteban de Nájera aparece en 1552 una "Epístola" de Boscán, y las ediciones de Amberes de 1557 y 1573 acogen junto a los del catalán poemas de Garcilaso, Don Diego Hurtado, y otras plumas de nuestro verdadero primer petrarquismo. Petrarca transcurre por sus páginas como lo hará por tantos cancioneros del futuro, no ya sombra descarnada, sino íntima y familiar presencia. Le había dado entrada un poeta cancioneril, después de haber aprendido, laboriosamente, que no porque se leyera el *Canzoniere*, se

---

[15] Alicia de Colombí-Monguió, "Boscán y Garcilaso frente a Navagero: el nacimiento de la conciencia humanista en la poesía española" *NRFH*, 40-41, *Homenaje a Antonio Alatorre*. (México, 1992) 143-168.

citara el nombre de su autor o se glosasen sus versos, era posible aproximarse a algo más concreto que un fantasma. Eso era Petrarca sin petrarquismo. Para resucitar la viva voz antigua y levantar la propia voz a ella debida, fue necesario que probara "su pluma en lo que hasta agora nadie en nuestra España ha provado la suya" (88). Y así lo hizo Joan Boscá, Jano de Cancioneros.

SUNY, ALBANY

OBRAS CITADAS

Alvar, Manuel y Elena. *Cancionero de Estúñiga*. Edición paleográfica. Zaragoza: Inst. Fernando el Católico, 1981.

Durán, Manuel. *Marqués de Santillana. Poesías Completas*. I y II. Madrid: Clásicos Castalia, 1975 y 1986.

Kerkhof, Maxim P. A. M. y Tuin, Dirk. *Los Sonetos 'Al Itálico Modo' de Iñigo López de Mendoza, Marqués de Santillana*. Madison: The Hispanic Seminary of Medieval Studies, 1985.

Lapesa, Rafael. *La obra literaria del Marqués de Santillana*. Madrid:Insula, 1957.

———. *De la Edad Media a nuestros días. Estudios de historia literaria*. Madrid: Gredos, 1967.

Le Gentil, Pierre. *La Poésie lyrique espagnole et portugaise à la fin du Moyen Âge*. Rennes: Plihon, 1949.

Marcelino Menéndez Pelayo. *Antología de poetas líricos castellanos*. Santander: Aldus, 1944.

Nicasio Salvador, Miguel. *La poesía cancioneril. El Cancionero de Estúñiga*. Madrid:Alhambra, 1977.

Seronde, Joseph. "A Study of the Relations of Some Leading French Poets of the XIVth and XVth Centuries to the Marqués de Santillana," *Romanic Review* VI (1915): 76-77.

Whinnom, Keith. *La poesía amatoria cancioneril en la época de los Reyes Católicos*. Durham: Durham Modern Language Series, 1981.

El Espejo de mi Tierra y el costumbrismo en el Perú

JORGE CORNEJO POLAR

A Luis Monguió,
peruanista ejemplar

1. Presentación

LUEGO DE PRODUCIDA LA emancipación del dominio español, la primera forma de expresión literaria que la casi totalidad de los escritores hispanoamericanos practican es el Costumbrismo. Esta opción por la realidad social circundante como tema trae consigo la implantación de formas literarias como el cuadro o artículo de costumbres de las que derivarán más adelante otras modalidades como la traducción, la novela y el cuento y constituye en general un ejercicio realista que habrá de pesar en la historia de nuestras letras. No es el momento de intentar ahora un estudio sistemático del costumbrismo latinoamericano y de su ubicación y función en el proceso de nuestra historia literaria pero sí de dejar apuntada su importancia (no siempre reconocida) que también deriva de la forma como el costumbrismo a la vez que se servía para su difusión del naciente periodismo contribuía decisivamente al desarrollo de la prensa y a través de ella—de algún modo—a la formación de la opinión pública.[1]

En una primera etapa, los principales costumbristas peruanos son: Manuel Ascencio Segura (1805 - 1871) y Felipe Pardo y Aliaga (1806 - 1868). Luego vendrán Narciso Aréstegui (1818 - 1869), Ramón Rojas y Cañas (1820 - 1881), Manuel Atanasio Fuentes (1820 - 1889), Abelardo Gamarra

[1] En el caso de Cuba que continuó siendo colonia española hasta fines del siglo XIX, el costumbrismo se da al mismo tiempo que en los demás países de Hispanoam erica, esto es a partir de la tercera década del siglo.

(1852 - 1924).

El presente trabajo está dedicado exclusivamente al estudio de *El espejo de mi tierra*, el periódico de costumbres que Felipe Pardo fundara en 1840.[2] Debe recordarse de todos modos que Pardo es autor de una obra variada en la que destacan las comedias de costumbres *Frutos de la educación* (1830), *Una huérfana en Chorrillos* (1833), *Don Leocadio o el aniversario de Ayacucho* (1833), algunos artículos de costumbres y un buen número de letrillas y otras composiciones satíricas o festivas en verso, todo lo cual conforma el importante sector costumbrista de su obra. Pero Pardo y Aliaga es autor además de sátiras políticas como las celebradas "Vaya una república" y "Constitución Política" y de textos de poesía lírica, contemplativa y reflexiva según la precisa clasificación que establece Luis Monguió en su edición de las poesías de Felipe Pardo.[3]

---

[2] En el texto se halla la descripción técnica de los tres números de *El espejo de mi tierra* y del Alcance al número dos. No existe hasta la fecha una edición facsimilar pero sí una reedición completa que incluye los dos números y los dos Alcances al número dos de *Lima contra El espejo de mi tierra*. La referencia bibliográfica es la siguiente: Felipe Pardo y Aliaga. *El espejo de mi tierra*. Edición y estudio preliminar de Alberto Tauro. (Lima, Editorial Universo, Colección de Autores Peruanos, N° 29, 1971).

[3] Las principales ediciones de las obras de Felipe Pardo son: *Poesías y escritos en prosa de Don Felipe Pardo*. Miembro correspondiente de la Real Academia Española, y honorario de la Facultad de Humanidades de la Universidad de Chile. (París: Imprenta de los Caminos de Hierro, A. Chaix et Cie., Calle Bergere, 20, cerca del Boulevard Montmartre, 1869) XXXV + 514 págs + índice y fe de erratas.

Prólogo de M. Pardo (Manuel Pardo Lavalle), hijo de don Felipe, fechado en Lima, 9 de agosto de 1865. En esta edición se incluye todo el contenido de *El espejo de mi tierra* salvo el texto "Al autor del folleto publicado con el título de *Lima contra El espejo de mi tierra*" y la letrilla "El tamalero."

Poesías de Felipe Pardo. Precedidas de su biografía y acompañadas de algunas notas por M.G. de la Rosa (Manuel González de la Rosa) París, Librería de la Vda. de Ch. Bouret. (París, 23, rue Visconti, 23, México, 14, Cinco de Mayo, 14), 1898. (386 páginas).

Poesías de Don Felipe Pardo y Aliaga. Introducción, edición y notas por Luis Monguió. University of California Press Berkeley - Los Angeles - London, 1973. (452 páginas).

La obra periodística de Pardo es también importante y de interés y consta en numerosas publicaciones peruanas y alguna hecha en el extranjero (Tauro 1962). Sin embargo desde el punto de vista estrictamente literario, lo más importante que en el campo periodístico hizo este autor fue la fundación, dirección y escritura de *El espejo de mi tierra* a cuyo estudio sistemático procedemos de inmediato.

2. El espejo de mi tierra

La aparición (a partir de 1820) y el posterior auge de costumbrismo latinoamericano tienen una estrecha relación con el desarrollo del periodismo a lo largo de esa misma época. El medio natural de difusión de los cuadros o artículos de costumbres —los textos costumbristas por excelencia— era el periódico o la revista que también sirvieron para la publicación de letrillas y otras formas versificadas de la literatura de costumbres. Pero además, muchos costumbristas solos o en grupo fundaron o dirigieron o mantuvieron publicaciones dedicadas con exclusividad a este tipo de literatura. La más importante fue sin duda *El Mosaico* de Bogotá pero existieron otras en todo Hispanoamérica como *El Mosaico* de Caracas, *La Moda* de Buenos Aires, *El Mosaico* de México.

En el Perú el único periódico de costumbres fue *El espejo de mi tierra* fundado, dirigido y escrito íntegramente por Felipe Pardo y Aliaga a cuyo estudio procedemos en seguida valiéndonos tanto de los ejemplares originales de la publicación cuanto de muy útil reedición con estudio preliminar y notas hecha por Alberto Tauro en 1971.

2.1. Historia

La historia de *El espejo de mi tierra* es la siguiente: sin fecha aunque probablemente corresponda al 10 de Setiembre de 1840 según cabe deducir de un aviso publicado en *El Comercio* de Lima, aparece el prospecto formado por un "Prólogo" de dieciséis páginas sumamente importantes en la historia de la literatura peruana como veremos más adelante. El primer número es del 22 de Setiembre de 1840 y consta de 24 páginas. Contiene solamente el artículo de costumbres "El paseo de Amancaes" y el texto titulado "Mi prólogo" que comentaremos después. El número dos es del 8 de Octubre de 1840 y consta de veinticuatro páginas numeradas del 25 al 48. Contiene los artículos "Opera y nacionalismo" y "Un viaje" y "El Suicidio," composición en verso. Hay un "Alcance al número dos" que contiene el texto "Al autor del folleto publicado con el título de *Lima contra El espejo de mi tierra*" y la letrilla "El tamalero." Este "Alcance" tiene cuatro páginas y aunque no tiene fecha debe haberse publicado entre el 17 y 20 de octubre del mismo año. En efecto, este "Alcance" es una respuesta a la publicación del primer número de *Lima contra El espejo de mi tierra* que aparece también sin fecha pero que debe haber circulado después del 8 de octubre (data del número 2 de *El espejo de mi tierra*) y antes del 17, día en que se publica en el diario *El Comercio* una carta de Juan Antonio Ugarteche en que hace alusión al folleto contra Pardo.

Luego de un largo silencio de diecinueve años, el 31 de marzo de 1859 se publica el número tres de *El espejo de mi tierra* que debió significar en la mente de Pardo y Aliaga —suponemos—el comienzo de la segunda época o etapa de la publicación. En la práctica sin embargo solamente apareció este número tres con treinta páginas y cuyo contenido está formado por la larga composición en verso "Constitución Política" a la que antecede una advertencia.

En estas notas previas al estudio detallado de la revista de Pardo queda por añadir solamente que en la carátula se consigna después del título la indicación "periódico de costumbres" y más abajo un epígrafe tomado de Francisco de Quevedo. "Señoras, si aquesto propio / Os llegare a suceder, / Arrojar la cara importa, / Que el espejo no hay por qué."; que el formato fue de 16.2 por 13.2 cm. y que el pie de imprenta reza "Lima: Imprenta de José Masías."

El título de la publicación complementado con el subtítulo "periódico de costumbres" y suficientemente ilustrado con los versos del epígrafe, indica claramente el propósito de Felipe Pardo. Las páginas pretendían ser, pues, un "espejo" que reflejase fielmente a Lima (la tierra del escritor) pero no a la ciudad en general ciertamente sino específicamente y con ánimo crítico las costumbres limeñas. Para explicar todo esto con mayor claridad, Pardo se sintió obligado a escribir un "prólogo" al periódico que apareció como prospecto del mismo, según hemos visto.

2.2. El prólogo

El "Prólogo" no solamente da cuenta del proyecto que Pardo pensaba llevar adelante con *El espejo de mi tierra* sino que constituye el único texto teórico del costumbrismo peruano, una suerte de declaración de principios del más alto interés y también algo así como un "arte poética" del escritor de costumbres que fue en una de las principales facetas de su actividad creadora Pardo y Aliaga.

El prólogo tiene su propio epígrafe tomado de *Le Livre des Cent et Un* (volumen aparecido en París y que consistía en una recopilación de ciento y un textos de autores diversos). Dice el texto escogido: "Je tremble de paraitre devant ce public inexorable qui a tan de gouts, blancs et noirs, dont les volontes sont si mobiles et si contradictoires!." Y en consonancia con esta afirmación, el prólogo luego de revelar las dudas que tuvo el escritor para redactarlo, desarrolla la idea del ejercicio literario como un combate entre un solitario luchador, el escritor, y el público imaginado como "un ejército formidable, no por su organización y disciplina, sino al contrario, por su composición heterogénea en armas, pertrechos, tácticas y soldados." El público "ninguno de cuyos miembros quiere "adornar el mosaico militar con los usos caballerescos y nobles de los combates individuales," es igual —anota Pardo— en Lima que en París, Londres o Washington y está dotado con armas y pertrechos que en su mayoría no son "los que permite el derecho de guerra." Frente a este inmenso y temible ejército se encuentra como beligerante "un solo individuo," el escritor que "ha visto desaparecer en esta especie de batallas las flores de su juventud y los frutos de su virilidad; su cabeza ha encanecido... su cuerpo está sembrado de cicatrices: su rostro desecado por las fatigas de cien campañas..." Si se recuerda que en 1840 Felipe Pardo contaba sólo con treinta y cuatro años de edad, debe convenirse que esta descripción del maltratado y envejecido escritor no es más que un juego literario o una caracterización del escritor en general. En cambio, la presencia del propio Pardo se hace viva, palpitante y directa cuando dice que "a pesar de sus años y de sus desengaños (el escritor) vuelve a las andadas porque la cabra tira al monte; y para lo que convenga, lectores míos, sea dicho entre nosotros, esa cabra es un capellán de ustedes," es decir, él mismo. Esta presentación del escritor es muy típica del modo literario de Felipe Pardo: consideraciones y reflexiones de índole general se matizan de pronto con refranes o dichos del habla cotidiana o con alusiones jocosas o con salidas del escritor al primer plano del texto. Así, pues, el discurrir de la prosa de Don Felipe que llega a adquirir admirable tersura y calidad se ve interrumpido de continuo por estos como relámpagos que aunque aparentemente rompen el ritmo equilibrado del discurso, son en el fondo descargas de vitalidad que al fin y al cabo vienen a ser factores que dan a la prosa de Pardo su más definida originalidad.

Es interesante en esta figuración del ejercicio literario como una suerte de desigual combate, la clara conciencia del papel del público lector en el proceso del fenómeno literario, porque, en efecto, si se trata de una batalla, ambos contendores son indispensables y por tanto por temible, desagradable o abominable que ese público pueda ser, su intervención es de todos modos necesaria para que se complete el circuito literario. Resulta igualmente sugestiva la afirmación de la vocación literaria como una urgencia permanente, como sostenedora de un modo de vida que exige su constante realización. Todo ello se desprende de aquello de "volver a las andadas" y que la "cabra tira al monte," maneras no muy académicas, ciertamente de decirlo, pero que tal vez por ello mismo se revelan más expresivas de la hondura con que Pardo sería el llamado a escribir.

Pero la parte fundamental del prólogo es la que viene en seguida y se inicia con la advertencia de que en el previsto combate entre el escritor y el público, "la cosa litigiosa tiene mucho de climatérico y peliagudo. Son principalmente las costumbres." Por qué emplea Pardo estos adjetivos no tan comunes, sobre todo el primero?. Se entiende que la palabra climatérico la está utilizando en su sentido de "tiempo peligroso por alguna circunstancia" y peliagudo en el de "negocio o cosa que tiene gran dificultad en su inteligencia o resolución," según se desprende de la explicación facilitada algunos párrafos más adelante. El tema de las costumbres es climatérico y peliagudo porque Pardo es "el primero" en poner "la planta en campo todavía no pisado por huella humana..." (en el Perú, se entiende). En este mismo párrafo Pardo hace una ilustrada historia y justificación del tema costumbrista en literatura, indicando que muchos escritores modernos han logrado prestigio en este campo en el que (en épocas más remotas ofrecen tan bellos modelos Addison en su *Espectador* y la Bruyere en sus *Caracteres.*" Sin aspirar a la gloria de los autores citados, a ese mismo género —advierte— "pertenecerán la mayor parte de mis artículos." Sin embargo, sigue precisando, La Bruyere, Addison y también Cervantes y Joui (sic), Larra y otros en nuestros días... han escrito para sociedades formadas en las que tienen las costumbres una estabilidad que rara vez se pierde a los esfuerzos de los censores." Otro y "más favorable" es el caso del Perú de 1840. "El cambio absoluto de sistema político, de comercio, de ideas y de sociedad que ha experimentado nuestro país en los últimos diez y nueve años con la brusca transición del coloniaje a la independencia, ha grabado en las costumbres el mismo carácter de instabilidad que afecta a todas las cosas en semejante crisis. Las costumbres nuevas se hallan todavía en aquel estado de vacilación y de incertidumbre que caracteriza toda innovación reciente: las antiguas flaquean al fuerte embate de la revolución. Qué coyuntura más favorable para los escritores que quieran mejorarlas?. Lejos de mi la idea jactanciosa de dar el tipo a que deben sujetarse..."

El texto que *in extenso* acabamos de transcribir puede considerarse sin exageración como el preámbulo de una verdadera declaración de principios de Pardo que poco después se explicitará aún más. Hay primero una justificación en la obra de ilustres predecesores y luego la precisa indicación de que la circunstancia histórica peruana de ese momento ofrece una excelente posibilidad al escritor que se traze como propósito la crítica y el mejoramiento de las costumbres. Tal era pues el objetivo que Pardo buscaba alcanzar con sus escritos costumbristas y tales eran los de escritores (La Bruyere, Addison, Cervantes, Jouy, Larra) que Pardo habiendo leído admiraba y tomaba como inspiración.

Felipe Pardo pensaba también en "otra consideración que no deja de tener peso en el ánimo del escritor que quiere tomar las costumbres por tópico de sus lucubraciones." Se trata en breve que a los pueblos y a los individuos de escaso desarrollo cultural se les hace muy difícil y hasta imposible practicar la operación lógica de la generalización. De aquí que cuando un escritor costumbrista presenta un personaje, pocos lectores entenderán que se trata de un prototipo, de una generalización hecha en base a la observación de numerosos casos particulares y creerán por el contrario que el tal personaje es retrato fiel o al menos alusión a determinadas personas de carne y hueso, con la inevitable secuela de resentimientos, rencores, enemistades que de tal confusión se derivarán. Pardo, lector ávido de mucha literatura costumbrista, insiste acá en un tema muy frecuente en los escritores de costumbres: la diferenciación entre tipos (que es lo que ellos pretenden describir) y personas reales (que es lo que muchos lectores incapaces de abstracción generalizadora equivocadamente descubrirán en sus creaciones literarias). No obstante lo dicho, Pardo se siente obligado a reconocer que en la posibilidad de que se den tales equivocadas interpretaciones, influye también "el uso que generalmente se hace entre nosotros de la libertad de imprenta." Hay muchos que utilizan la prensa como "instrumento mezquino de aspiraciones privadas y de odios innobles," comenta el escritor que resignado presagia igualmente que muchos lo acusarán de enemigo de Lima y los limeños, de antipatriota.

En definitiva Felipe Pardo estaba plenamente consciente de los riesgos que corría por hacer en Lima literatura dirigida a la crítica de costumbres con ánimo de mejorarlas. A pesar de ello asume el reto sin vacilaciones. "Sin embargo, repito, voy a desnucarme a ciencia cierta" anuncia con el humor que le es característico.

La parte final del prólogo contiene numerados en ocho acápites que bien podrían denominarse "arte poética del costumbrismo" (al menos como Pardo y Aliaga lo entendía). Ellos son los siguientes:

1.- "Que la crítica de costumbres, bien sea cometida (sic) al autor dramático, bien al novelista, bien al creador de cuadros parciales como los que me propongo presentar a mis lectores, ha constituido desde Aristófanes hasta nuestros días, un caudal lícitamente disponible para los lectores..." por lo que no hay motivo para que no se cultive en el Perú como en todos los pueblos civilizados. Interesa destacar aquí la enumeración de los géneros en los que puede hacerse costumbrismo: el teatro, la novela y la escritura de "cuadros parciales" es decir artículos de costumbres y también la mención de otro importante antecesor, Aristófanes.

2.- "Que la literatura de cada país debe ser y ha sido siempre cultivada por los naturales del país," especialmente la literatura de costumbres "para cuyo conocimiento se necesita un comercio largo e inmediato con todas las clases de la sociedad"... "Así los que digan que un peruano no puede censurar las costumbres del Perú, dirán un solemnísimo disparate...." De este modo salía Pardo al frente de las críticas que le iban a sobrevenir y cuya dureza ya conocía por las muchas que recibiera cuando en Agosto de 1830 estrenó su comedia *Frutos de la Educación.*

3.- En la misma línea de justificación previa y bien fundada, afirma ahora Pardo que "a nadie se le ha ocurrido llamar enemigos de la Gran Bretaña a Addison, ni a Sterne, ni enemigos de la Francia a Mercier, La Bruyere, Joui (sic), Balzac y mil otros ni a Larra ni a Mesonero enemigos de la España porque hayan explorado con su pluma tertulias, comilonas, talleres, academias, tribunales y ministerios, en una palabra, porque hayan hecho a la sociedad entera materia de sus escritos..." recurriendo de este modo y en primer término al argumento de autoridad al mencionar a nuevos y no menos ilustres precedentes: Steme, Mercier, Balzac, Mesonero y haciendo luego una afirmación de la mayor importancia que permite descubrir que para él, la literatura costumbrista tiene como tema el conjunto de la vida social (la sociedad entera) lo que ciertamente equivale a sostener que el costumbrismo es una forma del realismo literario, la primera puede decirse que aparece de manera extendida en el Perú y en Hispanoamérica. El Costumbrismo como ejercicio de realismo descubre a escritores y lectores los atractivos del trato directo con la realidad y se constituye así —especialmente en su forma de cuadro o artículo de costumbres— en antecedente del cuento y de la novela latinoamericanos.

4.- Tan importante como la anterior resulta esta nueva precisión de teoría literaria en que se dice "que a este género de materias cuadran, más que observaciones sueltas, generales y abstractas, fábulas ideadas sobre sucesos de la vida social. Personificando en ellas las calidades morales, se hace más palpable que con discursos, el vicio que se moteja o el mérito que se ensalza. Así lo practican los poetas cómicos en todas sus composiciones; y los artículos sobre costumbres pueden por la mayor parte considerarse como escenas de comedia en narración." Destaca en éste texto primeramente la afirmación de que al costumbrismo le viene mejor inventar fábulas sobre hechos sociales que formular consideraciones teóricas. En los personajes de cada historia, anécdota o fábula que se relate se encarnan con mayor facilidad y eficacia los defectos o virtudes que se pretenden retratar. Y luego la declaración (poco frecuente en otros costumbristas) de que la mayoría de los artículos pueden considerarse como "escenas de comedia en narración." Atendiendo a estas palabras se entiende mejor la esencia de sus cuadros de costumbres en los que —ahora se sabe por qué— hay un abundante uso del diálogo.

Más adelante reitera Pardo que sus personajes "no serán nunca copias de una persona de carne y hueso, sino la encarnación del carácter que se trata de presentar" precisando ahora con mayor detalle que "esta encarnación no se verificará tomando los rasgos propios de un individuo existente, sino escogiendo los accidentes más notables que acompañan a la manía, preocupación o vicio de cualquier género que se trate de censurar...."

5.- En este apartado se advierte que aunque en el periódico no todo será "cuadros escénicos y satíricos," serán muy pocos los textos que "no vayan sazonados con su correspondiente chacota." Para explicar las razones de que así vaya a suceder, Felipe Pardo inserta luego unas frases que pueden considerarse un vivaz y ágil autorretrato, veamos: "Me cuento por desgracia entre aquellos hombres colocados en los polos de la sociedad, y a quienes casi nunca se ve navegando por la línea equinoccial: hombres que para pasar del bueno al mal humor, no se detienen en ninguna región intermedia..." y que de sus textos "no consiguen jamás sino verlos saltando como chicos que salen de la escuela o bramando como energúmenos...." Esta sincera confesión de Pardo, como es de verse, no solamente da razón del contenido de "El espejo" sino que ilumina, puede decirse, todo el conjunto de su obra en la que se combinan permanentemente el talante de un censor a veces iracundo e implacable con el temple juguetón del humorista. Pero es fundamental entender que de uno a otro modo, con risas o con rabia, la actitud de Felipe Pardo y Aliaga es siempre la de un crítico de la sociedad peruana y es tal postura la que constituye la columna vertebral o el eje organizador de su personalidad y por consiguiente de sus escritos.

6.- Precisamente es el mal humor el que dicta este nuevo apartado en el que Pardo rechaza con dureza cualquier comparación con "Terralla, que ni es escritor, ni es satírico, ni es poeta, sino un salvaje que se puso a decir en mal castellano, y en renglones desiguales cuanta torpeza se le vino a las mientes...." Como se sabe, Esteban de Terralla y Landa, escritor español llegado a Lima en 1787, es autor de *Lima por dentro y por fuera* (1798) obra considerada por muchos como precursora del costumbrismo peruano del siglo XIX. Seguramente no faltaban quienes al aludir a Pardo y su obra traían a colación el libro de Terralla lo que no es de extrañar ya que aún en nuestros días un crítico serio y enterado como Augusto Tamayo Vargas sostiene que el texto de Terralla "Vida de muchos o una semana bien empleada por un currutaco de Lima," es "uno de los antecedentes de las sátiras en prosa de Pardo y Aliaga" (Tamayo Vargas, 1975, T.II P.412). ¿Por qué Pardo rechazaba tan airadamente como hemos visto que se le vinculase con Terralla?. Seguramente porque escritor de formación académica como era, sentía especial aversión por escritores sin mayor cultura y sin preparación específica en el arte de escribir.

7.- Reivindica aquí Felipe Pardo la autoría de todo cuanto se publique en su periódico, advirtiendo que si alguna vez no ocurre así se cuidará mucho de informar a los lectores acerca de quién es el autor.

8.- Es el anuncio de que luego del prólogo irán apareciendo los números de El espejo "cada vez que paguen sueldos" (lo que podría significar cada quince días."

En la conclusión anuncia Pardo que se halla listo para dar principio a su tarea que ahora describe como la presentación "en panorama, o diorama o cosmorama, o como más haya lugar en derecho, cuantas curiosidades merezcan en mi concepto el honor de la exhibición"...que no dejará ni a sol ni a sombra a sus lectores, que le gustaría hacer un pacto con el diablo para poder ver a través de los techos todo lo que ocurre en las casas, pero que en la práctica lo que hará será caminar por todas las calles de Lima a donde lo llamen los deberes que se impone. Las frases finales son las clásicas de un prólogo: "quiera pues el cielo que mis andaduras, oh lector, merezcan en todas ocasiones de ti una sonrisa de benevolencia...."

La lectura atenta de este largo y sustancioso prólogo evidencia sin lugar a dudas que Felipe Pardo fundaba *El espejo de mi tierra* como una publicación destinada a tener larga vida. No ocurrió así sin embargo y lamentablemente. Más adelante esbozaremos algunas hipótesis para explicar la corta vida del único periódico de costumbres en la historia de la Literatura peruana.

2.3. El número uno

Fechado como ya se ha dicho el 22 de Setiembre de 1840, este primer número contiene solamente dos textos: el artículo de costumbres "El paseo de Amancaes" y "Mi prólogo."

"Mi prólogo" es un breve texto en prosa que ocupa las páginas 21 a 24 y que consiste en un comentario a las diversas reacciones que había suscitado en el público limeño la circulación del "Prólogo" que acabamos de estudiar. El texto está dedicado "a los editores de El Comercio" que habían expresado opiniones favorables y lleva como epígrafe tomado de Jovellanos, el siguiente cuarteto: "Oh cuanto rostro veo a mi censura / De palidez y de rubor cubierto! / Animo, amigos! nadie tema, nadie / su punzante aguijón.," que puede entenderse como un aviso acerca de las intenciones no ofensivas hacia las personas de "El espejo." Viene luego una suerte de inventario de opiniones que se habían vertido en torno al texto preliminar en las que hay toda una gama de posiciones que van del rechazo absoluto a la aprobación total, pasando por coincidencias parciales y reparos de diversa índole aunque al decir de Pardo la desaprobación es frecuente. En el momento de mayor brío polémico el escritor enumera una serie de abusos que al amparo de la libertad de prensa se cometían en las diversas publicaciones periódicas de la capital y que seguramente eran aceptadas hasta con satisfacción por personas que contradictoriamente se escandalizan ante el solo anuncio de los propósitos de *El espejo de mi tierra*.

Al final Pardo reitera "lo plausible y desinteresado" de su empresa, se complace en "la benévola acogida que ha dispensado la gran mayoría del público al folleto en que procuré dar una idea de mi periódico" y concluye agradeciendo a los editores de *El Comercio* por haber emitido "un juicio tan ventajoso de mis escritos y de mi capacidad."

"El paseo de Amancaes," el primero de los artículos de costumbres de Felipe Pardo, lleva un epígrafe tomado de Leandro Fernández de Moratín "Buen apetito y picar de todo y muérase el diablo."

Redactado en primera persona por un narrador (supuestamente el propio autor), el artículo consiste en el relato de un paseo a Amancaes en el día tradicionalmente reservado para ello, el 24 de junio. Su estructura narrativa consta de las siguientes partes: 1) Introducción, 2) Preparativos, 3) El paseo, 4) El regreso.

La *introducción* narra el temprano despertar del innominado relator y describe luego las mañanas de invierno en Lima y la mañana específica del día del paseo que era "dudosa, indecisa, intermitente." Y para precisar mejor la índole climática del día Pardo recurre a irónicas comparaciones llenas de talante crítico. Dirigiéndose a los oficinistas les dice que la mañana era: "como ciertos informes en que decís y no decís," a los leguleyos que la mañana "era como muchas causas, en que es preciso, para salir del pantano, mandar los autos, para mejor proveer, al defensor de menores o a cualquiera otras de las aduanas forenses," a los políticos que la mañana era "como muchos de vosotros, que en medio de las más complicadas crisis revolucionarias, sabéis mantenernos en un equilibrio portentoso, que siempre os lleva sanos y salvos a puerto de salvamento"...Remata la enumeración diciendo: "Limeños todos!: la mañana consabida era una mañanita de Amancaes."

Los preparativos para el paseo. Constituye esta parte una de las más logradas del artículo tanto por el dinamismo que se logra dar al relato cuanto por la creciente dosis de humor que va marcando el desarrollo de la acción que tiene lugar en la casa de don Pantaleón y doña Escolástica, organizadores del paseo e invitantes al mismo. La casa estaba en los momentos previos a la partida convertida en una "zalagarda que mi pluma no alcanza a describir" dice el narrador quien para ayudarse compara el barullo, la confusión y el desorden reinantes con el de "un colegio electoral abandonado a toda su independencia constitucional," alusión en la que se refleja una de las constantes del pensamiento y la obra de Pardo: la crítica a las instituciones y usos republicanos no adecuados en su opinión a la realidad del país.

La enumeración prolija y extensa funciona en éste como en otros lugares de la obra de Pardo, como eficaz desencadenante del humor. Así: "Don Pantaleón era marido de doña Escolástica, padre de nueve muchachos y amo de doce criados; y esta colonia entera, con el apéndice de otra señora, de un cura de campanillas, de un fraile, capellán de la casa, y de ocho o diez deudos y amigos... debía transportarse en aquel día a uno de los más bellos anfiteatros de la caprichosa arquitectura de la naturaleza." Más adelante nos enteramos de que Doña Escolástica regañaba a una criada... a otra criada... a un criado... a su hijo mayor, porque se metía en todo; a su marido porque no se metía en nada...." De modo tal que todo era confusión y bullicio "en todas las piezas de la casa."

El tono de crítica jocosa o de sátira suave se interrumpe de pronto pero con habilidad para dar paso a una digresión dedicada al elogio de Rosaura, bella jovencita que era la mayor de las hijas del matrimonio anfitrión. Se trata de una delicada descripción de la belleza femenina en la que no deja de aparecer otro de los temas reiterativos en Pardo: las limitaciones del sistema educativo para las niñas Del elogio a Rosaura que alcanza su clímax con el cuarteto de Quintana que comienza: "Dichoso aquel que junto a ti suspira...," se pasa a una alabanza general de la mujer cuyas virtudes se contraponen a los defectos del sexo masculino. Justifica Pardo su uso de la digresión en las de Lord Byron en *Don Juan* y extiende las suyas a la caracterización de Doña Escolástica. Cerrado el largo paréntesis, se vuelve al relato principal con la animada presentación del momento de la partida.

El paseo, es el momento central de la acción y comprende por eso mismo varias secuencias, la primera de las cuales está dada por la regocijada descripción de la partida y del viaje hacia Amancaes, luego viene el relato de lo acontecido en el almuerzo y del contenido del mismo que Pardo compara con una obra musical. "Concluyó el almuerzo, desde el sustancioso sancochado que sirvió de sinfonía, hasta el pocillo de chocolate, que fue el rondó final; y en esta ópera bufa desempeñaron de un modo asombroso sus papeles el Cura, el Capellán y Na Bivianita," la amiga de la familia de quien solamente ahora se incluye el rápido retrato. Es ella precisamente quien da paso a la siguiente secuencia repartiendo cigarros y cartas. Mientras tanto el narrador con Rosaura pasean por los alrededores contemplando el paisaje y desde la lejanía a la ciudad capital. Se intercala entonces una nueva digresión esta vez acerca de cómo los seres humanos buscan colocarse ante los demás en la situación que les permita ser mejor apreciados. Las reflexiones y la contemplación del panorama se interrumpen ante el anuncio de que se va a servir el "once," esa especie de refrigerio que se tomaba al atardecer en costumbre hoy olvidada. Nueva descripción de los manjares que empalma con la comida, última colación del día. Al final hay una anotación interesante: "nuestras inocentes escenas de cordial jovialidad habían sido perturbadas varias veces por las cantigas obscenas con que la plebe acompañaba sus inmundos bailes en los grupos circunvecinos..." —que ayuda tanto a determinar el nivel social de los protagonistas cuanto a confirmar la aristocrática visión del mundo que caracterizaba a Felipe Pardo. La condición social y económica de la familia de Don Pantaleón también se caracteriza cuando al describir el almuerzo se anota: "La mesa estaba cubierta con toda la profusión que se acostumbra entre las familias que han logrado salvar algunos pesos de las invasiones de una revolución que —como la muestra— ha usado tan pocos cumplimientos con el bolsillo del ciudadano...." Se trata, pues, de una familia acomodada de la clase media como las que aparecen por ejemplo en las obras teatrales del mismo Pardo y Aliaga.

El regreso es la secuencia más breve en la que se apunta solamente el viaje de retorno, la llegada a la casa, las conversaciones y agradecimientos finales. La veracidad del retrato se reivindica al cierre:..."un paseo como el que he procurado pintar a mis lectores." El costumbrista es un pintor o un retratrista de la realidad social, no un creador de ficciones.

"El paseo de Amancaes" presenta por otra parte, una animada galería de personajes. Doña Escolástica es sin duda la principal. De ella se dice que estaba dotada de "una penetración viva" y que era: "franca, sincera, agasajadora de sus amigos, desprendida, severa y celosa en la educación de sus hijos y en el gobierno de su casa" pero que "afeaba estas bellas cualidades con un carácter violento, sulfúrico y atrabiliario" del que se dan abundantes muestras en el relato. Otros personajes pintados con habilidad son Don Pantaleón, el esposo, el Cura, el Capellán, Doña Biviana. Un caso especial es el de Rosaura, la hija, en cuya caracterización se abandona el toque de humor o de gracejo para alcanzar por momentos el tono lírico de una admirativa semblanza.

Como ocurre en "Un viaje" el otro artículo de costumbres de Pardo y Aliaga, acá también es posible descubrir dos niveles o estratos en el texto. Uno, el más evidente, es el del retrato realista a ratos irónico o crítico de una típica costumbre limeña. El otro, menos perceptible, es el de la crítica política que puede descubrirse en algunos pasajes que hemos subrayado como el de la referencia a los políticos o la revolución emancipadora y sus consecuencias para la hacienda de algunos ciudadanos. En otra parte se dice que Doña Escolástica: "había reformado las cosas: no había alcanzado a reformar a la gente" y se añade maliciosamente: "Y no es extraño que esto le sucediese a doña Escolástica, porque casi lo mismo le sucede a nuestra doña República —que sin ser tan feliz en la reforma de las cosas— ha sido igualmente desgraciada en la reforma de los hombres." La posición ideológica de Felipe Pardo era extremadamente crítica en lo que a la vida política del país se refiere.

2.4. El número dos

Fechado según se ha indicado el 8 de octubre de 1840 tiene como contenido los artículos "Opera y Nacionalismo" y "Un viaje," y la canción humorística titulada "El suicidio" (pp. 39 a 44).

"El suicidio" lleva como subtítulo "Canción compuesta en mi destierro: quiero decir, en uno de mis destierros" y como epígrafe tomado de la obra del escritor español Ramón de la Cruz, *Manolo, tragedia para reir o sainete para llorar* (1769), el siguiente verso: "Nosotros nos morimos, o qué hacemos?."

Se trata de una composición de "tono trágico-burlesco, byroniano" como apunta Monguió que consta de 192 versos de metro variado distribuidos en estrofas de las cuales una, que se repite cinco veces, cumple la función de estribillo. Es la que dice:

Venga, venga una pistola;
Que la humana batahola
Ya no puedo resistir,
Ni el acibarado gesto
De funesto
Porvenir.

El suicidio que de este modo anuncia el escritor sería la consecuencia de los sinsabores que la vida política le ha ocasionado y especialmente de los varios destierros que le tocó sufrir. Con su característica meticulosidad, Luis Monguió recuerda que para 1840, Felipe Pardo tenía ya en su haber cuatro destierros a Chile: 1836, 1837, 1838 y 1839 (Monguió 1973, p. 127). En tono a ratos humorístico va enumerando Pardo a lo largo de esta canción las diversas negativas consecuencias de los aludidos destierros (que no iban a ser los únicos por cierto).

"Un viaje," pieza antológica de la literatura peruana, lleva como epígrafe unos versos de Lope de Vega: "Mi partida es forzosa: que bien sabes / que si pudiera yo no me partiera" y narra en tercera persona los desproporcionados preparativos que origina un viaje a Chile del protagonista, Don Gregorio, y la inusitada conmoción que el solo anuncio del viaje produce en los medios familiares y amicales.

Los personajes. El principal que es Don Gregorio o el Niño Goyito, se presenta al lector por medio de unas pocas frases que sin embargo aciertan en describir las coordenadas fundamentales de su personalidad. Para hacerlas notorias, Pardo enfatiza en primer término la desproporción entre la edad —cincuentidós años— y el apelativo —el Niño Goyito— con que se nombra a Gregorio. Este desfase se hace más notorio por la insistencia con que se la indica desde las primeras líneas del texto: "El niño Goyito va a cumplir cincuenta y dos años: pero cuando salió del vientre de su madre le llamaron niño Goyito; y niño Goyito le llaman hoy; y niño Goyito le llamarán treinta años más; porque hay muchas gentes que van al Panteón como salieron del vientre de su madre...." Después de esta presentación resulta fácil imaginarse a Goyito como un hombre maduro pero aniñado, inmaduro, pacato, de débil personalidad. Ha bastado para lograr este efecto que el escritor repita por cuatro veces el apelativo contraponiéndolo a acotaciones cronológicas (pasado, presente, futuro) y recurrir dos veces a la expresión "salió del vientre de su madre" referida una vez a don Gregorio y otra dentro de una reflexión de carácter general.

Esta primera impresión es pronto corroborada por las siguientes referencias a Goyito ("que cualquiera otra parte sería un Don Gregorión de buen tamaño") en las que se reitera la incompatibilidad entre su condición de hombre adulto y su indecisa, vacilante, timorata manera de conducirse: "Tres años consumió la discreción gregoriana" en resolverse a hacer el viaje a Chile que es el eje de la acción y aún así necesitó de previas y se supone reiteradas consultas con el médico, el confesor, los amigos." El buen hombre no podía decirse ni a uno ni a otro..." (ni viajar ni a contestar a las cartas en que se le urgía a hacerlo). La personalidad titubeante e indecisa de Goyito ha sido transmitida al lector a través de una alusión de tipo temporal: "tres años consumió...." Más adelante se descubre la índole sensiblera del protagonista cuando al despedirse "se ofrece a la disposición de todos; se le bañan los de lágrimas a cada abrazo...." Y luego, mientras las hermanas "no se quitan el pañuelo de los ojos"; lo mismo le sucede al viajero.

Así, pues, con unos cuantos trazos maestros que apuntan a lo psicológico y no a lo físico Pardo ha logrado crear el primer personaje lleno de vida e inolvidable en la historia de la literatura peruana (Ña Catita de Manuel Ascensio Segura aparecerá algunos años más tarde, en 1845).

La caracterización de los personajes secundarios se resuelve en parecidos términos. Desdén por la apariencia física y precisos enfoques sobre el lado psicológico. De las "niñas," es decir las hermanas de Goyito "la menor de las cuales era su madrina de bautismo," alcanzamos a saber así que su manera de ser es parecida a la del hermano. Se hallaban atravesadas de dolor con este viaje, y al ir al Callao para despedirlo —ya lo sabemos— "las infelices no se quitan el pañuelo de los ojos...," etc. No obstante parecen ser algo más decididas que Goyito pues a pesar de su consternación, dolor y angustia, "en un santiamén tomaron las providencias del caso" e "hicieron el horrendo sacrificio de ir por, la primera vez al Callao." Pardo hace intervenir a muchos otros personajes (terciarios podríamos calificarlos según una conocida clasificación) pero solamente se mencionan los nombres y ocupaciones que se acompañan rara vez de alguna nota específica.

La estructura de la narración consta de tres secuencias que se suceden perfectamente delimitadas por el contenido aunque no están numeradas y de dos niveles de realidad. Las tres partes son:

La presentación del personaje y la explicación de las causas, los preparativos y el inicio del viaje. Este es sin duda el trozo más específicamente literario y el de mayor calidad artística. Del personaje ya hemos hablado, así como de los "tres años enteros que demoró el tomar la decisión de viajar y del sinnúmero de consejos de que hubo menester para atender a los llamados de su corresponsal en Chile quien lo reclamaba para "negocios interesantísimos de familia." Nos detenemos más bien en la forma como Pardo logra transmitir al lector una vívida impresión del superlativo y desmesurado trastorno que el viaje desde su simple anuncio produjo en el círculo familiar ("la noticia corrió por toda la parentela..." convirtió la casa en un Liorna... seis meses se consumieron en los preparativos gracias a la actividad de las hermanas...") y en el más amplio ámbito de las relaciones amistosas de Goyito y sus hermanas, reclutadas a lo que lo parece entre el elemento monjil y clerical especialmente) "la noticia... dio afanes y devociones a todos los conventos... La Madre Transverberación del Espíritu Santo se encargó en su convento de una parte de los dulces: Sor María en Gracia fabricó en otro su buena porción de ellos. La Madre Salomé, abadesa indigna, tomó a su cargo en el suyo las pastillas: una monjita recoleta mandó de regalo un escapulario: otra dos estampitas: el Padre Florencio de San Pedro corrió con los sorbetes...."

Además se hacen confeccionar "camisas a centenares.".. chaqueta y pantalón para los días de fríos, chaqueta y pantalón para los días templados, chaquetas y pantalones para los días calurosos..." una frase final sintetiza todo este frenesí: "en suma, la expedición de Bonaparte a Egipto no tuvo más preparativos."

La cabal y humorística impresión de este ajetreo llega al lector en primer término por medio de la enumeración de las consecuencias que la noticia del viaje produjo. Se trata de frases cortas cuya expresividad radica a veces en el carácter dinámico del verbo ("la noticia corrió..."), a veces en el sentido de transformación que encierra ("convirtió la casa...") y, más generalmente, en la imagen de intensa y simultánea actividad que nace de estas oraciones en las que el verbo denota quehacer y también en la radicación de la acción en diversos lugares: "busca costureras por aquí, sastres por allá, fondistas por acullá. Un hacendado de Cañete mandó tejer en Chincha cigarreras. La Madre Transverberación... se encargó en su Convento... Sor María en Gracia fabricó en otro... la Madre Salomé tomó a su cargo en el suyo...," etc. Contribuye al mismo fin la reiteración de frases como en el caso de chaqueta y pantalón que ya hemos apuntado. Y por cierto la ironía que en dosis variadas se registra casi en cada frase de esta sección. Desde luego que la causa fundamental del efecto irónico está dada por la situación misma de desproporción entre el viaje y la serie inacabable de consecuencias que a partir de su anuncio se esparcen con exagerada intensidad en diversas direcciones. También actúa en función ironizante lo cronológico como término de comparación y en menor escala los nombres rebuscados escogidos para algunos personajes secundarios y la relación deliberadamente sobrecargada y minuciosa de las prendas, comestibles, enseres con que Goyito se aprovisiona para el viaje.

Cuando la fecha del acontecimiento se acerca, el zafarrancho aumenta. Pardo en tres sucesivos acápites va elevando progresivamente la tensión hasta el clímax. Cada paso puede identificarse con la frase inicial que es como un subtítulo: "vamos al buque," "Despedidas," "Luego el día de la partida." En el primero aparece el recurso al diálogo aunque apenas esbozado: " —y quién verá si este buque es malo?— Válgame Dios qué conflicto!." La misma técnica se emplea en el acápite "Despedidas," bien que combinada con otras ya analizadas (El movimiento: "la caleza trajina por todo Lima..."; la enumeración repetida y el contraste: "Don Gregorio encarga que le encomienden a Dios; a él le encargan jamones, dulces, lenguas y cobranzas y ni a él le encomienda nadie a Dios ni él se vuelve a acordar de los jamones, de los dulces, de las lenguas ni de las cobranzas..."). En "el día de la partida" (la etapa de máxima intensidad narrativa) la confusión, el desorden y la emoción se acrecientan por grados, "que bulla!, que jarana!, Qué Babilonia!" son tres escalones que llevan el ritmo de la acción al máximo y que se traducen en "Baúles en el patio, cajones en el dormitorio, colchones en el zaguán, diluvios de canastas por todas partes. "Nótese como la visión del desorden nace de la creciente incongruencia entre los objetos y el lugar en que se encuentran: cajones en los aposentos, colchones en los zaguanes, y como la imagen final lleva al máximo —por medio de la hipérbole— la confusión y el torbellino: "diluvios de canastos."

Todos marchan finalmente hacia el Callao y la emoción se acrecienta. Las hermanas y Goyito lloran. "Se acerca la hora del embarque y se agravan los soponcios..." y luego "Va la comitiva al muelle: abrazos generales, sollozos, los amigos separan a los hermanos" (siempre tres grados en el relato). Durante este tiempo se intercalan fragmentos de diálogo: "si nos volveremos a ver... Adiós hermanitas mías!... Adiós, Goyito de mi corazón!."

El significado del viaje. La segunda instancia en el desarrollo del texto está dedicada a glosar el modo como el viaje llegó a alcanzar con el tiempo la calidad de "acontecimiento notable," habiendo "fijado una época de eterna recordación." Después de la intensificación del ritmo del relato que culmina con la partida de Goyito, viene ahora la calma. La segunda y tercera parte de la estructura narrativa no agregan nada a la acción. Siguiendo con una tendencia ya insinuada, la de valerse de referencias históricas ("La expedición de Bonaparte a Egipto..") para intensificar la expresividad, Pardo compara ahora el viaje de Don Gregorio con la Era Cristiana, con la Hégira, con la fundación de Roma, con el Diluvio Universal haciendo perceptible así de una parte y con sobrada ironía la desmesurada importancia otorgada al viaje y de la otra, la auténtica categoría de hito significativo que dentro de la menor monorde marcha del tiempo en Lima llegó a alcanzar éste evento asaz intranscendente. La duración de los matrimonios, la fecha de las defunciones, la edad de las personas, comenzaron a contarse desde entonces en relación con el viaje de Goyito a Chile. Esta parte de la narración puede describirse como un puente entre la primera en que se concentra la acción y la tercera en que desaparece del todo el Niño Goyito y sus gentes para dejar paso a comentarios o explicaciones personales del autor.

La conclusión. Este tercer y último momento del texto es de naturaleza diferente a las dos anteriores. Se caracteriza por la presencia directa del autor que permite descubrir con claridad las verdaderas aunque escondidas motivaciones de su aparente intranscendente artículo de costumbres. El procedimiento empleado consiste en primer término en deducir de la historia relatada (imaginaria en lo específico, realista en los tipos) una serie de consecuencias que empezando por afirmar que "Así viajaban nuestros abuelos; así viajarían si se determinasen a viajar muchos de la generación actual... y ni aún así viajarían otros por no viajar de ningún modo...," prosiguen —ya en plan filosofante— sosteniendo que "las revoluciones hacen del hombre... el mueble más liviano y más portátil; y los infelices que desde la infancia las han tenido por atmósfera, han sacado de ellas, en medio de mil males, el corto beneficio... de una gran facilidad locomotiva...," para concluir —ahora en tono de confidencia personal— revelando que el autor a quien "mal de su grado" así le han enseñado a viajar, se ha de ausentar por dos meses (dato biográfico absolutamente exacto: Pardo viajó a Chile, llegando a Valparaíso el 28 de octubre de 1840 para recibir a su madre y a sus hermanas Rosario y Mariana que volvían al Perú luego de la muerte de su padre acaecida en Madrid el 15 de abril de 1839. El escritor y su familia de regreso, desembarcaron en el Callao el 28 de diciembre del mismo año). Si se examina con atención el texto, se descubre que la escritura de "Un viaje" ha tenido como punto de partida la situación personal de Pardo (obligado a viajar varias veces por motivos políticos) y las reflexiones que estos hechos le han suscitado. El proceso creador ha ido, pues, de la biografía a la composición del artículo en el que ha aprovechado de personajes y circunstancias limeñas y no a la inversa como a primera vista pudiera entenderse.

En esta tercera parte, dicho de otro modo, el lector descubre dos niveles de realidad del texto: bajo el circunstanciado relato que Pardo le brinda (y que constituye el estrato aparente o superficial) se mueve un microcosmos compuesto por motivos íntimos, convicciones arraigadas, intuiciones básicas que son como el centro vital interno (que diría Spitzer) de la pequeña joya literaria que es "Un viaje." Estos elementos centrales y determinantes serían: a) Crítica irónica pero de buen humor de algunas costumbres y modos de pensar y actuar de algunas gentes limeñas probablemente de clase media alta; b) Teorización en torno a la influencia que ejercen las revoluciones sobre la psicología humana, especialmente sobre la de aquellas personas que "desde la infancia las han tenido como atmósfera." Si duda que hay detrás de ésto una visión muy crítica de la vida peruana después de la Independencia y una suerte de "memorial de agravios" de Felipe Pardo sujeto desde la infancia al influjo de contingencias políticas, según se sabe por su biografía; c) Explicación de que por motivo de viaje se ve obligado a despedirse de todos utilizando su texto en vez de visita o tarjeta de despedida. Creo que en lo que he llamado "memorial de agravios" radica el elemento principal y decisivo de éste justamente célebre cuadro de costumbres.

En el párrafo final, el escritor se dirige a su público con una serie de frases del mayor interés para el mejor conocimiento de su pensamiento y su obra. "No sabéis bien cuánto me cuesta suspender... mis dulces coloquios con el público" dice con un dejo de ironía ya que según se anota a continuación, él mismo presume que habrá quienes respondan a su amistosa despedida exclamando "¡mal rayo te parta! y ¡nunca más vuelvas a incomodarnos la paciencia!." Por lo demás basta recurrir a la historia literaria para comprobar cúan pocos dulces eran los diálogos de Pardo con muchos de los lectores de sus textos o espectadores de sus piezas teatrales. Luego ensarta Pardo una serie de consejos reveladores de muchas de sus convicciones y muestra de lo que hoy se llama intertextualidad: "Hablád de la ópera como os acomode" (recuérdese su artículo "Opera y nacionalismo")... "Idos a Amancaes cómo y cuándo os parezca" (Recuérdese el artículo "El Paseo de Amancaes")... "Bailad la zamacueca a taco tendido, a roso y belloso, a troche y moche, a banderas desplegadas" (Recuérdese la comedia *Frutos de la educación* en que el rompimiento del compromiso matrimonial de la protagonista se origina en haber bailado una pícara zamacueca en presencia de su pretendiente). Son pues las líneas finales de "Un viaje" como el compendio de muchas malquerencias de nuestro autor y como la revelación de la unidad que en cuanto a los blancos de su crítica al menos caracteriza al conjunto de su obra. No cabe duda. Como acabamos de ver, "Un viaje" es una pequeña obra maestra de la literatura costumbrista.

"Opera y nacionalismo" lleva un epígrafe de Luis de Góngora —"Cuando pitos flautas / cuando flautas pitos," y no es un artículo de costumbres en sentido estricto aunque tiene algunos elementos de esta forma literaria. Se trata una larga reflexión sobre el nacionalismo, seguida de un relato de las dificultades que, como consecuencia de un mal entendido nacionalismo precisamente, pusieron en peligro la temporada de ópera de 1840 a cargo de una compañía italiana. La parte final consiste en un comentario crítico de la temporada que contra viento y marea se llevó a cabo en el que se deslizan al igual que en la primera parte una serie de observaciones sobre costumbres limeñas.

El tema del nacionalismo. El artículo se abre con una frase que permite adivinar el sentido del texto. Dice Pardo: " Entre la multitud de ideas nuevas que la revolución ha transportado al Perú, pocas han tenido una aclimatación menos feliz que la idea del nacionalismo." Fundamentando su aserto argumenta Pardo que un mal entendido nacionalismo lleva a muchos a considerar extranjeros en un sentido peyorativo o agresivo, a los ciudadanos de los demás países de Latinoamérica sin considerar que todos componíamos "la antigua familia hispanoamericana." Ello sucede especialmente cuando ese extranjero se opone a los intereses personales de algunos. En cambio, cuando se trata de ciudadanos provenientes de países europeos por ejemplo, el trato cambia y es con frecuencia admirativo y un amigo francés o inglés suele considerarse como signo de status. Sin embargo, no siempre es así, existe en realidad un gran desorden y no hay normas generales de conducta, todo lo cual lleva a Pardo a sostener que no hay principios generales en esta materia: "Cualquiera que examine detenidamente nuestra sociedad, dirá... que en este ramo no hay principios seguros entre nosotros, que las distintas épocas y los distintos intereses momentáneos y personales deciden de nuestras opciones, que tomamos muy a menudo el rábano por las hojas." Hacia el final de esta primera parte se encuentran unas reveladoras frases de elogio al gobernante argentino Juan Manuel Rosas, leemos así "Dura meses y años una encarnizada entre argentinos y franceses; y oímos hablar de ella como del cuento de Calainos, sin dirigir ni un voto de enhorabuena al ilustre americano que sabe defender tan heroicamente la dignidad de su gobierno y la honra de América."

El caso de la temporada de Opera. Muy brevemente se refiere Pardo a los problemas con que tropezaron los empresarios de la compañía italiana de ópera para lograr su presentación en Lima. El principal argumento era el costo de este espectáculo "extranjero," cuando "sin salir de nuestro país podemos reunir una compañía de cantores por lo que cada uno de estos advenedizos exige para sí solo."

La temporada de ópera. Demostrando poseer una buena información sobre el género operístico, procede Pardo en esta parte a efectuar un comentario bastante completo de la temporada que en 1840 mantuvo en Lima una al parecer muy buena compañía italiana de ópera cuyas primeras figuras eran las sopranos Pantanelli y Rossi. Pardo comenta las virtudes musicales de ambas así como de otros cantantes e instrumentistas de la compañía y formula atinadas apreciaciones sobre las dos óperas presentadas que fueron, según el artículo, *Romeo y Julieta*, de Vincenzo Bellini y *Fausta* de Gaetano Donizetti. La obra de Bellini debe haber sido *I Capuletti e i Montecchi*, ópera en dos actos presentada por primera vez en Venecia en 1830 (ya que en la bibliografía musical de Bellini no aparece ninguna composición con el título de *Romeo y Julieta*). Demostrando su versación Pardo comenta incluso el libreto debido a un escritor italiano, Felice Romani, lo que le da motivo para una reflexión acerca de cómo las grandes obras literarias pierden gran parte de su riqueza al ser adaptadas para la ópera. Tal ocurre de modo especialmente lamentable con la ópera de Bellini que ni siquiera utiliza el texto original de Shakespeare sino un empobrecido texto francés debido a un desconocido escritor J. F. Ducis. En cuanto a la

Fausta de Donizetti, se trata de una ópera compuesta en 1832 sobre un libreto de Doménico Ghilardoni que completó el propio compositor. Aunque no es un tema que nos interese directamente parece importante destacar el buen nivel que tenía entonces la vida musical limeña: las dos óperas presentadas en la ópera de 1840 eran de reciente estreno europeo.

En esta parte final del artículo se consignan sabrosas descripciones de las maneras de conducirse en el teatro de algunas gentes limeñas, que hacen juego con otras divertidas descripciones acerca de los usos imperantes en Lima entre quienes admiran sin reservas a los europeos y quienes los rechazan.

Como puede verse "Opera y nacionalismo" constituye un texto *sui generis* dentro del concierto general de los artículos costumbristas tanto latinoamericanos como españoles ya que no sólo no hay historia ni argumento (que aunque muchas veces muy simple es elemento sustancial de un artículo de esta índole) sino que además la amena crítica de costumbres ocupa en este caso un segundo o tercer plano en relación con las reflexiones sobre el nacionalismo (propias de un ensayo teórico) y los comentarios sobre la ópera (propios de una nota de crítica musical). A parte de ello el artículo es una excelente muestra de la buena prosa que siempre distinguió a Felipe Pardo y también una reafirmación de sus simpatías hacia los regímenes autoritarios. La mención del comienzo acerca del "ilustre americano que sabe defender tan heroicamente la dignidad de su gobierno y la honra de América," se hace ahora explícita. Leemos en efecto, en el párrafo final que vuelve al tono entre reflexivo y admonitorio de la primera parte: "Mas ya que se aferran tanto a las gentes al refrán de obras son amores y no buenas razones... entréguese conmigo la parte ilustrada de mis lectores a una ardiente jaculatoria, para pedir al cielo que destruya con grandes hechos las grandes preocupaciones; que contra toda necesidad, contra todo capricho, contra todo error nos habilite un cuadro vivo y elocuente, con el que acallemos las opiniones injustas, así como por ejemplo hacemos callar... a los que exageran nuestra debilidad e impotencia llamándoles la atención sobre los prodigios que realiza un ánimo firme, una voluntad resuelta y una constancia infatigable como la de D. Juan Manuel Rosas, gobernador de Buenos Aires; en fin, que en todos los ramos de la ventura social nos conceda Pantanellis y Rossis."

Alcance al número 2 de El espejo de mi tierra. Publicado sin fecha pero poco después de la aparición del primer número de *Lima contra El espejo de mi tierra*, publicación que estudiaremos en detalle después, este "Alcance" es un breve cuadernillo de 4 páginas que contiene un duro ataque en prosa al autor de *Lima contra El espejo de mi tierra* y la letrilla "El tamalero."

La respuesta de Pardo toma pie en varias afirmaciones de su adversario para concluir sucesivamente que tal persona debe ser un ignorante, un hombre de medio pelo, un hombre muy mal hablado, un hombre que se mete a hacer lo no que sabe, alguien que debe estar sumariado y finalmente un negro.

"El tamalero" es una letrilla en cuatro estrofas de 16 versos octosílabos cada una ("letrilla alegórico-satírica-política" la define Juan de Arona) en la que con ingenio Pardo ataca a su opositor recurriendo a un juego alegórico en que el tamal simboliza al contrincante y a su escrito. Interesan los versos: "La revolución fabrica / en mi tierra estos tamales" que refleja una vez más la animadversión del escritor hacia el sistema político imperante en el país.

2.5. El número tres

Aparecido según sabemos el 31 de marzo de 1859, este tercero y último número del periódico de Pardo contiene solamente la composición en verso "Constitución política" y su "Advertencia."

"Constitución política" es a no dudarlo el texto más importante que Pardo y Aliaga escribió en la línea que puede llamarse cívica de su obra. Y esto no solamente por lo ambicioso del proyecto y lo acabado de su ejecución sino porque esta extensa composición permite como pocas conocer su pensamiento político que es parte sustancial de su visión del mundo.

La "Constitución política" se publica por vez primera en el número tres y último de *El espejo de mi tierra* que aparece en Lima el 31 de marzo de 1859. No es sin embargo la versión final ya que en *Poesías y escritos en prosa* (1869), la edición definitiva aunque no completa de la obra de Pardo, el texto es más largo que el de 1859. Luis Monguió detalla los cambios: "Las octavas añadidas en la edición de 1869 son las cinco, versos 17-56, del presente Título II, Soberanía (lo que hace que los demás títulos lleven en esta versión el número siguiente, en la unidad, al que llevaron en *El espejo de mi tierra*). Añadidas también son: la octava, versos 177-184, en el actual Título VIII; dos en el IX, versos 217-233; y, en el comentario final (es decir, a partir del verso 329), hay diecinueve octavas añadidas, versos 3435-416, 481-512, 529-536 y 745-753; más una variante en el verso 753." (Monguió 1973, p. 230).

En su versión definitiva la "Constitución Política" consta, pues, de una advertencia; en prosa noventicinco octavas y 760 versos. Las octavas están compuestas en endecasílabos con rima A-B-A-B-A-B-C-C. Lleva como subtítulo "Poema satírico."

La "Advertencia" preliminar reviste especial interés. Así, en los párrafos iniciales, luego de advertir sacarronamente que "en un país en donde raros son los que no se creen capaces de vaciar en veinticuatro horas el mejor código fundamental que puede salir de molde legislativo... no se podrá negar sin justicia al *El espejo de mi tierra* el permiso de echar su cuarto a espadas sobre tópico tan vulgar...," explica Pardo con claridad que esta composición es totalmente diferente de su obra costumbrista. Dice en efecto:."..aunque no he considerado a nuestra sociedad en mis primeros ensayos sino en sus relaciones familiares y privadas, me atrevo hoy a penetrar en la región de la política...." Y lo puede hacer sin escrúpulos "porque una situación excepcional, que por cierto nada tiene de envidiable, me pone a cubierto de cualquier imputación que pudiera suscitar contra mi buena fe y mi desinterés la amargura de mis verdades...: (alude obviamente Pardo a la enfermedad que lo tenía postrado y alejado de toda actividad política desde el inicio de los años cincuenta). Concluye por eso, "Un escritor que no puede ser Ministro, ni Representante, ni Celador de barrio, es un ente privilegiado, en cuyo candor se puede descansar con ilimitada confianza...."

Más adelante defiende Felipe Pardo el derecho de un escritor de costumbres a tratar de temas políticos: "No se diga que las lucubraciones políticas son asuntos demasiado serios para someterse a la jurisdicción de un festivo periódico de costumbres." Pero lo fundamental de este rico texto preliminar viene después y se puede sintetizar así: 1) Hay dos maneras de entender el término constitución. Una es la que entiende la Ley Fundamental o Carta Magna y la otra es la que considera que la constitución de un pueblo es su manera de ser, su realidad. "La Constitución del Perú no está en esos libros ni en esas constituciones sino en el mismo Perú, porque la Constitución de un pueblo no es la manera caprichosa y ficticia con que un sistema político quiere hacerlo existir, sino la obra primitiva de la naturaleza"; 2) Por tanto, la Constitución ley fundamental debe adecuarse a la constitución del pueblo, esto es a su realidad; 3) A consecuencia de no haberse seguido esas ideas, "las diversas constituciones que han regido al Perú podrán ser, cada una de ellas, en su especie, como obra de fantasía, los dijes más preciosos que ha creado taller legislativo pero en cuanto a sus relaciones con la cara patria, así las considero yo emblemas de la sociedad peruana como de la sociedad japonesa...." Esta es una idea central de Pardo que modernamente se podría expresar aludiendo a la distancia que hay entre el país real y el país legal, o entre el Perú oficial y el Perú profundo. Sobre esta base conceptual, Pardo procede a desnudar al paciente (el país) para conocer su verdadera constitución, comprobando que ésta no corresponde en nada a lo que dicen las leyes. Concluye por eso que "la constitución poema es la verdad y las constituciones-código son la fábula."

La "Constitución Política" de Pardo a la manera de las constituciones realmente existentes, se organiza en trece Títulos que ocupan de la octava primera a la cuarentiuno. A partir de las cuarentidós y hasta el final del poema en la octava noventicinco, se extiende una larga sección que ocupa más de la mitad del texto y contiene los elementos principales en el nivel de los significados. Monguió llama a esta tirada "comentario final" pero quizás pudiera denominársele "balance y conclusiones."

Los títulos son los siguientes: Religión, Soberanía, Gobierno, Ciudadanía, Derechos, Poder Legislativo, Formación de las Leyes, Poder Ejecutivo, Ministros de Despacho, Del Consejo de Estado, Del Poder Judicial, Régimen Interior y Ejército. El procedimiento más utilizado en todos ellos es la antítesis entre el enunciado ideal, ligeramente irónico, del "deber ser" de la institución de que se trata en cada caso, para luego con el ingenio y el talante crítico característicos del autor, arremeter contra el funcionamiento en la práctica de la referida institución que, como puede suponerse, es muy distinto de lo que la teoría del texto constitucional prescribe. Pueden servir de ejemplo el Título I "Religión" y el Título II "Soberanía." En el primero se recuerda que "la Católica Romana \ la profesa el Estado y la protege" y se señala en seguida como en la práctica al mismo Estado no le importa "que se difunda o no la fe cristiana \ que la imprenta la ensalce o la moteje...." En el caso de la Soberanía se recuerda también que es "goce atributivo \ del pueblo quien divide en tres Poderes \ que son Ejecutivo, Legislativo y Judicial, sus altos procederes," demostrándose luego cómo en la realidad dichos poderes interfieren escandalosamente unos en la esfera de los otros y cometen quienes los ejercen anomalías, abusos, irregularidades mil.

Sin embargo, el eje temático de la composición de Felipe Pardo es su idea de que en la vida política de los Estados debe primar la libertad pero con orden severo, con talante autoritario: "Así lo dice en la estrofa veinticinco que transcribimos en su totalidad:

Yo a un buen Ejecutivo le diría,

por toda atribución: Coge un garrote,
y cuidando sin vil hipocresía
que tu celo ejemplar el mundo note,
tu justicia, honradez y economía,
y que nadie esté ocioso, ni alborote;
haz al pueblo el mejor de los regalos:
dale cultura y bienestar a palos.

Es la misma creencia que hemos visto en "Vaya una República!" y también en las varias cartas que hemos citado. Esta imagen de un Estado gendarme sin escrúpulos se combina con un rechazo casi visceral a la igualdad de derechos con indios, negros, la plebe en general, que las leyes de la República disponen. Veamos algunos ejemplos: la manumisión de los esclavos significa que a la turbia y sucia fuente del progreso nacional se "la purifica echándole más lodo" (octava décima). Y en la número cuarenticinco se pregunta el autor con mal disimulada indignación:

República con razas desiguales
de blancos, indios, negros y mestizos,
que uso de siglos a vivir condena
eslabonados en servil cadena?

A lo que se agrega entre varios otros ejemplos del aristocratismo de Pardo, la octava setentidós en que se lee:."..pues esto de tener plebe tan roma \ es del Perú la más fatal carcoma." En realidad lo que Pardo no puede tolerar es la igualdad de todos los habitantes de un país que las leyes republicanas proclaman. Reconoce sin embargo que en algún momento pensó que esa igualdad era viable "si su mérito eleva al ciudadano... si el desorden fatal no reina insano... si se respetan de la misma suerte \ los derechos de débil y del fuerte... si el pueblo que salió del coloniaje \ se convierte en nación culta y dichosa...." Pero como "no fue así," su censura la vida política peruana es implacable, y lo lleva en varios momentos del texto a sostener que era mejor la vida durante la colonia si se compara con la que se lleva bajo la república: "Fue nuestra suerte más adversa y dura \ cuando nos agobiaba el despotismo \ del monarca español?... Los que esto asienten / con el perdón de mis lectores, mienten" (octava veintiuno). Luego de esta afirmación no es de extrañar que en las estrofas siguientes pinte con elogio la realidad social de la colonia comparándola con desmedro con la republicana.

Como es natural y justificándose ante posibles críticas, Pardo proclama que lo que dice en su Constitución se ajusta a la realidad nacional. Y si hay diferencia con lo que dicen las diversas Constituciones que han regido al país, lo que ocurre es que "éstas visten al Perú de máscara / y ésta (la de Pardo y Aliaga)lo deja su propia cáscara."

Puede afirmarse que los cuatrocientos y treintidós versos que integran la última parte o "comentario final" (como los denomina Monguió) de la "Constitución Política," son algo así como la fundamentación teórica de la implacable crítica que domina a lo largo de los trece "Títulos" de la "Constitución" en sí, en los que solamente el tono humorístico suaviza un tanto el rigor. Son estas estrofas finales por ello un campo especialmente rico para el análisis de las ideas políticas de Felipe Pardo y Aliaga y de la forma como ellos penetran y dan sentido a las estructuras de su texto literario, tarea a la que nos dedicamos luego.

Una idea central del autor es aquella que considera que hay un doble error en los criterios que gobiernan la realidad política peruana de la iniciación de la República: a) La exagerada tendencia a transplantar, en poco razonada imitación, sistemas e instituciones legales foráneos a la realidad nacional ("adaptar trajes franceses a costumbres góticas"); b) La creencia en que bastan estas "empalmaduras estrambóticas / de temas de política didáctica..." para.".. curar dolencias públicas / y a convertir colonias en repúblicas." Al comentar esta última crítica no puede desconocerse en el tal vez parcial pero indiscutible acierto de Pardo. No basta en efecto, sustituir un aparato legislativo por otro para transformar una colonia en un estado independiente. La emancipación de 1821-1824, se sabe ahora, fue una independencia casi exclusivamente política y por eso dejó en gran medida intactos otros componentes de la vida y el sistema coloniales que continuaron vigentes todavía por un tiempo (es el "colonialismo supérstite" de que hable Mariátegui refiriéndose al mundo literario). Estos planteamientos básicos en que se sustenta el edificio ideológico del texto literario se complementan con la creencia de que no hay en el Perú de entonces suficiente madurez como para que funcione adecuadamente un sistema democrático ideal. La conclusión: el camino acertado es el de la libertad con orden, concepto que en Pardo se confunde con la fuerza (palos, garrotes, trancas).

La "Constitución Política" pudiera ser el eco literario un poco tardío de las ideas conservadoras de Bartolomé Herrera, las del discurso en los funerales de Gamarra en 1842, las del famoso sermón del 28 de julio de 1846 por ejemplo. En todo caso representan la postura ideológica de quienes indignados, alarmados o preocupados por el desgobierno y el caos reinante en las primeras décadas de la vida republicana del Perú creían que era urgente hacer algo por cambiar la situación. El camino que Pardo propone (el autoritarismo) pudo estar equivocado pero de lo que no se puede dudar es del sincero patriotismo del escritor, de su preocupación auténtica por la salvación de la patria así como de sus calidades literarias que alcanzan en la "Constitución Política" una de sus mejores expresiones.

2.6. El espejo de mi tierra y la crítica

Dejando para el final del apartado la referencia a *Lima contra El espejo de mi tierra*, comentamos en primer término algunas de las opiniones favorables que por los mismos días de su aparición mereció el periódico de Pardo. El primer texto es seguramente el de Juan Antonio Ugarteche en carta dirigida "a los editores de *El Comercio*," que se publica el 17 de octubre de 1840, es decir apenas una semana después de la aparición del segundo número de "El Espejo." Dice Ugarteche entre otras cosas: "*El espejo de mi tierra* no necesita apología para los sensatos, en él se ponen en ridículo los pocos defectos que aún existen y se ensalza lo bueno; en él se procura inspirar la decencia y estimular a que se adquieran mejoras útiles; en él, en fin, se ve una de aquellas obras capaces de lucir entre las de Larra y Mesonero, y que no puede dejar de distinguirse, porque la providencia ha dado a su autor una imaginación de extraordinaria viveza y felicidad."

Poco después en *El Republicano* (Arequipa, 25 de noviembre de 1840) aparece un comentario más largo y detenido. No lleva firma pero Raúl Porras sugiere la posibilidad que el autor haya sido el jurista y político Andrés Martínez (Porras 1953, 294-295). Se afirma allí que *El espejo de mi tierra* es "el primer periódico de costumbres que se publica en la América Española" lo que parece cierto. Al menos nosotros no tenemos noticia de otra publicación periódica dedicada exclusivamente a la literatura de costumbres anterior a la de Pardo (lo que si hubo y mucho es textos costumbristas insertos en periódicos o revistas de tipo general).

Más adelante y luego de una serie de elogios a Pardo, señala el enterado articulista: "Irreprensible en sus costumbres y moderado como Addison, ingenioso, conciso, pintoresco y rápido como La Bruyere, gracioso como Larra y correcto como pocos en el lenguaje puro, castizo, lleno y vigoroso con que hace brillar el idioma castellano... ha excitado con justicia nuestra admiración, nuestra gratitud y nuestros respetos." Luego y como adelantándose a lo que iba a ocurrir añade: "Su crítica no sólo se extiende a las costumbres sino que a nuestro juicio va a mejorar la política, pues aún cuando ella no sea el campo de sus investigaciones, la alusión que con frecuencia hace a ella, presenta verdades tocantes, llenas de profundidad filosófica que sorprende, y que nos avergüenzan, ofreciendo en su espejo retratos que hacen volver a la cara atrás."

Cuando en 1869 se publica *Poesía y escritos en prosa*, volumen que reúne casi toda la obra de Pardo y Aliaga, el editor y prologista que es su propio hijo, Manuel Pardo y Lavalle, apunta que *El espejo de mi tierra* "es el más popular de cuantos escritos han salido de la pluma de D.F. Pardo" y agrega: "Cuadro fiel y acabado cada uno de esos artículos de las costumbres de aquella época y a la vez crítica chistosa de ellas se conservarán siempre por el recuerdo que encierran grato para los descendientes de las costumbres de sus padres, por la ligereza de estilo, el colorido de la descripción y la gracia con que están escritos y por la influencia en la sociedad de entonces, cuyos hábitos, representantes del estado social y de la historia de sus últimos años, eran un mosaico extravagante de hábitos nuevos incrustados con trabajo o en la piedra de las costumbres coloniales."

En 1898, bajo el título *Poesías de Felipe Pardo*, se publica una recopilación de una buena parte de la obra del autor. Manuel Gonzales de la Rosa, prologista y editor en este caso, propone una interpretación no bien fundada de *El espejo de mi tierra*. Insistiendo en que Pardo era básicamente un hombre político, sostiene "que nuestro poeta se hallaba de tal manera dominado por el deseo de amoldar el país a sus ideas de gobierno, que, cuando no gobernaba, consolábase con expresar esas mismas teorías en forma poética, cuando no en prosa, como en el famoso *Espejo de mi tierra*, que tuvo un éxito portentoso y fue como la despedida del escritor satírico, que poco después veíase reducido a la inacción por larguísima dolencia." Estaba equivocado en varios puntos González de la Rosa, especialmente al sostener que en los primeros números del periódico de Pardo (a los únicos a que se refiere) el escritor expresaba literariamente sus ideas políticas. Como sabemos, en su primera etapa *El espejo de mi tierra* tuvo un contenido casi exclusivamente costumbrista. Es en la segunda y última etapa en la revista (el tercer número de 1859) cuando Pardo hace literatura política.

El crítico español Marcelino Menéndez y Pelayo pensando sólo en los primeros números de "El espejo" apunta: "los amenos cuadros de costumbres que publicó en 1840 con el título *El espejo de mi tierra*, profesando seguir las huellas de Larra y Mesonero Romanos, recuerdan más la punzante manera del primero, aunque sin su dejo amargo y misantrópico, que la inofensiva y bonachona del segundo." (Menéndez y Pelayo 1894, CCLXVII).

Ya en nuestro siglo la crítica se ha referido casi siempre brevemente y con desigual acierto a "El espejo." Por ejemplo, José de la Riva Agüero parece reducir su mérito a la información sobre las costumbres, lo que da una visión empobrecida de los textos de Pardo pero en cambio sugiere con acierto una probable relación con Ricardo Palma. Dice, refiriéndose a las comedias de Felipe Pardo: "Hoy su principal mérito para nosotros consiste en las noticias que nos da sobre el modo de vivir de nuestros abuelos, sobre las costumbres limeñas a principios del siglo pasado... Lo propio sucede con los artículos de costumbres del (sic) *El espejo de mi tierra*. Pertenecen a la misma escuela que los de Larra, Fray Gerundio y Mesonero... Graciosísimos, de expresión sabrosa y criolla, tienen gran parecido con algunas de las *Tradiciones Peruanas* de Ricardo Palma" (Riva Aguero 1905, 61-62).

Ventura García Calderón afirma: "Los capítulos de su periódico están escritos en prosa desenfadada y zumbona, entremezclada de reflexiones ladinas, de retruécanos y de sus giros de "lisura" tan llenos de languidez que son al mismo tiempo burla y caricia" (García Calderón 1910, p.) y más ampliamente en el tomo *Costumbristas y satíricos* de la Biblioteca de Cultura Peruana que tuvo a su cargo, precisa en primer lugar que "*El espejo de mi tierra*," periódico de costumbres (Lima 1840) viene a ennoblecer el género de publicaciones satíricas que suele ser chocarrero en los comienzos de la era republicana y precede a toda una serie de revistas chispeantes que será preciso exhumar un día para extraer de allí veneros de ingenio evaporado. En su *Espejo*, Pardo muestra a las claras su intención moralizadora que hoy se nos antoja un tanto candorosa. Como Addison, La Bruyere y Larra citados por él con elogio, quiere corregir las costumbres..." y añade: "La honrada intención de Pardo no fue siempre bien interpretada y por lo demás era plausible que su condición de aristócrata, de semi español, de godo y pelucón lo hiciera sospechoso de antipatía al nuevo medio... no siempre se equivocaron sus contrincantes. Por su educación española, por sus pujos de aristócrata, él no está a tono con la reciente y efervescente realidad republicana de su patria. Trasuda un ingénito desdén que la convivencia de muchos años iba a modificar... El burlón tenía sin embargo muchas ventajas sobre sus contrincantes. En primer lugar, su ingenio. Además, casi siempre acierta en censura y aplausos... A distancia, nos felicitamos hoy de esas querellas que le prestaron al humorista una ocasión de aguzar su ingenio y dejarnos unas páginas no marchitas." (García Calderón, 1938, volúmen 9, 100-101).

No deja de ser sorprendente que Luis Alberto Sánchez a pesar de su enciclopédico conocimiento de la literatura peruana, pase muy por encima cuando trata del periódico costumbrista de Pardo y Aliaga y se extienda más en describir la polémica que se suscitó con Bernardo Soffia, el editor de *Lima contra El espejo de mi tierra*. Dice simplemente: "Don Felipe Pardo, que ya había incursionado en la comedia y había sostenido violenta polémica con Larriva, publicó *El espejo de mi tierra*, hoja eventual destinada a criticar los usos y costumbres criollos (1840)" (Sánchez 1989, tomo II, 1127). "El espejo," como se sabe no estaba pensado como una hoja eventual; que no publicase sino pocos números por diversas razones es otra cosa. Además, Sánchez parece no recordar el importante número tres de 1859 ya que solamente da como fecha del periódico costumbrista, la de 1840.

Por su parte, Augusto Tamayo Vargas, aunque incurre en algunas inexactitudes como decir por ejemplo que la letrilla sobre el carnaval de Lima se publicó en "El Espejo" y dar el título "Amancaes" en vez del verdadero que es "El paseo de Amancaes," acierta en cambio al opinar sobre el carácter y significado de la revista al afirmar: "Si el ingenio de Pardo se muestra en muchas de sus letrillas y en el corte clásico de sus sonetos y sátiras, es en la prosa de *El espejo de mi tierra*, donde la literatura costumbrista adquiere entre nosotros su más alto exponente. Su crítica es fina su lenguaje vistoso y el escritor hace del ataque y de la burla elevado género literario desterrando la palabrería vulgar y la soez expresión callejera. Su ya clásico ejemplo de prosa costumbrista "Un viaje" con el carácter limeñísimo del Niño Goyito; o "El paseo de Amancaes," son a la vez que reflejo de la realidad, escogidas piezas de literatura castellana... Pardo no descuida el lenguaje popular y el refranero criollo para ir zurciendo frases comunes al pulido y hábil discreteo de su lenguaje castizo" (Tamayo Vargas 1976, Tomo II, 21-22).

Pero es sin duda Alberto Tauro, destacado investigador de la historia y literatura nacionales, quien ha estudiado de manera más sistemática la obra periodística de Felipe Pardo en general (Tauro 1962) y específicamente el caso de *El espejo de mi tierra*. A él se debe en efecto la reedición completa de toda la colección del periódico de costumbre de Pardo y también de la serie cabal de *Lima contra El espejo de mi tierra* en un solo volumen que comprende igualmente un detenido estudio de ambas publicaciones, notas y bibliografía (Tauro 1971). Lamentablemente, aunque muy cuidada, no se trata de una edición facsimilar como seguramente fue el proyecto de Tauro. Dada la importancia que tiene "El espejo" en el proceso literario peruano este tipo de edición es una asignatura pendiente que la crítica debiera asumir pronto.

Alberto Tauro organiza su estudio de *El espejo de mi tierra* que tiene "un lugar propio en los fastos culturales del país," en torno a tres planteamientos. El primero, el periódico de Pardo ha sido "un castizo y ameno periódico de costumbres." El segundo, que "El espejo" aparece como "la primera publicación metódicamente limitada a la literatura que sólo en forma genérica atendió a la política y a la crónica local." Y el tercero, que la revista de Pardo ha sido estudiada por lo general, cosa poco frecuente en el país, tanto en sus contenidos literarios cuanto en su contexto social." Es una de las pocas obras —sostiene Tauro— cuyo estudio ha sido volcado hacia su raigambre política y social, sin quedar restringido a la simple apariencia formal." No cabe discutir a nuestro entender la pertinencia de estos postulados, aunque en lo que refiere al segundo podría arguirse la precedencia cronológica de la *Crónica política y literaria de Lima* que en 1827 fundara José María Pando y a la que Porras califica como "la primera revista literaria" (Porras 1926, 172).

Ampliando su comentario crítico, dice Tauro con pertinencia: "El cabal cumplimiento de sus propósitos costumbristas le confiere inapreciable valor como testimonio mediante el cual se aviva el recuerdo de los aspectos pintorescos que la vida limeña ofrecía en su tiempo. Y en su aguda sátira envuelve un juicio a la vez retozón y amargo, pero siempre fino y bien intencionado..." y en cuanto al tema de la relación entre la experiencia política de Pardo y el contenido de su periódico, precisa que su carácter costumbrista... "no impide reconocer que el costumbrismo de Felipe Pardo y Aliaga parece una burlesca confesión de sus desengaños políticos. Una dolida manifestación de la resistencia que sus esfuerzos correctores hallaron en la idiosincracia nacional, antes que consoladora e indirecta expresión de sus ideas." Y saliendo al encuentro del lugar común que hace de Pardo un evocador inconsolable de la colonia, deslinda con pulcritud que en "El espejo" hay "comprobación de la arraigada fidelidad con que las gentes cultivaban las costumbres de la tierra, antes que añoranza de los usos alejados por el tiempo y la distancia" y también, "matizando el alegre colorido de las costumbres criollas, aflora en segundo plano la nota amarga, inspirada por los contrastes que ofrecían la realidad y el dictado de la Ley, la indolencia colectiva y las necesidades del país." Como es natural insiste de otro lado en que: "las ideas de gobierno se presumen a través de cuadros de costumbres o aparecen como un telón de fondo; y sólo adquieren relieve en las tardías e incisivas estrofas de la Constitución Política, donde se muestra aristocratizante, antirrepublicano y españolista, porque a ello lo compelen las engañosas perspectivas del aislamiento labrado por la invalidez y los desencantos de su dolido crepúsculo."

En conclusión Tauro sostiene que la formación española de Pardo influía para que no pudiese "sufrir el carácter espontáneo y elemental de las costumbres que durante su época predominaron en el país. Deseaba corregirlas." Y recordando el epígrafe de Quevedo acota que a través de esos versos Pardo "dio a entender... que la fealdad de las costumbres presentadas y criticadas en el periódico debía aconsejar el aborrecimiento de aquellas, más no la diatriba contra éste..." la sátira de Pardo, dice para terminar, nos revela hoy "su activa —y, por lo tanto, política— disconformidad con la época en que vivía." Pensamos que en esta última frase Alberto Tauro apunta con acierto uno de los rasgos fundamentales de la personalidad de Felipe Pardo: su desacuerdo radical con el medio que es el motor de su conducta pública y el eje vertebrador de su obra. Ya lo había apuntado sagazmente César Miró en un artículo titulado precisamente "Don Felipe o la Disconformidad" en el que comienza afirmando: "Don Felipe Pardo y Aliaga representa, en el turbulento escenario de la República, el desacuerdo y la rebeldía contra el medio" (Miró 1969?).

2.7. Lima contra el espejo de mi tierra

Como hemos visto, la circulación de los dos primeros números de *El espejo de mi tierra* provocó en Lima y otras ciudades una ola de encontrados juicios y comentarios. Pero sin duda la reacción negativa más violenta fue la que encabezó Bernardo Soffia con la publicación de su periódico *Lima contra El espejo de mi tierra* al que nos referimos de inmediato.

El periódico de Soffia publicó dos números y dos alcances al número dos. El número uno tuvo dieciséis páginas de 148 por 088 milímetros y apareció sin fecha entre el nueve y el dieciséis de octubre de 1840. Contiene solamente un largo texto en prosa que reproduce una supuesta discusión que en una casa de familia sostiene un grupo de personas en torno al periódico de costumbres de Pardo y Aliaga. Con diversos argumentos la mayoría de participantes (Don Basilio, Doña Rosa y su hija Manonga) lo censuran ácremente y sólo un francés, el señor Piver, lo elogia. Dice Basilio, por ejemplo:..."El tal papel sólo puede ser aplaudido de los necios y de todos aquellos que quieren echarla de ilustrados a costa de insultarnos... Dónde hay paciencia para ver que sólo en Lima se escriban y publiquen libremente insultos de toda especie contra el mismo Lima!." Y es que esta es la razón principal para la indignación: Lima no puede ser atacada por un limeño y menos en su propia ciudad. Pero hay agravantes. Pardo no sólo critica las costumbres públicas con mordacidad y acritud, también osa hacerlo con las privadas: las comidas que se sirven, las ropas que se usan. Y además y para colmo: el lenguaje y los giros que se emplean en "El espejo" parecen más apropiados para Madrid que para Lima. La conclusión: "el desorden de las costumbres privadas no se ha corregido jamás por medio de sátiras picantes." Lo que Pardo ha debido hacer es escribir "catecismos de educación de urbanidad" y no "insolencias y denuestos que no hacen más que irritarnos y excitar las personalidades, hijas legítimas de la justa venganza...."

También sin fecha y con diecisiete páginas e igual formato, aparece poco después el segundo número de *Lima contra El espejo de mi tierra* cuyo contenido está formado por un largo artículo titulado "El Doctor Soldado" y una composición en verso. "Al autor de El espejo." Con una prosa tan descuidada como la del número anterior, "El Doctor Soldado" (probable alusión a la que Pardo abogado y escritor llegó a recibir un grado militar) rebaja el nivel de la polémica al entrar al terreno personal con una serie de ataques al contrincante que toman como argumento desde su actuación política hasta supuestos rasgos negativos de su personalidad, aparte de repetir de una manera u otra las críticas consignadas en el primer número. Los versos de "Al autor del Espejo" siguen, sin gracia, el mismo camino.

El primer "Alcance" es una letrilla en respuesta a "El tamalero" de Felipe Pardo y el segundo (del 19 de octubre) es sólo una carta "A Front de Boeuf, primer heraldo honorario del Espejo de mi tierra" en la que bajo tan vulgar apelativo el autor de *Lima contra El espejo de mi tierra* ataca a don Juan Antonio Ugarteche quien, como ya se ha visto, había publicado el 17 del mismo mes una carta de elogio al periódico de Pardo.

El fundador, director y redactor de *Lima contra El espejo de mi tierra* fue un militar con inquietudes políticas, llamado Bernado Soffia. En el mundo de la milicia desempeñó tareas importantes que lo hicieron ascender hasta el grado de Coronel que era el que ostentaba en la época de su enfrentamiento con Felipe Pardo. Como político llegó a ser elegido como representante al Congreso Constituyente de 1839, habiendo desempeñado algunas comisiones de importancia. Sin embargo no se le conocían preocupaciones literarias hasta el momento en que indignado por las críticas que contra Lima y los limeños descubre en *El espejo de mi tierra*, se decide a dar la batalla. Alberto Tauro piensa que en la polémica había algo más que un simple desacuerdo sobre el tema de las costumbres. Sostiene al respecto que ya en la agitada época de las luchas en torno a la confederación Perú-Boliviana, Soffia debió haber discrepado con el grupo que rodeaba al general Manuel Ignacio Vivanco en el que figuraba destacadamente Felipe Pardo. Sería la primera expresión de lo que el historiador llama "un antagonismo básico" entre Pardo y Soffia. Dice Tauro: "Si uno se identifica con las tradiciones seculares y el buen gusto, el otro sólo reconoce las prácticas sociales coetáneas y el criterio de los grupos emergentes. Si uno deja aflorar el refinamiento de su educación, el contraste hace lucir al otro como un improvisado. Si uno esgrime el casticismo y la ironía, el desconcierto conduce al otro hacia la expresión directa y con ciertos ribetes vulgares. Sin considerar, por eso, sus notorias diferencias de valor, vemos en los dos periódicos las proyecciones lógicas de dos posiciones sociales, dos lenguajes, dos testimonios contradictorios de una misma peripecia vital" (Tauro 1971, 144). Nuestra opinión es que en general Tauro está en lo cierto, Pardo y Soffia encarnaban dos actitudes contradictorias en relación a las formas de vida de la sociedad peruana de su tiempo, aunque en el escritor había además de crítica de costumbres, un desacuerdo generalizado con el sistema y las prácticas políticas imperantes.

Otra cuestión importante vinculada al tema es la que tiene que ver con la participación que Manuel Ascencio Segura, el otro gran costumbrista, pudo haber tenido en *Lima contra El espejo de mi tierra*. Todo arranca de la referencia de Mariano Felipe Paz Soldán en su *Biblioteca Peruana* donde anota: "redactor Bernardo Soffia y colaborador el poeta D. Manuel Segura (Paz Soldán 1879, p. 38). A partir de ese momento la crítica dio como indiscutible la intervención de Segura en la publicación antipardiana. Sin embargo, como hace notar Tauro no hay ninguna evidencia que demuestre que Don Manuel colaboró con la empresa de Soffia, como tampoco la hay de alguna discusión directa entre Segura y Pardo. Ni siquiera consta que se hayan conocido alguna vez. En todo caso y mientras no se demuestre lo contrario nosotros creemos que el único redactor de *Lima contra El espejo de mi tierra* fue el vehemente limeño Don Bernardo Soffia.

3. Balance y conclusiones

3.1. El proyecto y su realización

Lo primero que debe decirse al hacer un balance sobre *El espejo de mi tierra* es que en su trayectoria se distinguen claramente dos etapas: la primera que se extiende de setiembre a octubre de 1840 y la segunda que se da en marzo de 1859. Ambas etapas se distinguen no solamente desde el punto de vista cronológico (diecinueve años separan una de otra) sino por el contenido de la publicación. En la primera, *El espejo de mi tierra* responde cabalmente a la denominación de "periódico de costumbres" que le dio el propio Felipe Pardo y en la segunda el contenido único que es "Constitución Política" es de naturaleza cívica, patriota o más específicamente política, aunque el tono elegido sea el satírico. El autor mismo lo precisa en la "Advertencia" que precede a la "Constitución Política" según hemos visto.

La etapa costumbrista del periódico de Pardo está conformada por una serie de textos de notable importancia entre los que debe destacarse el prólogo estudiado ya detenidamente y los artículos de costumbres "Un viaje" y "El paseo de Amancaes" que también se han analizado en detalle. Sin embargo hay un curioso desfase entre lo que el "Prólogo" parece anunciar y la realidad misma de los dos únicos números de esta primera etapa. Dicho de otro modo, el "Prólogo" por los propósitos y consideraciones que allí se exponen permitía suponer que la revista iba a tener una larga y fecunda existencia y que el material a publicarse, aunque inscrito todo en el marco del costumbrismo, iba a ser muy rico y variado. No obstante, no ocurrió así ya que los textos aunque de gran importancia son pocos en verdad: tres artículos de costumbres, otro texto en prosa, dos letrillas. Todo ello hace suponer que alguna imprevista razón alteró los planes de Pardo y Aliaga y lo obligó a suspender la publicación de *El espejo de mi tierra* al mes de haberla iniciado.

El recurso de la biografía resulta el primer paso lógico para esclarecer estos hechos. Se verá entonces que luego de publicado el número dos de su periódico (8 de octubre de 1840) y su "Alcance," don Felipe tuvo que viajar a Chile para recibir a su madre doña Mariana Aliaga de Pardo y a sus hermanas Mariana y Rosario Pardo y Aliaga quienes volvían al Perú luego de la muerte del padre, don Manuel Pardo, ocurrida en Madrid el quince de abril de 1839. Felipe Pardo llegó a Valparaíso el 28 de octubre y estuvo de vuelta en el Callao el 28 de diciembre del mismo año. Este viaje obliga pues a la interrupción en la publicación de "El espejo," según lo dice el propio Pardo en el artículo "Un Viaje." Podría pensarse que el periódico podía haber reaparecido en 1841 pero sucedió que poco después de su vuelta. Pardo fué desterrado a Chile (enero de 1841) por el presidente Gamarra, temeroso de que el escritor estuviese comprometido con la sublevación que en ese mismo mes inició en el Cusco, Manuel Ignacio de Vivanco, gran amigo de Pardo desde la época en que ambos frecuentaban el cenáculo que presidía José María Pando. Este exilio terminó en mayo de 1841. Cabría suponer que a partir de entonces pudo don Felipe hacer reaparecer su periódico. No ocurrió así sin embargo, por razones que se desconocen pero que bien pudieran estar relacionadas con la salud del escritor. Consta en efecto que desde 1839, Pardo (que tenía entonces solamente treintitrés años de edad) venía sufriendo de una afección que un certificado médico describe como "una irritación crónica de los intestinos complicada con una afección al higado" que llevaba al facultativo a recomendar "quietud, privación de trabajo mental y aires de campo" (Porras 1953, p. 297). Y consta también que siguiendo estos consejos Pardo y Aliaga se retiró en mayo de 1842 a los baños termales de Yura. Cerca de Arequipa, donde permaneció más de un año.

No cabe duda, parece, que los quebrantos de salud del escritor son suficientes para explicar la no reaparición de *El espejo de mi tierra* de 1841 a 1843. Pero debe añadirse que a partir del 11 de Abril de 1840 Pardo era Vocal de la Corte Superior de Lima. Es probable entonces, que aunque los dos primeros números de *El espejo de mi tierra* aparecieron cuando Pardo era ya Vocal en ejercicio, más adelante considérase que había cierta incompatibilidad entre su condición de magistrado y la dirección y redacción de un periódico de costumbres en el que la sátira y el humor eran ingredientes principales. Aunque con muchas interrupciones. Pardo continuó siendo Vocal por más de diez años, de modo que la especulación que hacemos acerca de posibles escrúpulos suyos tiene vigencia por más de una década.

Sin embargo, hay otros hechos vinculados a la vida pública de don Felipe que ayudan a entender las razones por las que el célebre *El espejo de mi tierra* no volvió a aparecer en los años cuarenta. Por ejemplo de abril de 1843 a setiembre de 1844 fue Ministro de Relaciones Exteriores en el gobierno del General Manuel Ignacio de Vivanco. Derrocado Vivanco, Pardo inicia otro de sus destierros (a Chile como todos los demás). Lo agitado de esos años explica en parte al menos que Pardo pasase bruscamente de exilado a diplomático. En efecto de octubre de 1846 a abril de 1848 fue Ministro Plenipotenciario en el mismo país, cargo del que pasa a ser Ministro de Relaciones Exteriores, Justicia y Negocios Eclesiásticos de 1848 a 1849 y luego de 1849 a 1850, miembro del Consejo de Estado. Lo agitado de estos años y la importancia de los cargos desempeñados por Pardo influyeron sin duda en el silencio de "El Espejo." De otro lado los problemas de salud de Pardo no solamente no amenguaban sino que se hacían más graves (parálisis, comienzos de ceguera). En busca de alivio a sus males don Felipe emprende en 1850 su segundo y último viaje a Europa de donde retorna en 1852 sin haber logrado mejorar su estado.

Es posible afirmar, pues, que un conjunto de factores (de salud, viajes voluntarios o forzados, desempeño de puestos públicos, activa vida política) son los responsables de que Felipe Pardo no pudiese llevar a la práctica en toda su dimensión el gran proyecto que en su mente significó la fundación de *El espejo de mi tierra*. Lástima que así haya ocurrido. La historia de la literatura peruana perdió de este modo la posibilidad de contar con una grande y duradera publicación dedicada en exclusividad al costumbrismo.

No obstante, Pardo y Aliaga no olvidó nunca su proyecto. Prueba de ello es que, como sabemos, hace reaparecer "El espejo" en marzo de 1859 (el último número tres y último es del 31 de marzo del indicado año). Pero se trata en verdad de otro *El espejo de mi tierra* en que el propósito de hacer literatura de costumbres es sustituido por la intención de hacer literatura política. En este número tres —lo hemos visto con calma— el único texto que se publica es la larga composición versificada titulada "Constitución Política" que va antecedida por una "Advertencia" en que se lee: "Y para no andarnos con metáforas, yo, que soy una misma cosa con *El espejo de mi tierra*, aunque no he considerado a nuestra sociedad en mis primeros ensayos, sino en sus relaciones familiares y privadas, me atrevo hoy a penetrar en la región de la política, porque una situación excepcional, que por cierto nada tiene de envidiable, me pone a cubierto de cualquier imputación que pudiera suscitar contra mi buena fe y mi desinterés la amargura de mis verdades: y debo aprovecharme la única ventaja que esa situación me ofrece para presentar francamente mi sentir a mis lectores, en el punto que afecta sus intereses más vitales. Un escritor que no puede ser Ministro, ni representante, ni celador de barrio, es un ente privilegiado, en cuyo candor se puede descansar con ilimitada confianza."

Este texto que hemos glosado más arriba, lo traemos nuevamente a colación ahora porque demuestra claramente la diferencia entre las dos etapas de *El espejo de mi tierra*. Cabe sin embargo algún, comentario adicional. Pardo, ciego y paralítico, decide hacer literatura política porque su invalidez asegura su desinterés personal en la cosa política y le evita conflictos innecesarios. ¿Fue esa la única razón que lo llevó a resucitar su periódico?. Cabe la duda si recordamos que en sus años de intensa vida política Pardo no tuvo escrúpulo alguno en utilizar la pluma como arma de combate (las letrillas contra Santa Cruz son un buen ejemplo).

Por otra parte debe recordarse que a pesar de sus graves limitaciones físicas, cuando Ramón Castilla convoca a una Convención Nacional (14 de julio de 1855 a 2 de noviembre de 1857) cuya finalidad era preparar una nueva Constitución Política, Pardo elabora un proyecto de Constitución que es presentado ante la asamblea por algunos de sus miembros (Basadre cita a Tejada y Terry). Aunque tal proyecto no fue aprobado, años tarde un amigo y pariente político de Pardo, José Antonio de Lavalle lo publicó y comentó (1859). La opinión de Basadre sobre este proyecto es la siguiente: "Reconoce el régimen republicano democrático, mantiene la abolición de las vinculaciones; defiende las libertades personales; deja el Legislativo bicameral; establece la Presidencia de la República con cuatro años de duración, sin hablar de reelección... Y en fin es una Constitución presidencialista sin mayores aristas reaccionarias." Paradójicamente la Constitución en verso, la sátira literaria de 1859 sí refleja —según hemos comentado— la posición autoritaria de Felipe Pardo.

En resumen, nuestra opinión es que no obstante la invalidez, el escritor estaba perfectamente informado y atento a la vida política del país. El fracaso de su proyecto constitucional debe haberlo llevado al convencimiento de que eran inútiles todos los esfuerzos por conseguir una auténtica reforma de la situación política nacional y que era mejor entonces intentar un camino alternativo y original: criticar las Constituciones Peruanas y en general las instituciones republicanas por medio de un texto literario extremadamente satírico como fue la "Constitución Política." Y en lo que se refiere a *El espejo de mi tierra*, reiteramos nuestro juicio acerca de las dos etapas claramente diferenciadas que conforman su historia.

3.2. Las lecturas literarias de Felipe Pardo

Otro tema de singular importancia surge del estudio del periódico costumbrista de Pardo y Aliaga. Es el que tiene que ver con sus lecturas literarias, varias de las cuales deben haber sido además presencias influyentes en su obra. Revisemos nuevamente el Prólogo, pero ahora para detectar la mención a otros escritores. De la época clásica sólo se cita a Aristófanes, el insigne comediógrafo. De la literatura inglesa, se menciona a dos autores que los especialistas en el tema del costumbrismo distinguen siempre como antecedentes (aunque no falta quien los considere como fundadores). Son ellos Joseph Addison (1672-1719) autor de teatro, periodista, colaborador, en *The Guardian y The Spectator*, importantes publicaciones en las que se encuentran claros precedentes de lo que luego se llamaría cuadros o artículos de costumbres. Y Laurence Sterne (1713-1768), autor de la célebre novela Tristram Shandy (nueve volúmenes aparecidos entre 1760 y 1767). Es probable que Pardo haya leído a estos autores en su idioma original ya que la existencia en su epistolario de cartas que se le dirigen en inglés permite suponer que conocía esta lengua.

Sin salir del mundo inglés cabe presumir que Pardo conoció también en alguna medida a Richard Steele (1672-1719) aunque no lo cite. Pero Steele junto con Addison publicó los mencionados diarios y además *The Tatler*, periódicos frecuentemente mencionados con elogio por costumbristas de Europa e Hispanoamérica. Es cierto que estos escritores británicos no son costumbristas en sentido estricto ya que su obra está formada mayoritariamente por ensayos. Pero el así llamado ensayo, aunque excedía ciertamente el marco de un cuadro de costumbre, contenía una serie de elementos que pueden ser considerados costumbristas. Algunos títulos de textos de *The Tatler* tienen títulos que revelan esta evidente relación con el costumbrismo: "La extraordinaria conducta del caballero de la puerta vecina," "Comentarios de cafetería," "La enmienda de las costumbres," "Pensamientos sobre la bebida," "La reprensible costumbre de empeñar," etc.

Para terminar con el tema traemos a colación el erudito estudio de A.R.Humphreys, *Steele, Addison and their periodical essays*. Aparece allí una descripción de los textos de *The Tatler* que tiene cierto parecido —como veremos luego— con algunos párrafos del "Prólogo" de Felipe Pardo. Sostiene Humphreys: "Los objetivos de *The Tatler* —entretenimiento y mejora de las costumbres— pudieron lograrse en gran medida por la habilidad de sus redactores para exponer sus ideas a través de situaciones concretas, para discutir temas éticos, políticos o comerciales en historias realistas y en vivientes caracterizaciones... Abrir *The Tatler* como luego *The Spectator* en cualquier página, permite encontrar no esteriotipadas descripciones sino vivaces escenas dramáticas, divertidas por lo general." Compárese estas palabras con las afirmaciones de Pardo: "Que a este género de materias cuadran más que observaciones sueltas, generales y abstractas, fábulas ideadas sobre sucesos de la vida social. Personificando en ellas las calidades morales, se hace más palpable que con discursos el vicio que se moteja o el mérito que se ensalza... los artículos de costumbres pueden por la mayor parte considerarse como escenas de comedia en narración." La semejanza de ideas es evidente.

En lo que se refiere al mundo de la literatura francesa las referencias de Pardo son aún más significativas: La Bruyere, Moliere, Lesage, Balzac,

Mercier, Jouy. De Jean Baptiste Poquelin, Moliere (1622-1673) se citan *Tartufo* (1664), *El enfermo imaginario* (1673) y *El avaro* (1668) a propósito de la afirmación de Pardo de que los personajes de los cuadros de costumbres no retratan personas reales sino tipos. Jean La Bruyere (1645-1696) parece haber sido autor preferido de Pardo. Se le cita tres veces y también se menciona en una ocasión su obra principal, *Los caracteres* (1688). La cita de Alain René Lesage (1668-1747) es incidental mientras que a Honoré de Balzac (1799-1850) se le coloca entre los autores que hacen costumbrismo. Sin embargo desde el punto de vista de la historia del costumbrismo latinoamericano las referencias a Mercier y Jouy resultan particularmente importantes ya que ambos autores casi olvidados hoy influyeron notablemente en los costumbristas españoles y latinoamericanos según está ampliamente documentado. En este sentido *Tableau de Paris* (1781) de Louis-Sebastien Mercier (1740-1814) parece haber sido una de las obras más leídas al igual que *L'Hermite de la Chausee d'Antin* (1813-1814), obra en varios volúmenes de Victor Joseph Etienne, más conocido como Jouy o De Jouy (1764-1840). Es posible que las obras de Mercier y de Jouy estuviesen traducidas al castellano al menos parcialmente aunque el hecho de que en el plan de estudios del colegio San Mateo (donde estudió Pardo) figurase el francés y las varias citas en ese idioma que aparecen en las obras de nuestro escritor, permiten suponer que la lengua francesa no le era desconocida.

También es importante el conocimiento que Pardo y Aliaga demuestra tener acerca de *Le livre des cen-et-un*, volumen colectivo aparecido en París de 1831 a 1834 que ha sido descrito como "una colección de fisiologías con cierta unidad de asunto." Las fisiologías que fueron una forma literaria muy de boga en Francia y España a mediados del siglo XIX, consistían en una suerte de tipologías, lo que las emparentaba muy cercanamente con el costumbrismo. En Hispanoamérica no tuvieron la misma difusión que en Europa por lo que resulta significativo que Pardo haya conocido esta obra y no en España sino en el Perú (donde radicaba ya en las fechas de su aparición) lo que también revela que don Felipe estaba muy al día en sus lecturas de literatura francesa.

En lo que se refiere a la literatura española aparte de la mención de Miguel de Cervantes (1547-1616), siempre recordado por costumbristas y estudiosos del costumbrismo, hay otras tres previsibles referencias: Leandro Fernández Moratín (1760-1828), Ramón de Mesonero Romanos (1803-1882) y Mariano José de Larra (1809-1837). En el teatro de Pardo se ha visto con frecuencia huellas del de Moratín por lo que no es de extrañar que no sólo mencione al autor sino que recuerde a personajes: Doña Irene del *El sí de las niñas* y Don Hermógenes de *La comedia nueva*. Y en cuanto a Larra y Mesonero, dos de los principales costumbristas españoles, su relación con el Costumbrismo Latinoamericano y por ende con el de Pardo es importante e indiscutible.

Así pues, la lectura de *El espejo de mi tierra* permite formarse un idea bastante clara de las preferencias literarias de Felipe Pardo y consecuentemente de presuntas fuentes y de las posibles influencias que los autores leídos con mayor asiduidad han podido ejercer sobre su obra.

3.3 Final

Puede afirmarse que bajo un solo nombre Felipe Pardo y Aliaga llevó a la práctica en realidad dos proyectos distintos. En efecto, el primer *Espejo de mi tierra*, el de 1840, es un calificado exponente de lo que se llamaba entonces un periódico de costumbres enriquecido con un texto teórico-programático, el "Prólogo," cuyo significado y trascendencia en la historia literaria peruana e hispanoamericana hemos señalado con énfasis. Se trataba sin duda de un grande y ambicioso proyecto de Felipe Pardo cuya interrupción luego del segundo número por diversas y justificadas razones no disminuye su importancia.

El segundo *Espejo de mi tierra*, el de 1859, ya no es un periódico de costumbres. La intención costumbrista, puesta entre paréntesis, ha sido sustituida por un claro y logrado propósito de hacer sátira política con la "Constitución Política" cuya "advertencia" es, como el "Prólogo" de 1840, un texto teórico aunque de diferente naturaleza. Se trata ahora de un análisis de la realidad política del país. Como en el caso anterior, la brevedad de esta etapa (un solo número) aunque lamentable y explicable, no le quita significación.

Lo que a pesar de las diferencias da unidad a las dos etapas de *El espejo de mi tierra*, es sin duda la radical disconformidad, el profundo desacuerdo de Pardo y Aliaga, con diversos aspectos de la vida social peruana, las costumbres en un caso, la vida política en otro. Y también desde luego la capacidad literaria del escritor y su indeclinable amor a una patria que anhelaba ver próspera y libre de defectos y limitaciones.

UNIVERSIDAD DE LIMA

BIBLIOGRAFÍA

Anónimo. Carta de elogio a *El espejo de mi tierra*. Arequipa, El Republicano, 25 de noviembre de 1840.

Basadre, Jorge. *Historia de la República del Perú*. Lima, Editorial Universitaria, 1983.

Cachay Díaz, Rosalena. "Don Felipe Pardo y Aliaga, 1806-1868; Bibliografía." *Boletín de la Biblioteca Nacional, Lima*. N° XXII-XXIII (1968): 3-27.

Carrión Ordóñez, Enrique. "¿Frutos de la educación o de la política?" *Revista de la Universidad Católica, Lima*. N° 11-12 (71-90).

Cornejo Polar, Jorge. *Dos ensayos sobre Pardo y Aliaga*. Arequipa: Editorial de la Universidad Nacional de San Agustín, 1967.

García Calderón, Ventura. *Costumbristas y satíricos*. Biblioteca de Cultura Peruana. Tomo 9, Vol I. París: Desclée de Brouwer, 1937.

Menéndez Pelayo, Marcelino. *Antología de poetas hispanoamericanos*. Tomo III. Madrid: Sucesores de Rivadeneyra, 1894 (CCLXIV-CCLXIX).

Miró, César. "Don Felipe o la disconformidad." *El Comercio (Lima)*. (1969).

Monguió, Luis. *Don José Joaquín de Mora y el Perú del Ochocientos*. Madrid: Editorial Castalia, 1967.

Paz Soldán, Mariano Felipe. *Biblioteca Peruana*. (1879): 25 y 38.

Porras Barrenechea, Raúl. "Don Felipe Pardo y Aliaga." *Boletín Bibliográfico*. Biblioteca Central de la Universidad Nacional Mayor de San Marcos. N° IV, (1926): 165-174.

Porras Barrenechea, Raúl. "Don Felipe Pardo y Aliaga, satírico limeño." *Revista Histórica*. Instituto Histórico del Perú. N° XIX (1952): 41-60 y N° XX (1953) 237-304.

Riva Agüero, Jose de la. *Carácter de la Literatura del Perú Independiente*. E. Rosay ed. Lima: Librería Francesa Científica Galland, 1905.

Sánchez, Luis Alberto. *La Literatura Peruana*. Tomo III Lima: Banco Central de Reserva, 1989 (1123-1152).

Tamayo Vargas, Augusto. *Literatura Peruana*. Tomo II. Lima: Studium, 1976 (14-23).

Tauro, Alberto. "El espejo de mi tierra." *Revista Iberoamericana*. N°IV (1952): 333-344.

———. "Felipe Pardo y Aliaga, periodista." *Revista Inter-americana de Bibliografía*. N° XII (1962): 89-137.

Ugarteche, Juan Antonio. Carta dirigida a los editores de *El Comercio*. Lima, 17 de octubre de 1840.

Varillas Montenegro, Alberto. *Felipe Pardo y Aliaga*. Lima: Biblioteca Hombres del Perú, 1964.

———. *Felipe Pardo y Aliaga*. Vol., 15. Lima: Editorial BRASA, Colección Forjadores del Perú, 1995.

Watson Espener, Maida. *El cuadro de costumbres en el Perú Decimonónico*. Lima, Pontificia Universidad Católica del Perú, Fondo Editorial, 1980.

J. V. Foix o la poesía de vanguardia como actividad peligrosa

MANUEL DURÁN

UNO DE LOS PRIMEROS PROBLEMAS que plantea toda investigación acerca de literatura—o el arte—de vanguardia es el de precisar hasta qué punto los nuevos movimientos representan una ruptura con el pasado y en qué manera lo continúan. Los primeros teóricos de la vanguardia, como indican claramente, dramáticamente, los textos de Marinetti, por ejemplo, tienden a acentuar la ruptura, la actitud subversiva. Pero el tiempo pasa, y poco a poco los críticos que observan la situación con cierta objetividad y la enmarcan en un conjunto más amplio comienzan a precisar afinidades entre lo nuevo y lo menos nuevo, entre la vanguardia y el modernismo, o entre el modernismo y el romanticismo. Estos últimos años hemos podido asistir al ingreso de Ionesco en la Academia Francesa; algún tiempo antes había ingresado Aleixandre a la Academia Española de la Lengua; el Premio Cervantes a J. V. Foix y la admiración sin reservas a su obra por parte de la crítica y del público tendía a convertirlo en "monumento nacional." Un proceso muy parecido ha entronizado en museos y academias de arte los cuadros cubistas de Picasso, Braque y Gris, y más tarde los lienzos surrealistas de Magritte, Dalí y Tanguy, y los de la escuela abstracta neoyorquina. (Vale la pena señalar que el dadaísmo en literatura ha sido menos aplaudido y antologizado, quizá por haber durado menos como movimiento coherente y por su naturaleza misma de negación de un proceso creativo coherente y bien organizado.)

No es posible partir de la nada. Si bien Foix participó con convicción, con entusiasmo—como ha señalado Joaquim Molas—[1] en la gran aventura

[1] Véase el útil ensayo de Joaquim Molas, "J. V. Foix or Total Investigation," en el numero monográfico dedicado a Foix por la *Catalan Review* I (1 de junio 1986): 107 y sigs.

de la vanguardia, sus raíces hay que buscarlas en el movimiento simbolista, y, más profundas aún, en el romanticismo, o, mejor dicho, en todo lo que el romanticismo revela de una tradición sumergida y subterránea: el apasionado interés por los sueños y por lo irracional, el éxtasis entre místico y aterrorizado ante las grandes fuerzas de la naturaleza, las filosofías perseguidas: gnosticismo, alquimia, magia, 1; concepción del poeta como vidente, mago, profeta.

En un ensayo sobre Rubén Darío y el modernismo señala Octavio Paz las fuentes escondidas del modernismo y su importancia para nuestra mejor comprensión de la vanguardia:

> La importancia del modernismo es doble: por una parte dio cuatro o cinco poetas que reanudan la gran tradición hispánica, rota o detenida al finalizar el siglo XVII; por otra, al abrir puertas y ventanas, reanimó el idioma. El modernismo fue una escuela poética; (...). Después de esa experiencia el castellano pudo soportar pruebas más rudas y aventuras más peligrosas. Entendido como lo que realmente fue—un movimiento cuyo fundamento y meta primordial era el movimiento mismo—, aún no termina: la vanguardia de 1925 y las tentativas de la poesía contemporánea están íntimamente ligadas a ese gran comienzo.(...) El modernismo se inicia como estática del ritmo y desemboca en una visión rítmica del universo. Revela así una de las tendencias más antiguas de la psiquis humana, recubierta por siglos de cristianismo y racionalismo. Su revolución fue una insurrección. Doble descubrimiento: fue la primera aparición de la sensibilidad americana en el ámbito de le literatura hispánica; e hizo del verso español el punto de confluencia entre el fondo ancestral del hombre americano y la poesía europea. Al mismo tiempo reveló un mundo sepultado y recreó los lazos entre la tradición española y el espíritu moderno. Y hay algo mas: el movimiento de los poetas hispanoamericanos está impregnado de una idea extraña a la tradición castellana: la poesía es una revelación distinta a la religiosa, ella es la revelación original, el verdadero principio. No dice otra cosa la poesía moderna, desde el romanticismo hasta el surrealismo. En esta visión del mundo reside no solo la originalidad del modernismo, sino su modernidad.[2]

---

[2] Octavio Paz, "El caracol y le sirena (Rubén Darío)." *Cuadrivio* (1965).

El aspecto de la poesía como visión mágica del mundo, como puente tendido hacia la orilla del misterio y de lo desconocido, aprendido posiblemente en fuentes modernistas (pensemos, por ejemplo, en el "modernismo mágico" de Maragall en un poema tan fundamental como "La Fageda d'En Julià"), seguirá vivo a lo largo de la carrera poética de Foix, y no dejará de crecer a partir del contacto de Foix con el surrealismo, principal heredero de esta tradición.

Otros aspectos del Foix experimental y vanguardista merecen ser también señalados: en especial su interés por las artes plásticas. En algunas épocas (creo que el Barroco es buen ejemplo de ello) las artes plásticas preceden a la literatura, la inspiran, iluminan su evolución. Posiblemente este es también el caso de los movimientos vanguardistas de nuestro siglo. "Les Demoiselles d'Avignon" es interior a los manifiestos futuristas de Ungaretti. Dada y surrealismo penetran en la conciencia colectiva más por obra y gracia de la labor de artistas plásticos (en un sentido amplio que incluye también, por supuesto, las fotografías de Man Ray y los films surrealistas de Buñuel y Dalí) que debido a los manifiestos de Breton. Y Foix es un escritor particularmente sensible a las artes plásticas. Entre sus primeros amigos de infancia y adolescencia, al lado de un poeta vanguardista como Salvat Papasseit, encontramos a pintores como Obiols, Torres-García, Mompou, Dalí, Grau Sala, Gausachs, Miró, y, en estos últimos años, Tàpies, Ponç, Cuixart. Mucho es lo que la poesía de Foix les debe. Es una poesía en la que los valores plásticos aparecen por doquier. Forma, color, profundidad, tamaño. Como en *Alice in Wonderland*, el personaje central de *Gertrudis* cambia de tamaño y termina achicándose en forma alarmante. En algunos poemas el paisaje bello y desolado a un tiempo de la Costa Brava nos proporciona playas desiertas que son como un infinito de bolsillo. Espacio y tiempo se juntan y se separan, las coordenadas vacilan, perdemos el sentido de identidad que ocultan varias máscaras, cada una de las cuales cubre otra máscara, hasta que empezamos a sospechar que quizá la última recubre la nada.

La literatura y las artes plásticas no son, lo sabemos, actividades desconectadas de la sociedad y de la historia. Foix sabe muy bien, sabría muy bien, que la historia—en la presencia angustiosa y dramática de la guerra civil que se inició en 1936— interrumpió por largos años su carrera literaria y su obra de periodista y promotor de la idea patriótica de una Cataluña plenamente consciente de su identidad.

Desconexión que bien pudiéramos colocar al lado de todas las otras rupturas de nuestro siglo, de nuestra época de rupturas y desconexiones. De 1914 hasta el presente nuestra experiencia en Europa y en todas las zonas mundiales en las que Europa significa una presencia decisiva señalan lo que pudiéramos llamar una especia de anuncio, quizá prematuro, de una era apocalíptica: intuitivamente comprendemos que nos hallamos al borde del abismo, no lejos de una desintegración total. La época de Verdun es también la de Kafka, la da Hitler, la de Hiroshima. Los poetas, según lo había anunciado y definido Rubén Darío, son los pararrayos de Dios. Y en estos últimos años la lluvia de rayos ha sido más intensa que nunca. No es de extrañar que los poetas de nuestro siglo se sientan con frecuencia al borde de una creciente parálisis y una aguda desintegración de la personalidad. "A veces sucede que me canso de ser hombre," escribe Neruda en una de sus *Residencias*. Y Luis Cernuda, en el poema "Desdicha" (*Perfil del aire*), describiendo un personaje esencialmente autobiográfico, lamenta:

> Un día comprendió cómo sus brazos eran
> Solamente de nubes

En *La tierra baldía*, T.S. Eliot nos ofrece como telón de fondo unos paisajes urbanos desolados con fábricas de gas y bares mezquinos, paisajes de los que las ninfas se han marchado hace ya tiempo, y poblados de individuos vacíos que no saben quiénes son ni parece importarles mucho saberlo. Como señala el crítico Robert Langbaum, "las voces sin nombre y sin rostro que nos presenta Eliot expresan la sensación —que ha llegado a prevalecer en el siglo XX— de que el yo, si acaso existe, es cambiante y discontinuo, y de que su unidad es tan problemática como lo es su libertad frente a las presiones externas." (97, trad. mía).

Claro está que la poesía de vanguardia, que tantas innovaciones ha creado y tantos terrenos nuevos ha explorado, no puede arrogarse la invención —pero sí la intensificación— de una crisis existencial que se remonta por lo menos al romanticismo. El *mal du siècle* de Alfred de Musset adquiere formas muy variadas: el *spleen* de Baudelaire, que ni siquiera se cura con los paraísos artificiales de las drogas; la desesperación absoluta de Giacomo Leopardi; la crisis de Novalis, al borde de la locura; el universo visionario de Coleridge. Rimbaud es explícito: "*Je* est un autre," y más aún, en *Une Saison en Enfer*, una brevísima y certera descripción de la disolución del yo:

Je devins un opéra fabuleux

La poesía moderna a partir del romanticismo ha declarado una y otra vez su avidez de todas las sensaciones disponibles y su afán de absoluto: el resultado de tan ambiciosa actitud es que la mirada unificadora y el filtro organizador de la conciencia se ven arrollados por toda suerte de materiales —internos, emocionales; externos, la naturaleza "en bruto," y mil combinaciones de ambos grupos— que no es ya posible ordenar lógicamente. De ahí que el lenguaje mismo se desintegre, como en los versos finales del poema *Altazor* de Huidobro, o en la sintaxis torturada y anti-academica de algunos poemas de César Vallejo. El lenguaje poético estalla desde dentro hacia afuera, como un vitral de vidrios de colores en una iglesia bombardeada, como los ángulos y los espacios cortados de un gran cuadro cubista.

Regresemos a J. V. Foix y a su papel, ciertamente de primera fila, en la poesía de vanguardia que tantos cambios ha introducido en las literaturas occidentales. Un vasto sector de la crítica de hoy ha tratado de disminuir o anular definitivamente la importancia de la biografía de los escritores estudiados. Si entendemos este mensaje no diremos nada de la vida de Foix. Cuando empecé mis estudios de literatura asistí a un curso sobre Cervantes en que todo el curso fue consagrado a un minucioso recorrido de la vida del autor del *Quijote*. Apenas hubo tiempo para la bibliografía básica; el curso se acabó sin que hubiéramos leído y comentado una sola línea del *Quijote* o de cualquier otro texto cervantino. Hoy, en cambio, sé de algún amigo y colega en la profesión que da un curso sobre el *Quijote* en que está estrictamente prohibida toda referencia o alusión a la vida y la personalidad de Cervantes. Interesa el texto de la novela, y su posible interacción con otros textos. Como los hongos en un bosque, aparentemente la novela en cuestión ha surgido mágicamente, como por escotillón, sin ayuda de ningún ser humano, sin ser tocada por manos humanas.

Posiblemente existen soluciones intermedias más razonables y más productivas que las dos anteriormente mencionadas. Claro está que la vida de Foix nos interesa solamente en función de su obra. Lo primero, lo esencial, es esta obra, y sin ella la vida de Foix, como la de Cervantes en ausencia de sus escritos, sería de interés principalmente para su familia y sus amigos íntimos, no para otros. Pero sí hay algún detalle de interés en la vida de Foix que puede ayudarnos a entender su obra.

Foix nace en Barcelona en 1893, en el barrio —entonces suburbio casi independiente de la urbe— de Sarrià, en el seno de una familia de le clase media, de origen campesino. Trabajadores y ambiciosos, sus padres adquirieron varias tiendas en las que se confeccionaban y vendían pasteles y se organizaban banquetes y fiestas (lo que en lengua inglesa se llama "catering"). El joven Josep Vicenç Foix vivió en su hogar el entusiasmo por la renovación de la lengua y la cultura catalana. En especial, admiración por Mossén Cinto Verdaguer. Valores de clase media en ascenso: frugalidad, ahorro, trabajo, religión. La hermana menor de Josep Vicenç, a la que se sintió muy unido, profesaría como monja y entró en un convento. La Lliga Regionalista era el partido catalanista dominante en aquellos años de principios del siglo. Pero desde el sur llegaban las oleadas de inmigrantes—Andalucía, Murcia, Cartagena— que iban a mover los telares y construir las casas de la Barcelona en expansión: voces diferentes, ideas anarquistas, a veces al borde del crimen, la violencia, el terrorismo. La pequeña —y la grande— burguesía catalana se amedrentó, prefirió pactar con la monarquía, incluso con la dictadura de Primo de Rivera. El catalanismo de la Lliga —y no dudemos que fue ese el catalanismo de la familia de Foix— nació con el alma escindida en dos mitades, trágicamente los que vivieron esta escisión, y también para el resto de los catalanes. Foix se ha declarado siempre apolítico, pero ello era, en el fondo, una ilusión, ya que el catalanismo suponía, imponía, una actividad o por lo menos una posición política. Lo grave era que la ideología catalanista y la ideología burguesa estaban destinadas a entrar en conflicto. Hay, pues, una crisis ideológica y emocional profunda para todos aquellos que se encuentran en la posición del joven Josep Vinceç Foix en los años iniciales del siglo XX: pensemos en la Semana Trágica de 1909, en la "Oda a Espanya" de Maragall como rechazo del régimen centralista, y en la difícil y ambigua posición de la Lliga —y de Francesc Cambó, a pesar de la lucidez— en los años siguientes. Una mente escindida, un corazón partido en dos: la vida de Foix simbolizaba la de muchas otros catalanistas de aquellos años. Apoyar al régimen opresor centralista, a los gobiernos de derechas de Madrid, significaba estabilizar el país, luchar contra el caos, contra el terrorismo de los anarquistas de la F.A.I., pero al mismo tiempo era claudicar con respecto a las aspiraciones catalanistas, ya que Madrid suprimía con renovado vigor, como iba a demostrar Primo de Rivera, todas las aspiraciones y las expresiones de los catalanes, desde la sardana a la enseñanza de la lengua. Y no había, de momento, solución intermedia que armonizara tan angustiosos extremos.

Otra tensión en la vida de Foix surgía de la oposición entre su vocación de escritor y la necesidad de integrarse al negocio de la familia. Todas las familias burguesas catalanas de aquellos años conocían el temor a que algún hijo "se descarriara" convirtiéndose en pintor o en poeta. Abandonar los estudios universitarios, o el camino de los negocios, era condenar al hambre o a la incertidumbre a los hijos y los nietos; además, en todo caso, la empresa familiar nunca podía quedar descuidada. Josep Vicenç, buen hijo, hijo obediente, estudió en la Universidad todo un año, y pasó después a ocuparse del negocio familiar, como administrador y cajero. Sus padres fueron obedecidos en todo, en toda lo esencial, incluso en la elección de esposa, que aceptó sin protestar. Pero fueron desobedecidos en secreto: el joven Foix desarrolló en silencio y a escondidas sus actividades de poeta y de publicista, de periodista ilustrado, de crítico especializado en arte y en literatura. Llevó así una vida doble, como la de un espía en una de esas famosas novelas de John Le Carré. Sus padres no supieron nada de las actividades literarias del joven —y no tan joven— Josep Vicenç Foix.

Vida doble, azaroso compartir dos actitudes, dos ideologías, dos destinos. La división de la personalidad, según la psicología, lleva a una enfermedad mental grave: la esquizofrenia. Pero hay casos benignos, e incluso muy productivos, y el de Foix los ejemplifica. No cabe dudar de que, junto con Salvat-Papasseit y Joaquim Folguera, constituyó el grupo vanguardista más activo de Cataluña. Su obra madura —pienso en varios de los más memorables poemas de *Les Irreals Omegues*— puede ser favorablemente comparada con lo mejor de lo que ofrece la poesía vanguardista en la Península Ibérica, e incluso en Francia, Italia, Hispanoamérica, cualquier cultura de nuestro siglo en la que la poesía de vanguardia haya florecido. Foix pensó muy bien, meditó con gran cuidado, acerca de lo que la vanguardia, en poesía, y en las artes plásticas, podía y debía darnos, y, además, cosa mucho mejor y más importante, demostró en su poesía lo que en efecto proponía la teoría de la vanguardia. No es que como teórico —y tampoco como poeta— se entregara totalmente, ciegamente, a la actitud vanguardista. Basta citar unos versos que pertenecen a un poema de *Sol, i de dol...* Poema que revela la doble vertiente del pensamiento poético de Foix. Es un soneto, y por tanto entronca con la larga tradición clásica que nos lleva a Petrarca y a los poetas italianos anteriores al cantor de Laura. Soneto, por otra parte, indiscutiblemente moderno, en el que aparece la técnica y la mecánica de nuestro siglo, en el que se habla de "tenazas de hierro," "llaves inglesas," "la pieza... de embrague," el "cojinete que entorpece el eje," el "asfalto liso." Pero lo que empezaba a ser un canto a la máquina y una exaltación de la velocidad se convierte en un afán de abarcar a la vez el "brave new world" de la tecnología moderna y la belleza antigua de la historia y la tradición:

> ...Oh món novell!
> Em plau, també, l'ombra suau d'un tell,
>   L'antic museu, les madones borroses,
> I el pintar extrem d'avui! Càndid rampell:
> M'exalta el nou i m'enamora el vell.
>
> (¡Oh mundo nuevo!
> ¡Me complace también la suave sombra de un tilo,
>   El antiguo museo, las madonas borrosas,
> y el arte frenético de hoy! Cándido antojo:
> me exalta lo nuevo, me enamora lo antiguo.)[3]

En principio esta actitud parece coincidir con la de un Gerardo Diego, por ejemplo, capaz de escribir casi al mismo tiempo poemas ultraístas y sonetos de corte clásico como el que dedica al ciprés de Silos. Sin embargo, el compromiso de Foix con la vanguardia es más profundo y duradero que el de Diego, y lo lleva a experimentar con el poema en prosa en el que se abren las puertas de lo irracional y penetramos en el mundo de los sueños. La realidad entra en crisis. Dudamos de todo, incluso de nuestra propia existencia, y nos maravillamos ante las incesantes transformaciones del mundo interior y del mundo exterior. Un breve fragmento —el más breve de todos los poemas del libro—nos cuenta cómo sorprende a su amada, Gertrudis, en el momento en que su nuevo amante le regala un magnífico ataúd. Pero el ataúd se transforma en libro, y el amante resulta ser el propio Foix, que entrega a su amada una caja de acuarelas con todas los colores del arco iris. Como observa Patricia Boehne en su estudio monográfico sobre Foix, el poeta relata estos breves instantes como si estuviera filmándolos en una película, o los viera reflejados en varios espejos; es a la vez observador

---

[3] Es el soneto titulado "Em plau, d'atzar, d'errar per les muralles...," *Sol, i de dol,* que aparece en 1947, inicia lo que Gabriel Ferrater ha llamado "la segunda época en la poesía de Foix, que ve dividida en dos mitades por la catástrofe de la guerra civil.

y actor (27).[4] Esta dualidad en la percepción indica un enfoque surreal a un instante que ha quedado suspendido, paralizado, y en el cual se superpone a lo observado, en forma inspirada por el surrealismo la reflexión del observador, como en una foto en que el negativo ha sido expuerto dos veces. Vale la pena recordar aquí las primeras películas surrealistas de Dalí —amigo de Foix en aquellos años, recordemos que Gertrudis se publica en 1927— y de Buñuel: *L'Age d'or* y *Un chien andalou*, y también la forma en que las fotografías surrealistas de Man Ray desfiguran, enmarcaran la realidad cotidiana aparente para revelar otra realidad más profunda.

"Es quan dormo que hi veig clar," el título de un poema de Foix escrito en abril de 1939, podría ser la mejor definición de la poesía vanguardista de nuestro poeta: sí, en efecto, son los sueños los que, paradójicamente, nos enseñan a ver las cosas con mayor claridad a revelarnos todo en aspecto del mundo que antes nos resultaba invisible.[5] Muchas de las secuencias oníricas de *Gertrudis* ofrecen fuertes tonalidades sexuales. La amante es capaz de inspirar violentas escenas de celos, y a su vez se siente celosa cuando el poeta admira el perfil curvilíneo de una lechera. Una gran iglesia a la que acude *Gertrudis* desaparece y es sustituida por una estatua-vitral del caballo del poeta. Sigue una descripción de la alcoba de la lechera, con sus cortinas rojas y una vieja litografía que describe las torturas a que somete al demonio a las muchachas que se contemplan desnudas en un espejo. De pronto el poeta se da cuenta de que solamente ha visto la entrada de un establo y la grupa de su caballo. Aparecen paisajes desolados, largas sombras amenazadoras nos recuerdan los lienzos de Chirico o las playas, las rocas y la arena tal como las interpreta Dalí en sus cuadros inspirados por la Costa Brava. El poeta es ahora un niño, pero un niño enamorado, que al mismo tiempo aspira a la unión sexual con su amada Gertrudis y teme no resultar adecuada. Llora como un niño perdido y se refugia en una caja llena de

---

[4] Este estudio, muy sólido y completo, y con acertados juicios críticos, tiene, además, la ventaja de ofrecer la mejor bibliografía sobre Foix que he encontrado hasta hoy.

[5] Es significativo que la antología de poemas de Foix, traducida del Catalán al inglés por el poeta y ensayista norteamericano David R. Rosenthal (que es también el antólogo), y publicada en 1989 (Persea Books, Nueva York) lleva como título la versión al inglés de este verso, "Es quan dormo que hi veig clar," *When I sleep, then I see clearly*. El prólogo de Rosenthal es especialmente útil, y las traducciones muy afortunadas.

cáscaras de huevo. Desde su escondite contempla las medias que alguien ha puesto a secar en una cuerda entre dos montañas inaccesibles. Las estrellas al girar en sus órbitas producen un rumor como el frotar de vestidos de seda y ropa interior escarlata. En *La poesía de J. V. Foix* uno de sus mejores críticos, Pere Gimferrer, señala que lo creciente pequeñez del autor, que aparece primero como un tema cómico pero deriva hacia lo trágico al final es, con el erotismo, un tema central en *Gertrudis*.[6] Yo añadiría que junto a la inquietud provocada por los ritos de iniciación del poeta adolescente, inquietud de evidente origen sexual, hay que añadir la sorpresa que provoca la inmensidad del universo, en el que los seres humanos se sienten alienados. Es el universo de Kafka, y también el mundo deformado y en explosión de los primeros cuadros cubistas, y —claro está— el de los lienzos surrealistas (sin olvidar el cine de Dalí y Buñuel, y los films del expresionismo alemán tales como *El gabinete del doctor Caligari*). En los poemas en prosa de *Gertrudis* algo ocurre, algo inquietante que comprendemos a medias. La personalidad del autor está siempre a punto de disolverse, desdoblarse perder pie en medio de una marea de acontecimientos en que se mezcla lo ordinario y lo insólito. El libro, en su totalidad es, creo, una alegoría —o una parábola— del mundo moderno, con su incertidumbre, su alienación, su implacable reducción del poder y la gloria de cada individuo, sumergidos todos en una sociedad compleja y cambiante en que todos los símbolos tienden a disolverse o a amenazarnos. Es nuestro mundo, definido por el poeta inglés Auden como "*the age of anxiety*."

Con este libro Foix se coloca a la cabeza de la vanguardia poética catalana —al lado de su buen amigo Salvat Papasseit— y también, creo yo, a la cabeza de la vanguardia peninsular, ya que es difícil encontrar un autor en lengua castellana o portuguesa que se le iguale en ese momento de 1927.[7]

---

[6] Gimferrer señala también que todo el libro es un tejido de relaciones complejas que se superponen y entrecruzan. Los motivos principales reaparecen y se metamorfosean. Véase P. Gimferrer, *La poesía de J. V. Foix*, Ediciones 62, Barcelona, 1974, pág. 11 y sigs.

[7] Hay que tener en cuenta que muchos textos del libro son bastante anteriores a 1927, ya que los primeros textos del *Diari 1918*, primer germen del libro, son precisamente de 1918. Fecha importante en el desarrollo de la vanguardia, pues significa la toma de conciencia, por parte de la opinión pública ilustrada antes distraída por la guerra del cubismo, el dadaísmo naciente, Chirico, etc. No hay duda

García Lorca se encontraba todavía en la etapa—algo folklórica, según le iban a reprochar sus amigos Dalí y Buñuel—del *Romancero gitano*, que aparece un año después de Gertrudis, (Y no creo imposible que el ejemplo de Foix le ayudara más tarde a escribir *Poeta en Nueva York*.) Gerardo Diego no había superado su etapa creacionista. Larrea todavía seguía sin publicar apenas nada. En cuanto a Vicente Aleixandre, es cierto que su primer libro, *Pasión de la tierra*, es anterior a *Gertrudis* en su composición —quizá esto es cierto en cuanto a algunos poemas, pero no todos— pero no se publica hasta 1935; el primer libro publicado por Aleixandre, *Ámbito*, aparece en 1928, y el poeta tardará todavía en encontrar en Verdadera voz, cosa que ocurre en *Espadas como labios* y *La destrucción o el amor*, ambas posteriores a *Gertrudis*. Si los poetas que en aquellos años escribían en castellano hubieran prestado mayor atención a lo que en Cataluña se estaba gestando, es probable que el desarrollo de la poesía en la península hubiera sido más rápido, más rico, más variado.

YALE UNIVERSITY

OBRAS CITADAS

Boehne, Patricia. *J. V. Foix*. Boston: Twayne Publishers, 1980.

Goytisolo, José Agustín. *Poetas catalanes contemporáneos*, Barcelona: Seix Barral, 1968.

Langbaum, R. *The Mystery of Identity: A Theme in Modern Literature*. Chicago: Univ. of Chicago Press, 1982.

de que Foix estaba "al corriente" de todo lo que sucedía en la Europa de aquellos años, si bien, por otra parte tener conciencia. de lo que ocurre no significa en ningún caso imitación servil. Foix ha dicho de si mismo: "Escribo más allá de los preceptos y sin tener en cuenta cómo escriben los alemanes, los yanquis, los gabachos o los soviéticos. El tono de los otros y su criterio retórico no me sirve casi nunca... El poeta sabe que cada poema es un grito de libertad." (Goytisolo 80).

Epistolario Unamuno – Oller

JAIME FERRÁN

EL "HOMBRE DE CARNE Y HUESO," que nos asalta al principio del libro *Del sentimiento trágico de la vida en los hombres y en los pueblos*, necesita siempre de otros "hombres de carne y hueso" con quien comunicarse, a quienes exponer lo más íntimo de su pensar y de su sentir. Yo diría que Miguel de Unamuno—a quien he admirado seguramente más que a cualquier otro escritor español de su época - tiene su raíz más honda en su epistolario. Y es, hasta cierto, punto normal que esto sea así, porque la literatura unamuniana es una literatura "confesional" y ninguna confesión más eficaz que la que va dirigida al "otro," más que a los "otros," es decir al "prójimo" más que simplemente al "lector."

Muchos de los temas unamunescos precisarán siempre, a medida que se vaya encontrando, el complemento de su correspondencia para ofrecernos su cifra más íntima.

Con todo lo que Unamuno nos ha dicho sobre Francia, por ejemplo, con todo cuanto nos ha dicho sobre los autores franceses—tan amorosamente recogido por Chicharro de León—pocas páginas tenemos más esclarecedoras de la actitud unamuniana que las que sus correspondencias con sus amigos Camille Pitollet, Jacques Chevalier, Maurice Legendre, Marcel Bataillon y Jean Cassou nos prestan, analizadas por Manuel García Blanco. El vaivén por el que vemos pasar a Unamuno de un amor y devoción por la literatura francesa, a un obstinado "misogalmo," tiene en estas relaciones personales una suerte de metrómono delicado, que nos esclarece muchos puntos que la actividad pública de literato de nuestro Don Miguel no podría por si sóla desentrañar.

En el mismo "Bulletin Hispanique," donde apareciera el artículo que acabamos de mencionar encontramos, unos meses más tarde, una de las correspondencias más apasionantes de Unamuno. La que mantuviera con su amigo catalán Pere Corominas, exhumada por el hijo de éste Joan Corominas.[1] Nos hallamos aquí ante uno de los amigos catalanes de Unamuno, sin cuya correspondencia no tendríamos la clave de una de las etapas más significativas de su desarrollo espiritual: la que Sánchez Barbudo ha calificado de "una experiencia decisiva: la crisis de 1897" (43).

Aquí tocamos acaso la exacta justificación de mis palabras anteriores, al afirmar que la correspondencia nos prestaba la cifra más íntima del pensar unamunesco. ¿Qué otro vehículo más apropiado que la expresión epistolar, dirigida a una sola persona, podría encontrar un caso como el de una crisis religiosa? Cuando una crisis religiosa es aireada y exhibida, como la conversión de Claudel en Notre Dame, se dobla de una intención proselitista, en la que advertimos sacrificada la intimidad a la exposición pública de un fenómeno por esencia íntimo.

Ha sido esta correspondencia con Corominas la que ha impulsado a distintos investigadores a indagar las correspondencias de Unamuno con otros escritores catalanes, de lo que da fe el reciente libro "Unamuno y sus amigos catalanes" de Tarín Iglesias[2] y de lo que quieren también dar fe las tres cartas que comentamos y que Unamuno dirigiera al novelista catalán Narcís Oller el 17 de enero de 1898, el 6 de febrero del mismo año y el 25 de enero de 1899.

"A esta mi áspera tierra catalana" como Unamuno la califica, apropiándosela en un poema, ha dedicado Unamuno bellas páginas, algunas que expresan amor y devoción, otras que rezuman desconfianza y hasta cierto desdén. A los escritores catalanes dedicará las glosas que escalonadas desde 1898 a 1934 podemos encontrar en sus *Obras Completas*. Un claro precedente de este interés lo hallamos, sin embargo, en su artículo "Sobre el uso de la lengua catalana" (723), de 1896 en el que advertimos al mismo tiempo una explicación de su interés personal por Narcís Oller. Contesta Unamuno a unas ideas de Clarín afirmado lo siguiente: "Aseguraba *Clarín*

---

[1] Joan Corominas, "Correspondance entre Miguel de Unamuno et Pere Corominas," *Bulletin Hispanique*. LXI: 4 (Octobre - Décembre, 1959): 389-436 y LXII: 1 (Januier-Mars, 1960): 43-77.

[2] José Tarín Iglesias, "Unamuno y sus amigos catalanes," en el que se recoge preferentemente el epistolario con el editor Salvador Valentí y Camps y en el que se mencionan las relaciones de Unamuno con Ramón Perés, Emilio Guayavents, José Mariá Jordá, Casas Carbo y Ernesto Moliné, entre otros y en el que hay datos valiosísimos para el análisis de la evolución estilística de "Amor y Pedagogía."

en una "Revista Mínima" que no siente el alma del catalán, alma en que cree y que por eso dice que *no sabe* catalán. Y es natural, no cabe sentir esa alma sin rasgar primero el vestido en que se envuelve su lengua. Excitaba *Clarín* a Oller (de quien guardo, y permítaseme este desahogo, un grato recuerdo personal de allá, de mi Vizcaya) a que escribiera en castellano, y contestaba muy sesudamente Oller "que era imposible, que no estaría allí *todo él*." Y yo añado que creo sacarán los lectores castellanos más provecho de Oller escribiendo éste en catalán y traduciéndolo, de un modo o de otro, *Clarín*, que tan excelentes *traducciones* hace a su modo, que no traduciéndose el mismo Oller al castellano" (728).

Advirtamos aquí que en Narcís Oller, encarna dentro de la "Renaixença" de la literatura catalana, en el siglo XIX, el espíritu novelístico que, antes de él, tuvo un precedente glorioso en "Tirant lo Blanch" y en "Curial y Güelfa."[3] De los novelistas de su generación catalana, que incluyen los hombres de Josep Pin i Soler y Emilio Vilanova, es indudablemente Oller el más significativo y su realismo, debidamente resaltado por Zola, en el prólogo del autor francés al libro *La papallona* del catalán, es una de las bases más firmes de la narrativa catalana moderna.[4]

Analicemos brevemente la significación de Oller en el momento del inicio del epistolario, por parte de Unamuno.

Nacido el 10 de agosto de 1846 en Valls, en 1868, después de la Revolución de septiembre, encontramos a Oller con su madre en Barcelona, donde su vida y su obra crecerán armoniosamente, sobre todo a partir de 1877 en que definitivamente se instala en la capital catalana. A partir de este momento vemos sucederse sus libros "Croquis del natural" en 1879, el mismo año en que logra el Premio en prosa de los juegos florales con *Sor*

---

[3] Joan Ruiz i Calonja, *História de la literatura catalana*, (Barcelona: Teide, 1954) 488. "Amb Narcís Oller ens trobendavant la represa de la tradición novellística catalana, abandonada si exceptuem escadusseres mostres sense gaire valor, des de la redació del *Tirant lo Blanch* i *Curial i Güelfa*."

[4] En contra de la frecuente identificación con el naturalismo de la que le ha acusado a Oller la crítica habitual, el mismo Zola discierne agudamente una actitud más realista en el novelista catalán al firmar en el prólogo mencionado: "Barcelone s'agite dans les descriptions avec une réalité intense, tandis que les personnages marchent un peu au-dessus de la terre," en lo que Ruiz i Calonja ve el germ de una verdadera compresión de la obra de Oller desde el ángulo de una actitud de "realismo social," al que conduce la mezcla de naturalismo e idealización.

Sanxa, La papallona, en 1882 en el que evoca su juventud de estudiante unida a un esbozo de la vida menestral catalana, *L'escanyapobres* en 1884, poderosa pintura de la avaricia, *Vilaniu* en 1885, canto a la vida del pueblo grande, *La febre d'or* en 1890-1892.[5]

Podemos decir, pues, que Oller ha realizado toda su obra importante salvo la novela *La Bogería,* tema de la tercera carta de Unamuno y de un artículo posterior de Don Miguel, y la última novela *Pilar Prim,* aparecidas la primera en 1899 y la segunda en 1904, que marcarán el final esplendoroso del novelista catalán, ya que desde entonces hasta su muerte en 1930 (26 de julio) nos ofrecerá sólo obras menores como cuentos y traducciones.

Se enfrenta Unamuno, por lo tanto, con un maestro en una de las lenguas romances peninsulares, el catalán, cuya obra ha saltado no sólo la frontera de su idioma hacia Castilla, sino también hacia Francia, como lo demuestra el mencionado prólogo de Zola. Además Unamuno tiene razones personales para estar agradeciedo al maestro catalán: la amistad que con él entablara en su Vizcaya y el hecho de haber empezado a aprender catalán impulsado por la lectura de "La papallona," según lo manifesta Oller en su segunda carta.

Sin embargo la razón última del interés de Unamuno por Oller -y subsidiariamente, el interés de las epístolas unamunianas que aquí damos a conocer - viene explicado a nuestro parecer en el artículo que Unamuno dedicara a *La Bogeria.* Dice Unamuno en este artículo, después de presentar sucintamente a Narciso Oller que éste "es harto conocido de aquella parte de nuestro público que lee sabiendo lo que lee. Es, a mi juicio uno de los más catalanes entre los escritores catalanes" (489), pasando a continuación a resaltar la, para él, frecuente castellanización de Verdaguer y la influencia francesa presente en la juventud catalana de entonces, para destacar, una vez más que "en Oller, así como en Guimerá, tan gran poeta lírico como dramático, lo catalán domina" (489).

En el epistolario entre Unamuno y Corominas hallamos preferentemente el tema de la búsqueda espiritual, en el que se cruza entre Unamuno y Salvador Valentí y Camps encontramos predominantemente el tema literario y en el que le hermana a su gran amigo del alma, Joan Maragall, las preocupaciones generacionales, centradas en el tema de España o

---

[5] Seguimos el desarrollo biográfico que nos proporcionan las *Obres Completes* de Narcís Oller," (Barcelona: Editorial Selecta S.A., 1948) en "El mon de Narcís Oller," epílogo de Maurici Serrahima, (1455-1457).

Iberia—como ambos preferían decir—en las tres cartas a Narcís Oller vemos aparecer la reacción más íntima de Unamuno frente a Cataluña, comunicada a quien, para él, representaba la quintaesencia del carácter catalán, en un momento de su vida, en el que este le interesaba apasionadamente. Explícitas, a este respecto, son las primeras líneas del segundo párrafo de la primera carta, que Unamuno dirige a Oller desde Salamanca el 17 de enero de 1898:

> "No sé, en verdad, que pueda haber en el espíritu catalán que me le haga tan atractivo. Alguna relación hay, sin duda, entre mi constitución espiritual y la dominante ahí, porque es el caso que es en Cataluña donde más eco y efecto han logrado mis trabajos y son catalanes los más de aquellos que espontáneamente se han puesto en comunicación conmigo, movidos por comunidad de ideas y sentimientos."[6]

El primer comentario que nos suscita esta afirmación es, naturalmente, que el vasco Unamuno se encuentra bien entre los catalanes, refrendando una relación que entre las dos naciones existía de antiguo. Pero, además, nos dice que es en Cataluña donde "más eco y efecto" han logrado sus trabajos, con lo que Unamuno destaca decisivamente la compresión que Cataluña ofrecía a un espíritu como el suyo. Dos años más tarde encontramos nuevas manifestaciones de esta afectiva relación con Cataluña en el inicio de su epistolario con Santiago Valentí Camps, pidiéndole "a vuelta de correo la obra de Tolstoi "Resurrección," que he de prologar, pues no la conozco" (Iglesias 111).

Continúa el escritor con unas líneas en las que aclara su concepto del carácter catalán, que son interesantes porque explican el continuo interés que mostró Unamuno en el futuro por sus amigos catalanes y por Cataluña en general:

> "Usted sabe muy bien la idea más corriente en España acerca del carácter catalán. Contraria a ella es mi experiencia, pues mientras mis relaciones en Madrid las debo a una serie de presentaciones logradas en mis viajes, sin haber estado ahí más que de paso en 1889 (y entonces a

---

[6] Citamos las cartas unamunianas por los originales de las mismas que hemos consultado en el Archivo Histórico de la ciudad de Barcelona, gracias a la indicación de su Director, D. Agustí Duran i Sanpere.

> nadie conocí) se me han dirigido espontáneamente varios entusiastas por cosas de arte y progreso, y hoy cuento con amigos como los Sres. Perés, Brossa, Gener, Jordá, Moliné, Guanyabens, Perez Jorba, Casa Carbó y otros. Donde más críticas y más detenidas y favorables se han publicado de mi novela *Paz en la Guerra* (de que haré le envíen un ejemplar) es ahí, en Barcelona, y de ahí es de donde más alientos he recibido. ¡Y luego se hablará de lo reconcentrado del carácter catalán! Lo que hace falta es tener cosas dentro, que ellas crecerán, se hincharán y redundarán del espíritu Del *trop plein* de energía brota el entusiasmo"

Inmediatamente encontramos, en la misiva la primera referencia concreta a Oller, al iniciarse el siguiente párrafo:

> "Cuando pienso en ese acorde simpático que han hallado ahí mis labores y esfuerzos ocurréseme enseguida que fue usted, quien primero me demostró aprecio, cuando yo aún nada había hecho a plena luz, y a consecuencia de un día de campo de íntima expansión y libre plática"

Alude Unamuno a su encuentro con el escritor catalán en Vizcaya. Ahora, sin embargo, el interés del vasco por el catalán se ha intensificado de acuerdo con sus preocupaciones inmediatas. Recordemos, en efecto, que en este año del Desastre, tras "la publicación de Paz en la Guerra un segundo Unamuno empieza a manifestase, el Unamuno más conocido en cuyas obras los elogios dirigidos al naturalismo, a Taine, al socialismo experimenta una racial metamorfosis en la manera de una investiva anti-naturalista cuyo último fin parece haber sido la justificación de nuevas direcciones en la novela" (Demetrios 88).

No es extraño, pues, que en estas circunstancias se interesara por el novelista catalán, que aunque centralmente colocado en la corriente de nuestro naturalismo, había sabido, al mismo tiempo, adelantar un ademán idealizante, que el mismo Zola había sabido reconocer

El corolario de estos intereses—colectivo y personal—por lo catalán tiene expresión en el próximo párrafo, en el que Unamuno confiesa:

> "Por mi parte cada día me interesa más la literatura catalana actual y me propongo hacer acerca de ella un trabajo lo más detenido y concentrado que pueda, trabajo que como mís artículos *En torno al casticismo* (que pronto verán la luz en tomo) se publicarán en *La España Moderna*.

Quiero ver el alma catalana debajo de su literatura, rompiendo la costra de elementos pegadizos, penetrando a través de la influencia castellana en unos, de la última *pose* francesa en otros, y en claro en los que diafanamente la reflejen. Cuando me ponga a ordenar, clasificar y elaborar las notas que tengo me ocurrirá más de una vez tener que acudir a Usted en busca de su opinión y consejo. También quisiera antes de dar la última mano al trabajo visitar ese país, que sólo de paso vi cuando iba a Italia."

Vemos aquí anticiparse todo el interés que Unamuno, en efecto demostraría por Cataluña, por la literatura y el alma catalanas, sobre todo a partir de su próximo encuentro con Joan Maragall, a quien empieza a escribir a su vez a partir del 6 de junio de 1900 y al que dedicará una correspondencia fraternal, que, como hemos ya mencionado, ha sido recogida en una publicación modélica.

En la segunda carta—de 6 de febrero de 1898—precedida, como la anterior, por una cruz, vemos aparecer el germen de una teoría sobre la novela, que Unamuno desarrollará decisivamente a partir de 1902 en varias obras teóricas.

"supongo en su poder ya mi novela *Paz en la Guerra* que hice se la remitiesen. Es la labor de años y excepto la forma externa, que reconozco es descuidada *a ratos*, está pensada y hecha con calma. No quiero hablarle de ella, puesto que la leerá, pero es mucho lo que podría escribir, acerca de mi manera de ver la novela y de como a medida que se hace ésta más documentada, es decir, más histórica se hace la historia más imaginada, es decir más novelesca. Zola y Taine marcan en Francia el proceso a la futura fusión de la novela y la historia. Mi novela es tanto como novela histórica, historia novelada...."

En la tercer misiva, ya sin la cruz que tenían las anteriores, Unamuno acusa recibo de *La Bogeria*, la novela de Oller recién aparecida a la que dedica el mismo cuidado que en la carta anterior tuviera para su *Paz en la Guerra*:

"Le encuentro como a todo lo de Usted, las cualidades que más atractiva hacen la lectura de sus obras, una gran transparencia y claridad, nada de quintesenciamientos ni embolismos, una enviadiable sobreidad y firmeza en descripciones y robusta rapidez en el desarrollo del asunto. Todo sale de una pieza, sin digresiones ni pendejas. Es una preciosa *nouvelle*, mejor aún que *roman*.

Yo que he conocido a un loco parecidísimo a Serrallonga, creo poder juzgar de la exactitud de su retrato. Es, en efecto, de una gran verdad eso de que a la locura se siente honda repulsión y no se quiere leer en ella, como es muy triste verdad que todos contribuimos a rematar al loco, fomentándolo, como dicen en Andalucía. *Deu'ns perdoni a tots*.

Detengamos aquí—aunque la misiva continúa con una serie de meditaciones a las que volveremos algún día: especialmente el análisis de un drama en prosa, que titula, por el momento "Luz de muerte" o "Ante la nada."..

Queda cumplido nuestro designio de comentar los aspectos más catalanes de las epístolas, que hemos seleccionado hoy para contribuir, de algún modo, al merecido Homenaje que todos hemos hecho a un catalán universal: Luis Monguió.[7]

SUNY, SYRACUSE

OBRAS CITADAS

A. Sánchez Barbudo. *Estudios sobre Unamuno y Machado*. Madrid: Ediciones Guadarrama,1959.

Demetrios Basdekis. "Unamuno in exile: The Making of a Novel." *La emigración y el Exilio en la Literatura Hispánica del Siglo Veinte*. Madrid: Ediciones Universales, 1988.

Manuel García Blanco: "Escritores franceses amigos de Unamuno." *Bulletin Hispanique*. LXI: 1 (1959): 82-1.

Miguel de Unamuno. "De esto y de aquello." *Obras Completas*. Tomo V. Madrid: Afrodisio Aguado S.A., 1952. 473-572.

Unamuno y Maragall. *Epistolario y escritos complementarios*. Barcelona: Edimar S.A., 1951.

---

[7] Este trabajo ha sido posible por la ayuda de mi tío-abuelo Don Agustí Durán i Sanpere, que me indicó en su día la correspondencia Unamuno-Oller, que él había investigado y publicado en parte, en el Archivo de la Ciudad de Barcelona.

Roma, peligro para caminantes y las Lozanas de Delicado y Alberti: Obras en el exilio.

MARISA GARCÍA VERDUGO

TRAS LA ESTANCIA DE Rafael Alberti en Roma, a mediados de la década de los sesenta, aparece su libro de poemas escénicos *Roma, peligro para caminantes* (México:1968) producto de las experiencias y de la evolución artística del poeta exiliado. Cuatro años antes el poeta gaditano publicaba en Buenos Aires un volumen titulado *Teatro* (1964), dentro del cual encontramos una obra que lleva por título *La Lozana*, inspirada en el *Retrato de la Lozana andaluza* de Francisco Delicado (Venecia:1528).[1]

Alberti al elegir como título *Roma, peligro para caminantes*—frase forjada siglos atrás, usada ya por Torres Naharro en su poema a Roma—nos remite, sobre todo, a la experiencia romana de otro escritor español, Francisco Delicado. Frase hecha refrán en los tiempos en que Roma era capital del mundo y "ciudad meretriz" por excelencia, justo antes del Saco (1527). El peligro de la Roma de Delicado, ciudad de rufianes, prostitutas y enfermedades venéreas; adquiere en la poesía albertina el tono espiritual de desasosiego y de soledad que rezuma este libro de etapa tardía. Alberti lleva ya casi treinta años de exilio, en esta época regresa a sus raíces artísticas aunque por sendas innovadoras. Al respecto señala Catherine G. Bellver que: "Una vez libres de las trabas del dolor del destierro, los versos pueden alzarse

---

[1] He usado para este trabajo: Rafael Alberti, *Roma, peligro para caminantes*, (México: Colegio de México,1968), su *Teatro*, (Buenos Aires: Losada,1964), su *Poemas Escénicos*, (Buenos Aires: Losada, 1962), y Francisco Delicado, *La Lozana Andaluza*, (Madrid: Espasa Calpe,1988).

en un revoloteo vivo de sonidos e imágenes, pero sin difuminarse nunca en vaporosas vaguedades y airadas imprecisiones." Y añade: "Sus versos brincan con festiva alegría y llevan una carga de imagines sustantivales y concretas" (197-199). Si bien es cierto que hay una evolución concretizante y una preferencia por lo escénico y lo inmediato, es necesario notar que la nostalgia y el dolor del desarraigo no se transforman únicamente en "festiva alegría" sino también, y lo que es más importante aún, en un sarcasmo y una socarronería descarnada aunque vitalista que conecta con la expresión estética de Delicado. La burla, el humor realista y el vocabulario callejero entronca a ambos autores con una tradición más universal, la de la literatura de carnaval. Esta manipulación de lo conceptual, a través de la utilización de referencias materiales llenas de un prosaísmo burdo y de juegos formales de sonidos e imágines, no responde solamente a un juego de términos y asociaciones anómalas como apuntó C. Bellver, sino a la necesidad de dar una salida a un nuevo sentimiento lírico que ha perdido su antigua tristeza blanda y que, con el paso del tiempo, se ha cristalizado en resentimiento. Así se impone la necesidad de recurrir a lo inmediato, o a lo sustantivo como vía de comunicación de lo palpable, lo sensorial. Y junto a lo objetivo aparece el yo lírico que reclama e increpa a su interlocutor imaginario, la ciudad misma, sobre su destino. Así lo vemos plasmado en el poema: "Lo que dejé por ti"

> Dejé por ti mis bosques, mi perdida
> arboleda....
> Dejé por ti todo lo que era mío.
> Dame tú, Roma, a cambio de mis penas
> tanto como deje para tenerte.

La súplica de Alberti se ve insatisfecha y así lo expresará más tarde el poeta en una canción tradicional en la que la exhortación se ha transformado en la ambigüedad de una espera, como se refleja en el poema "Cuando me vaya de Roma."

> Cuando me vaya de Roma,
> ¿Quién se acordará de mi?
> Pregunten al gato
> Al farol perdido
> Al viento que pasa

Y al agua corriente
Cuando me vaya de Roma
Pregunten a ellos por mi.

Aunque siempre acompañado por la soledad del exiliado, la estadía en Roma de Alberti está poblada de amigos, pintores, escultores, poetas y junto a estos algunos fantasmas del pasado. A estas almas duendes se dirige en unos poemas escénicos que aparecen en la obra que nos ocupa. De la unión entre la experiencia romana y el conocimiento de la obra de Delicado, nace el nuevo libro de poemas en el cual reaparecen dos personajes de *La Lozana andaluza*, la protagonista y su criado Rampín, transportados al siglo XX en vivo diálogo con su nuevo 'auctor': Rafael Alberti.

Acaso la preferencia por el diálogo—que encuentra cabida en la creación de dichos poemas escénicos—en este periodo creativo de Alberti se debe a "una sutil manifestación de la camaradería humana que el poeta experimenta en Roma" como piensa Bellver (199) pero literariamente es obvia la influencia de la obra del dialogista Francisco Delicado.

En otras palabras, esa camaradería se plasma en diálogo lozanesco, de hecho el diálogo es un factor definitorio de la obra de Rafael Alberti en su periodo romano. Alberti introdujo sus primeros poemas escénicos en 1962, en BuenoâAires, y en esta ocasión explica que son y como han de ser representados:

> Poemas Escénicos, líricos, dramáticos tragicómicos, satíricos, burlescos....Para ser protagonizados, sobriamente, sin sobra de declamación, ya por actor o por actriz. El suceso-o mínimo argumento—surge de modo natural, sin referencia de lugar, sin acotaciones, sin ninguna otra indicación escénica. Realmente, en algunos casos, pueden ser representados estos poemas por dos, tres o más personas, pudiéndose realizar con todos ellos parte de ellos-segun se desee- un pequeño programa.

En su recorrido por las calles de Roma, Alberti halla a la primera interlocutora, una hermosa española de "caderas anchas," la "Puttana andaluza":

¿Señora, la conozco Donde vive?.....
¿No estaba usted acaso la otra tarde

en la chiese española,
Via di Montserrato, contemplando
la tumba de Calixto III y su sobrino
aquel Papa Alejandro que lidiaba
toros y damas con el mismo arte,
o tal vez sacudía usted el polvo
a las modestas flores de papel,
que humillan más la lápida que esconde
la osamenta del rey Alfonso XIII ?

Esta centenaria mujer es la Lozana andaluza a quien el poeta reconoce y acaba tratando de tú como a la paisana que es:

¡Y se acabo el usted, señora mía!
Te llamas como siempre y para siempre
te seguirás llamando:
La Lozana Andaluza.

El "vecino ordinario y pícaro," que menciona Catherine Bellver sin reconocerlo, no es otro que el famoso criado de la Lozana, el ínclito Rampín quien traspasó los umbrales de la casa de Alberti como hizo cuatrocientos años antes con el escritor Delicado para sacarle algo, cualquier cosa, y que esta vez se lleva un símbolo de los tiempos modernos: cigarrillos americanos

Tú eres el mismo
que me subiste a casa la otra tarde
dos sillas y una mesa...y me sacaste,
en lugar de unas liras, tres paquetes
de cigarrillos norteamericanos.....
....
Tu eres Rampín, bello aprendiz de amante,
de todos los oficios, de la pícara
gracia inmortal, que ya no tiene nombre.

En *Roma, peligro para caminantes* el interlocutor o la interlocutora a quien se dirige el yo lírico adquiere la realidad de un personaje que habita en la ciudad, y es parte atemporal de la existencia literaria de Roma como lugar mítico de encuentro. En los poemas dedicados a Lozana y a Rampín se eleva el Alberti-creador a Alberti-mito, a personaje de ese universo que el crea y comparte con Delicado, creador y mito a su vez.

Francisco Delicado y Rafael Alberti crearon sus obras alejados de la realidad española. La Contrareforma y la Postguerra obstaculizaban el libre desarrollo artístico y la independencia intelectual. Las dos Romas ofrecen refugio y libertad de expresión a los dos escritores. A resultas de este extrañamiento, nace una pieza única, el *Retrato de la Lozana andaluza*, narración dialogada que consta de sesenta y seis mamotretos, con un personaje principal: Lozana y un escenario fijo: Roma. El tono del lenguaje es popular, heterogéneo y desmedido, de numerosas expresiones vulgares y escatológicas.[2] La riqueza verbal permite al escritor crear un diálogo vivo y dinámico a través del cual da existencia literaria a un segmento particular de la sociedad romana, el estrato al que pertenecen las lavanderas, las cosmetólogas, las prostitutas, los pícaros, los sirvientes de grado inferior de una sociedad cosmopolita y jerarquizada. Es este el ambiente elegido por Francisco Delicado como modelo de su retrato.

Esta *Lozana*, ya emparentada desde su nacimiento con el género teatral por su forma dialogada, Alberti la transforma en obra dramática.[3] Dice Rafael Alberti en la explicación preliminar a su *Lozana andaluza*: "al entrar en esta selva de gracia, frescura popular, abigarrado mundo y submundo de las mil maneras de ganarse la vida los españoles instalados en la ciudad papal, me sobrecogió el miedo de hacer perder a la Lozana su lozanía y que el retrato de la andaluza, al levantarse en una escena, no respondiese a la calidad que

---

[2] Uno de los rasgos más característicos de la *Lozana* es el uso de términos escatológicos y de expresiones populares en diferentes idiomas. El próposito estético es el mimetismo de la realidad en todo su relieve y fuerza. Véase Manuel Criado del Val: "Antífrasis y contaminaciones de sentido erótico en la Lozana andaluza," *Homenaje a Dámaso Alonso*, (Madrid: Gredos,1969) 431-437; y Antonio Frago, "Norma lingüística y artificio literario en la Lozana andaluza," *Philologia Hispalensis*, vol. III, fac.I, (año III): 41-46.

[3] La estructura de la *Lozana* es un diálogo, aunque su lectura crea la impresión de acción; su puesta en escena es imposible. Hay sesenta y cuatro mamotretos o capítulos, ciento veintiseis personajes y la acción se extiende desde 1513 hasta 1527. Para conexión entre la forma de la *Lozana* y el teatro véase Juan Goytisolo, "Notas sobre la Lozana andaluza," *Disidencias*, (Barcelona: Seix Barral, 1978); y Miguel Nicasio Salvador, "En torno a la Lozana andaluza," *Estafeta Literaria*, (Madrid: 1967).

reclamaba de mi la antigüedad y prestigio de su talento." A su autor Francisco Delicado lo sitúa en la tradición de los "arciprestes alegres y desenfadados de la Edad Media" pero que se ha dejado ganar "por el renacimiento italiano, liberal en sus costumbres, realista en su erotismo...."

El nuevo autor de la Lozana abre la primera escena en un patio blanco, con un azotea, bajo la luz radiante del sol sevillano. Dando comienzo a la historia de la joven Aldonza que llegara a convertirse en la famosa Lozana. Alojada en Sevilla en casa de su tía, conoce a Diomedes e inmediatamente se produce el flechazo entre los futuros amantes. Las innovaciones estéticas de Alberti en el Prólogo acentúan el andalucismo de la escena: azoteas, muros encalados, ropa tendida para blanquear, etc. Al mismo tiempo la pieza teatral resalta las predicciones de la Tía sobre lo que ha de ser la díscola joven que, como en la obra de Delicado, sin perder tiempo escapa y busca su destino en los brazos del joven comerciante genovés, y juntos pasearán por el Levante mediterráneo. Se abre la escena con una canción que presenta a Delicado como "presbítero enamorado," y a Alberti, como el poeta andaluz que trajo ante el público las aventuras de la joven Lozana. Se sitúan así los dos padres de la obra a un mismo nivel, arte y parte del entramado dramático. La atención se centra en la bella protagonista, que en su monólogo hace recuento de sus experiencias, viajes y talentos; seguidamente entra en escena la Sevillana y con ella una serie de mujeres de diferentes edades, efecto teatral para realzar la presencia galana de la joven. Alberti al realzar la necesidad de la Lozana de ir a "verter aguas," da cabida al elemento escatológico común en varias obras europeas caranavalescas del siglo XVI como las de Aretino y Rabelais. Este tipo de referencias a las funciones corporales fueron usadas generosamente por Alberti en los poemas de *Roma: peligro para caminantes*, y serán un motivo recurrente en la poesía albertina y naturalmente, en su pieza teatral.

En el primer acto comienzan las relaciones entre Lozana y Rampín, mercantiles en sus inicios se transforman paulatinamente en conveniencia íntima, llegando primero a su consumación erótica y después sentimental; se hace obvio el enamoramiento del jovenzuelo napolitano y el respeto de la Lozana por su criado-amante. Estos nuevos elementos emocionales más cercanos al sentir y a la expresión contemporánea de Alberti se hacen más patentes aún en el Segundo Acto. Alberti aprovecha el dramatismo cómico de la caída de Rampín en un pozo de excrementos para mezclar sus lágrimas de penas y celos con las defecaciones que le ensucian. Así, el amor que siente el muchacho por su ama, un amor dócil, infantil, dedicado, y espiritualmente limpio, acaba mezclado con la porquería de la pobreza y el oficio ignominioso de prostituta. El momento elegido por Alberti para hacer que Rampín exprese su pena de cornudo es sin duda intensificador. Al comenzar el tercer acto, la Lozana ha mejorado de posición social, su casa ahora tiene grandes ventanas iluminadas, pájaros exóticos y palomas. En este momento se prepara para recibir a las cardenales. Ha llegado a la cuspide de su carrera. Los médicos le piden consejo y las bellas damas de la vida pública romana le cuentan sus cuitas. La comida que sirve a sus huéspedes es delicada y costosa. Su trato siempre gracioso y fresco se ha refinado. Rampín sigue al servicio fiel de su ama amante. Para Alberti esta es la "Lozana paloma," símbolo de paz y prosperidad.

En medio del festín con las tres cortesanas, la guerra se aproxima a la escena, primero como un sordo rumor de fondo, y, poco a poco, convertida en griterio. Las viejas de la Primera Escena vuelven su pánico contra la triunfante andaluza y sus hermosas invitadas. Los soldados hambrientos, blasfemos y asesinos se desatan en una orda destructiva a las puertas de Roma. Entonces el poeta transforma a su protaginista en heroina. La Lozana decide ayudar a salvar Roma con las únicas armas efectivas que posee, su cuerpo y su gracia:

> "Lozana—En cuanto a mi señoras mías mucha gente lo sabe: más quiero guerra que peste. Y aunque siempre guste ganarme en paz lo mio y ahora ya nada necesito, pienso y declaro que si el devoto sexo femenino puede salvar a Roma, debe gustosamente hacer tan noble sacrificio..." (Teatro 76)

La adaptación teatral termina con la entrega de la Lozana a la soldadesca y con los gritos desolados de Rampín disfrazado de mujer llamando desesperadamente a la Lozana, mientras que en el fondo arde Roma. Para Alberti la guerra como experiencia desintegradora de la vida tiene un valor patente, por lo cual tiene que jugar un papel decisivo en su obra. Sus aportaciones más significantivas en esta adaptacion del Retrato de la Lozana andaluza son la introducción del amor a través de Rampín y la presencia de la guerra como factor terminal que trunca violentamente el destino del pueblo romano.

Los casi quinientos años que separan las estadias de Francisco Delicado y Rafael Alberti en Roma desaparecen por arte de magia en la visión de la Ciudad Eterna que ambos andaluces proyectan en sus obras. La acción, la palabra en movimiento continuo que "surge de modo natural" es el punto de encuentro entre ambos escritores: Delicado y Alberti. Delicado pusó su obra en diálogo, aventurándose más allá de los géneros. Un diálogo maestro en realismo y ficción de realidad, introdujo en la lengua española literaria el atrevimiento, el descaro y la vitalidad del habla callejera de la cosmópolis. Mediante el uso de la palabra en crudo, desnuda y rica inventó un vehículo para expresar en el arte vivencias que no hallan cabida en una lengua mesurada y selecta. Alberti retoma esa herencia, y la actualiza sin dejarse intimidar por límites de géneros institucionalizados ni de palabras impías, haciendo poesía del habla y teatro de la poesía.[4]

Delicado deja constancia de una Roma papal y renacenista en el Retrato de la Lozana andaluza. Alberti, en la Roma de 1964, recrea la obra de Delicado adaptándola y reduciéndola al tamaño de una pieza de teatro, dando una nueva vida a la mujer andaluza e introduciendo un tema que Delicado había mencionado sin atreverse a tocarlo en profundidad: El Saco de Roma—o la violencia—como desastre para la humanidad. Este hecho obligó a Delicado a salir de Roma y trasladarse a Venecia donde publica su obra en 1528. La prudencia del cura jienense se justifica por la proximidad temporal del Saco y, consecuentemente, por temor a lo que le pudiera pasar en este tiempo desquiciado y de revanchas contra los españoles. Alberti, por su parte, se enfrenta a la guerra, no ya al Saco de Roma como acontecimiento histórico y para los espectadores lejano en el tiempo, sino a través de su propia vivencia como víctima. El fuego y el pánico llevan la estética de la violencia a un primer plano. Mediante la dramatización del Saco como símbolo del dolor, Alberti lleva la Guerra Civil española a escena y se sirve de la vivencia—artística y humana—de Delicado para recrear el drama de su propia derrota, de la cual se cumplen 25 años en 1964.

PERDUE COLLEGE

[4] Hermans Hub, en su estudio *El teatro de Rafael Alberti*, (Salamanca: 1989) califica la adaptación de la Lozana de teatro lírico y simbólico, comparado con el teatro escrito con anterioridad a los años cincuenta que es expresamente político. Dentro del simbolismo de la adaptación teatral vemos sin embargo un transfondo comprometido social y políticamente, que como es sabido retraso el estreno de la obra.

Problemas de la función histórica en el género autobiográfico: *Descargo de conciencia (1930-1960)* por P. Laín Entralgo

JOAN GILABERT

> Aquellos jóvenes [...] silenciosos,
> agria la mirada, hostil el gesto,
> recogidos sobre sí mismos,
> como pequeños tigres
> que aguardaban el momento
> para el magnífico salto predatorio.
>
> J. ORTEGA Y GASSET, citado por
> P. Laín Entralgo. Descargo de conciencia. (76)

> Me da miedo, los sabios siempre me dan miedo.
>
> L. MARTÍN SANTOS. *Tiempo de Silencio.*

ENTRE LOS PRIMEROS DESCARGOS de conciencia de un personaje importante del fascismo español hay que destacar uno que en su época (1938) tuvo gran revuelo. A. Bahamonde y Sánchez de Castro, católico ferviente, hombre de negocios malagueño y delegado de Prensa y Propaganda del territorio controlado por el general Queipo de Llano, desertó la causa nacional en plena guerra y redactó unas memorias que, aun hoy día, deberían de conmover a cualquier lector que se tenga por persona sensible.

El autor del libro nunca oculta sus simpatías por la España nacional y mucho menos su protagonismo militante al estallar la sublevación del 18 de julio (3-14). Tampoco entreteje excusas circunstanciales al relatar su adhesión al fascismo ni paliativos psicológicos que pudieran haber justificado su colaboración con el régimen en guerra. El irresoluble problema de conciencia fue el haber tenido que "contemplar tanto luto, tantos hogares deshechos..." (7) y como católico practicante, nos confiesa que ha llegado a sentirse incapaz de mantenerse pasivo ante los excesos de ambos bandos; pero precisa que: "No hay comparación posible, sin embargo, entre lo realizado por los *nacionales*, fría y metódicamente, organizado por las que se llaman autoridades, y lo que haya podido hacer el pueblo, en algunos casos, desbordando al Poder Público" (12).

En resumen, como creyente cristiano y como hombre supuestamente civilizado (Bahamonde era un editor de libros) siente el deber de descargar su conciencia no sólo con la pluma sino con su ejemplo y así obedeciendo al mandato de su conciencia—elije el exilio. Ha abandonado la familia, el país, los privilegios y se ha decidido por el destierro, a fin de ser fiel a sus principios: "Hoy, gracias a Dios, serenado mi espíritu, vuelvo a ser el que era antes" (11).

Este modesto escritor de memorias, hoy día olvidado, posiblemente sin darse cuenta de ello, se hacía eco del problema ético que ha plagado al ser humano desde que se tuviera conciencia conceptual de lo que hoy llamamos violaciones de derechos humanos. Decididamente, nos decía Larra, en cuestiones de entereza moral, la cultura española (las malas costumbres del país) ha promovido la evasión de responsabilidades: "las circunstancias, he pensado muchas veces, suelen ser la excusa de los errores y la disculpa de las opiniones" (113). Parentéticamente, se podría argüir que el género picaresco—desde *El Lazarillo* a C. J. Cela—no hace sino justificar la reflexión de Fígaro. De ahí la singularidad de las memorias de marras; algo verdaderamente insólito en cuanto a la tarea de asumir responsabilidades en el marco de un reducido espacio temporal (un año). Habiendo llegado a la conclusión de que: "En España, los únicos rojos que hay son Franco, Queipo y su cuadrilla. Y digo *rojos* porque todos ellos están tintos con la sangre derramada de la que son únicos responsables" (144). A. Bahamonde se pone a redactar la autobiografía de este año pasado en la Andalucía bajo Queipo de Llano desde su exilio en Londres. No pretende autojustificar su vida sino simplemente confesar sus "pecados" públicamente dirigiéndose a la conciencia de la humanidad, ahora en el momento en que la experiencia está todavía viva.

Un relato autobiográfico, nos señala Gusdorf, responde a la inquietud de un hombre que al envejecer se pregunta si su vida "no ha sido vivida en vano, malgastada al azar de los encuentros, y si su saldo final es un fracaso" (14). Por lo tanto, la autobiografía es esencialmente un género apologético aún en casos de patente sinceridad como el que mencionábamos al principio de este artículo. La visión de la biografía debe de ser, en último término, la salvación personal del yo-narrador. La obra literaria en la que él [el narrador] se ofrece como ejemplo es el medio de perfeccionar este destino, de llevarlo a buen fin" (Gusdorf 14).

Otro punto importante es cómo el "yo" biográfico logra llevar a cabo, con verosimilitud, este acto de básica decepción.[1] El mismo Gusdorf observa que al "yo" que ha vivido se le añade un segundo "yo" creado en la experiencia de la escritura. En otras palabras, la autobiografía se ve condenada a sustituir continuamente lo acontecido por lo que está aconteciendo en el presente.[2]

Por lo general, la autobiografía es en esencia un acto auto-justificativo[3] y su veracidad factual tiende a debilitarse en la medida que la experiencia de la escritura sea más o menos lejana del episodio o anécdota recordado. De ahí que, al margen de su posible tendenciosidad, los libros de Bahamonde (1938) y Fontana (*Los catalanes en la guerra de España*, 1950) por su cercanía temporal a la guerra civil nos proporcionen una mayor infusión de frescura y sinceridad que otros escritos posteriormente, sobre todo los redactados en la fase de liquidación final del franquismo.[4]

---

[1] "Este libro carece de fines" escribe en el prólogo de su autobiografía José María Fontana (*Los catalanes en la guerra de España*), confesiones de un cacique tarraconense catalán, españolista, voluntario del ejército nacional e impenitente franquista que al final acaba por admitir que la supuesta imparcialidad del prólogo había sido una simple figura retórica. Al final de las memorias nos admite francamente: "Sigo creyendo que ellos [los catalanes republicanos] se equivocaron y yo acerté.... No se me oculta que este libro, a pesar de su perseguida objetividad, está escrito por un hombre de partido" (375).

[2] "El pecado original de la autobiografía es entonces, en primer lugar, el de la coherencia lógica y la racionalización. La narración es conciencia, y como la conciencia del narador [en el presente narrativo] dirige la narración, le parece indudable que esa conciencia ha dirigido su vida" (Gusdorf 14).

[3] El mismo Goethe ha observado que eligió intencionalmente el título de *Poesía y verdad* para subrayar que uno no podía escribir su propia biografía de la misma manera que escribe la de otros. Lo que uno dice de sí es siempre poesía: "Uno escribe sobre tales cosas para transmitir a los otros la teoría del universo que uno lleva dentro de sí" (II).

[4] Anna Caballé señala que es en los períodos convulsivos de la historia de España cuando este tipo de [auto] biografía florece desmedidamente. Comentando la crítica mordaz de un artículo de Larra criticando la profusión de "memorias" correctivas de

A partir de 1975 la voluntad consciente o inconsciente de ponerse al día en cuanto a las nuevas realidades que se perfilaban en el horizonte debieron de ser un poderoso acicate para que el "yo" redactor calculadamente manipulara los recuerdos del pasado con menos escrúpulos que los inherentes en la dialéctica formal del recuerdo autobiográfico. En tales circunstancias, más que la recapitulación del pasado, la tarea se convierte en: "el drama, de un ser que, en cierto momento de su historia, se esfuerza en parecerse a su parecido" (Gusdorf 15). Todo ello correspondería a la función histórica del texto autobiográfico en donde hay que construir un puente entre un "yo" contemporáneo y el otro "yo" que se ha ido desvaneciendo con el pasar de los años.[5]

El elemento propiamente literario de la autobiografía sería el cómo se presenta el material autobiografiado. Si asumimos como legítimo el concepto alemán de "Estética" en donde el elemento histórico y el formal coexisten en interacción dialéctica,[6] podemos comprender el problema de todo autobiógrafo en cuanto a elegir un lenguaje, una estructura y un estilo que estén en consonancia con la metamórfosis de la vida relatada. En otras palabras, se trata de ejercitar una "voluntad de estilo" o una retórica formal que esté a la par con la estrategia y fines del descargo de conciencia.[7]

Descargo de conciencia es un libro de memorias publicado en 1976 por

---

la realidad histórica en el ochocientos y principios del siglo XIX, Caballé señala que "el texto de Larra es de una sorprendente modernidad, y parece inspirado en acontecimientos de ahora mismo" (144). Este "ahora mismo" resulta ser 1975, año de la muerte de Franco y de la disolución del franquismo.

[5] Es muy útil al repecto el trabajo de Karl J. Weintraub, "Autobiografía y conciencia histórica." "Cuando el autobiografo logra situarse en ese lugar estratégico desde el que es posible una visión retrospectiva y total de la vida" (20).

[6]. Sobre este tema es muy útil y asquible el estudio sobre Luckács redactado por Bela Kiralyfalvi. *The Aesthetics of György Lukács*.

[7]. Vale la pena citar a Juan Marichal quien partiendo del término alemán "Stilwille" advierte: "O sea que el estilo es simultáneamente 'un camino que nos lleva' y un esfuerzo del escritor para encauzarse a sí mismo [. . . .] La 'voluntad de estilo' es el agente de una constante auto-imitación, y puede asimilarse finalmente a la función genérica humana que los antropólogos denominan role: el escritor quiere acentuar, o atenuar, según los casos, sus propios rasgos fisonómicos para ser 'reconocido' por un grupo social coetáneo [....] Y como cada época ofrece unas contadas posibilidades de auto-enmascaramiento literario dispone sólo de un corto número de 'moldes'." *La voluntad de estilo* (8).

un intelectual falangista de alto nivel académico, y además es una autobiografía que ejemplifica cabalmente los problemas intrínsecos del género. Pedro Laín Entralgo (1908, Urrea de Gaen, Teruel) ha sido médico, filósofo, catedrático de historia de la medicina, ensayista, pedagogo[8] y teórico-propagandista de Falange desde 1936 hasta los años cincuenta. En 1953, asumió el cargo de Rector de la Universidad de Madrid e inició, según su propio testimonio, el papel de "paria oficial" del régimen junto a un círculo de intelectuales falangistas supuestamente desilusionados con los resultados de la pendiente revolución falangista de 1936-39. Según Laín, este grupo se convirtió en un "ghetto al revés." Lo cierto, sin embargo, es que en las memorias de Laín existe poca evidencia de la supuesta disidencia política e intelectual de nuestro sabio.[9] Si la hubo fue solo parcial pues como él mismo atribuye hipotéticamente a toda la derecha española—en 1976—: "Yo pequé,

---

[8] El mismo Laín se auto-describe como metafísico cristiano con fuertes influencias de Dilthey, Scheler y Heidegger entre los alemanes y Ortega y Zubiri entre los españoles. En realidad, de las muchas contradicciones de sus memorias (parte II es *Hacia la recta final*, 1990), resulta que su catolicismo integrista fue precisamente lo que predominó en los años 30 y 40 para "evolucionar" posteriormente hacia un cristianismo liberal y existencial a la Mauriac. En nuestra opinión, entre varios falangistas desilusionados encuadrados en el círculo de Burgos (Dionisio Ridruejo, Torrente Ballester y él mismo), Laín es literariamente el menos interesante y el más contemporizador con las diversas corrientes ideológicas de los 40 años de Franco. Así lo indica la bibliografía esencial sobre su obra reducida en sus esencias a un libro apologético y, justificadamente, hoy día olvidado (P. Soler Puigorial, *El hombre, ser indigente*). También vale la pena mencionar dos artículos: uno por el especialista orteguiano Nelson Orringer ("Faith, Hope and Love: Stages of Laín Entralgo's Scientific Evolution") y el otro, menos interesante y más pomposo, de José Luis Abellán ("Laín, folósofo de la cultura española").

El otro Abellán (Manuel) es quien, en 1993, ha criticado con tino y sólida argumentación la imagen intelectual e ideológica de P. Laín Entralgo en "Cargo a descargo de conciencia y otras memorias." La lectura de este último trabajo ha propiciado el nuestro. Aludiremos y citaremos con profusión los "cargos" de Manuel Abellán pese a que intentamos aproximarnos a *Descargo*... por diferentes derroteros.

[9] Muy al contrario es el caso de Dionisio Ridruejo quien después de la experiencia con la División Azul en Rusia, en 1942 rompió definitivamente con el régimen, fue expulsado de Falange, desterrado a Catalunya, encarcelado en varias ocasiones e hizo pública esta disidencia en un celebrado libro (*Escrito en España*, 1962) que tuvo que ser editado en Buenos Aires.

aunque el pecado personal sólo haya sido el silencio." (*Descargo*... 319).

Dicho "silencio" fue roto casualmente en 1975 (año de la muerte de Franco) por lo que el "descargo" de Laín se presta a ser sospechoso de oportunismo; sobre todo si tenemos en cuenta que su desengaño con el fascismo, según su propio testimonio, se inició convenientemente en 1945, con la caída de la Alemania nazi. Es en este momento cuando recuerda Laín que "¿cómo he podido estar al lado de un régimen político, que, aun sin yo saberlo, estaba cometiendo tantos atroces delitos?" (319). (No es claro si se refiere al español o al alemán.) Con razón M. Abellán sugiere irónicamente, "que la memoria pueda jugarle a uno malas pasadas no necesita demostración...." (*Cargo* 79).

El libro de Laín está repleto de estas revisiones, llamémoslas factuales, a menudo embellecidas estilísticamente. Lo substantivo es pues necesariamente la veracidad sentimental del "descargo" en el momento histórico en que los destinos políticos y culturales del país tienen las apariencias de estar en vías de cambio para converger con las corrientes "superadoras de las dos Españas" que, en la supuesta izquierda intelectual, se habían iniciado en la década de los sesenta.[10] Sólo así fue posible la "transición pacífica" que con el tiempo ha llegado a ser espejo del alma de la primera restauración. Es decir, otra repetición de "los años bobos" con la misma secuela de corruptelas y el mismo turno pacífico de sabios y políticos.[11] Por ello *Descargo*... es, por necesidad, un libro autobiográfico que tiene la función histórica de ser fiel al "dictum" de Hegel: "La memoria no es lo que se recuerda sino lo que olvidamos" (*Fenomenología*... 13).

Los sabios nominales del franquismo estaban más atrasados cronológicamente que los de la oposición y así debían de redoblar sus esfuerzos intelectuales para converger y ponerse al día. El "descargo" de Laín iba a cumplir la misión con una estrategia retórica ejemplar y su (de Laín) erudición psiquiátrica podría ser, paradójicamente, digna de un estudio en

---

[10] Se recomienda la lectura del libro de P. Gil Casado, *La novela deshumanizada española (1958-1988)*. Pese a que esta monografía se restringe a los novelistas, sus conclusiones bien pudieran generalizarse a la inteligentsia española de la época.

[11] Otro simbólico "abrazo de Vergara" que en Catalunya se traducirá precisamente con el partido de "Convergencia i Unió Democratica," heredero espiritual y material de la antigua "Lliga" de Cambó. En el partido de Jordi Pujol se ha dado esta "convergencia" de que hablamos: de ahí su durabilidad política y cultural a pesar de la falta de carisma del líder catalán y su mediocridad intelectual.

tal disciplina. Por cuestiones de espacio nos limitaremos a la función histórica de esta retórica de contrición y su empeño en dar una línea de evolución razonable a una vida contada por su propio sujeto.[12]

Históricamente *Descargo...* se redacta y publica en unos años de verdadero "boom" auto-biográfico propiciado por la muerte de Franco y de su régimen[13] y como apuntábamos arriba, la inteligentsia española, al igual que otros estamentos sociales de país habían ido evolucionando por diversos motivos hacia posiciones ideológicas moderadas (recordemos a "los moderados" isabelinos del siglo XIX) argumentando (igual que Cánovas del Castillo al final de la Gloriosa) el eslogan del "nunca más" a la guerra civil, a las "dos Españas," etc.

Laín en su *Descargo...* se hace eco del "Zeitgeist" imperante en aquellos años. "Escribí este libro," nos dice, "para demostrar que en cualquier vida humana, la mía en su caso, son perfectamente compatibles la dignidad ética y la palinodía" (Prólogo de 1989 en la edición de Alianza, p. 11)[14] y para que no haya dudas de que esta "dignidad ética" ha sido una constante de su vida nos confiesa que en 1937, después del caso Hedilla y el Decreto de Unificación dictado por Franco[15] ya contemplaba la idea de situarse "au

---

[12] Para una base teórica sobre el tema se recomienda el trabajo de James Olney, "Algunas versiones de la memoria/Algunas versiones del 'bios': la ontología de la autobiografía," en *La autobiografía...*, pp. 33-46. También son interesantes las reflexiones de Juan Manuel González: ."..las [auto]biografías y memorias gozan además de la posibilidad de traspasar tiempos y espacios al margen de toda sincronía, siendo factible dentro de sus coordenadas perfiles semblantes de héroes ya agusanados, doncellas míticas, amigos cercanos o fases más añoradas que reales en la vida del propio autor." "Vidas más o menos ilustres y no del todo recomendables," (*El Urogallo* 54).

[13] José Romera Castillo, "Panorama de la literatura biográfica en España (1975-1991)" en *La autobiografía....* Hay que señalar que el artículo no pretende ser más que una nómina de nombres y títulos y las razones que se dan son bien escuetas. Se señala acertadamente que la "España peregrina," por razones obvias, había tenido su propio "boom" con anterioridad y que a partir de 1975 predominan las memorias de los de "dentro" debido al "cambio histórico" y la abolición de la censura. No se apunta el hecho—sugerido por nosotros—sobre la urgencia de no perder el tren a cargo de los arrepentidos nacionalistas. Motivación que nosotros consideramos igualmente fundamental.

[14] Retracción pública.

[15] A pesar de haber sido escrito en los años sesenta, el libro de Stanley G. Payne

dessú de la melée" y superar el problema español que había causado la guerra: "y yo, involuntario y dócil Avinareta [alusión a Baroja] de un día, volví a lo mío, a lo que en el orden de mi inserción en la vida pública de España [asumimos que se refiere a su condición de literato falangista en *Arriba*] yo consideraba entonces más 'mío': cavilar ingenua y honestamente lo que podía ser la cultura española en verdad asuntiva y superadora" (209). Huelga señalar que la secuencia temporal de esta implícita desilusión es simplemente sospechosa por no decir falsa y que sólo tiene sentido "palinódico" casi cuarenta años más tarde cuando se planea el segundo (¿tercero o cuarto?) abrazo de Vergara: es decir, la segunda Restauración. Manuel Abellán nos ha dado datos empíricos que contradicen estas veleidades de hombre sabio y sesudo.[16]

Una cultura española "asuntiva y superadora" era naturalmente un eslogan falangista prestado de otros fascismos europeos (notablemente del alemán y del italiano) como lo era el lenguaje altisonante y agresivo de fragmentos del "descargo" que ocasionalmente están presentes en el texto. Además, ni es necesario acudir a los hechos empíricos para desmentir tales pensamientos en 1937. El mismo Laín nos proporciona la evidencia repetidamente a lo largo de las 517 apretadas páginas de las memorias (prefiere llamarlas confesiones quizás pensando en San Agustín o en *Dichtung und Wahrheit* de Goethe, ¿quién sabe?). En 1939 entró triunfante en Madrid como "un falangista sin vocación" para "la naciente España [que] le había dado un puesto en su administración [en el "Movimiento Nacional"

---

sigue siendo la mejor fuente para el tema. *Falange. A History of Spanish Fascism.* El mismo Payne ha publicado otro libro más reciente (1984) y abarcador sobre el franquismo (*El régimen de Franco, 1936-1975*) en donde se repiten los mismos comentarios sobre el "Decreto de Unificación" y las consecuentes escisiones dentro de Falange.

Existen fuentes autobiográficas sobre el suceso pero—pese a la admiración de Payne por el ideario de Falange—sus monografías son las más fiables y asequibles en inglés o castellano. El problema de la versión de Laín es que atribuye a estas escisiones significados disidentes que no existieron en su propia persona o en la de otros. Todo permaneció encerrado dentro de las facciones fascistas. De ahí el eslogan de la "revolución pendiente" inventado por los hedillistas y repetidamente citado por nuestro autobiógrafo en *Descargo*.... Los datos de Payne han sido ampliados recientemente en la monumental biografía, *Franco*, escrita por Paul Preston.

[16] Véase nota 8.

eran las palabras de rigor por aquellas fechas], ciertos honores [miembro del Consejo Nacional del Movimiento] y algunas franquías [o sea poder escribir en la prensa que debemos de asumir que era en periódicos de propaganda falangista como *Arriba*], poder visitar sin trabas a un ministro o a un Director General" (272). Sin embargo, su conciencia no estaba tranquila pues el memoralista hace la confidencia de que "por temperamento y educación tendía en su vida social a la conciliación y a la pacífica convivencia" (272). El lector no debería de sentirse estupefacto ante tamaña sofistería pues como bien sabemos se trata de una "palinodia" en la que desde buen principio se nos advierte que lo escrito: "No es ni quiere ser un libro de historia; quede bien claro" (Prólogo a la primera edición de 1976, p. 15) y por lo tanto las contradicciones son inevitables. Es razonable pues fiarse de, al menos, la sinceridad del recuerdo.

No es cuestión de manipular el "curriculum vitae" del autobiógrafo sino muy al contrario, los lectores de 1975, sobre todo los jóvenes, deben de tomar lección de tiempos y circunstancias agónicas (de ahí la apropiación del ideario de Unamuno y del 98 en general [señalado por M. Abellán] de una juventud española que "quería a España porque no le gustaba" [atribuído a J. A. Primo de Rivera quien, a su vez, lo atribuía al ideario nacionalista noventayochesco]).

En suma, estamos ante un maestro de la retórica de la contricción quien no sólo selecciona sus recuerdos sino que los estructura diacrónicamente en forma de paradoja como buen "nieto" de la generación del 98.[17]

Estas finezas retóricas manipuladoras de *lo que pasó* no son primores exclusivamente españoles. Goethe se lo admitía a sí mismo en su citada autobiografía al titularla *Poesía y verdad* y sólo hace unos meses el líder socialista, ex-resistente anti-fascista francés, intelectual y actual Presidente de

---

[17] El eslogan ilustra bien el pensamiento mimético del fascismo español. Laín lo toma de Giménez Caballero (fascista de la vertiente nazi), quien escribiera un artículo titulado "Nietos del 98" en la revista madrileña *La Gaceta Literaria*, en 1930. De la misma fuente lo debió de adquirir José Antonio Primo de Rivera. En cualquier de los casos dicho concepto es uno de los primeros intentos de manipulación del ideario noventayochesco por el fascismo español. Especulamos que lo de "nietos" sería pensando en Ortega y Gasset, como "hijo" del 98 o quizás en la generación del 27: Frivolidad perpetrada por partida doble a cargo de los intelectuales franquistas. Laín dió un discurso en la Facultad de Medicina de Buenos Aires titulado: "Los nietos del 98 y el problema de España" (*Descargo*... 360) en 1945.

Francia, François Mitterrand, confesaba al investigador Pierre Péan que sus escritos autobiográficos habían tenido la función histórica de literalmente dejar en el limbo de los rumores no verificados su pasado católico-integrista, militante de la ultra-derecha francesa de los años 30 (La Cagoule), "colaborateur" de Pétain y de su jefe de policía (el notorio René Bousquet) un caza judíos, sindicalistas, socialistas, comunistas, demócratas liberales, etc. Coincidentalmente la conversión—de Mitterrand—a la resistencia encabezada por el general de Gaulle había ocurrido pocos meses antes de la invasión aliada, hacia finales de 1943. Le confiesa a Péan que su apoyo y amistad a Bousquet y otros intelectuales del régimen de Vichy se había prolongado hacia los años ochenta simplemente porque había intentado superar las viejas querellas de una equivocada "jeunesse française," que es precisamente el título de un capítulo del libro. Ahora, al final de su vida (padece de cáncer), el sesudo y en el fondo cristiano filósofo-rey (Presidente de Francia) pone al día su autobiografía con la misma técnica retórica de Laín: "En estos períodos revueltos [se refiere a los años treinta] cuando uno para colmo es joven, es muy difícil escoger un buen camino. Yo no me salí bien del dilema. Es injusto juzgar a la gente por los errores que se explican por la atmósfera de la época. A los políticos no se les perdona" (361).[18]

---

[18] Hemos traducido del francés. Aquí los comentarios expiatorios de Mitterrand concuerdan con las reflexiones de Larra que citábamos al principio de este artículo. Eludir la responsabilidad personal pero sólo a medias pues la elite política e intelectual de Francia, en 1994, va por derroteros éticos y culturales más moderados que harán posible una piadosa comprensión de los "pecados" cometidos por una juventud francesa alborotada por el peligro rojo. Un capítulo del libro de Péan se titula precisamente: "Une jeunesse françoise." Unas confesiones (en este caso orales) que asumen la misma función histórica que las de Laín: "¿Qué era en su verdadera realidad propia aquel garzón [sic] de veintidós años que por la estación de Atocha venía a la conquista de Madrid? [....] ¿Un licenciado universitario con buen expediente académico e interna y socialmente configurado como 'joven de derechas'? [....] no, digo ahora y es seguro que entonces también *lo hubiese dicho* [....] *siempre* me han parecido insípidos e inoperantes los modelos de pensar a que nuestra derecha católica viene dando al nombre de 'ideas sanas'" (*Descargo*... 76-77; subrayados nuestros). Un buen subjuntivo pluscuamperfecto y un adverbio temporal contemporarizadores que ya apuntan, en línea directa, a la Parte II de las memorias, *Hacia la recta final* de 1990.

Gusdorf tenía perfecta razón al sugerir que la confesión autobiográfica es un género literario, por naturaleza apologético y—nosotros añadiríamos—que no respeta

En Laín, un buen ejemplo de la distorsión de los hechos lo tenemos en el Antonio Machado evocado por el Catedrático de Historia de la Medicina, comentarios sobre el poeta que son tan falsos como el "Zeitgeist" implícito en el *Descargo*... de nuestro sabio. Era necesario ejecutar filigranas de arte mayor para apropiarse del "alma" de un modesto profesor de Instituto quien se mantuviera impoluto hasta el final.[19] Nuestro autobiógrafo sabía muy bien que despolitizar al autor de *Juan de Mairena*, en 1947 (en el libro sobre la generación del 98) significaba, de algún modo, legitimizar el putativo ideario "superador" de Laín,[20] del joven Ridruejo[21] y, en general, de los llamados

---

el color de la ideología. Como prueba de ello recomendamos la lectura del citado libro de Laín y el de Pierre Péan (*Françoise Mitterrand*). *Descargo*... de algún modo es también la historia poética ("Dichtung" decía Goethe) de un "joven español [de derechas].

[19] Aunque hay numerosos estudios sobre el tema nosotros recomendamos el de Tuñón de Lara, *Antonio Machado, poeta del pueblo*.

[20] Comentando la ideología del poeta: "Creo—*decía el pobre Antonio Machado*—'en una fe que nace/ cuando se busca a Dios y no se alcanza;' y cuando confiesa la existencia de sangre jacobina—unas gotas—en sus venas, *lo hace como si su alma de poeta se sonrojase*, como si eso fuera un pecado poético" (*La generación del 98* 620; los subrayados son nuestros). Laín regresa a Machado en 1975 sin los comentarios abiertamente integristas de los años falangistas pero es mucho más cauteloso con sus recuerdos. Al fin y al cabo, como también ha descubierto un Machado confesional, se escuda (en el prólogo) con el pobre jacobino de antaño: "Para curarme del peligro de incurrir en ella [el peligro de mixtificar las anécdotas de una vida la mía...] haré de nuevo mío el certero poemilla aforístico de Antonio Machado:

> Doy consejo a fuer de viejo:
> nunca sigas mi consejo.
> Pero tampoco es razón
> desdeñar
> consejo que es confesión." (*Descargo*... 14)

Tanto en 1947 como en 1975 Laín es consistente; como señala Manuel Abellán (artículo citado), intelectualmente todo está bien atado desde la publicación de *La generación del 98*.

[21] Dionisio Ridruejo, en el prólogo a *Obras completas* (1940), se esbozan los primeros atisbos de los eslogans sobre "el pobre Machado" y el "pobre embaucado" (que de manera más sibilina Laín recogería en *La generación del 98*) y que serían la

"nietos" del 98. Así la memoria de Laín concuerda con la observación de Hegel arriba citada.

Finalmente, la función histórica del *Descargo...* es subrayar una y otra vez que el protagonismo del biógrafo en el régimen—ahora en vías de desaparición—ha sido modesto o más bien incidental. En uno de sus encuentros con Franco,[22] Laín nos refiere que el Caudillo le habló de temas librescos: "¡Está usted muy fecundo en esta temporada!" (275). Se insiste en que el yo biografiado era y es un individuo modesto, gris, más bien rayando en la mediocridad: "Aunque con ciertos altibajos—por fuerza debo recordar mis nada brillantes exámenes en Oftalmología, en Obstetricía, en..." (85). Por lo general, olvida convenientemente sus importantes contribuciones como escritor y administrador de la infraestructura del régimen, especialmente de la censura, aunque ocasionalmente sufre de lapsos de memoria freudianos que nos remiten a la identidad real del antiguo "cerebro" de Falange:."..formé parte de la amplia misión que presidida por el general Espinosa de los Monteros, había de asistir al Congreso Anual del Partido Nacional socialista [en 1939].... Llegué a Nüremberg transido de sueño [...] a la izquierda de Hitler y el de la derecha [palcos para los invitados de honor] lo ocupaba la delegación italiana...." (258-59).

Una cuidadosa lectura de *Descargo...* revela conocimientos sólidos y profundos sobre la retórica de contricción aplicada a la autobiografía. Laín fue y sigue siendo—al menos en las fechas de la escritura de *Descargo...*—buen conocedor y comentador de Hegel, Sheler y Dilthey, todos ellos pensadores alemanes que han escrito sobre la fenomenología del espíritu y hoy en día se les considera como fuentes esenciales—sobre todo el último[23]—de la teoría autobiográfica moderna. *Descargo...* asimila casi a

---

base de la idea superadora de las dos Españas. Para un examen cabal del tema hay que acudir al seminal estudio de Manuel Abellán (artículo citado, 92-93).

[22] En el *Descargo...* sólo se recuerdan dos: uno que vagamente se refiere a 1942 y el otro en diciembre de 1955 en donde "Franco *parecía dispuesto a aceptar mis argumentos* en una reforma paulatina del régimen" (445, subrayados nuestros). El hecho que recuerda con tanta precisión el segundo habla por sí mismo. Con toda seguridad hubo otros que el autogiógrafo no recuerda quizás porque el tema tratado con el Caudillo no tuviera que ver con la función correctiva de la historia tan evidente en *Descargo....*

[23] "Corresponde a Dilthey, a finales del siglo pasado, al elevar la autobiografía a un nivel de radical prominencia al postular su gran importancia para la comprensión

la perfección muchas de sus reflexiones, incluyendo las de otros que Laín seguramente no ha leído.

Los "fenómenos" de la autojustificación, buscarle—en las vejeces—cierto fin a la existencia, tratar de "parecerse a su parecido" etc. están todos presentes y—en líneas generales—empleados con manos de orfebre en este libro. En parte, así se explica su éxito editorial (reeditado en 1990) el cual se debe—creemos—al notable dominio y manipulación de la retórica del "descargo" que le permitió a Laín persuadir al lector que leía una vida tal y como había acontecido. Consideramos que una segunda lectura crítica de este libro (la primera fue a cargo de M. Abellán) era necesaria pues Laín y algunos de sus "camaradas falangistas" contribuyeron a crear y propagar los eslogans que durante cuarenta años encabezaron el ideario del bien llamado *Imperio de papel.*

La peligrosidad de este libro radica precisamente en la casi perfecta ejecución de esta retórica de contricción avalada por las figuras estilísticas de un escritor elegante y que se nos presenta como lo que idealmente pudiera haber sido un fascismo ilustrado, valga la paradoja. Como las citas epigráficas pretenden sugerir, es prudente tenerles miedo a los "sabios,"[24] sobre todo aquéllos que posean las herramientas formales, los conocimientos teóricos y la habilidad retórica para sugerirnos imperativos éticos que puedan justificar la destrucción de la misma humanidad que se pretende revitalizar. El culto a la agresión, "pequeños tigres," "el magnífico salto predatorio," son imágenes orteguianas que, nos confiesa Laín, influyeron mucho en la sensibilidad del proto-falangista precisamente a causa de la reputación intelectual del "escribidor," al decir de Vargas Llosa. Si el libro de Laín pusiera en claro que el saber no es meramente un fin en sí mismo, o las armas de un profesional, su "descargo" sería semánticamente correcto. El autobiógrafo hubiera escrito un libro bello en el sentido agustiniano del vocablo: "Aquel hombre [se refiere a César Vallejo] era un hombre aparte, era un poeta. Creo que la poesía va unida a la profundidad de la bondad" (137) nos dice

---

histórica." Señala acertadamente Angel G. Loureiro en "Problemas teóricos de la autobiografía" (2-8).

[24] La naturaleza y la peligrosidad del intelectual profesional, nos asegura Manuel Andújar, consiste en que "Muchos intelectuales importantes creen que la historia comienza con ellos...." en "Manuel Andújar: Luchar contra el olvido implica marginación." Artículo entrevista escrita por Michel Santiago. (*El Urogallo* 12-17).

Elena Garro[25] a contrapelo de la ideología postmodernista, tan en boga hoy en día. Como el médico de *Tiempo de Silencio,* Laín se auto-absuelve intelectualmente de su deber con la humanidad; específicamente, con la juventud española de 1975.

Lo más insidioso de esta autobiografía es que por un lado el autobiógrafo nos asegura que no escribe un libro de "historia," pero por el otro, se nos da una imagen de Laín como ejemplo emblemático de la clase dirigente española superadora de las viejas querellas: el "menú" de Larra. Nos hallamos pues ante vagos "ensueños" que no tienen absolutamente nada que ver con los atribuidos por el fantasmagórico "ghetto al revés" a la generación de 98, y por extensión a los "mejores elementos" del pueblo español que se mantuvieran fieles a una España menos dogmática y más democrática hasta el fin de la segunda República y en el largo exilio [por ello nos da un gran placer publicar este artículo en el libro homenaje a Lluis Montguió].

El problema intrínsico de la función histórica de la autobiografía comentada consiste en el fallido intento de trazar un puente bien estructurado y razonado entre los recuerdos de una juventud supuestamente idealista y entusiasta y el presente de la escritura. Es decir, los falangista de los años treinta y cuarenta (el primer "yo" en palabras de Gusdorf) y el moderado y sesudo sabio que escribe en 1975 (el otro "yo") quien *no* quiere parecerse al primero. En otras palabras, el Laín que no quiere correr el destino de sus antiguos ídolos políticos (José Antonio y Franco), ni tampoco el de su mentor intelectual (Ortega y Gasset). Cabe reiterar que el caso estudiado confirma la idea de Gusdorf en cuanto a la autobiografía que se fuerza a sí misma, por necesidad, a substituir lo acontecido por lo que está aconteciendo en el presente. En esencia, es un género literario que tiende a distorsionar la realidad.

UNIVERSITY OF ARIZONA

OBRAS CITADAS

Abellán, José Luis. "Laín, filósofo de la cultura española." *CH* 446-47 (agosto-

---

[25] *Memorias de España. 1937.* Libro escrito en plena época posmodernista (1992): "Tal vez sabía ya [Vallejo] que el hombre moderno tiene el corazón de piedra" (139). Estamos en proceso de dedicarle un ensayo.

setiembre 1987): 421-56.

Abellán, Manuel L. "Cargo a 'descargo de conciencia' y otras desmemorias." *Memoria/Memorias. Hispanística XX.* Centre d'Etudes et de Reserches hispaniques de XX siecle. Université de Bourgoygne: 79-94.

Andújar, Manuel. "Manuel Andújar: luchar contra el olvido implica marginación." Artículo-entrevista por Michel Santiago. *El Urogallo.* (Mayo 1990): 12-17.

Bahamonde y Sánchez de Castro, Antonio. *1 año con Queipo. Memorias de un nacionalista.* Barcelona: Ediciones Españolas, 1938.

Caballé, Ana. "Memorias y autobiografías en España (Siglos XIX y XX)" en *La autobiografía y sus problemas teóricos.* Monografía temática especial. Barcelona: Anthropos, 1991: 143-169.

de Larra, Mariano José. "Las circunstancias" en *Artículos de costumbres.* Buenos Aires: Austral, 1966: 113-16.

Delgado Gómez-Escalonilla, Lorenzo. *Imperio de papel. Acción cultural y política exterior durante el primer franquismo.* Madrid: Consejo Superior de Investigaciones Científicas, 1992.

Fontana, José María. *Los catalanes en la guerra de España.* Madrid: Ed. Samarán, 1950.

Garro, Elena. *Memorias de España.* México D.F., Madrid: Siglo Veintiuno Editores, 1992.

Gil Casado, Pablo. *La novela española deshumanizada (1958-1988).* Barcelona: Anthropos, 1990.

Goethe, Johann Wolfgang. *Dichtung und Wahrheit.* Berlin: Deutschen Akamedie der Wissenschaft, 1970 (9-11).

González, Juan Manuel. "Vidas más o menos ilustres y no del todo recomendables." *El Urogallo.* Mayo 1990: 54-58.

Gusdorf, Georges. "Condiciones y límites de la autobiografía" en *La autobiografía y sus problemas teóricos.* Monografía temática especial. Barcelona: Anthropos, 1991: 9-18.

Hegel, G. W. F. *Fenomenología del espíritu.* Trad. Wenceslao Roces. México: Fondo de Cultura Económica, 1973.

Kiralyfalvi, Bela. *The Aethetics of György Lukács.* Princeton: Princeton University Press, 1975.

Laín Entralgo, Pedro. *Descargo de conciencia.* Madrid: Alianza Editorial, 1976. Reeditado por Alianza en 1990.

_____. *Hacia la recta final.* Barcelona: Círculo de lectores, 1990.

Loureiro, Angel. "Problemas teóricos de la autobiografía" en *La autobiografía y sus problemas teóricos.* Monografía temática especial. Barcelona: Anthropos, 1991.

Marichal, Juan. *La voluntad de estilo.* Barcelona: Seix Barral, 1957.

Olney, James. "Algunas versiones de la memoria/Algunas versiones del 'bios': la ontología de la autobiografía." *La autobiografía y sus problemas teóricos.* Monografía temática especial. Barcelona: Anthropos, 1991: 33-46.

Orringer, Nelson. "Faith, Hope and Love: Stages of Laín Entralgo's Scientific Evolution." *Letras Peninsulares* 1.2 (Fall 1988): 133-50.

Preston, Paul. *Franco*. New York: Basic Books-Harper Collins, 1994.

Ridruejo, Dionisio. *Escrito en España*. Buenos Aires: Losada, 1962.

Romera Castillo, José. "Panorama de la literatura autobiográfica en España (1975-1991)" en *La autobiografía y sus problemas teóricos*. Monografía temática especial. Barcelona: Anthropos, 1991: 170-184.

Soler Puigoral, P. *El hombre, ser indigente. El pensamiento antropológico de Pedro Laín Entralgo*. Madrid: Guadarrama, 1966.

Weintraub, Karl J. "Autobiografía y conciencia histórica" en *La autobiografía y sus problemas teóricos*. Monografía temática especial. Barcelona: Anthropos, 1991: 18-33.

El tema de la *Yawar Fiesta* en la narrativa peruana del 50

JAMES HIGGINS

JOSÉ MARÍA ARGUEDAS, EL gran novelista del mundo andino, centra su novela *Yawar Fiesta* (1941) en una fiesta popular, no con fines costumbristas, sino como medio para explorar la sociedad que se expresa a través de ella. Para hacerlo se fija, no en una ocasión típica, sino en una crisis provocada por una ruptura de la costumbre, la cual pone al desnudo la realidad profunda de esa sociedad. En efecto, el *turupukllay*—una corrida de toros indianizada—refleja las divisiones y tensiones de la sociedad andina, pero paradójicamente apunta también a un sentido de identidad andina compartido por todas las clases y razas. Además, el decreto gubernamental que prohibe la fiesta india, pretendiendo reemplazarla con una corrida de toros "civilizada," representa un cambio impuesto desde fuera quâviene a simbolizar el impacto de la modernidad en la sociedad tradicional de la sierra.[1]

Tras un largo período de silencio, Arguedas reanudó su carrera literaria con *Los ríos profundos* (1958), novela en la cual maneja un nuevo estilo narrativo que él mismo reconoció que fue inspirado por el ejemplo de los jóvenes escritores de la generación del 50, quienes renovaron la narrativa peruana incorporando a ella los avances expresivos alcanzados por la narrativa occidental. Sin embargo, la deuda era mutua, porque en su representación del mundo rural estos escritores supieron aprovechar las lecciones del maestro. Así, en dos de los relatos más importantes producidos por esa generación, Carlos Eduardo Zavalata y Eledoro Vargas Vicuña

[1] José María Arguedas, *Yawar Fiesta* (Buenos Aires: Losada, 1974). Para un estudio de la novela, véase Antonio Cornejo Polar, *Los universos narrativos de José María Arguedas* (Buenos Aires:Losada, 1973).

adoptan la estrategia utilizada por Arguedas en *Yawar Fiesta*. Además, en ambos casos la fiesta que es el foco de la narración resulta tan sangrienta que es, literalmente, una *yawar fiesta*.

"La batalla" (1954), de Zavaleta, está ambientado en Tingo, una aldea andina vecina a la ciudad de Caraz y donde cada año se celebra la fiesta del cóndor-rachi (Zavaleta 30-40).[2] La historia se estructura alrededor de la visita de un joven forastero que ha venido desde Lima para presenciar el espectáculo. En los primeros párrafos lo vemos recién llegado a Caraz, donde reina una atmósfera de entusiasmo generado no por la fiesta aldeana, sino por un partido de fútbol entre un equipo local y otro venido de la ciudad rival de Yungay, y al dirigirse hacia Tingo va contra la corriente de los caracinos que acuden al estadio. Al referirse a "esa vieja aldea sepultada el día de su fiesta por el vibrar de unas cornetas y el vocerío de unos muchachos" (Zavaleta 31), el texto parece censurar la mentalidad que lleva a los peruanos a dar la espalda a sus propias tradiciones culturales, y se da a entender que el forastero ha venido en busca del Perú profundo que ya sólo se encuentra fuera de las ciudades. El vocablo arcaico usado para definir la distancia que recorre para llegar a Tingo (media legua) sugiere que al salir del espacio urbano ha entrado en un mundo más antiguo, y cuando los lugareños lo dirigen hacia un cerro donde se dice que hay un edificio incaico soterrado, se insinúa que la fiesta representa un vínculo con el grandioso pasado precolombino.

De esta manera la narración crea una expectativa positiva respecto a la fiesta y en un primer momento esta expectativa parece cumplirse. Aunque desde una perspectiva occidental se la podría tachar de barbarie—se trata de una prueba de hombría en la que los contrincantes, montados a caballo, cargan sobre un enorme cóndor aprisionado y le asestan puñetazos—el narrador se abstiene de emitir juicios morales y la presenta más bien como una manifestación de hidalguía primitiva. Hasta sugiere un paralelismo con los torneos medievales, ya que como los campeones antiguos el capitán Mendoza y el terrateniente Chueca se enfrentan en un desafío. Así, Chueca está representado como un gallardo paladín:

Un príncipe en el mejor caballo de la región, oreados los vellos del

---

[2] Todas las citas corresponden a la edición de Carlos E. Zavaleta, *El Cristo Villena*, (Lima: Lluvia, 1983) 30-40.

> pecho y remangada la camisa, Chueca era todo mañas. De lejos media a su enemigo y lo desafiaba apenas. Después levantó el galope, de pie en los estribos y sin tocar la montura; y cuando llegó a verse con el pájaro, blandió con furia el puño derecho. Pescuezo y pico se le abalanzaron con la prontitud de la lengua de una víbora, pero Chueca recogió su mano y abatió la otra en formidable puñetazo al pecho. (Zavaleta 34)

Y cuando el forastero se presenta a los dos contrincantes principales, parece manifestar admiración, dando a entender que el espectáculo ha sobrepasado su expectativa:

> Jamás había visto cosa igual [...] Me han hablado de una carrera de cintas, de un juego de niñas comparado con esto. (Zavaleta 35)

No obstante, una lectura más atenta de los primeros párrafos del relato revela una nota de ambigüedad. La oración inicial "El toque de la primera corneta del colegio Santa Inés de Yungay hizo olvidar el pueblo de Tingo" (Zavaleta 30) tiene el efecto de desprestigiar la aldea rural respecto a la ciudad vecina. La alusión a un vigía sobre el puente que da a la campiña sugiere que Caraz es una especie de ciudad fronteriza en el linde que separa el occidente del mundo andino. Además, la referencia al matadero de las afueras, donde dos indios lavan la sangre del piso, insinúa que estamos al borde de un mundo más primitivo y violento. En efecto, a medida que nos adentramos en el relato, éste va subvirtiendo la expectativa que ha creado, para revelarse como una nueva versión del viejo tema de civilización y barbarie.

Así, si a primera vista el desafío entre Chueca y Mendoza parece ser un encuentro heroico, representa una ruptura de la costumbre que deja al descubierto el carácter feudal de la sociedad rural, ya que el protagonismo del militar y del terrateniente apunta a la hegemonía social ejercida por la oligarquía hispánica. Los demás contrincantes son campesinos cholos cuyo papel secundario queda destacado por el hecho de que la narración los deja en la anonimidad, sin otorgarles un nombre. En cuanto a los indios, su bajo status está señalado por un grupo que ronda la chichería bebiendo las sobras dejadas por sus superiores, y esta situación emblemática se ve repetida a nivel colectivo, ya que sólo los indios suelen presenciar el final de la fiesta.

Además, el evento deja vislumbrar las relaciones de género que imperan en la sociedad andina. Aunque a las mujeres les disgusta la violencia de la fiesta, acompañan a sus maridos para cumplir una obligación y a ellas les toca todo el trabajo de ir de compras y preparar comida y ropa, para después verse ignoradas mientras los hombres se emborrachan. Peor aún es la experiencia de la amante del capitán Mendoza. Cuando acude a socorrerlo al verlo magullado por el cóndor, el capitán la rechaza a puntapiés, puesto que su intervención atenta contra su dignidad de hombre. Después, cuando pretende defenderlo contra los ataques de Chueca, Mendoza la pega como castigo por haberlo humillado en público.

Sobre todo, el relato representa la fiesta como un rito machista, destacando la facilidad con que el culto de la hombría degenera en una violencia primitiva. En su conversación con el forastero, el militar y el terrateniente dan la imagen de hombres cultos y al principio se tratan con cortesía. Pero a medida que se van excitando con la borrachera y la emoción de la contienda, muestran un manifiesto antagonismo que los lleva a deshacerse de su barniz civilizado, pegando a la mujer que se ha interpuesto entre ellos y apartándola a golpes para lanzarse el uno sobre el otro. Y Chueca se enfurece a tal extremo que los asistentes se ven obligados a contenerlo para que no remate a la pareja.

En efecto, si al principio se establece un paralelismo entre la fiesta y un torneo medieval, éste va convirtiéndose en una parodia. La narración traza el progresivo deterioro de Chueca a medida que el noble paladín de la primera vuelta se va transformando en un bruto pendenciero. Este proceso se ve repetido en los demás contrincantes, cuya creciente sed de sangre reduce el cóndor a una masa liquida, pero hasta ellos quedan horrorizados cuando el terrateniente enloquecido intenta desmembrar el pájaro y luego cae a tierra abrazado a su víctima:

> El hombre hundió sus botas en el pecho, erró un puntapié y cayó junto al animal [...] el verdugo seguía hablándole borracho a la tierra y a las plumas, pisoteando al pájaro aún vivo, golpeando a los indios que buscaban dejarlo en dos pies. (Zavaleta 40)

Al rechazar a los indios que acuden a levantarlo, el arrogante terrateniente queda despojado de su superioridad social, poniéndose en posición de inferioridad respecto a la masa indígena que domina y desprecia. Más aun, al confundirse con el cóndor, se despoja de su humanidad, poniéndose al nivel del animal por la cruel violencia con la cual lo victimiza.

El cóndor constituye un símbolo ambivalente, ya que si por un lado está identificado con lo salvaje, por otro representa la grandeza del mundo andino. Una serie de referencias lo vincula con el sol, emblema del pasado incaico, y la relación queda subrayada cuando el forastero, deslumbrado, "Veía el pájaro y lo confundía con el sol" (Zavaleta 39). Así, la victimización del cóndor viene a simbolizar la degradación sufrida por el mundo andino desde la Conquista y, lejos de ser un vínculo con una grandiosa tradición precolombina, destaca el atraso de la sierra moderna, donde los esplendores del pasado quedan tan soterrados como el edificio incaico sepultado bajo el cerro vecino.

A medida que nos adentramos en la historia, el significado de los párrafos introductorios dedicados a Caraz va aclarándose, ya que la ciudad queda en la memoria del lector como contraste con al mundo rural. En efecto, la brutal violencia de la fiesta se ve resaltada por la implícita comparación con el partido de fútbol, el cual domestica la agresividad masculina. Pero es, sobre todo, el joven forastero quien sirve de contrapunto a los acontecimientos que ha venido a presenciar, ya que su comportamiento significa una crítica tácita del mundo en el cual ha entrado. Frente a la jerarquización de la fiesta, el joven ostenta un espíritu democrático, relacionándose con todos, sea cual sea su clase social. Se encuentra a gusto bebiendo con los hombres pero también se muestra atento con las muchachas, a diferencia de los lugareños, quienes desatienden a las mujeres para emborracharse. Y si demuestra su hombría montando un caballo sin jinete, señala que no siente necesidad de hacer prueba de ella al abstenerse de participar en la contienda.

Sobre todo, se destaca por su cortesía, la cual lo lleva a callar su reacción frente a la fiesta, y la eficacia del relato proviene precisamente de que no articula ninguna crítica directa sino que la insinúa sutilmente. Así, aunque las muchachas le instan a prestar atención, el forastero parece no captar el primer asalto y ellas tienen que describírselo, y su versión de la primera intervención de Mendoza no coincide con lo que ellas han visto. En el primer caso se da a entender que ha sido deslumbrado por el sol y, en el segundo, que está bromeando, pero también queda insinuada la posibilidad de que haya desviado los ojos para evitar un espectáculo demasiado cruento para su sensibilidad. Cuando dice que nunca ha visto nada parecido, su comentario resulta un magnífico ejemplo de diplomacia verbal que deja su verdadera opinión en la ambigüedad, ya que si Chueca lo interpreta como una felicitación, también podría entenderse como una crítica velada. Durante la bronca entre el militar y el terrateniente se mantiene apartado como distanciándose de ellos y guarda silencio como expresando muda desaprobación. Finalmente, cuando prescinde de su acostumbrada cortesía y se esfuma sin despedirse de nadie, se sobrentiende que ya no puede soportar más. Así, la duda expresada en el último párrafo funciona como un recurso retórico que invita al lector a articular la crítica que el forastero ha callado y que la narración ha venido insinuando:

> [...] cuando el grupo de muchachas de Tingo salió a buscarlo, se iba ya por el puente, bajando la cuesta con su saco al brazo y con una actitud que no se sabía si admiraba o compadecía a los hijos de la aldea. (Zavaleta 40)

Si existe alguna duda, existe sólo en la mente de los tingueños, quienes no han podido leer sus pensamientos, y apunta a la fineza del forastero, quien se ha abstenido de emitir juicios críticos para no ofender a sus anfitriones.

" La batalla" destaca un desfase entre el Perú moderno representado por el forastero y un Perú rural sumido en el atraso. Este mismo desfase se hace patente en la narrativa de Eleodoro Vargas Vicuña, la cual está ambientada en un anónimo pueblo andino de la provincia de Tarma y evoca un mundo al margen de la historia, donde la vida de la campesinada ha cambiado poco a lo largo de los siglos. Sin embargo, los dos autores escriben desde perspectivas muy diferentes. A diferencia de "La batalla," los relatos de Vargas Vicuña están narrados desde dentro, por un narrador que pertenece a la comunidad que describe.[3] Además, si Vargas Vicuña también muestra el subdesarrollo del campo peruano, en cuanto evoca la precaria y a veces trágica existencia de una campesinada que vive luchando contra un medio inhóspito, hace hincapié en la tenacidad con la que esta campesinada resiste y perdura. Así, mientras "Taita Cristo" (1963) se basa en la misma estrategia que "La batalla," nos proporciona una visión distinta del mundo rural.[4]

El protagonista del relato es Alejandro Guerrero, quien, tras treinta y

---

[3] Sin embargo, conviene señalar que otros relatos de Zavaleta también están narrados desde dentro. Tal es el caso de "El Cristo Villenas" (1955) y *Los Ingar* (1955).

[4] Todas las citas corresponden a la edición de Eleodoro Vargas Vicuña, *Ñahuin*, (Lima: Milla Batres, 1976) 85-102.

nueve años de prestar servicio al pueblo como cargador de una de las andas en la procesión religiosa de Viernes Santo, se resigna a ser reemplazado por su hijo Lizardo, consolándose con la idea de que al menos la honra de la familia ha de perpetuarse. Desafortunadamente, el joven no está a la altura de la tarea y cae vencido por el peso del anda, deshonrando a la familia ante el pueblo y al pueblo ante los espectadores venidos de comunidades vecinas, quienes se mofan de la desgracia de su rival. En tales circunstancias Alejandro se ofrece a reparar la falta, comprometiéndose a cargar a solas la inmensa cruz de madera que es el foco de la procesión y que es tan pesada que suele ser llevada por varios hombres. Al final muere del esfuerzo, pero su hazaña fortalece la moral de la comunidad, ya que su hombría ha rescatado la honra de la familia y del pueblo entero. Sin embargo, si el protagonista personifica los valores machistas, el sentido de su hazaña es mucho más profundo que una mera afirmación del orgullo masculino. A lo largo de la narración se establece un paralelismo entre Alejandro y Cristo, cuya pasión vive nuevamente al cargar la cruz, y se da a entender que de alguna manera su sacrificio redime a la comunidad. Para comprender en qué consiste esta redención, es preciso situar los acontecimientos en su contexto.

El título, al juntar el nombre del dios cristiano con el quechuismo "taita" (padre), apunta al sincretismo que caracteriza la cultura de la región andina. Y si el relato se centra en un rito católico, el segundo párrafo nos remite a una tradición cultural más antigua basada en la relación entre el hombre y la tierra:

> A enero, se le espera ojos arriba aunque no llueva. A mayo, se le ríe con fiestas y danzarines. (Padre Mayo: fecha grande en su aparición.) En julio, se mira más que se labora, mientras se espera el trigo. Pero antes, en abril, se llora por el solo gusto de llorar. (Vicuña 85)

Por un lado, la personificación de mayo—mes en el que se cosecha el maíz—, en términos que remedan el tratamiento de Cristo en el titulo, sugiere que a pesar de su catolicismo estos campesinos siguen venerando las fuerzas de la naturaleza. Por otro, la evocación de las distintas etapas del año agrícola sitúa los acontecimientos narrados en el contexto del eterno ciclo de la naturaleza e insinúa que Semana Santa y sus ritos forman parte de dicho ciclo. Esta sugerencia se ve reforzada por la estructura de la narración, ya que las palabras finales de la vieja Juliana—"«Ay, tiempo, tiempo», dice suspirando" (Vicuña 102)—retoman la observación inicial del narrador sobre la variabilidad del tiempo—"Como es el tiempo, ¿no? Da que reír. Da también que sufrir." (Vicuña 85)—, de manera que la historia queda insertada dentro de un círculo.

El sincretismo de dos tradiciones culturales se pone de manifiesto cuando el narrador señala Semana Santa como la época del año cuando la campesinada se siente más identificada con Cristo:

> Así, en el mes de los días santificados, cuando se detienen ojos que miran el altar, y encuentran al Señor mucho más verdadero que en el resto del año. Se le mira y se comprende: Un hombre, con esos ojos, qué ha de sufrir. Y las heridas que no son para tanto, sino ese caerse de la cabeza, el pecho hundido y el cuerpo cañsado venciéndose. Es un indagar a lo alto como si se buscara la razón de algo que se desconoce. Es una duda. (Vicuña 85)

Se insinúa que mientras que en el resto del año Cristo les resulta distante en su papel de Dios, en esta época sienten afinidad con él como hombre que sufre. No es su dolor físico lo que los lleva a identificarse con él, porque siendo un pueblo acostumbrado a la vida dura del campo, sus heridas les parecen poca cosa, algo fácil de soportar. Se trata más bien de su aspecto de vencido, de hombre desmoralizado que ha dejado de creer en sí mismo y ha perdido fe en sus fuerzas. Y comprenden este tipo de sufrimiento mejor en Semana Santa que en el resto del año, precisamente porque abril es un periodo de incertidumbre cuando se espera ansioso la maduración de los cultivos sembrados en enero, y en Cristo ven reflejada su propia incertidumbre ante el futuro, sus dudas respecto a su capacidad de sacar vida nueva de la tierra.

El narrador nos dice, además, que éste es un pueblo propenso a las lágrimas: "buscan la fiesta para llorar. Porque llorar es el modo de este pueblo" (Vicuña 91). Y añade: "Por el Señor no es. Tal vez sentirán por su propia vida" (Vicuña 91). De ahí se puede deducir que interpretan la tragedia representada por la procesión de Viernes Santo en términos de su propia experiencia, es decir, como representación, no de la inmolación de un ser divino, sino de sus propios sufrimientos humanos en la lucha por la vida. Esto sugiere que para la comunidad campesina Semana Santa es una especie de catarsis mediante la cual se purgan del sentimiento de vulnerabilidad e insuficiencia que le hace dudar de sus propias fuerzas y de su capacidad para seguir triunfando en su precaria lucha contra la naturaleza. Y dado que en la mitología cristiana la crucifixión es preludio de la resurrección, queda entendido que al final salen fortalecidos para reanudar el eterno ciclo de la vida campesina.

Este es el contexto que aclara el sentido del relato. Si la sustitución de Alejandro por su hijo resulta penosa para el viejo, es una etapa inevitable en ese ciclo eterno, un proceso mediante el cual la comunidad se renueva. Para Lizardo la ocasión viene a ser un rito de iniciación mediante el cual accede a la condición adulta, asumiendo los derechos y responsabilidades de hombre como individuo y como miembro de la comunidad. Así lo reconoce la voz colectiva del pueblo:

> —El Lizardo cargará como quien carga los pesos del pueblo.
> —Tomará su lugar como quien toma la lampa para responder por si mismo.
> —Para saber que la tierra ya es pertenencia y para ser y decidir. No solamente los propios asuntos sino también los del pueblo. (Vicuña 87)

Por eso, cuando Lizardo cae vencido, su fracaso es percibido como un fracaso de la comunidad entera. No se trata simplemente de que el pueblo se ha visto desprestigiado ante sus rivales. A nivel del subconsciente popular el desastre provoca una crisis de confianza colectiva, ya que la comunidad ha visto frustrado su intento de renovarse y la hombría vencida de uno de los suyos pone en duda la hombría de la colectividad, sembrando dudas respecto a su capacidad de seguir imponiéndose al mundo. En efecto, el desgraciado Lizardo viene a representar lo mismo que el Cristo crucificado en la iglesia—una humanidad vencida, que ha sucumbido a la desesperación y ha perdido fe en si misma—y en este sentido su colapso significa la caída del hombre. Por eso, se difunde entre el pueblo un sentimiento de culpa colectiva y una necesidad de purgarla. Como en otros relatos como "La Mañuca Suárez" y "Memoria por Raúl Mieses," la desgracia los lleva, no a solidarizarse, sino a buscar una víctima propiciatoria que pague la culpa. En este caso la víctima es Alejandro, quien queda acusado de haberles engañado ocultando que su hijo no estaba a la altura del cargo. Y el tipo de expiación que se propone sugiere que lo que están exigiendo es nada menos que un sacrificio que los redima restaurando su fe en sí mismos:

> —La cruz que cargue. Que pague lo que ha hecho (Vicuña 90)

Por su parte, Alejandro acepta de buena gana, no sólo para purgar la culpa y rescatar la honra de su familia y del pueblo, sino para reivindicarse, demostrando que no es el viejo acabado que todos han creído. Pero una vez que se pone en marcha, los varios motivos que han impulsado su gesto pasan a segundo lugar y la ocasión se reduce a la lucha de un hombre contra su propia flaqueza por cumplir con la obligación que se ha impuesto:

> [...] Se sabe que no es purgar la culpa de nadie, ni tampoco hacerles caso a los huaracaínos, sino el querer Llegar.
>
> [...] Seguirá caminando con los ojos cerrados, con la frente caída, hacia adelante, como diciendo con todo el cuerpo: «Ya no es sino el querer Llegar».
>
> Es una lucha no siquiera contra el destino, sino contra las propias fuerzas. (Vicuña 94)

En efecto, al revivir la pasión de Cristo, Alejandro encarna lo que ésta significa para la comunidad campesina, el eterno sufrimiento del hombre en su lucha por superar sus propias limitaciones y las pruebas de la vida para realizar sus responsabilidades:

> El verdadero camino de la cruz, nuevamente un hombre está sufriendo. (Vicuña 93)

Y precisamente porque le toca a cada hombre asumir sus responsabilidades personales, nadie se ofrece a ayudarle a Alejandro, pues todos reconocen que es una prueba que tiene que enfrentar a solas:

> Es como si se cumpliera un mandato. De alguien que hubiera dicho: «Así es el asunto». Por eso cuando tambalea de nuevo, nadie le ayuda. (Vicuña 93)

Sin embargo, si sus conciudadanos se abstienen de prestarle ayuda y hasta ahuyentan al idiota del pueblo cuando éste pretende socorrerle, son más que meros espectadores, porque, como nos dice el narrador, "está sucediendo algo del que uno toma parte y ve también" (Vicuña 92). Ellos también son participantes, alentando a Alejandro con la fuerza de su voluntad. Porque simbólicamente la carga que lleva a cuestas es la de todos, en cuanto su lucha con la cruz viene a ser una representación ritual de la precaria existencia cotidiana de una campesinada que vive y perdura a fuerza de luchar contra la naturaleza, y si quedan en suspenso, pendientes de cada movimiento suyo, es porque su fe en si mismos depende de su actuación. Cuando cae, aparentemente vencido y resignado, comparten su vergüenza y humillación al verse confrontado con su propia insuficiencia:

> Uno solo pensamiento recorre todos los ojos, como si se quisiera olvidar de una vez este fracaso [...] Es la humillación de algo que se ha intentado, sabiendo que no se perdería. Y este es el hombre. El hombre que ha probado la fuerza de sus brazos, para demostrar que no se puede. Y lo peor que cada uno lo sabe. (Vicuña 94)

Cuando se levanta, uno de los huaracaínos, entusiasmado por esta prueba de hombría, olvida la rivalidad tradicional entre los dos pueblos y grita palabras de aliento:

—¡Que pueda! Un hombre es un hombre. (Vicuña 93)

Y tal es la identificación del publico con el protagonista del drama que el fatigado Alejandro se siente vivir a través de ellos:

> Estamos en un espacio en donde si alguien se pertenece, será este hombre, sintiéndose vivir a través de nosotros, como si nos llamáramos por su nombre y contestáramos afirmando o no. O escuchando si está caldo o está por caer. (Vicuña 96)

En un momento crítico, cuando Alejandro ha caído nuevamente y no puede reunir las fuerzas para ponerse de pie, el pueblo acude a su madre anciana, la Juliana, con la esperanza de que su presencia le dé ánimos. Los jóvenes la llevan donde su hijo en una de las andas, de la cual han bajado la estatua de la Virgen, de manera que dentro del esquema del relato la Juliana asume el papel de madre del redentor. El paralelismo entre la Juliana y María continúa con una alusión a la Anunciación cuando la vieja parece reconocer que su hijo está respondiendo a algún mandato superior anunciado hace años:

> Lo ve como si su Alejandro estuviera cumpliendo un mandato. Se diría que está recordando la voz que le anunció que este tiempo habría de llegarle. (Vicuña 99)

Como María, la Juliana manifiesta una actitud ambivalente ante el sufrimiento de su hijo. Por un lado, lo acepta como madre abnegada, reconociendo que su hijo está cumpliendo un destino más importante que sus sentimientos personales. Por otro, reacciona como madre dolorosa que se rebela contra la victimización del fruto de sus entrañas. Pero este conflicto interior parece resolverse cuando el centenario don Manuel Suárez le explica que Alejandro ha dejado de ser su hijo para convertirse en representante de la comunidad:

> [...] ya no es que puedas decir mi hijo. No. Ese hombre, este hombre, es uno de nosotros que está cumpliendo. (Vicuña 100)

Como reconociendo y aceptando el papel que su hijo está cumpliendo, la Juliana supera su pasividad de madre dolorosa y adopta una actitud positiva y decisiva para ayudarle en ese papel. Pidiendo una botella de aguardiente, toma unos tragos y le sopla en la frente y la sien, le frota y queda esperando con la confianza de que se ha de recuperar. Y efectivamente el milagro se produce, ya que Alejandro se levanta y se pone a caminar de nuevo.

Esta intervención de la Juliana tiene un significado pluvialmente. Primero, refuerza el paralelismo ya establecido entre Alejandro y Cristo. Segundo, dado que ella reemplaza a la Virgen en el anda y resucita a su hijo por medios humanos, queda confirmado que la comunidad campesina interpreta el mito cristiano en términos humanos y que esperan la salvación, no de una fuente divina, sino de las propias fuerzas del hombre. Tercero, la intervención de la Juliana como actora destaca que aquí Alejandro personifica, no sólo los valores masculinos, sino el espíritu de la comunidad entera, tanto las mujeres como los hombres.

El drama llega a su clímax en una atmósfera mítica creada por la neblina. Sobreponiéndose a su flaqueza, Alejandro se empuja hasta el limite para seguir avanzando y con cada paso suyo afirma la indomabilidad del espíritu humano:

> Estamos yendo a través de niebla rala. Adelante. Cada paso es un movimiento convencido. Qué importa el transcurrir. Si alguien se mueve eso es lo que vale. Esto. Como nosotros. Lo que alienta el aire en que los mismos huaracaínos sin diferencias respiran. (Vicuña 101)

El público lo acompaña, no sólo como espectadores sino como participantes que comparten su triunfo, y cuando cae muerto, vencido pero victorioso, el pueblo entero se siente edificado, pues ha cumplido lo que ha emprendido, llevando su compromiso a las ultimas consecuencias:

> De cerca, recogidos, vemos: un rostro de sangre en un rostro de barro. Hombre de hombres, como hoy se ve, es uno que ha cumplido. Ha triunfado, respondiendo como los antiguos [...] (Vicuña 101)

Si el idiota del pueblo parece profanar la ocasión, en realidad está confirmando la sabiduría intuitiva de los candorosos, pues al untarse con la sangre del héroe como para sacar fuerza de ella, no hace sino remedar literalmente la experiencia psicológica de la colectividad:

> Hay gente que ha nacido para untarse la frente con esa sangre vencida que ha vencido. El Opa Raymundo, uno de ellos, lamiéndose la mano, la sangre, como si fuera de un negro toro bravo. (Vicuña 101-02)

El significado de la hazaña realizada por Alejandro se pone de relieve en los últimos párrafos. Por un lado, su prueba se verifica de noche y termina con el amanecer, de manera que se insinda que el pueblo ha pasado por una noche oscura del alma para reanudar la vida con el espíritu fortalecido. Por otro, el paralelismo entre Alejandro y Cristo queda subrayado cuando la Juliana evoca la figura del crucificado en la iglesia y queda reconfortada, convencida de que de alguna manera la muerte de su hijo significa una vida nueva:

> [...] Su pensamiento se va a la iglesia, tal si fuera a refugiarse. Sus manos tocan la cruz. Piensa la madre en el hombre, el Salvador, de nuevo solo, con la frente caída, en medio de lo oscuro.
>
> Fuerte, ahora, la madre vieja, segura, entre las mujeres vuelve.
>
> «Ay, tiempo, tiempo», dice suspirando, mirando la tierra dura, los arboles inclinados, mirando en rededor, reconociendo, sintiendo en el amanecer, confusamente, que alguien ha nacido. (Vicuña 102)

Así, se da a entender que el sacrificio de Alejandro representa una redención para la comunidad en cuanto restaura su fe en si misma, en su capacidad de superar su propia debilidad para perdurar y triunfar.

El hecho de que "La batalla" y "Taita Cristo" se sirven de la estrategia de usar una fiesta popular como medio para explorar la realidad rural apunta a un proyecto común que los vincula a pesar de sus diferencias. Escritos en un momento cuando la narrativa peruana volvía la atención cada vez más hacia la ciudad para estudiar la nueva sociedad que iba emergiendo con la modernización de la costa, ambos relatos llaman la atención a otro Perú dejado atrás por ese proceso. Aunque son distintas las visiones que nos proporcionan, esto no significa que sean necesariamente antagónicas. Más bien se complementan para enriquecer nuestro conocimiento de un mundo rural que desde la Colonia ha tendido a ser ignorado y olvidado por un país que tradicionalmente ha privilegiado la ciudad sobre el campo.

UNIVERSITY OF LIVERPOOL

OBRAS CITADAS

Zavaleta, Carlos E. *El Cristo Villenas*. Lima: Lluvia, 1983.
Vicuña, Eleodoro Vargas. *Ñahuin*. Lima: Milla Batres, 1976.

The Antipodal Góngora: Sor Juana in *El sueño*

ROBERT TERHORST

"EL SUEÑO" MANIFESTLY IS Sor Juana's most significant poem, and efforts to elucidate it have revealed many of the senses of its signs. In addition, criticism of this great work has also disclosed its immense, its monumental stature. This is an epic, a heroic enterprise; and if it culminates in failure, that too is a major factor in its heroism, for here Juana de Asbaje is an epistemological Orlando who perishes in contention with a mighty host of poetic and philosophic challengers. "El sueño" is, then, a conflictive undertaking that constructs itself on the basis of combat. It is an adversarial edifice.

However, the parties to the struggle that raises the poem up and then pulls it down have not yet been clearly identified, and small wonder, for "El sueño" augments its mystery and grandeur by shrouding itself in an ominous (as well as numinous) enigma of night. Such cover is sacral, and a quietus in which "aun el ladrón dormía/aun el amante no se desvelaba" (149-50). Thus does the poet strive to increase her stature by lulling critical vigilance to a sleep, to awaken from which is a form of crime and sacrilege, a forbidden cohabitation similar to the incestuous history of Nyctimene. Mallarmé, Sor Juana's nineteenth-century lyric cognate in hermeticism and heroism, likewise cloaks himself in the absolute secrecy of midnight. Many of his poems are fragments of one enormous sepulcher, the absolute dimensions of which are made palpable, but scarcely visible, in the great prose blackprint of the edifice of night that has for its title the paradoxical episteme designated as *Igitur*. Without this deathly monument, whited sepulcher, there is indeed the light of day and reason. Within it there lurks and gropes a mad logic of poesis, called "folie utile" by the selfsame Mallarmé. It is sacrilege, a violation, incest, to penetrate and probe this labyrinth. In striving to do so, the critic transforms herself into another

Nyctimene. Yet the taboo has all the might of Freudian hysteria, its attraction at least as great as its repugnance. Ever since the appearance of Prometheus, explainers have grasped that the passionate desire to know and thus (*Igitur*) to understand is a magnificent crime. But in "El sueño" Sor Juana metamorphoses primordial transgression from a male subjective predation upon the female object, as with Oedipus, into a female violation of the patriarchal and consequent arrogation of its knowledge and power. Here, a lugubrious Leda forces herself upon the Jovian swan and perhaps even more potent than Minerva, of whom as owl, *lechuza*, she is an offset, answers in the costly affirmative Yeats's awful interrogation "Did she put on his knowledge with his power/Before the indifferent beak could let her drop?" (Yeats 247-48)

Indeed, power requires knowledge in order to build enduring reminders of its greatness. These reminders are of two main kinds, material and verbal. In Latin the avatar of the concept is the noun *monumentum*, from the verb *moneo*, to activate the human faculty of recall. Primarily, such agents of recollection are things such as, above all, tombs and sepulchers and also statues, especially when these have names inscribed on them. So it is that there is in this context a fundamental connection between thing and word. That bridge between the notion of matter and a verbal idea of the immaterial allows passage from thing to word, so that one secondary sense of *monumentum* is that of a writing which preserves the memory of a thing or person, especially of allegedly notable persons, as in *monumenta rerum gestarum*, chronicles, history books. However, in ancient as well as, until recently, modern times, the kind of writing considered most effective in keeping the idea of greatness fresh was poetry, epic of course, but also lyric on occasion. Accordingly, poetry can also be a monumentum, metaphorical tomb and written reminder of the eminence of persons represented by the poet and of the poet her or himself. In monumentum poetry and architecture (as well as sculpture) are therefore joined.

In Horace's thirtieth ode of Book III of the *Odes* and *Epodes*, poetry and architecture are rivalrously joined as, not without hubris but with disconcerting accuracy, this lyric poet declares "Exegi monumentum aere perennius/Regalique situ pyramidum altius,/Quod non imber edax, non Aquilo impotens/Possit diruere aut innumerabilis/Annorum series et fuga temporum" (1-5). The first architectonic presence in these lines is that of monumentum itself as Horace boasts that in the first three books of his verse he (I, "exegi") has completed the construction of a poetic edifice. With "aere," basically bronze as found in statues, but, more broadly, any metal fabrication requiring the inscription of craft and particularly of word on metal in say, coins, the rivalry between mentality and matter emerges when the poet asserts that his odes are more enduring ("perennius") than metal. We return to funerary architecture when he further states that his verse is loftier ("altius") than those royal structures ("situ") known as the pyramids, which then as now also were the very emblem of that which lasts, so that they also participate in the contest with poetry over persistence. Now the ode shifts from verbal and material edifices to the enemies of these, such as devouring downpours of rain ("imber edax"), raging windstorms ("Aquilo impotens"), and time itself seems as an endless succession of years ("Annorum series"). To enemies such as these even the weightiest piles must ultimately succumb but poetry builds a sepulcher that is proof against all dilapidation. It cannot be pulled down: "quod non .../Possit diruere..."

The rivalry between poetry and architecture would seem to originate in two Greek devices, the alphabet and so on the one hand writing, with plastic art, architecture, and coinage on the other.[1] It is curious that Horace calls his lyric more lasting than "aere" rather than the pyramids themselves, which from antiquity until the designing of the Great Seal of the United States, and beyond, have been used as the most powerful representation of values that endure. Until yesterday, the pyramids were perennial. But Horace attaches that quality primarily to metal, *aes*, copper, brass, or bronze, and particularly, brass or bronze as it has been worked into statues, vessels and coins. Unlike the pyramids, which externally are anonymous, metal products in classical times very often had words, inscriptions on them. Words, like things, also have worth, a worth that can be imparted to a thing of less, little, or no value. A tomb can be prized more for the fame of the person buried in it than for the carrara marble of which it is made, a statue more esteemed for the name of the individual it represents than for its art. Coins, aera, present a particular dilemma, for, although at first the value of coins depended

[1] *Shell, Money, Language, and Thought*, p. 1: "The exchange value of the earliest coins derived wholly from the material substance (electrum) of the ingots of which the coins were made and not from the inscriptions stamped into these ingots. The eventual development of coins whose politically authorized inscriptions were inadequate to the weights and purities of the ingots into which the inscriptions were stamped precipitated awareness of quandaries about the relationship (intellectual currency) and substantial value (material currency)

entirely on the cost of the metal in them, rulers soon realized that they could stamp on them an inscription of worth higher than the intrinsic price. Sovereigns avoid debasement of their currency only with the greatest difficulty, and since the manipulations of the Greek tyrants, the words of might have so overmastered matter that no nation can function without fiat money. Horace in Ode XXX is himself an issuer of lyric fiat and to a very great extent all artistic endeavor could well be understood as a process of production cognate with the making and use of paper money and coinage of slight or virtually no inherent value. Like power, art can enforce inscriptions that determine worth and price. Ode XXX is the assertion of the superiority of the poetic mind to political matter in the form of coins, tombs, and statues; but this same poetic mind takes shape as the ghostly reciprocal of these. Some 88 odes conjoin to make up a lyric anti-monumentum which, though non-material, is none the less architectonic.

And since this adversarial relationship between lyric and the lithic is thus a reciprocal one, it is perfectly reasonable and possible to take an archaeological position and argue that stone brings past greatness back to mind far better than verse, however mnemonic, can. In a belated but emotionally powerful riposte to Horace, John Ruskin, in a book published in 1849, declares that "there are but two strong conquerors of the forgetfulness of men, Poetry and Architecture; and the latter in some sort includes the former, and is mightier in its reality: it is well to have, not only what men have thought and felt, but what their hands have handled, and their strength wrought and their eyes beheld, all the days of their life" (Ruskin 203). Ruskin readily recognizes the reciprocity between his binaries but weights his observation in favor of the material and so discloses the philosophic nature of the dispute: does the physical reality of building include the spiritual design of literature, especially poetry, or is it the reverse? One thing, I believe, is certain. The binary opposition between poetry and architecture was generative of much major Western verse even before that of Horace and continued to foster its creation well into the nineteenth century. Ruskin's first book, a series of articles published in the "Architectural Magazine," is titled *The Poetry of Architecture*. Born a generation later than Ruskin but dead in 1898, two years before him, Stéphane Mallarmé houses his lyric in a poetic idea of architectonic absence, the tombeau, or empty tomb. It is in the vigorously ongoing stream of works deriving from the productive opposition of poetry to architecture that one should place Sor Juana's "El sueño." With its first words, "Piramidal, funesta..." her poem aligns itself as one in a post-

Horatian series, that is, as a verbal funerary icon.

Though of course deeply sympathetic to her classical and Christian predecessors, Juana de Asbaje practiced a poetics of *imitatio*. And while it would seem a simple matter to copy illustrious models, the process is in fact an extraordinarily complex one, especially since the desire to resemble examples of artistic and intellectual excellence also engenders the striving to equal and surpass one's sources. The consequence is that *imitatio* involves both sympathy and hostility, a profound identification with certain preeminent artists, accompanied by the conviction that the high distinction of these makes them into competitors whom in lyric tourneys and jousts one gallantly undertakes to overturn. And if the more recent poet is a woman resident in New Spain, contention with the great male defenders of their title on the Peninsula must greatly intensify and also grow in complexity, for traditional literary art differs from human biology by being a male parthenogenetic line of succession in which the female poet is excluded from making any contribution to the pool of heritable material. Thus she is eliminated from that fundamental mode of propagation known as *imitatio*. It originates in a homoerotic, or homoliterary, attraction of male like to like; and she is the alien and the other who cannot even offer herself as the womb or matrix for the passage of poetry from the keeping of the father into that of the son.

The problem, and it is an extraordinarily formidable one, is the question of how Juana, a woman poet, will be able to insert herself into an exclusively male artistic syllogism that, once it begins to operate from its major masculinist premise, permits no alien admixture in its descent from premise to conclusion. Mallarmé approaches the enormous literary challenge of how to tell the female story in conjunction with the male in a poem apostrophizing, probably, Méry St. Laurent with a wonderful, a magical deference, for he does not begin with "T'introduire dans mon histoire" but rather with "M'introduire dans ton histoire," (Mallarmé 75). Such an insertion is, to be sure, a sexual one, but the profanation is so worshipful that the reader can lose sight of its qualities of violation, particularly since Mallarmé presents himself as a vulnerable victor, with a "talon nu" reminiscent of Achille's heel. Even so, this latter-day lover is still a hero who in entering Méry wins a victory which increases in glory by being subversive, "attentatoire," and naturally criminal. It is a "naïf péché." And, as is typical of the hero, he perishes in the consummation, sensual in part, of his enterprise. Its hubris, its hyperbole, deviates from the masculine to the feminine by turning the myth of Phaeton away from a disaster at dawn in a failed transferral of power from father Apollo to Phaeton to a glorious eclipse of male in female at the end of the day. "Comme mourir pourpre la roue / Du seul vespéral de mes chars."

El sueño is also, of course, a vast violation in which Sor Juana metamorphoses *his* lyric story into *her* poetic tale, one that concludes in an epiphany of the feminine, "...quedando...yo despierta" (975-75). *Imitatio* is paederastic and intergenerational, a commerce between father and son, artistic incest. Sor Juana radically alters the male imitative landscape by evoking a nocturnal universe over the sublunary portion of which a female deity, Diana, presides untouched, for earthly darkness, "al superior convexo no llegaba / del orbe de la Diosa / que tres veces hermosa / con tres hermosos rostros ser ostenta" (12-15). Far less lovely are the changed feminine presences inhabiting the night that Sor Juana has conjured. These are Nyctimene and the daughters of Minyas. Ovid alludes to Nyctimene only in passing. Lemprière's summary of her story, though heavy with Victorian connotations, is most succinct: " [Nyctimene] disgraced herself by her criminal amours with her father, into whose bed she introduced herself by means of her nurse. When the father knew the incest he had committed, he attempted to stab his daughter, who was immediately changed by Minerva into an owl."

Minerva's protection of this absolute transgressor suggests that, as in the case of Oedipus, the story is an episteme of awful cognition. By violating Nycteus's bed, his daughter essays to put on his power and knowledge. Nyctimene is in fact an anti-Oedipus and her tale is the Lévy-Straussian inverse of his, a "structure" of its "parenté." Indeed, Freud would have done better to write of the Nyctimene complex than of the Electra, even though the daughter's "crime" is a supremely conscious one, whereas Oedipus is caught in the toils of the enigmatic as the desire to know struggles with the horrors of the unknowable.

A related kind of new and female triune Prometheus emerges in the history of the daughters of Minyas. Their myth is an account of the unavailing but heroic resistance of female to imperialist male narrative, for when the worship of Bacchus was first introduced into their region, they scorned to participate in its orgiastic rites and remained at home, as Ovid tells it (Ovid 12-14) with their women, spinning out their own stories rather than submit to the god's. So Bacchus awoke in them a ravening desire for human flesh, thus driving them to devour Leucippe's son Hippasus, with the result that they were punished for what Bacchus had compelled in them by being transformed into bats.

Inside the temple of the pyramid of night, the presences, winged and wingless, are all feminine with the exception of the "parlero / Ministro de Plutón..." (53-54). This is Ascalaphus, who was derelict in his duty to remain silent about Persephone's having eaten a pomegranate and who in disclosing that fact condemned her to remain in Hades against her will. Ascalaphus thus is another link with the dark world of the feminine, whose darkness, rather than obliterating the light, makes light more visible. Persephone, half resident of the realms of the sun and half resident of regions where its rays never strike, represents the contrary collaboration between the visible and the invisible, is a kind of mirror silvered on the side of spring and summer, opaque as the backing provided by winter and fall. Similarly, the daughters of Minyas are the triple dark reverse of the triplicate bright Diana "que tres veces hermosa / con tres hermosos rostros ser ostenta." Among their shades, disobedience yields to the precepts of negation and a male divinity, Harpocrates, comes to represent the collective attraction to absence rather than impose edicts of the positive. It is in this consensual sense of a renunciation of action that Nyctimene and the Mineides are "obedient" to Harpocrates. One rising tide of darkness carries them all to total cessation, and Harpocrates's finger on his lips signals the absolute lapse into the non-verbal, which, however, does not thereby lose its counterpart in articulation, as the reason for Ascalaphus's punishment reminds us.

As we see with Persephone, the Mineides, and Ascalaphus, the organization of *El sueño* is contrapuntal. Its opposing parts are, as Baudelaire would say, in correspondence, just as the claims of architecture to include poetry and, contrariwise, of poetry to include architecture integrate these adversary enterprises into each other. Similarly, light and shade are, though opposed in the poem, nonetheless aspects of each other. *El sueño* is at heart Apollonian. It is a product of the progress of the sun over the globe as Phoebus routs the rearguard of night while his own rearguard is being pushed back by the advance guard of darkness. But Sor Juana positions her poem on the axis of a line drawn from sun at zenith to shade at nadir, from *meridies* to *conticinium*. Conceived of geographically and globally, the design here is antipodal, with day centered on one side of the sphere and night on a point 180 degrees in opposition. Culturally, daylight gathers on the Iberian peninsula while night falls on New Spain.

And yet, poetically, it is the very day of Iberian poetry that generates this rich colonial night. Longer lyric of Italianate meter first emerges in Spain in the form of the Garcilasan eclogue. With respect to its span of time, beginning, as the First Eclogue does, with sunrise and concluding at sunset, this is an altogether diurnal poem extending through, say, twelve hours of meridional brightness. However, within the very luminescence of Garilaso's eclogues, there is a heart of darkness. This opaque core opens up at the sixth hour after dawn, the *siesta,* when the sun is at its zenith. Then shepherds and shepherdesses take refuge from the midday heat in some magical and classical *locus amoenus*, deeply shaded retreat with crystalline spring or gently flowing river waters. Such delicious places are, nonetheless, wells of deception in the eclogues, for the axis of noon is in contrary correspondence with midnight and the hunter or drover who succumbs to noontide sleep opens a subterranean channel to the frozen horrors of the night. This kind of *siesta*, both sleep and nightmare, holds as much terror as any Quevedan dream of death, nighttime sleep as *imagen de la muerte*.

In the *Egloga primera* the fall into despair is graduated as Salicio anticipates Nemoroso's even deeper grief than his with visions conjured up by the *démon du midi*:[2] "! Cuántas veces, durmiendo en la floresta / reputándolo por desvarío / vi mi mal entre sueños, desdichado!" (113-15). These shadows give way to what becomes in Nemoroso's case a veritable *pintura negra*. When Elisa was still alive Nemoroso awoke to the light of her eyes: "Acuérdome, durmiendo aquí algún hora / que, despertando, a Elisa vi a mi lado" (257-58). But now that she is dead he lives in a psychological whited sepulcher, bright without, dark within:.". lo que siento más es verme atado / a la pesada vida y enojosa, / solo, desamparado, / ciego, sin lumbre en cárcel tenebrosa" (292-94). This "cárcel tenebrosa" comes to bloom most blackly in stanza 23 of the *Egloga primera*. It constitutes a lyric of the feminine void, Galatea's absence, Elisa's death, and is the other and absolutely dark side of smiling face of the art of the eclogues. Indeed, the *fondo negro* guarantees the visibility of the diurnally luminous tracery of the eclogues and functions much as do the deep motifs of Mozart's last works such as *Don Giovanni* by giving lyric limpidities a turbid and disturbing undercurrent of despair. But stanza 23 is more than counterthematic. It is the other side of the surfaces lighted by the sun of the *Egloga primera* and

---

2 Reinhard Kuhn's sweeping survey of the phenomenon of *ennui* in Western Culture, *The Demon of Noontide*, is strangely asexual but does have an important chapter on midday, "The Demon of Noontide" in, especially, its cenobitical context.

in the dark density of its 14 lines manages to be coterminous with the 421 verses of the entire eclogue:

> Como al partir del sol la sombra crece,
> y en cayendo su rayo se levanta
> la negra escuridad que el mundo cubre,
> de do viene el temor que nos espanta
> y la medrosa forma en que se ofrece
> aquélla que la noche nos encubre
> hasta que el sol descubre
> su luz pura y hermosa:
> tal es la tenebrosa
> noche de tu partir en que he quedado
> de sombra y de temor atormentado
> hasta que muerte el tiempo determine
> que a ver el deseado
> sol de tu clara vista me encamine.

Of course, the master trope operative here is itself an inversion. In traditional metaphor life is lived in the day and death is night. But life without Elisa is for Nemoroso a darkness that will end with the death that will enable him to see her again. The truth is that Elisa has eluded Nemoroso and to try to recapture her he circumscribes her disappearance with the light of metaphor. Still, as his control lapses, her realm of darkness rises: "... en cayendo su rayo, *se levanta* [my emphasis] / la negra oscuridad que el mundo cubre" (31112). The rise of the shades of a darkness in which a masculinist construct of the female slips from male rhetorical control and grasp seems to me to be the anti-matter of Sor Juana's *El sueño*, which comes to occupy the lyric emptiness opened up by the demon of noontide in its nocturnal correlations. And these are not at all unique to the *First Eclogue*. The third and seemingly the brightest unfolds under the sun at zenith: "secaba entonces el terreno aliento / el sol, subido en la mitad del cielo" (77-78). The surfaces of the *Egloga tercera*, the river's glittering waters, the nymph's shining hair, the tapestries of ekphrasis both richly colored and shot through with gold gleaned from the Tagus itself, are the most brilliant in Garcilaso's three long poems; but they too are mirrors backed by the somber shades of myth. Filódoce weaves the tale of Orpheus and Eurydice, Dinámene the history of Daphne and Apollo, Climene the tragedy of Venus and Adonis, whereupon the unhappy love of Nemoroso for his dead Elisa is once again recited, to be followed at dusk, after the nymphs have returned to their native element, by Tirreno's lament for Flérida and Alcino's for Filis. Though it begins at noon, the *Third Eclogue* draws its whole bright being from a mythic substratum of darkness, is a darkness at noon, the blackness behind the dazzle. In the lengthened list of beloveds who elude their lovers, welcome or otherwise, the only male figure is Adonis. All the rest are phantasms of the feminine who collectively constitute the black hole of longer Garcilasan lyric. And the situation is no different in the *Egloga segunda*, where Camila, to her horror, learns that Albanio loves her sexually "en una ardiente siesta" (431). The *Second Eclogue* is indeed Garcilaso's hymn to the daemon of noontide, for midday is the witching hour when, at the poem's beginning, the already crazed Albanio seeks some respite from his grief in sleep; and this is also the moment when Salicio first comes upon him. The same hour is rehearsed when Albanio recounts to Salicio how Camila came to abhor and evade the man who previously had been her constant companion. Each of these basic events occurs in the *locus amoenus*, at the center of which is a glittering spring: "y en medio aquesta fuente clara y pura / que como de cristal resplandecía, / mostrando abiertaminte su hondura" (443-45). But this is the eclogue's Jordan only before the fall into sexuality. Once desire becomes visible on the reflecting surface, the depths darken. As Albanio himself, apostrophizing the spring, puts it: "En vuestra claridad vi mi alegría / escuricerse toda y enturbiarse" (8-9). Here we have, I think, the basic *chiaroscuro* of the Garcilasan poetic. The poet's wonderful light depends for its effect on murky depths, and these are a subaqueous and subterranean tunnel to an altogether alien dimension of madness and sorrow. It is into this tunnel, this hole, that the *Second Eclogue* peculiarly precipitates itself. What emerges is an epic of insanity in solitude and in society an epic of the insanity of war. The *Egloga segunda* is the most profound, the most intensely black manifestation of Garcilaso's lyric as it extends itself in the three eclogues, and it is Garcilaso who gives Sor Juana her opening for the long night of *El sueño*.

But he is not the poet against whom she most directly positions herself, for the feminine in Garcilaso is metamorphosed and tragically melts away, much as the seasons in the "En tanto que..." sonnet insensibly progresses from female beauty's seeming springtime presence to the real ghost of woman in winter. No, Juana de Asbaje's true opponent is Luis de Góngora, the seizer and destroyer of feminine parts as they have Petrarchanly been packaged by predators in the guise of poets. Her real adversary is the inditer of "Mientras por competir.. " There, where "oro bruñido al sol relumbra en vano" we find the magnificent poet of a light that lacks Garcilaso's *sombras y lejos*. Góngora can, as we all know, be terribly obscure but he ultimately yields to elucidation, whereas Garcilaso is built upon a dark basement which one can probe but never altogether see. Thus it is by adding shade to Góngora's light that Sor Juana both complements and opposes him. I call their relationship antipodal because when the sun of his poetry shines directly down on Spain, New Spain is plunged into a colonial and feminist night.

So it is that Sor Juana, by severing darkness from light globally, genders both space and time. In antipodal contrast to the male sunshine that irradiates masculinist, Gongorine Iberia, New Spain shelters in a fostering, female night, one subtracted or usurped from the men proprietary of the day. The sign of Juana's dark poetic of inner space is thus negative, non-male. Such negation is positive in purpose, so positive indeed that no Gongorine hyperbole could describe or circumscribe it. Sor Juana's undertaking might well be called the *empresa de las Indias Occidentales*, or their anti-*empresa*. It is, quite simply, for her woman's New World mind to ascend to an absolute level of understanding, one perfectly equivalent to God's male comprehension of the cosmos. The modern counterpart would be for a woman physicist-astronomer to succeed, where Einstein failed, in formulating a satisfactory principle of correspondence among the three systems that independently measure phenomena, on the surface of this planet, in the universe that so vastly includes it, and in the subatomic world, among, therefore, Newtonian mechanics, relativity, and the quantum. In *El sueño* the temerarious poet of natural philosophy does in fact ecstatically swoop up to a sublime vantage point from which she grasps all creation with a single glance. But that glance is a *Gestalt* which fails to focus on the detail that constitutes the structure of totality. In other words, Juana has intuitively formulated the solution—and in physics[3] nearly all significant advances come about as a result of such intuitive leaps—but cannot construct or reconstruct the steps that mathematically are necessary to demonstrate and prove the process. The so-called scientific method is not, indeed, the path that great minds follow but rather the path they build after them so that other, lesser

[3] A "popular" book that vividly describes the personalities and methods of many of those scientists who often intuitively have realized great advances in 20th century particle physics is Crease and Mann's *The Second Creation*.

minds may be guided, step by step, to the conclusions they have reached in one dizzying rush. Of course, the steps are indispensable to the solidity of the demonstration, and here is where thc symbol of the pyramid, or the two pyramids, begins to have a vital positive function, for their "sutil punta" represents that place, hyperbolically well beyond the summit, in which the material world has insensibly given way to the immaterial, and to which the poet has in one movement ascended, so that she can, in the successful phase of her enterprise, take in all things at once. The unsuccessful phase of that same enterprise would have involved shoring up the soaring mind with the support provided by a climb from one level to the next, and this unrealized goal is also made concrete by the pyramid seen as a kind of immense, three-faced ladder.

Several myths strengthen the failed mode of Sor Juana's hubristic undertaking. They are the giants' assault on Olympus, Phaeton's mishandling of the chariot of his father Apollo, and Icarus's imprudent ascent into the vicinity of the sun. Each is masculinist and intergenerational. Between the apparently distinct accounts of the attack of the giants on Olympus and that of the Titans, there has historically been some contamination; but the major point is that both uprisings came quite close to victory, that each is in part a revolt of sons against their father, and that both, in seventeenth-century Hispanic poetics, came to be seen in the context of the unremitting contest between night and day. So Tirso, in what appears to be a purely rhetorically flourish, inspires Don Pedro Tenorio, in Act I of *El burlador de Sevilla*, to describe the retreat of night and the advent of the day as battle inordinate: "Cuando los negros gigantes / plegando funestos toldos / ya del crepúsculo huyen, / tropezando unos con otros.." (279-82). Nonetheless, his mythology has its uses. It is, for one thing, an instrument of evasion, for by placing Don Juan in an environment of the superhuman, the Spanish ambassador excuses his failure to apprehend his nephew. At the same time, he both discloses and conceals, under the outsized cloak of darkness, the nature of his near-dawn interview with the monarch to whom he is accredited. The two parenthetical lines "—porque antípodas del sol / son siempre los poderosos—" (285-86) disquietingly leave the ambassador and the king of Naples with their apparent enemy in some unholy undertaking, and their unconfessed complicity is confirmed by Don Pedro's characterization of Don Juan's seduction of Isabel as an immense profanation: "mas quien al cielo se atreve / sin duda es gigante o monstruo" (295-96)

The key factor here is, I think, the antipodal posture of adverse array of contributors to *El burlador.* Don Juan's own stance is extraordinarily complex, because he is at once complicit with the elite male society to which he belongs, in that he traffics in and preys upon complaisant women, and yet at odds with the official mores of a ruling caste that professes to protect the female. It is the scale of his misdeeds, not their sexual content, that threatens to bring the patriarchy into terrible disrepute.

In *El sueño* Sor Juana immediately brings a masculinist myth under feminist aegis when she rehearses the ascent of night as a failed sublunary uprising that leaves the moon immaculate and in complete control of any hostile manifestation, "quedando sólo dueño / del aire que empañaba / con el aliento denso que exhalaba" (16-18). Diana furthermore governs even within the darkness that would obscure her, for she imposes upon it her own monastic rule of silence, permitting only such bird sounds as are so low as to be practically inaudible: "y en la quietud contenta / de imperio silencioso, / sumisas sólo voces consentía / de las nocturnas aves, / tan obscuras, tan graves, / que aun el silencio no se interrumpía" (19-24). Harpocrates, the sole male presence in this night, accordingly acts as Diana's agent in his semiosis of finger to lips. In other words, the moon has tamed this antipodal force of obfuscation by serenely shining above it and by projecting her power into it through metamorphosed female beings—Nyctimene, the Mineides—who have violated the most tremendous taboos but who in sacrilege have come under her command. The notably winged male transgressors—Icarus, Phaeton—are darkly duplicated as featherless and feathered females in the shape of the owl and the bats. They are the feminine negative of the masculine positives and engage in a similar epistemological enterprise, that of seeking the means of acquiring divine knowledge.

But this is sought in the shadows rather than in a noonday blaze of intellection. Even the light of the moon is reflected from imperial Phoebus. Night is, however, a realm largely vacated by male intellect and power. Only the transgressors—lovers, thieves—venture out into it. It is in consequence the poetic and intellectual void that the philosophico-artistic persona of Juana de Asbaje comes to occupy as her own. In so doing, in constructing her endeavor on an antipodal interplay between the maleness of the day and the femaleness of the night, she anticipates Mallarmé,[4] whose poesis is very

---

[4] Paz, p. 470: "...podría decirse que *Primero sueño* es una extraña profecía del poema de Mallarmé: Un coup de dés n'abolira le hasard [sic], que cuenta también la solitaria aventura del espíritu durante un viaje por el infinito exterior e interior."

largely a function of the systemic contrast between summer and winter, and night and day, *Hérodiade* as against *L'Après-midi d'un faune*.

Another male artist—closer in time to Juana—who has profoundly portrayed the interconnected opposition between the male mind at work in the light and the female in the dark is Albrecht Durer, whose *St. Jerome in his Study* forms with the *Melencolia I* an extraordinary diptych. Jerome,[5] for his part, writes diligently in a beautifully ordered room that is flooded with light from two large, arched windows. In front of the saint's work table, a small dog and a large lion lie sleeping, the lion drowsing with his eyes open.[6] Sor Juana in *El sueño* so overmasters the traditional habit of the king of the beasts to remain vigilant, as Dürer's animal does, that she closes his eyes: "y el Rey, que vigilancias afectaba / aun con abiertos ojos no velaba" (111-12). However, the little dog's deep sleep and the lion's napping are a contrast that helps to accentuate the luminosity, natural as it radiates from the windows, supernatural as it surrounds Jerome's venerable pate, which characterizes the man's labors. Even so, shadows unavoidably fall throughout the room, so that the viewer readily can sense that the sleep of Jerome's faithful companions is a rehearsal—*imagen*—of death, an adumbration strengthened and confirmed by the skull, the crucifix, the hourglass and the candle. Moreover, in a niche in the wall between the windows, one perceives an "aspergillum containing holy water." This is "a small metal pot with a brush stuck in it... used to ward off evil spirits and erotic temptations conjured up by the devil" (Rice 112). Jerome, then, is altogether awake to the *démon du midi*; but the brilliance of his humanist, theological intellect is framed by death and darkness.

Of the second composition in the diptych Peter Strieder quite wonderfully writes that "the artist drew on a Christian humanism based on the Neoplatonism developed in Florence to create a picture of the creative *man* [my emphasis] (260). I suspect that the noun in Strieder's original German is *Mensch*, in which case the translator is at fault, for the immediately following sentence asserts that "The portrayal is dominated by a powerful *female* form seated on a stone ledge, with a compass in her right hand,

[5] Paz, 505-06, vividly compares *Melencolia I* to Sor Juana's poem but does not bring St. Jerome into the discussion.

[6] "It was commonly believed that lions sleep with their eyes open writes Eugene F. Rice, Jr. in St. Jerome and the Renaissance (p. 41), citing in a note *The Hieroglyphics of Horapollo*, *Aelian* and the *Physiologus Latinus*.

opened [the compass] for measuring" [my emphasis again]. Nearly all careful beholders of this work have found in it a profound, a unique, depiction of the creative process,[7] in which the femaleness of its central persona is of fundamental importance. Long before Karl Jung, Dürer represents the anima. The forcefulness of Dürer's figure,[8] however, imbues it with qualities conventionally gendered as "masculine," so that one is reminded of, for example, Michelangelo's sibyls on the Sistine ceiling. Furthermore, even though Michelangelo himself, in the Medici chapel, gives his statue of day a male form and night a female one, *Night* in particular partakes of many male psychological and sexual qualities, as Robert Liebert reveals in a compelling disquisition.[9] The presentation of gender in literature and art involves an extraordinary complexity, as it does in society, and contrast between the genders as found in Dürer's *St. Jerome* in counterpoise to his *Melencolia I* or in Michelangelo's *Night* and *Day* also commits the contraster to a dialectic of the commingling and contamination of apparent opposition. St. Jerome labors in a bright and secure inner space that is nothing if not domestic, while the female genius of *Melencolia* broods in a terribly exposed darkness. Thus the usual poetics of space is reversed with the male now enclosed and the female completely unconfined. Dürer further confuses the issue by placing his heroic female in a context of almost exclusively male endeavor, beginning with the compass but extending his allusions to, above all, geometry and architecture. This great engraving is extraordinarily architectonic. Its female sits on what I take to be an element of the unfinished structure that rises far above Dürer's frame. A ladder rests against the mysterious edifice's far side. One can discern a portion of its massive base

---

[7] The classic account is Panofsky's in *The Life and Art of Albrecht Dürer*, curiously absent from Paz's assessment, although he does refer to a severally authored work on Saturnine melancholy.

[8] Technically, she is a depiction of *geometria*. This and the allied callings alluded to by "tools and objects mostly pertaining to the crafts of architecture and carpentry," (Panofsky 156) has until recently remained in the exclusive domain of the male.

[9] "...how can we understand the image of *Night*—so masculinely athletic, with grossly unanatomically accurate breasts that are like pasted-on rocky globes with extended phallic nipples?... *Night* has a man's body, with a rather androgynous, downcast face and only the strange breasts and absence of male genitalia as evidence of her femaleness. Even her long hair is tapered into a phallic braid that hugs her chest" (249).

or pedestal, and the problems besetting the perplexed female would seem to be that of completing her construction, obelisk perhaps. Dürer's strong verticals and diagonals mark a potent rhythm of ascent, one reinforced by the female's muscular wings. But her upward flight clearly has been arrested and we encounter her glumly pondering possible techniques for resuming it. The whole scenario seems to me to be strikingly cognate with Sor Juana's *El sueño*, with its first and successful vertical assault followed by a failure of perception occasioned by lack of technical proficiency.

Yet I think it would be wrong to apprehend El sueño, as one is compelled to apprehend Mallarmé's whole *oeuvre*, in terms of a poetics of failure, "Tel vieux Rêve, désir et mal de mes vertèbres."[10] For one thing, Juana de Asbaje not only appropriates and feminizes the vacant terrain of darkness but also enlists its negative force in a drive to achieve a positive goal. Towards this end, the poet metamorphoses the terrors of night itself into an element which, if not benign, is at least useful, helpful. Here again, her efforts are not without precedent. Fray Luis, in his wonderful "Noche serena" ode, deploys an extremely effective rhetoric of invidious comparison between the brilliance of the firmament and the gloom in which earth is plunged to exalt the desirability of the next world at the expense of this one: "Cuando contemplo el cielo / de innumerables luces adornado, / y miro hacia el suelo / de noche rodeado, ! en sueño y en olvido do sepultado" (1-5). His *comparare* structures itself as an anaphora of light's superiority to darkness which desists only when his gaze permanently fixes itself upon the heavens. But even the "bajo y torpe suelo" (37), with its "sombras y engaño" (30), it "vana sombra" (20), this "cárcel baja, escura" (15), has its value, for it is only at night that the light of heaven becomes perceptible.

Similarly in San Juan's "Noche oscura," so strangely misunderstood in English as the anguish of a soul in torment, night does indeed turn benign and more than benign, for its signifies in the total subsidence of day's longings and desires the completion of *purgatio*. With the call of the flesh no longer in any wise urgent, "estando ya mi casa sosegada" (5, 10), the soul can altogether evade the claims of the body and slip away from it in order to tryst ecstatically with the divine. Night is the holy *alcahueta* of this coupling, and San Juan's dithyramb may be said to transform illicit eros into

---

10 "Quand l'ombre menaça de la fatale loi / tel vieux Rêve, désir et mal de mes vertèbres, / Affligé de périr sous les plafonds funèbres / Il a ployé son aile indubitable en moi" (Mallarmé 67)

transcendent agape, of which conversion the dark is the indispensable condition and so comes to be apostrophized as "noche dichosa" (11) and as "noche amable más que la alborada" (22). Here again one discerns the trace of the *démon du midi*, now reconsecrated as a midnight erotic epiphany.

Sor Juana, however, does both less and more with her dimension of darkness. For one thing, she refuses to people it with erotic presences: "aun el amante no se desvelaba" (150). In her poem, sleep exercises an absolute dominion which it is not possible, as in the "Noche oscura," to evade. This insistence upon a total surrender to the "contrario / de la vida" (173-74), this removal of every diurnal claim and concern and so of all traditional modes of representation as a function of presence, involves a radically different language praxis, for now language serves the aims of reduction, limitation, and expulsion. Learned poetry in the West has always existed by means of a considerable rule of exclusion. Far more persons and themes and elements are denied admission than are invited in. The old poetic language simply will not name certain individuals and things. The purpose is to heighten the significance and value of that which is represented. The absence of a myriad of manifestations makes the presence of a tiny few rich and real. But with her chosen instruments of night, sleep, and dream, Juana de Asbaje proceeds to nullify every living presence. Everything within her poetic frame is absence, and she goes to extraordinary pains to establish her universal rule of exclusion. What we have in *El sueño* is, then, a state of affairs remarkably akin to that delineated by Roland Barthes, long ago now, in *Le Degré zéro de l'écriture*: "[L'écriture] atteint aujourd'hui un dernier avatar, l'absence.." (12). Of course, the seventeenth century Mexican poem will not have progressed through the aesthetic historical stages, Marxist really, proposed by Barthes in order to take the form of a "dernier avatar." It is rather a *premier avatar*, anticipating in language, much as the economics of sixteenth and seventeenth-century Spain foreshadow the financial rhythms of the nineteenth and twentieth-century developed world, the over extension of verbal expression experienced in symbolism and modernism. *El sueño* is postverbal. Harpocrates provides a semiosis of gesture and image that would supplant utterance with *Gestalt* by means of a syntax of silence.

This created, imposed silence of Sor Juana is the origin of all utterances in *El sueño*, just as its darkness is the source of the poem's light and perception. The lunar Diana who floats above the pyramid of night assumes a fresh form and function within that same structure when she reappears as the lighthouse at Alexandria, its "Faro." But under Juana's ministrations that primitive beacon becomes an advanced technical instrument. Architecturally speaking, the double phenomenon of *luna-Faro* is an oculus, window in the dome of darkness. Functionally, it is a material replication of the process by which the "fantasía," imagination, of the dormant mind forms bright visions in the dark that surrounds the dream. So it is that this pharos, far from being a mere guiding point of light in the night, is instead an immense telescopic mirror that captures and reflects far distant images of ships and fleets:

> y del modo
> que en tersa superficie que de Faro
> cristalino portento, asilo raro
> fue, en distancia longísima se vían
>
> del reino casi de Neptuno todo
> las que distantes lo surcaban naves
> —viéndose claramente
> en su azogada luna
> el número, el tamaño, y la fortuna
> que en la instable campaña transparente
> arresgadas tenían (266-77)

"Fantasía" is like the lighthouse in that it operates as the soul's apparatus of visual perception and representation. And when the soul, encouraged by *fantasia*, essays an ascent to the center of creation, Sor Juana naturally recurs to images of flight, "el veloz vuelo / del águila.." (330-31). It of course also has multiple associations with the major myths of failed flight, Phaeton, Icarus.

Perception, however, takes a most extraordinary shape when the poet reverts to the pyramidical. To link ancient Egyptian monuments with the eye would seem to be a conjunction possible only in the verbal realm. But the reverse of the great seal of the United States features a pyramid surmounted by a haloed eye. The traditional explanation of its symbolism is that the pyramid signifies strength and durability, while the eye brings to mind the vigilance of a benevolent providence.[11] Because many of the founders were

---

[11] " 'The Pyramid signifies Strength and Duration…' " " '…the Eye is in the Arms, meant for the Eye of Providence,' " *The Eagle and the Shield*, p. 82.

masons, it has been suggested that the origin of this emblem is Masonic. Yet no antecedent has yet been found.[12] I myself have discovered no even remotely similar image in Alciati but am convinced that it must derive from emblematics.

With the reference to the pyramids, Sor Juana shifts from the monocular—pharos, moon—to the binocular. Unlike the Great Seal, she employs two structures. These suggest not only the immaterial mystic gradations of the soul's ascent to total vision but also a scientific theory of vision. If one dematerializes, as Juana does in *El sueño* the pyramid and makes of it a linear abstract canted to the horizontal, one has a model of linear perspective leading to the vanishing point. Two such offer a construct of vision with phenomena like parallax and depth perception. It does not appear possible to recuperate the specifics of Sor Juana's scientific knowledge. Octavio Paz may well be right in asserting the provincialism of New Spain in this respect. But Juana's genius is such that it places her in the company of her great scientific contemporaries Newton, Huygens, and Leibniz. In *El sueño* her concern largely is with the discipline that we call optics, especially in its geometrical aspects. Hers, like Newton's and Leibniz's, is a theological optics that scans the heavens with the monocular and binocular telescope of belief and in the union of "poetic" with "scientific" outlook resembles the three volumes of Newton's *Principia* with their heavy theological freight. Yet *El sueño* will not permit the detachment of the scientific from the poetic that has occurred in the case of the *Principia mathematica*. Their indissolubility constitutes the poem's greatness as well as its technological backwardness.

For especially in respect of its darkness, *El sueño* is a "folie utile." Until recently, astronomical observation has been possible only at night. In human cognition, the opaque skull that encases the brain forms a camera obscura pierced by the eyes. Interaction results in vision, perception, intellection, and ultimately knowledge of the divine. The poem is thus an epistemological photograph, *avant la lettre*. Its own contemporary camera is the magic lantern, invented perhaps by Anastasius Kircher. In this device, the warring

[12] "The pyramid, the eye above it, and the radiant triangle enclosing the eye have often been considered to be of Masonic origin . . it seems likely that the designers of the Great Seal and the Masons took their symbols from parallel sources, and unlikely that the seal designers consciously copied Masonic symbols with the intention of incorporating Masonic symbolism into the national coat of arms" (Patterson 530, 532)

antipodal elements of darkness and light—*lux et umbra*—combine and collaborate to produce sublimely beautiful images, as they likewise do in *El sueño*: ".. varias figuras, / de la sombra no menos ayudadas / que de la luz.." (875-77). And it is Juana de Asbaje's technical mastery of both, but above all of darkness, that has made the "linterna mágica" of the poem, and its visions, possible.

Not that these do not inevitably recede before the advancing day. At dawn, the poet abandons the harmony of opposites, the *coincidentia oppositorum*, and reverts to the language of bellicosity. It, however, is no longer exclusively male. The light of day is presaged in Venus, the morning star; and a spirited engagement between the vanguard of the sun and the rearguard of night is fought and won by Aurora, "la bella precursora / signífera del Sol.." (518-19). Accordingly, Pheobus is finally able to illumine with all his brilliance "nuestro Hemisferio," New Spain, where at last the creative intellect of Juana de Asbaje is awake and alive in all its radiance, "yo despierta." The consequence is inversion and total transgenderment. The Iberian peninsula is antipodally plunged into a masculine, Gongorine night while New Spain knows the plenitude of Juana's female noontide. But Sor Juana has created her epiphany "de la sombra no menos ayudada(s) que de la luz..."

UNIVERSITY OF ROCHESTER

WORKS CITED

Asbaje, Juana de. *Obras completas I*. Ed. Alfonso Méndez Plancarte. Mexico: Fondo del Cultura Económica, 1976.

Barthes, Roland. *Le Degré zéro de l'écriture*. Paris: Editions du Seuil, 1953.

Crease, Robert P. and Charles C. Mann. *The Second Creation: Makers of the Revolution in 20th-century Physícs*. New York: MacMillan, 1986.

de la Cruz, San Juan. *Obras completas*. Ed. Lucinio Triano del la Iglesia. Madrid: Biblioteca de Autores Cristianos, 1982.

Horace. *Odes and Epodes*. Ed. Paul Shorey and Gordon J. Laing. Facsimile Reprint. Pittsburgh: University of Pittsburgh Press, 1960.

Kuhn, Reinhard. *The Demon of Noontide: Ennui in Western Literature*. Princeton: Princeton University Press, 1976.

Lempriére's Classical Dictionary. London: Bracken Books, 1984.

de León, Fray Luis. *The Original Poems*. Ed. Edward Sarmiento. Manchester: Manchester University Press, 1953.

Liebert, Robert S. *Michelangelo*. New Haven: Yale University Press, 1983.

Mallarmé, Stéphane. *Oeuvres Complètes*. Paris: Pléiade, 1956.

Molina, Tirso de. *El Burlador de Sevilla*. Ed. Américo Castro. Madrid: Espasa-Calpe, 1963.

Ovid. *The Metamorphoses of Ovid*. Baltimore: Penguin, 1961.

Panofsky, Erwin. *The Life and Art of Albrecht Dürer*. Princeton: Princeton University Press, 1971.

Patterson, Richard S. and Richardson Dougall. *The Eagle and the Shield: A History of the Great Seal of the United States*. Washington: Department of State, 1976.

Rice, Eugene F., Jr. *Saint Jerome in the Renaissance*. Baltimore: The Johns Hopkins University Press, 1988.

Ruskin, John. *The Lamp of Beauty: Writings on Art by John Ruskin*. Ithaca: Cornell University Press, 1980.

Shell, Marc. *Money, Language and Thought*. Berkeley: University of California Press, 1982.

Strieder, Peter. *Albrecht Dürer: Paintings, Prints, Drawings*. Tr. Nancy M. Bordon and Walter L. Strauss. New York: Abaris Books, 1982.

de la Vega, Garcilaso. *Poesías castellanas completas*. Ed. Elias L. Rivera. Madrid: Castalia, 1969.

Yeats, William Butler. *The Collected Poems of W. B. Yeats*. New York: Macmillan, 1949.

Ut pictura poesis. La dama ante el espejo: Darío y Watteau

LILY LITVAK

DESDE MEDIADOS DEL SIGLO XIX la estrecha camaradería entre pintores y escritores promovió el intercambio de ideas, temas, e influencias. Esta relación interdisciplinaria dio a la literatura una receptividad especial hacia el arte.[1] Son varios los novelistas que escogieron como protagonistas de sus obras a pintores o escultores; personajes ejemplares por medio de los cuales escrutinan el arte y se interrogan sobre el mundo que crean.

La antigua discusión sobre la superioridad o inferioridad de una u otra arte volvió a ser actual. El compromiso realista se jugó a favor de la pintura, ya que el escritor, colocado frente al objeto, se esforzaba por describirlo tal como lo veía. Al mismo resultado se llegó con el paisaje impresionista, afirmado en la prosa francesa de autores como los Goncourt, donde se pretendía lograr un retrato fiel de la naturaleza trabajada por estados cambiantes de luz, hora, agentes atmosféricos.

Hasta bien entrado nuestro siglo, a través del prisma de la literatura se rindió un constante homenaje al arte; Zola a Cézanne, Huysmans a Redon, Julian del Casal a Moreau, Proust a Jacques Émile Blanche, a Vermeer, a Boticelli... En el modernismo, las relaciones entre poesía y pintura fueron tan estrechas que no se pueden investigar simplemente como "*mise en abyme*" de la obra de arte, es decir, la inclusión de ésta en forma esencialmente descriptiva en medio de la acción narrativa,[2] ni basta buscar los rasgos de tal

1 Enzo Caramaschi, *Arts visuels et litterature,*Schena-Nizet, Paris, 1985 John bender, *Spenser and Literary Pictorialis*, Princeton , Princeton University Press, 1972, 112-122.

2 Denominación original de Gide *mise en abyme* (en el sentido heráldico),

o cual pintura o las fuentes iconográficas en el imaginario de algún escritor. En este caso se impone un verdadera investigación del adagio horaciano *ut pictura poesis* que provocó entonces una rivalidad difusa entre poetas y pintores. Así como estos se esforzaban por traducir lo que por naturaleza les escapa, —el movimiento, lo invisible, lo subjetivo— aquellos trataron de captar lo que se les prohibe, el espacio y la visión global.
Una "transposición artística de la serie titulada "En Chile" incluida en *Azul*, es la respuesta de Rubén Darío al debate, y a la vez homenaje y desafío a un excepcional pintor. Se trata de "Un retrato de Watteau" que transcribimos a continuación.

> Estáis en los misterios de un tocador. Estáis viendo ese brazo de ninfa, / esas manos diminutas que empolvan el haz de rizos rubios de la cabellera / espléndida. La araña de luces opacas derrama la languidez de su girándula por todo / el recinto. Y he aquí que al volverse ese rostro soñamos en los buenos tiempos / pasados. Una marquesa contemporánea de dama de Maitenón, solitaria en su / gabinete, da las últimas manos a su tocado.
>
> Todo está correcto: los cabellos, que tienen todo el oriente en sus hebras, / empolvados y crespos; el cuello del corpiño, ancho y en forma de corazón, hasta / dejar ver el principio del seno firme y pulido; las mangas abiertas que muestran / blancuras incitantes, el talle ceñido que se balancea y el rico faldellín de largos / vuelos, y el pie pequeño en el zapato de tacones rojos.
>
> Mirad las pupilas azules y húmedas, la boca de dibujo maravilloso, con una / sonrisa enigmática de esfinge, quizá un recuerdo del amor galante, del madrigal / recitado junto al tapiz de figuras pastoriles o mitológicas, o del beso a hurto, tras la / estatua de algún silvano, en la penumbra.
>
> Vése la dama de pies a cabeza, entre dos grandes espejos; calcula el efecto / de la mirada, del andar, de la sonrisa, del vello casi impalpable que agitará el viento / de la danza en su nuca fragante y sonrosada. Y piensa, y suspira; y flota aquel / suspiro en ese aire impregnado de aroma femenino que hay en un tocador de mujer.

Journal 1893, Paris, Pléiade, 1948, 41, Véase J. Paris, *L'Espace et le regard*, Paris, Seuil, 248, También ver L. Dällenbach, *Le Récit spéculaire, essai sur la mise en abyme*, Paris, 1977.

Entretanto la contempla con sus ojos de mármol una Diana que se alza / irresistible y desnuda sobre su plinto; y le rie con audacia un sátiro de bronce, que / sostiene entre los pámpanos de su cabeza un candelabro; y en el ansa de un jarrón / de Rouen, lleno de agua perfumada, le tiende los brazos y los pechos una sirena con / la cola corva y brillante de escamas argentinas, mientras en el plafón, en forma de / óvalo, va por el fondo inmenso y azulado sobre el lomo de un toro robusto y / divino la bella Europa, entre los delfines áureos y tritones corpulentos, que sobre el / vasto ruido de las ondas hacen vibrar el ronco estrépito de sus resonantes caracolas.

La hermosa está satisfecha; ya pone perlas en la garganta y calza las manos / en seda; ya rápida se dirige a la puerta, donde el carruaje espera y el tronco piafa. Y / hela aquí, vanidosa y gentil, a esa aristocrática santiaguesa, que se dirige a un baile / de fantasía, de manera que el gran Watteau le dedicaría sus pinceles.

La composición de Darío, no se refiere a ninguna obra específica del gran pintor francés. Aunque tiene el mismo tema que el famoso cuadro de Watteau, *La Toilette* o *La Dame a la Toilette* (Wallace Col, Londres) —la apreciación de la belleza de una mujer en la intimidad de su cuarto— ambas escenas son muy diferentes. La pintura de Watteau presenta a una mujer semidesnuda sentada en una cama; hacia ella convergen las miradas de su criada, de un perrito, y de un cupido tallado en la cabecera del lecho. Ella con un movimiento circular, tira de su camisa por sobre su cabeza para quitársela y mira de frente al espectador. [3]

Rubén Darío va a componer su propia escena de otra manera. Empieza por situar al espectador dentro de la habitación: "Estáis en los misterios del tocador," y desde la primera línea intenta producir la sensación de ver: "Estáis viendo...," A continuación nos hace percibir el espacio iluminado por la luz difusa de la araña, la decoración y la dama.

El trayecto visual para recorrer el decorado es a la vez escenográfico, arquitectónico y emblemático. Hay allí dos espejos, dos estatuas, un jarrón de porcelana y una pintura mitológica en un plafón. Bajo las formas ornamentales se puede inferir un juego de significados y alusiones a una

[3] Véase el interesante estudio sobre este cuadro de Donald Posner, *Watteau: A Lady at her Toilet,* Londres, Allen Lane, 1973. Se cree que el cuadro fue pintado hacia 1716-7

batalla erótica entre el hombre y la mujer. Una de las estatuas es Diana, la diosa virgen, temible y vengativa, "siempre indomable"; es dueña de la naturaleza y reina igualmente sobre el mundo humano. Feroz contra los hombres, protege en cambio la vida femenina, y junto con Venus, su opuesto y complemento, "constituye el retrato integral de la mujer, tan profundamente dividida en ella misma, que no ha reducido las tensiones debidas a este doble aspecto de su naturaleza."[4] La diosa comparte el espacio con un sátiro de bronce, símbolo de la maldad y de la sexualidad masculina primordial.[5]

El jarrón lleno de agua perfumada y adornado con una sirena conjura la imagen de aquellos marinos que naufragan en alta mar, atraídos por el bello rostro y el melodioso canto de las sirenas. Estas divinidades infernales son imagen de la seducción y la muerte. Como nacen de los elementos, se cree que son creaciones del inconsciente, sueños fascinantes y terribles en que se proyectan las instintos oscuros y primitivos del hombre. Simbolizan la autodestrucción del deseo, pues son producto de la imaginación trastornada y no son realidades, sino sueños insensatos e imposibles.[6]

El equivalente y contrapartida del jarrón es la escena del rapto de Europa pintada en el plafón. Jupiter juega aquí el papel que en el jarrón tiene la sirena, pues según el mito, el dios se enamoró de Europa cuando ésta se bañaba en el mar con sus doncellas. Para seducirla se transformó en un toro blanco, y se acercó "poco a poco tratando de calmar su miedo, ella lo acarició con su mano de virgen y adornó sus cuernos con guirnaldas de flores." Finalmente Europa se atrevió a montar sobre su espalda, y el dios la llevó consigo huyendo hacia el mar.[7]

La pintura del plafón recuerda los paneles de Boucher o los techos de Tiépolo, obras características del rococó. Este estilo, básicamente decorativo, tuvo gran aceptación en el modernismo que también consideraba el motivo

---

[4] Jean Chevalier y Alain Gheerbrant, *Dictionnaire des symboles*, Paris, Robert Lafont/ Jupiter, 1982, 77

[5] Guy de Tervarent, *Attributs et symboles dans l'art profane. 1450-1600*, Genève, 1958, 338.

[6] Existe también el mito de la sirena con cuerpo de pájaro que nace del aire, *Dictionnaire...* ,888.

[7] De las *Metamorfosis* de Ovidio, Satia and Robert Berner, *Myth and Religion in European Painting 1270-1700* , Londres, Constable, 1973, 106-7. Jupiter llevo a Europa hasta Creta. son padres del rey Minos.

ornamental como un fin en sí mismo. Darío transcribe la característica esencial de esa pintura; eliminar toda huella de localización o referencia arquitectónica, y llenar el espacio con un misterioso fluido que se ve como nube o agua o vapor para rodear a las figuras. La deconstrucción del espacio *quattrocento* que se lleva a cabo en rococó es una de las estrategias para eliminar toda otra información que desvíe de la contemplación sensual de las imágenes.[8]

Los espejos de la habitación son objetos donde confluye el gusto finisecular con el rococó. En este estilo continuaron los juegos barrocos entre el espacio pictórico y real que multiplicaron los espejos hasta llegar a cubrir el cuarto, como en Versalles, donde reduplican las paredes y ventanas. En el mobiliario del último tercio del siglo XIX, además del pequeño espejo del escritorio o tocador, ingeniosamente adaptado al marco para poder doblarse o inclinarse, se empezó a usar el armario con espejos de cuerpo entero donde la dama podía contemplar su atuendo.

Las dos estatuas y el jarrón que adornan el cuarto también son clave para la transición de formas visuales a formas literarias. Por una parte, promueven la conversión del pensamiento de objetos reales y tangibles a ideas más abstractas. Para entenderlas, el lector tiene que situarse en dos modos de percepción, el visual y el mental, lo cual resulta en una mutua iluminación entre arte y literatura. Además, su carácter tridimensional ofrece conceptos de espacio muy distintos de la pintura, porque comparten sus coordenadas tridimensionales directamente con el observador y son aprehendidas primeramente en términos de volumen y tacto.

En el cuadro de Darío como en el de Watteau, las miradas de los personajes complementarios guían la del espectador hacia el centro de atención: la dama. Indica el poeta que "la contempla con sus ojos de mármol la Diana," "le ríe con audacia" el sátiro, "le tiende los brazos y los pechos" la sirena. La dama a su vez se contempla en el espejo. Pero el espejo no es solo el objeto donde la dama ve como luce su ropa, sino también su eslabón personal entre la figura humana y su representación. Quien se mira al espejo participa, no siempre conscientemente, en el acto imaginativo de hacer arte a partir de los hechos reales. El espejo por su mismo poder de reflexión parece tener poder generativo,[9] la superficie de

[8] Wylie Sypher, *Rococo to Cubism in Art and Literature*, New York, Vintage Books, 1960.

[9] Umberto Eco, "Sugli specchi," en *Sugli specchi* , Milan, Bompiani, 1985

vidrio enmarcada espera la pose que debe recrear, y toma los segmentos coloreados del mundo que refleja, los enmarca en su superficie y los duplica para devolverlos al espectador. La composición de Darío, tan cargada con juegos y combinaciones de la vista, tenía que terminar en el juego especular. El reflejo de la dama en el espejo es el retrato.

El tema del espejo como metáfora del cuadro tiene en pintura un abolengo tan antiguo como variado.[10] En algunas alegorías de la pintura flamenca el espejo aparece denotando el sentido de la vista. Otras veces, representa una imagen mental, como en un cuadro de Tiziano, donde revela una mesa cubierta de oro y joyas que transforma a la protagonista en personaje equívoco. Giorgione hace un manejo virtuoso del reflejo en el agua de una fuente, en una coraza y en un espejo, lo cual le permite presentar un personaje desde varios aspectos con la ventaja de la simultaneidad de vistas, estrategia que parece demostrar que la pintura es superior a la escultura.[11] En casos así, el espejo no solo es complementario temático, sino también comentario en la pintura sobre la función de la pintura. Así se interpreta en el conocido cuadro de Van Eyck, *La boda de Arnolfini,* donde permite ver otra parte de la escena y otros personajes además de los representados en el cuadro.[12] Velázquez pintó diez espejos, el más notable y discutido es el de *Las Meninas*, que se ha tomado como clave para descifrar un repertorio de perspectivas y de paradojas de representación.[13]

En el mismo sentido de autorreferencia en la pintura, el tema continuó utilizándose en el siglo XIX de manera original e inventiva. Manet en su *Bar del Folies Bérgère,* utiliza el reflejo del espejo para oponer el revoloteo, la disolución de formas y de volúmenes a los efectos de su propia pintura. En

---

[10] Piere Georgel y Anne Marie Lecoq, *La Peinture dans la peinture*, Dijon, Musé de Beaux Arts, 1983, Julián Gallego *El cuadro dentro del cuadro*, Madrid, Cátedra, 1978, André Chastel, *Fables, Formes, Figures*, Paris, Flammarion, 1978, II, 75-98.

[11] Asi no tiene que recurrir al metodo renacentista de la *figura serpentinata*.

[12] Erwin Panofsky, *Early Neetherlandish Painting* (New York, harper and Row, 1971), 195-204, y Svetlana Alpers, *The Art of Describing, Dutch Art in the Seventeenth Century*, Chicago, Chicago Uniiversity Press,1983.

[13] Véase al respecto Michel Foucault, *Les Mots et les choses*, Paris, Gallimard, 1966, John R. Searle, "*Las Meninas* and the Paradoxes of Pictorial Representation," *Critical Inquiry* 6 (3), Spring 1980, 477-88. Joel Snyder "*Las Meninas* and the *Mirror of the Prince, Critical Inquiry*, I (4) (June 1985), 539-72.71

La modista de Degas, el espejo se adelgaza hasta casi un tercio de la figura de una mujer a quien vemos de espaldas, y muestra un gris casi uniforme, como indicación, más que representación, de su reflejo. La ilusión de la pintura domina y sin embargo "retrocede" ante la presencia de la mujer real en un mágico momento de transición.

Darío va a utilizar la metáfora del espejo como cuadro para el retrato de una dama tal que "el gran Watteau le dedicaría sus pinceles." El pintor fue muy apreciado por los modernistas para quienes llegó a simbolizar el siglo XVIII. La persona que se asocia con él en estas evocaciones nunca lo conoció, Mme de Pompadour nació seis meses después de la muerte del pintor en 1721, pero es bajo su reino que se crea una imagen de sus personajes y que ocurre la gran difusión de los temas wattescos. Desde entonces la fama del pintor fue en aumento y llegó a su máximo a fines del siglo XIX.

No fueron solo los historiadores y críticos de arte sino los escritores y poetas quienes contribuyeron más forjar una verdadera estética alrededor de sus pinturas.[14] En ellas, ciertos fondos estilizados de paisajes campestres o de arquitecturas suntuosas e irreales enmarcan escenas de galantería. Hombres y mujeres vestidos con estudiado refinamiento en sedas de delicados colores, flirtean, bailan, tocan instrumentos musicales o conversan. Las estatuas de Venus y Cupido aparecen constantemente entre los árboles. Son los únicos desnudos que pintó Watteau, y se ha señalado que la diosa parece de carne, viva y sensual bajo su superficie de piedra o de bronce.

Estos fueron los ingredientes de la *fete galante* que iría a tonalizar un cierto gusto desde mediados del siglo XIX. Pero a los escritores les intrigaba sobre todo la elusiva y sugerente expresión de los rostros de las figuras, que en contraste con esas alegres celebraciones de la vida tienen un dejo de nostalgia o tristeza. ¿Quiénes eran estas figuras y qué es lo que representaban? ¿Porqué parecía que habían perdido toda aura de realidad al encontrarse juntos en el extraño arreglo del pintor? ¿Cuánto de esa *fete galante* era ficción o invento teatral? ¿De dónde tomó Watteau los modelos para pintar esas mujeres vestidas de seda y tafeta y esos hombres de peluca y capa que no tienen más ocupación que sus placeres y murmuran al oído de su pareja tiernas palabras de deseo?

---

[14] Marianne Roland Michel, *Watteau. An Artist of the Eighteenth Century*, London, Trefoil , 1984

Estos personajes siempre intrigaron a Darío, que menciona admirativamente al pintor varias veces y que además conoce la obra de Banville, de Arsène Houssaye, de los Goncourt, y de Verlain, todos difusores del arte de Watteau.[15]

Compara la pintura con la obra de Richepin en *Los raros*,[16] y en *La caravana pasa* evoca la fiesta galante. "La sola palabra Trianon evoca el espíritu y la vida de toda una época. Se acerca, en el tiempo, como un perfume antiguo; se oye un son de viola de amor, un minué en el clavicordio de la abuela; se mira, con los ojos entrecerrados de la memoria melancólica, un conjunto de suntuosidades y elegancias. Los arriesgados ejercicios de la coquetería, las declaraciones de los caballeros y las sutiles conversaciones de los abates; horas de encaje y seda; embarques para Citeres."[17] Estos serán los personajes y el ambiente de "Era un aire suave," de *Prosas profanas*, donde presenta a la Marquesa Eulalia.

Como homenaje al pintor incorpora Darío a la galería de sus personajes el retrato de su dama, con su maquillaje, adornos, ropa, y objetos ligados a la moda, exponente de las costumbres de aquella época caracterizada por el valor de parecer, como la máscara mundana de una sociedad que tapiza sus paredes de espejos para mejor ver la poesía de la comedia del amor.

Darío responde al debate entre las artes hermanas haciendo del retrato el punto estratégico de la confrontación. Escoge así un género que naturalmente parece dar la victoria a los pintores, y para arrebatar esa ventaja aborda uno y otro arte a la vez. La comparación nos retorna a los orígenes, a la *Poética* de Aristóteles, donde ambas artes se comentan constantemente a partir de la mimesis. Pintura y poesía son igualmente artes de imitación (similar o mejor o peor que su modelo), y solo por este terreno común se pueden comparar (1447a, 1448, 1454b).

Para oponer las dos artes, Darío sigue las posibles categorías. La primera y más frecuente, "color y palabra," implica de inmediato otras oposiciones: "ojos y "ánimo," interior y exterior, cuerpo y alma, lo visible de lo inteligible. Plantea este razonamiento dedicando al retrato dos párrafos, uno para emular a la pintura donde describe el rostro y cuerpo de la dama, y el otro para la literatura que penetra más allá de las apariencias y le permite descifrar la

---

[15] Rubén Darío, *Obras Completas*, Madrid, Afrodisio Aguado, 1952, IV, 812-16, III, 478,

[16] II, 331-343.

[17] III, 724. Ver también sus comentarios a pintores rococó, 410, 724-729.

mirada y la sonrisa de la bella:

Pintura

Todo esta correcto: los cabellos, que tienen todo el oriente en sus hebras, / empolvados y crespos; el cuerpo del corpiño, ancho y en forma de corazón, hasta / dejar ver el principio del seno firme y pulido; las mangas abiertas que muestran / blancuras incitantes, el talle ceñido que se balancea y el rico faldellín de largos / vuelos, y el pie pequeño en el zapato de tacones rojos.

Poesía

Mirad las pupilas azules y húmedas, la boca de dibujo maravilloso con una / sonrisa enigmática de esfinge, quizá un recuerdo del amor galante, del madrigal / recitado junto al tapiz de figuras pastoriles o mitológicas, o del beso a hurto, / tras la estatua de algún silvano.

Queda establecido así el terreno de cada arte: a la pintura lo visible y la supremacía de la descripción, a la poesía, las pasiones y la expresión de los sentimientos.

Pero no se trata tan solo de imitar a la pintura sino de desafiarla en su propio terreno. Para compensar las desventajas de la escritura utiliza Darío dos tipos de discurso; uno basado en la enumeración y el otro en la comparación y la metáfora. Por medio del primero, pasa revista a las partes del cuerpo respetando la retórica tradicional que da primacía al rostro y valoriza las partes del cuerpo de arriba a abajo. Para no perderse en una exhaustividad enumerativa, utiliza frases cortas que sintetizan los rasgos esenciales de la dama en la detallada descripción del traje y peinado utilizando palabras y modas específicas: los cabellos, el cuello del corpiño, la forma de las mangas, el faldellín, logra una metamorfosis de logos a imagen visualmente percibida en los colores, en los pliegues de la ropa, y casi tangible en la textura y brillo de las telas.

El pincel del poeta es el epíteto, y al filo de la enumeración recoge un material diverso: "cabellos empolvados y crespos," "cuello del corpiño ancho," "mangas abiertas," "pie pequeño." Reparte ciertos toques con la meticulosidad del colorista: "blancuras incitantes," "ojos azules," "tacones rojos." Imparte una carga erótica al cuerpo escondido entre la ropa pero que libera detalles a la imaginación: el escote que revela "el principio del seno firme y pulido," las mangas que muestran "blancuras incitantes," "el talle ceñido" "que se balancea," "el pie pequeño" que aporta las debidas asociaciones fetichistas.

Por medio del otro discurso, el escritor multiplica las comparaciones, alusiones y metáforas para compensar la inferioridad visual de la escritura. Los cabellos "tienen todo el oriente en sus hebras," la sonrisa enigmática "de esfinge" los ojos azules y la boca de dibujo maravilloso hacen recordar "el amor galante.... el beso hurtado bajo la estatua de algún silvano." Todo ello forma una red asociativa de connotaciones y sugerencias que traducen una presencia sensible.

El autor se detiene en ciertos detalles básicamente pictóricos; la cabellera, tan ricamente arquitectónica como la ropa, cuyo peinado elaborado es casi una obra de orfebrería, lo cual se complementa con la alusión a las perlas; el "oriente." Desde allí, procura forzar la mirada del espectador a recorrer el cuadro en una red de correspondencias. Así se descubren los mismos efectos del brillo en el "seno pulido," en la blancura de los brazos que escapan de las mangas, y sobre todo en sus ojos azules, el color modernista, convertidos en piedra preciosa.

Otro razonamiento que apunta a la superioridad de la pintura es que solo ella puede mostrar globalmente su tema y revelar instantáneamente la belleza perfecta. La poesía, en cambio, es un arte en el tiempo, y obligada a detallar el cuadro en sucesión fragmentaria, es impotente para expresar la composición perfectamente equilibrada del conjunto. Para salvar este obstáculo, utiliza Darío un vocabulario de tiempo que altera la sucesión lineal de la descripción. Todo el pasaje está en un presente muy lento, demorando el tiempo que pasa por la detenida descripción de la dama que ocupa casi la mitad de la composición. El poeta intenta sincronizar esta relación con la del decorado de la habitación que inicia con la palabra "entretanto." Al final, con el "ya," volvemos a la dama que termina el gesto iniciado al principio del retrato y da los últimos toque a su atuendo, poniéndose un collar de perlas que a la vez que cierra la composición la relaciona con el principio en donde se ha aludido a su "oriente."

Por otra parte, la pintura de Watteau también tiende a la poesía. En sus cuadros, toda una estructura narrativa escondida insiste y a la vez retiene significaciones. Las figuras expresan más que lo que representan y estimulan la necesidad del espectador de buscar un texto psicológico equivalente a la imagen. La "*reverie*" es la forma típica de la literatura sobre Watteau desde Gautier hasta los modernistas. Y con esto se implica no solo un estado mental, sino una actividad lingüística con rasgos distintivos. Los Goncourt son un ejemplo de ello: "una sonriente arcadia, un tierno decamerón, una meditación sentimental, un galanteo soñador y distraído, palabras que halagan el espíritu..."[18] Y Darío: "Mirad las pupilas azules y húmedas, la boca de dibujo maravilloso, con una sonrisa enigmática de esfinge, quizá un recuerdo del amor galante, del madrigal recitado junto al tapiz de figuras pastoriles o mitológicas, o del beso a hurto, tras la estatua de algún silvano, en la penumbra." este es un lenguaje amortiguado en el verbo y en la sintaxis, que no conecta, y que yuxtapone frases fragmentarias. El texto se convierte en otra forma de imagen; la imagen como texto y el texto encarnado en el discurso. La literatura proporciona a las imágenes de Watteau el único recurso para explicar esa música que no se oye, esa melancolía de las figuras, por medio del flujo de la *reverie* verbal.

Como hemos visto, el retrato es la imagen de la dama en el espejo, y en éste objeto, el poeta también descubre el proceso pictórico de enfocar y multiplicar. Se trata de dos espejos con dos imágenes cuya significación se puede explicar de diversas maneras. La primera y más sencilla es que la visión en el espejo está siempre afectada por el fenómeno que invierte la cara familiar; el lunar aparece en la otra mejilla, el pelo partido en la otra mitad, la sonrisa vuelta hacia el otro lado... Para tener una imagen verdadera de como la gente nos ve, son necesarios dos espejos.

Otra explicación se encuentra en los dibujos de Watteau, que se conservan en diversos museos. Son siempre figuras humanas, sin escenario alrededor de ellas que nos dejan siempre con una sensación de misterio. Se sabe que Watteau dibujaba muy rápido, sin ningún otro propósito que el captar a la figura. Por ello, en la misma hoja se encuentra la imagen del mismo personaje, repetido con varias expresiones del rostro o diversos movimientos del cuerpo. Fascinaba al pintor el estudio de las manos, los juegos de los dedos. Algunos dibujos múltiples se concentran en el "comportamiento " de la ropa, especialmente en la disposición de los pliegues de un vestido o capa, y por ello se piensa que pedía a las modelos que ensayaran diversas poses hasta que encontraba la que estaba buscando. Esas figuras dobles o triples permiten imaginar a Watteau revisando y variando la silueta, reacomodando el brazo, las rodillas, los pies, enfatizando el perfil, el pelo o la ropa, acentuando uno u otro rasgo, o bien caminando alrededor de su modelo, pidiéndole que se mueva, que se siente, que cambie de posición. Se ve su interés por una pose graciosa, una actitud, un gesto en

[18] Goncourt E y J *L'Art du dix huitième siècle,* Paris, 1856, 75.

el rostro delicado, los pesados pliegues de algún vestido, un ademán de la mano al levantar la punta de una capa.

En una página que se conserva en el Museo Nacional de Estocolmo, muestra tres estudios de la misma mujer vista desde atrás, una vez sentada y dos veces de pie. Nunca se ve su rostro, solo vemos su cuello y la nuca con el pelo recogido. Watteau estaba obviamente interesado en la ropa, y éste es un detenidísimo estudio de la manera como la capa cuelga de sus hombros y de los diferentes pliegues creados al cambiar de posición. En la misma página, las dos figuras de pie, una tornada hacia la izquierda, y la otra hacia la derecha, se unen en la parte de abajo de sus capas, lo cual sugiere una mujer mirando por la espalda su reflexión en un espejo. En otro dibujo doble el rostro de una dama sugiere el asomo de una sonrisa, en el otro tiene un aire serio, en el momento en que se vuelve al espejo para mirar a la figura que levanta la punta de su vestido, ella misma.

Para buscar otra explicación a los dos espejos, debemos revisar el desplazamiento en el tiempo que intenta Darío. No se trata solamente de aludir al siglo XVIII, el juego con el tiempo es constante. Menciona a Mme de Maitenon es decir, un período y una corte un poco anterior a la difusión de la temática wattesca. Allí resbalan y se confunden dos reyes y dos cortes, Luis XIV y Luis XV, Mme de Maitenon y la Pompadour. Al final de la composición, la dama es una hermosa santiaguesa moderna que va a un baile de máscaras.

Lo que busca Darío no es el pasado *per se*, sino una metáfora, para sugerir un arquetipo femenino fuera del tiempo, expresión de lo eterno femenino. La Mujer, cuya belleza reflejada en el espejo muestra el juego, el espacio poético de una *reverie* amorosa que se quiere hacer pasar por inocente y se define finalmente por lo que es, el signo de un sueño y de una esperanza imposible.

La intención de Watteau es idéntica, o por lo menos eso adivinaron sus admiradores. Se sabe que vestía a sus modelos con atuendos un poco teatrales o ligeramente pasados de moda, más bien pertenecientes al siglo XVII. En la representación femenina variadísima de sus pinturas, se reconoce a menudo la misma mujer rubia, sorprendida en actitudes de intimidad, de pie, diversamente sentada, se arregla los cabellos, se quita las ligas de las piernas, parece descorrer una cortina invisible, esboza un paso de baile, Se dice que no expresa pasión, pero que ella misma es la pasión. Un crítico comenta que "Solo Watteau tuvo la audacia y el genio de representar a Isolda, y Julieta, Elvira y Silvia, Euridice, Psique, Helena, Salomé, como seres de carne y hueso que viven entre nosotros" aclarando que el pintor tenía "claramente la conciencia de estar representando un mito eterno." Hermann Bauer ha interpretado magistralmente el *Pélerinage a l'Ile de Cythère*, (Louvre) y *L'Embarquement pour Cythère* (Berlin, Charlottenburg) sugiriendo que en ambas pinturas no hay dimensión de tiempo, no hay acción, los peregrinos no llegan ni se van. Han sido captados en un momento especial entre la serie de movimiento sucesivos que los lleva desde la estatua de Venus hasta la barca.

> *"Isaisissable Watteau, aussi proche de tous les futurs que de tous les passés, des / passés simples comme des passés antérieur.*
>
> *Confusion de la fuite et de la régresion. Temps sans durée, sans / direction, sans poids."*[19]

Para esta representación dos retratos, uno de Darío y otro de Watteau; dos artes pintura y poesía. A cada una de las dos artes corresponde uno de los dos espejos:

> Vése la dama de pies a cabeza entre dos grandes espejos; calcula el efecto / de la mirada, del andar, de la sonrisa, del vello casi impalpable que agitará el viento / de la danza en su nuca fragante y sonrosada. Y piensa, y suspira; y flota aquel suspiro / en ese aire impregnado de aroma femenino que hay en un tocador de mujer..

La sonrisa extraña de la modelo, es el enigma que pone en equivalencia las dos artes. Así como el retrato pintado excede la simple representación, y a su manera lo celebra, el retrato literario celebra y se esfuerza en pintar. Cada una de las dos artes se esfuerza por rivalizar con la otra en su propio terreno. Pues si literatura y pintura se reparten el cuerpo y el sentimiento, Watteau llega a traducir en el rostro las pasiones de sus personajes, y Darío logra pintar los cabellos con el lustre de la perla y la piel de nieve de la dama.

Otro pintor admirado por Darío había estado siempre fascinado por los espejos. Según Leonardo, cuando acontece que dos espejos se colocan de manera que estén cara a cara uno del otro "El primero que se refleja en el segundo toma la imagen de sí âsmo con todas las imágenes allí

---

[19] Jean Ferré. *Watteau*. Madrid: Athéna, 1972

representadas, entre las cuales está la imagen del segundo espejo, y así, imagen dentro de imagen, su número se multiplica hasta el infinito, porque cada espejo tiene dentro de sí otro espejo."[20]

Esta visión pictórica multiplicada hasta el infinito en el plano visual e ideal del espejo ilustra pictóricamente el tema de la dama convertida en figura icónica de la mujer, símbolo de la feminidad y presente en todos los tiempos. La visión también establece una relación entre el pasado y el presente y el presente y el futuro. Los espejos son así un eje tangible donde el poeta dirige la mirada del presente al futuro y del futuro al pasado por el mismo misterio de replicación de imágenes hasta el infinito que tanto intrigó a Leonardo.

¿Quién es esta mujer que se contempla eternamente en el espejo? Claramente esta imagen de la vanidad solo no es vanidad cuando se trata de Venus que mira su imagen para redoblar su poder. Aparece así desde la antigüedad y la iconografía se encuentra muy frecuentemente desde el Renacimiento, en que el espejo se vuelve un accesorio indispensable del tema de *Venus à la toilette*.[21] Así, aparece en un fresco de Rosso, en cuadros de Bellini, Giorgione, Tiziano y Tintoreto, Rubens y Veronese la muestran mirando al espectador, y Velázquez pensativa y ambigua. En la época de Darío aparece en los cuadros de Bonnard en baños con espejos que captan y desparraman la luz en forma tan majestuosa como en la galería de Versalles. Esa mujer ya sea que se llame así o no, parece ser siempre la imagen de Venus, en su aspecto peligroso, la que lleva a los hombres a la destrucción solo con mirarse al espejo y tal vez arreglar su cabello. La Lorelei y la sirena con peine y espejo son otras versiones de la diosa.

El retrato de Darío está terminado. Antes de salir de la habitación hacia su carruaje, la dama ante el espejo se pone un collar de perlas.

> Perla: "Atributo de Afrodita... Símbolo lunar, ligado al agua y a la mujer. La / constancia de sus significaciones es tan notable como su

[20] *The Literary Works of Leonardo da Vinci*, ed Jean Paul Richter, London, Oxford Univ Press, 1939, I:138.

[21] Para otros numerosos ejemplos de Venus ante el espejo ver *Münchner Jahrbuch der bildenden Kunst* VI, 1929, p 167-99, *Jahrbuch Berlin*, LXII, 1941, 191-200, *Art Bulletin*, XVI, 1934, 358-84, Guy de Tervarent, 272-3 también vease Gombrich, *Art and Illusion* (1960), Erwin Panofsky *Studies in Iconology* (1939) Edgar Wind *Pagan Mysteries in the Renaissance* (1958).

universalidad, tal / como lo muestra en diversos libros Mircea Eliade y numerosos etnólogos. / Nacida de las aguas o nacida de la luna, encontrada en una concha, la perla / representa el principio Yin:, el símbolo esencial de la feminidad creadora. El / simbolismo sexual de la concha le comunica toda su fuerza, y el parecido entre / la perla y el feto le confiere propiedades genesíacas y obstétricas; de ese triple / simbolismo: Luna-Agua-Mujer, derivan todas las propiedades mágicas de la / perla: medicinales, ginecológicas, funerarias.[22]

UNIVERSITY OF TEXAS, AUSTIN

[22] *Dictionnaire...*, 741-44.

El sistema fonológico en tiempos de Hernán Cortés

JUAN M. LOPE BLANCH

O. NO PUEDO DECIR, lamentablemente, "en el habla de Hernán Cortés," aunque mi propósito sea estudiar las peculiaridades lingüísticas del conquistador fundador de México. Cosa muy factible en los dominios de la morfosintaxis y del léxico, pero muy difícil —por no decir que prácticamente imposible— en el de la fonología. Y ello, por razones de índole documental: son muy escasos —y de muy difícil acceso— los documentos escritos de puño y letra por el propio Cortés. En el caso de su compañero de conquistas, el capitán Diego de Ordaz, me fue muy fácil reconstruir el sistema fonológico de su habla particular, gracias a la conservación, en el Archivo de Indias, de varias cartas por él escritas, de propia mano, entre 1529 y 1530.[1] Los autógrafos de Hernán Cortés, en cambio, son escasísimos. Como bien se sabe, de sus *Cartas de relación* sólo se ha conservado un manuscrito —que se supone debido a una misma mano—[2] copia de la época, no firmada por Cortés, hecha hacia 1528 por orden de Juan de Sámano, secretario del Consejo de Indias.[3] Pero las cartas cortesianas habían

[1] Cf. mi libro sobre *El habla de Diego de Ordaz. Contribución a la historia del español americano*, México, UNAM, 1985. El capítulillo relativo a la fonética ordaciana va de la página 41 a la 57; había sido publicado inicialmente en la *Nueva Revista de Filología Hispánica*, XXXIII (1984) 337-351.

[2] Cf. José Luis Martínez, *Hernán Cortés*, (México: Fondo de Cultura Económica, 1990) 855. Algunas peculiaridades lingüísticas, más que grafológicas, me hacen pensar en la intervención de un segundo copista.

[3] El manuscrito se conserva en la Biblioteca Nacional de Viena, y fue publicado facsimilarmente en 1960: "Cartas de relación de la conquista de la Nueva España escritas por Hernán Cortés al Emperador Carlos V y otros documentos relativos a la conquista, años de 1519-1527. Codex Vindobonensis S. N. 1600. Akademische Druck-

sido impresas ya con anterioridad. La *Segunda* —de que me sirvo para hacer el análisis fonológico objeto de este ensayo— fue publicada por primera vez en Sevilla, en noviembre de 1522, por Juan Cronberger.[4] Aunque yo en ocasiones, para facilitar la localización de voces o de pasajes citados, haga referencia a la accesible pero modernizada —y deficiente— edición de Mario Hernández Sánchez Barba, impresa por la Editorial Porrúa en 1963, me he basado siempre en la edición del manuscrito de Viena, sobre la cual he trabajado directamente. Las grafías, pues, si no de Cortés —tampoco lo serían en el manuscrito original, que el conquistador iría dictando a sus escribanos— sí son de gente de su tiempo, y de nivel cultural elevado, como era sin duda el del extremeño.

Para hacer los análisis fonológicos reunidos en este trabajo, me he basado también, en adición a la carta segunda, en el testamento que hizo Hernán Cortés en Sevilla, el 11 de octubre de 1547, esto es, más de un cuarto de siglo después de dictada la segunda carta,[5] cuando la lengua castellana estaba llevando a cabo sus últimos grandes cambios fonológicos. De todo el testamento, sólo uno de los apartados —el *item* con que comienza el folio 9v°, al que en la numeración hecha por el profesor Conway corresponde el número LXI— podría acaso haber sido escrito por el propio Marqués del Valle. Ninguno, por otra parte, de los abundantes y ricos documentos cortesianos reunidos por José Luis Martínez en los cuatro gruesos volúmenes de su valiosa recopilación documental[6] fue escrito por la mano de Cortés; sólo en uno de ellos, el número 36, que es una carta reservada de Hernán Cortés al Emperador Carlos V, "Las palabras finales, (transcritas) en cursivas, y la firma son de puño de Cortés," constata José Luis Martínez.[7]

---

u. Verlagsanstalt, Graz, Austria, 1960.

[4] Y a los pocos meses —en enero de 1523— reimpresa por Jorge Coci Alemán, en Zaragoza. La carta tercera la imprimió también Cronberger en Sevilla, en marzo de 1523, y la cuarta, Gaspar de Avila, en Toledo, 1525.

[5] Cortés la había firmado el 30 de octubre de 1520, en "La Villa Segura de la Frontera de esta Nueva España."

[6] José Luis Martínez, *Documentos cortesianos*, 4 vols. (México: Fondo de Cultura Económica, 1990-1992).

[7] Ese documento había sido recogido anteriormente por Joaquín García Icazbalceta en su *Colección de documentos para la historia de México*, (México: Porrúa, 1971) I: 470-483.

Para estudiar la fonología de la última voluntad de Cortés, me he servido de la edición facsímil de su testamento hecha por el padre Mariano Cuevas,[8] la cual es obra bastante rara, ya que al parecer contó solamente de cien ejemplares numerados y firmados por su autor. La letra es clara y la reproducción bastante buena, sobre todo si se tiene en cuenta la relativamente temprana fecha de su publicación.

Estos dos documentos cortesianos —su extensa segunda carta de relación y su detallado testamento— permiten determinar cuál era el sistema fonológico castellano de personas allegadas a Cortés en su juventud y al final de su vida, entre hablantes cultos —como él, insisto— residentes en la Nueva España o en la ciudad de Sevilla. Hago hincapié en el carácter cultural elevado de la lengua reflejada en tales documentos porque su confrontación con otros debidos a personas de escasa instrucción revela una notable diferencia entre la norma culta de la primera mitad del siglo XVI y la norma popular de aquel entonces, al menos en lo que a ciertas oposiciones fonológicas —en especial de las sibilantes— se refiere. De mostrar el alto nivel cultural propio de buen número de los conquistadores y colonizadores iniciales del Nuevo Mundo se encargó, hace ya varios lustros, el recordado Angel Rosenblat, en apasionado —y también apasionante— estudio, que no ha tenido, lamentablemente, toda la difusión que hubiera sido de desear.[9]

---

[8] *"Testamento de Hernán Cortés.* Primera edición facsímile tomada directamente de su original existente en el Archivo del Protocolo de la ciudad de Sevilla, donde fué descubierto el 13 de Enero de 1927 por el P. Mariano Cuevas, S.J., miembro de la Real Academia Española de la Historia. Ciudad de México, 1930." Fue impreso en los talleres de Gante Press, bajo la dirección de G.R.G. Conway. Quien reeditó el facsímil junto con una edición paleográfica en México, 1939. La editorial Pedro Robredo publicó esa edición paleográfica, con una traducción del Prólogo hecha por Edmundo O' Gorman, en México, 1940, edición que he cotejado con la facsimilar del manuscrito original, y por la que haré las referencias cuando sea ello necesario, dado que es la más accesible.

[9] Con el titulo de "Base del español de América: Nivel social y cultural de los conquistadores y pobladores" se presentó como ponencia en la I Reunión Latinoamericana de Lingüística y Filología (Viña del Mar, Chile, enero de 1964), cuyas *Actas* fueron publicadas en Bogotá, en 1973, por el Instituto Caro y Cuervo. (La ponencia de Rosenblat va de la página 293 a la 371). Una versión ampliada pasó a formar la parte nuclear del libro del mismo Rosenblat sobre *Los conquistadores y su lengua*, (Caracas: Universidad Central de Venezuela, 1977) 7-90.

1. *El fonema aspirado sordo* /h/.

Procedente de *f-* inicial latina, había desaparecido ya en el habla de Hernán Cortés y de los escritores de esos documentos. Junto a palabras en que la *h-* etimológica se ha mantenido —*hambre, hermosas, huyr, hablar, hazer*, etc.—, en otras ha desaparecido,—*ojas, yncados*—, mientras que en otras —y ello me parece aún más significativo—aparece una no etimológica, es decir no procedente de *f-* latina: *hombres, heran* o *he* (del verbo *haber*), *henemygo, honrrado, heché*, etc. En algunos casos particulares se mantiene gráficamente la *f* latina originaria: *fecho* frente a *hecho, fazer* junto a *hazer, fijos* e *hijos, fasta* y *hasta*, aparte, naturalmente, de voces en que la lengua ha mantenido la *f-* inicial: *fortaleza, fuerte, favoresçer, forma, forçado*, etc. No hay, pues, vestigios ciertos de conservación de la aspirada sorda medieval representada por *h-*. Las tres posibilidades ortográficas —*f, h* y ɸ — alternan libremente: *fallé, firieron* y *farto* junto a *hallar, herir* y *harta*, así como junto a *heramos* o *hedefyçios*: y *aver, an ovo*, frente a *he, ha, hubiere*, etc.; *orden* y *ordenado* junto a *horden* y *hordenado*.

Comparando las grafías de la *Carta* con las del *Testamento* se advierte una mayor intensidad en la confusión en este último, con casos como *honze, husos, hubiere*, etc. No representa ello un mayor grado de confusión articulatoria, sino solo un mayor distanciamiento respecto de los hábitos escriturarios heredados a partir de la época de mantenimiento de la articulación aspirada del grafema *h-*.

Esta situación contrasta con la que advertí en las *Cartas* de Diego de Ordaz, en las cuales parecía reflejarse una conservación del fonema aspirado sordo, ya que la presencia de *h-* representaba en ellas a una *f-* latina —*hambre, hazer, hablar, hijos, harina* etc.— y su ausencia reflejaba la inexistencia de *f-* etimológica —*aver, oy, onrra*, etc.—con únicamente dos excepciones aisladas: la eliminación de *h-* en "ayan *echo*" y la adición indebida de ella en "no *he* salido," lo cual podría interpretarse como síntoma de un proceso de confusión apenas incipiente, muy distinto del caótico estado que reflejan los documentos cortesianos. Como en todo proceso de cambio fonológico, la innovación cobra fuerza en unos hablantes, mientras que halla fuerte oposición en otros, estableciéndose así una época de polimorfismo lingüístico más o menos duradera, aunque por lo general bastante amplia,[10] ya que —como bien señaló Menéndez Pidal— el cambio

[10] Cf. mi artículo "En torno al polimorfismo," en *Actas del V Congreso* de la

lingüístico suele ser plurisecular[11] o, al menos, de muy lento desarrollo.

2. *Fonemas labiales.*

Situación semejante a la de *h*/ϕ se advierte en el caso de la oposición *b*/*v*. Si bien en la carta segunda parece haber una mayor cercanía o conservación que en el testamento de la distinción *b*/*v*, con *-b-* procedente de -p- intervocálica latina y con *-v-* representante de *-b-* y *-v-* latinas, encuentro en ella algunos casos de confusión. Con *-b-* proveniente de *-p-* etimológica figuran voces como *acabar, saber, encubierto, rribera, resçibir, trabajos, apercibir*, etc., mientras que la *-v-* representa el resultado de *-b, v-* latinas en *aver, noventa, estuviese, cavallo*, favor, *iva, llevar, navíos, esclavos, nueve*, el morfema *-ava* del pretérito imperfecto, etc. Pero rompen esta adecuación etimológica un caso de copretérito con *b* —doblaba—, una forma *biben*[12] y, en posición inicial, un insólito *vandera*.[13]

En el testamento, la confusión de las dos grafías es mucho más intensa, lo cual revela una total neutralización de los dos fonemas: *nueva* frente a *nueba, aver* pero *aber, lleuaren* y *llebar, conviertan* y *conbiertan*, etc. De un lado, *beuer, avía, provinçia, estava* y otras muchas formas normales, pero de otro, *tube, tubiere, atrabiese, daba, hubiere, fabores, probinçias, ba, bía, çebil, unibersal, dibididas, aprobechadamente*, etc. El estado de confusión incipiente reflejado por el manuscrito de la segunda carta se convierte, en el testamento, en un estado de confusión total y generalizada.

Contrasta esta situación con la que había yo encontrado en las cartas

---

Asociación Internacional de Hispanistas, (Bordeaux, 1977) 593-601. (Recogido también en mi libro de *Investigaciones sobre dialectología mexicana*, (México: UNAM, 1990) 7-15.

[11] "La duración del cambio fonético suele ser extraordinariamente larga, multisecular, por lo mismo que la tradición que hay que vencer es la más fuerte de todas, como arraigada en la inmensa repetición cotidiana del acto colectivo del lenguaje," *Orisenes del español*, 3ª ed. (Madrid, 1950) § 112.2.

[12] Por atracción de la b— inicial. Asimismo en *bolber rrebolber*, que en *el Cantar de Mio Cid* aparece ya como *bolver*. En la carta de Cortés se escribe siempre *b-* inicial o tres consonante —salvo *r* o *l*—, sea o no etimológica: *bien, benir, buelta, ynbiar, desenbarqué, turbión, barbacanes*, pero también serviçio, *salvo* o *carvón*.

[13] Las formas *carvón* y *Carvonero* no son significativas a este respecto, ya que "en la Edad Media se vacilaba entre *carvón* (*Fernán González*, Nebrija) y *carbón*" (J, Corominas, *Diccionario crítico etimológico de la lengua castellana*, s.v.).

autógrafas de Diego de Ordaz, donde la distinción entre /b/ y /v/—ya fuera en cuanto oclusiva y fricativa o bilabial y labiodental respectivamente—"en posición intervocálica, parece guardarse rigurosamente," salvo en el caso aislado de *ovispo*.[14]

3. *Los fonemas sibilantes.*
3.1. *Sibilantes ápicoalveolares.*
El ensordecimiento de la ápicoalveolar sonora /z/ (escrita -s- en posición intervocálica) y su consiguiente confusión con la sorda correspondiente (representada por doble -ss- durante la Edad Media) se documenta desde el comienzo mismo del siglo XV, y era ya muy frecuente a finales de esa centuria.[15]

La confusión —es decir, el ensordecimiento de la -s- sonora— es total en los documentos cortesianos, tanto en la carta de relación cuanta en el testamento. En la primera aparecen grafías alternantes como *pasos* y *passos*, *casa* y *cassa*, *cosa* y *cossa*, *pasar* y *passar*, normalmente *-ase* y *-ese* como morfemas del pretérito de subjuntivo —*fuese*, *tuviese*, etc.—, pero *pasasse*, *diesse* y *tuviesse*. Semejante situación se advierte en el testamento, donde aparece con más frecuencia la -s- simple como representante tanto de antigua sonora como de sorda. Pero no faltan dobletes gráficos —como *desuso* y *de susso*, *nesçesario* y *neçessarias*, *subçesor* y *subçessores*— y formas con doble -ss- injustificada, algunas simple capricho ortográfico del amanuense: *iglessias*, *conçession*, *mess*, *tress*, etc.

3.2. Mucho más compleja es la situación que guardan las ápicoalveolares cóncavas y las dorsodentoalveolares convexas. En líneas generales parece mantenerse la distribución funcional en un esquema triple, "que delineó —como propio de castellanos y aun de sevillanos conservadores e instruidos— Benito Arias Montano,"[16] al cual parecía corresponder el sistema

[14] Ordaz escribe siempre *-b-* como fonema procedente de *-p-* latina, y *-v-* como resultado de *-b- v-* etimológicas: *saber*, cabo *abierta*, *cabeçera*, *trabajo*, etc., frente a *aver*, *dever*, *cavallo provecho*, *ovejas*, *iva*, *quedava*, etc. (Cf. el libro citado en la nota 1 de este trabajo, p. 46).

[15] Cf. Rafael Lapesa, *Historia de la lengua española*. 8ª ed. (Madrid: Gredos, 1980) § 72.3: 28.

[16] Cuyo extraordinario testimonio fue rescatado Inicialmente por Rufino José Cuervo en sus "Disquisiciones sobre antigua ortografía y pronunciación castellanas" (Remito a las pp. 434 y 435 del tomo II de sus *Obras completas*. (Bogotá: Instituto

fonológico de Diego de Ordaz: una sola sibilante ápicoalveolar fricativa sorda —escrita *s* o *ss*—, una dorsodental africada sorda —escrita *ç*—, y la correspondiente fricativa —representada por *z*.

Pero en los documentos cortesianos brotan ya algunos testimonios de seseo, así como de confusión entre *-ç-* y *-z-*. No son, ciertamente, muy abundantes, pero deben interpretarse como síntoma de seseo y çeçeo incipientes. Lo curioso es que esas ocasionales confusiones se dan en el manuscrito de la carta, pero no en el del testamento, redactado precisamente en Sevilla. Me inclino a pensar que los casos anómalos detectados en aquélla son obra del copista. Por un lado encuentro en ella *dosyentos* y *tresyentos* —frente a los normales *duzientos*[17] (<ducenti) y *trezientos* (<trecenti)—, así como *desir, desía* —en clara desventaja frente a los etimológicos *dezir, dezia*—, y esporádicamente —una vez cada uno— *aderesados*[18] y *hasyendole*. Nada equivalente hallo en el testamento, donde siempre se escribe, debidamente, *dozientos* y *trezientos*.

3.3. Por otro lado, la neutralización de ç/z brota muy esporádicamente en la carta de relación, pero no en el testamento. En aquélla encuentro *obedezer* y *atemoriçada*, en vez de *obedeçer*[19] y *atemorizada*. Si *obedezer* es un caso claro, no lo es tanto *atemoriçada*: con *-z-* se encuentra en los documentos de la primera mitad del siglo XV, y así figura en Nebrija y en el P. Alcalá (cf. Corominas, DCEL), pero con -ç- (*atemoriçó*) aparece en el Marqués de Santillana.[20] La alternancia —o confusión— de *ç* y *z* procedentes de -ty- latina fue fenómeno muy frecuente, como bien se sabe,

Caro y Cuervo, 1954). También Amado Alonso reparó en él más tarde. Cf. su libro *De la pronunciación medieval a la moderna en español*, (Madrid: Gredos, 1969) II: 48-49.

[17] Con *-u-* todavía en Cervantes y en Lope de Vega: cf. Corominas, DCEL, s.v. *dos*.

[18] A partir, posiblemente, de *adereçar*, aunque cabría esperar *-z-*; pero ya en Berceo aparece con *-ç-*, y así se encuentra también en Alfonso de Palencia y en Nebrija entre otros (cf. Corominas, DCEL, s.v.).

[19] O de *obedesçer*, dada la fuerte inclinación de aquel copista a escribir *sç* ya con base etimológica, ya sin ella: *acaesçer, agradesçía, amanesçiendo*, etc ., así como *nesçesidad, resçebir, ofresçer*, etc.

[20] Cf. Rufino José Cuervo, *Diccionario de construcción y régimen de la lengua castellana*, (París, 1886) I: 736 *a*. (Cito por la ed. del Instituto Caro y Cuervo, Bogotá, 1953).

durante toda la Edad Media.[21]

Los demás casos de aparente confusión de *ç* y *z* no pueden interpretarse como verdaderos testimonios de error cortesiano (o del copista de su carta). En efecto, *choça*, en vez de *choza*, se escribía con *-ç-* desde los primeros tiempos, y así aparece en el *Libro de buen amor*;[22] *reçio*, en lugar de *rezio*, era forma frecuente en siglos anteriores, y Corominas la documenta en Don Juan Manuel y otros autores; la misma alternancia se daba, desde antiguo, entre *toçino* —que es la forma que aparece en la carta de Hernán Cortés— y *tozino*.

Por lo que respecta al testamento, no hay ni un solo caso de confusión verdadera entre *ç* y *z*. Las ocasiones en que aparece alguna *ç* donde cabría esperar *z* —o viceversa— son todas asintomáticas, no probatorias de confusión por parte del escribano de Cortés, puesto que se trata siempre de formas bien atestiguadas a lo largo de la Edad Media. Así en el caso de *cabeça*, por *cabeza*, o de *caperuças*, forma que desde comienzo del siglo XV alterna con *caperuza*; *traça*[23] exige una base con *-ttv-*, en vez de *-ctv-*: **trattiare* > *traçar*; cosa similar en el caso de *pedaço*, con *-ç-* en castellano desde antiguo, que exige una base **pitaccium* en vez de *pitacium*.[24] En todas las demás ocasiones, el manuscrito del testamento distingue nítidamente *-z-* de *-ç-*: *juvzio, hazer, dezir, vezes, poblazón, vezino, firmeza*, etc., así como siempre *obedezcan, pertenezca, fenezca*,[25] *diezmo*, etc., frente a *dispusiçion, alcançe, gobernaçion, pyeças*,[26] etc.

4. *Fonemas palatales.*

4.1. *Prepalatales fricativas.*—Tanto en la carta de relación cuanto en el testamento, las palatales fricativas sorda /š/ y sonora /ž/ —escritas como *x* y *j*, *g* respectivamente— se mantienen diferenciadas con todo rigor: no registro

---

[21] Cf., a este respecto, Menéndez Pidal, *Orígenes*, (§ 9.₂, 64-65₎, así como en la edición española de Paul M. Lloyd, *From Latin to Spanish*, American Philosophical Society, 1987 (Madrid: Gredos, 1993) 261-263, 417-419.

[22] Corominas, DCLE, piensa en la posibilidad de que sea un portuguesismo.

[23] Sustantivo que Corominas fecha como de fines del siglo XVI, y que el testamento de Cortés anticipa en casi media centuria; *traçar* ya en Nebrija.

[24] Con *-z-*, *pedazo*, aparece sólo en documentos muy antiguos, que no distinguen fonológicamente *z* de *ç* (cf. Corominas).

[25] Junto al esperable *mayoradgo*, habitual en los documentos de la época; así en Nebrija, con la especificación latina "primogenitura"

[26] *Pieça* siempre con sorda *-ç-* durante la Edad Media, que exige una base **pettia*.

ni un solo caso de ensordecimiento de /z/. Ensordecimiento que, aunque originario de Castilla la Vieja, se había ido extendiendo ya por el centro y sur de la Península poco a poco.[27] En la carta de Cortés se escribe siempre *dexar, dixeron, traxe, abaxo, lexos, rretraxeron, baxada, atraxe*, etc., frente a *magestad, fijos, mejor, paja, mensajero, mugeres, trabajo, consejo, juntar*, etc. Y lo mismo se advierte en su testamento: *hijo, muger, rijan, coger, cojan, mejor, jamás, consejo*, etc., frente a *dexo, dixeren, lexos, abraxo, exercitar, dexaré, anexo*,[28] etc.

En la carta, alternan todavía las grafías *ge/se* representantes del pronombre átono dativo de tercera persona seguido de *lo, le*, aunque con predominio de la forma moderna: *gelo*, ocasionalmente, frente a *se los* o *seles*, con mayor frecuencia. En el testamento no hallo ya ningún resto de la forma medieval *ge*. En cambio, llama la atención en el manuscrito testamentario la caprichosa ortografía *mongas*, escrito así, con /g/, reiteradamente, frente a un solo caso de *monjas*. El fonema era, sin duda, prepalatal rehilado /z/, y sólo como particularidad gráfica del escribano debe interpretarse la -*g*-.[29]

4.2. *Palatales sonoras.*— No hay en estos documentos cortesianos ni un solo caso de yeísmo. La confusión de la lateral /λ/ con la central /y/, propia de mozárabes o de hablantes rústicos, se documenta en México ya desde 1527 y en años sucesivos,[30] pero no en escritos de hablantes cultos. Los amanuenses de Hernán Cortés escribían debidamente *valle, allí, villa, calle, fallesçer, vasallos*, etc., frente a *mayor, creyendo, mayo, cuyo, distribuyan*, etc. Y todos los topónimos indoamericanos en que figura alguna palatal sonora —como *Coyoacán*, por ejemplo—presentan siempre, adecuadamente, /y/, y

---

[27] Cf. Lapesa, *Historia*, § 92.2: "en el *Cancionero de Baena*, copiado en Andalucía, hay *abajado* por *abaxado*.

[28] Con articulación /š/, no /ks/, como antecedente del mexicano moderno *anejo*. Corominas (DCEL) apunta que "la pronunciación con *x* = *cs* no parece ser *anterior* al siglo XIX."

[29] El cultismo *executar* de la carta —y *execute* en el testamento—, procedente de *exe-* y *secutar* (<* *secutare*, de donde el antiguo *segudar*) alternaba con la forma sin palatal *esecutar*, que figura en Nebrija (cf. Corominas, DCEL; s.v. *seguir*).

[30] Cf. Claudia Parodi, "El yeísmo en América durante el siglo XVI," *Anuario de Letras*, XV (1977) 241-248; se recogen aquí casos como *papagallos, allan, contrayen* (por "contrahallen"), *hoyando* y *hullese*.

no /λ/, dado que el fonema lateral no era conocido en náhuatl[31] ni en otras lenguas amerindias de México.

5. *Grupos consonánticos.*

5.1. *Secuencias /rl/ y /dl/.*—La primera, en los infinitivos seguidos de pronombre personal átono; la segunda, en la forma plural de los imperativos seguidos por los mismos pronombres.

La solución *-ll-* /λ/ como resultado de la asimilación de *rl-* es muy rara en la carta de relación, donde casos como *pasallos* o *dexallo* están en franca desventaja ante formas como *perdonarles, ynbiarlos* o *salirles.* Esta distribución proporcional contrasta fuertemente con la que encontré en las *Cartas* de Diego de Ordaz, donde las formas asimiladas /λ/ suponían amplia mayoría con relación a las formas en que se conservaba la secuencia /rl/.[32] La escasez de formas con asimilación /λ/ se explica también por el hecho de que Hernán Cortés haya mantenido normalmente la anteposición del pronombre átono respecto del infinitivo: "habia ido a *le* ver; y después de *le* haber hablado..." (p. 61); "quería enviar un español a *lo* saber" (p. 91), etc. La proclisis del pronombre, normal en la Edad Media, se mantuvo a lo largo de toda la primera mitad del siglo XVI, y entró en franca decadencia después, hasta extinguirse en el siglo XVII.[33] En el testamento aumentan un tanto los casos de asimilación /λ/: *tenelle, avello, descontalles, mandallo, pagalle,* formas que van acordes con la moda de la época, de cariz toledano.[34]

---

[31] Según consignó ya, con tan acueiosa puntualidad y precisión, fray Alonso de Molina en su *Arte de la lenqua mexicana y castellana,* Mèxico, 1571, ed. Facsímil. (Madrid: el Instituto de Cultura Hispánica, 1945) 5; ro y vo: La lengua mexicana "no tiene ni pronuncia estas sillabas... lla, lle, lli, llo, Ilu... Y si alguna vez vsan de dos ll juntas, así como milla, que quiere dezir en el mayzal o en las sembradas, hase de pronunciar como era el latin dezimos villa, y no como en le Romance dezimos marauilla, Seuilla."

[32] De 9 apariciones de la secuencia, sólo en dos se mantenía sin asimilación. (Cf. el libro sobre el habla de Ordaz citado en la nota 1, p. 69).

[33] Cf. Vicente García de Diego, *Gramática histórica española,* (Madrid, 1951) § 98.7, y Hayward Keniston, *The Syntax of Castilian Prose: The Sixteenth Century,* (Chicago, 1937) § 9.6: "The construction is of decreasing frecuency; of the 150 counted examples, 101 are found in the first half of the century"

[34] "Las asimilaciones *tomallo, hacello, sufrillo,* estuvieron de moda en el siglo XVI, principalmente entre andaluces, murcianos, toledanos y gentes de la corte, que en tiempo de Carlos V adoptaban el gusto lingüístico de Toledo" (Lapesa, Historia, &

En cambio la metátesis /dl/ > /ld/ en las formas de imperativo seguidas de pronombre átono parece ser fenómeno rechazado por Hernán Cortés, acaso por sentirlo como propio de habla poco esmerada. Juan de Valdés, en efecto, censura su práctica, aunque lo haga cortésmente—"sin condenar ni reprehender nada"—dado quizá lo extendido de su empleo.[35] El cual rebasó los limites del siglo XVI y se mantuvo firmemente a lo largo del XVII, acaso "por su buen sonido," según la valoración de Gonzalo Correas.[36]

El mantenimiento de la secuencia apropiada /dl/ en el habla de Hernán Cortés contrasta violentamente con el uso propio de Diego de Ordaz, quien siempre metatizaba los fonemas: *enbialde, presentalda, entresaldo*, etc.,[37] y cosa que—repito—nunca hallo en los documentos cortesianos. Lo que sí es frecuente en ellos es la proclisis del pronombre átono respecto del imperativo: "y todos los tributos y serviçios... *los haced* y dad a él" (p. 69), "le *dezid* que," etc., al igual que en las *Cartas* de Ordax (cf. *op. cit.*, pp. 64-65).

5.2. *Secuencias consonánticas cultas.*—Se advierte notable diferencia entre el manuscrito de la carta y el del testamento. En aquél, los llamados grupos cultos aparecen no pocas veces simplificados, especialmente en el caso de la secuencia *-ks-* (grafía *x*): *solenydad, esentos, escusar,* aunque también, se mantiene en voces más elevadas, como *excelllentysimo,* y *exeto* o *exçeto*. En cambio, la secuencia integrada por labial + consonante, suele mantenerse plenamente, ya con sorda, ya con sonora: *conçepto, açebtado, escripto, subjeto* y *subieçion, cibdad* y aun *supditos* y *obstante,* —así como un sorprendente *magnifestava*— frente a la reducción de -pt- en el ya consignado *exeto*. Tiende también el amanuense a mantener la dental final agrupada, en casos como *segund, grand, çient,* con *propagación* a *algund* y *ningund*. La forma *ansy*, por último, alterna o, más bien, predomina sobre la asimilada *asy*.

En el testamento, las secuencias consonánticas cultas se mantienen

95.2).

[35] "Muchos dizen *poneldo* y *embialdo* por dezir *ponedlo* y *embiadlo*... no sé qué sea la causa por que lo mezclan desta manera; yo, aunque todo se puede dezir, sin condenar ni reprehender nada, todavía tengo por mejor que el verbo vaya por sí y el pronombre por sí, y por esto digo. . . *Ponedle*. . . y *embiadlo*'" (*Diálogo de la lengua*, ed. crítica de Cristina Barbolani de García, (Firenze, D'Anna, 1967) 29.

[36] Cf. su *Arte de la lengua española castellana*, ed. Emilio Alarcos García, (Madrid, 1954) 271.

[37] Cf. el libro citado en la nota 1, p. 65.

mucho más rigurosamente todavía, y no es nada raro que aparezcan formas ultracorrectas con grupos no etimológicos: se escribe siempre *Sancto* y *Sanctisima*, así como *bendicta*, *efecto*, *doctaçion* y *docte*, *defecto*, *perpectuamente*, *doctas*, *estatuctos*, *adictamentos*, *perfection* y otras cosas semejantes; pero si sigue otra oclusiva velar, sí se elimina la implosiva inicial: *escusar*; y también, una vez, en *vitorias*. Hay conservación de labial en casos como *obsequias*, *subjetas*, *subçeder* y *subçesor*, *conçebçion* —frente a un caso de *conçeçion*. Otros casos de conservación de secuencias consonánticas cultas son *ynstituçion*, *constituçiones*, *instruyan* e *ynstruçion*, *administraçion* y *adjudicar*. Ortográficamente, *-m* alterna con *-n* ante consonante labial —nombrar frente a *nonbramiento*—, con predominio de la labial: *tiempo*, *siempre*, *cumpla*, etc., pero también *acostunbrada*.

6. *Vocales átonas*.

La vacilación en el timbre de las vocales átonas, tan frecuente a lo largo de la Edad Media, alcanzó aún con fuerza a la lengua renacentista,[38] situación que queda bien reflejada en los documentos cortesianos. En la carta son frecuentes los casos de vacilación de timbre de *e/i*, por un lado, y de *o/u* por el otro: *prencipales*, *ansy mesmo* —aunque generalmente *mysmo*—, *hedefvçios*, *desymulé* y *desymulada*, *hezimos* —pero también *hizimos*—, *medeçinales*, *bebir*, frente a *rrequyrimyentos*, *nesçysydad*, *obidiençia*, *consygujamos* o *ynbiar*, siempre con /i/ en todas las formas de la conjugación de este verbo; y *cochilladas* frente a *dispusiçion* o al etimológico *duzientos*. La misma situación refleja, 27 años después, el manuscrito del testamento: *monesterio tresladaren*, *çebil*, *previlegio* —pero también *privilegios*—, *premiçias* junto a *primiçias*, *conveniente* frente a *conviniente ynobidiençia* alternando con *obedezcan*, *Catelina* o *intinçion*, y *sostituir* o *sostituçiones* frente a *dispusiçion*.

En la conjugación verbal, no predominan las formas con inflexión debida a yod siguiente: *venieron*, *quesieren*, *ovo*, *posimos*, *oviesen*,[39] aunque sí hay inflexión en *tuvizsse* y *estuviesse*. Aún más escasas eran las formas inflexionadas en las *Cartas* de Diego de Ordaz.[40]

UNIVERSIDAD NACIONAL AUTÓNOMA, EL COLEGIO DE MÉXICO.

---

[38] Cf, Lapesa, *Historia*, §§ 70.7 y 91.2.

[39] Aunque en el testamento la forma es ya siempre *hubiese*.

[40] Donde lo común es *posieren*, *morió*, *podieran*, *conplió*, *tovieran*, *ovieran*, etc. (Cf. el libro citado en nota 1, p. 50).

Una creación psicológica de Miró: Don Álvaro Galindo

PACIENCIA ONTANÓN DE LOPE BLANCH

> "Los poetas son valiosísimos aliados, cuyo testimonio debe estimarse en alto grado, pues suelen conocer muchas cosas existentes entre el cielo y la tierra y que ni siquiera sospecha nuestra filosofía. En la Psicología, sobre todo, se hallan muy por encima de nosotros los hombres vulgares, pues beben en fuentes que no hemos logrado aún hacer accesibles a la ciencia."[1]

INTUITIVAMENTE O NO, PORQUE sin duda Miró conocía bien la obra de Freud,[2] algunos de sus personajes están creados con una realidad psíquica tan aguda, que es posible seguir la línea de su vida y comprender ampliamente sus conductas.

Este es el caso de Álvaro Galindo, el fanático carlista que llega a la ciudad de Oleza como enviado de don Carlos, "el señor," para fortalecer la fe de sus seguidores. Una figura, para entre las muchas que pueblan *Nuestro Padre San Daniel* y *El obispo leproso*, que, con pocas pinceladas queda excelentemente trazada. Una figura cuya vida, a causa de las circunstancias en las que se ha movido, se desarrolla en medio de la más profunda infelicidad, infelicidad que transmite a los que lo rodean.

De él tenemos la primera visión física a través de las pupilas de la que será su esposa: "Una frente huesuda y helada, unas cejas tenaces, un mirar hondo que llameaba con la luz de las sublimes causas, y una barba demasiado tendida y austera, más de fray que de galán caballero."[3] Después

[1] Sigmund Freud, "El delirio y los sueños de en la «Gradiva» de W. Jensen, en *Psicoanálisis de arte*. (Madrid: Alianza Editorial, 1973) 107.

[2] Véase mi artículo "En torno a la biblioteca de Gabriel Miró," en *Anuario de Letras*, XXVI (México, 1988) 247-250.

[3] Gabriel Miró, *Nuestro Padre San Daniel*, en *Obras completas*. (Madrid:

tendremos otras dos visiones del personaje desde otros dos distintos puntos de vista, con lo cual se logrará una imagen más completa.[4]

Pronto sabremos también que su viaje no es exclusivamente político; junto con sus andanzas proselitistas realiza también otras de tipo económico: "No era rico y había de luchar por los ideales del «Dios, Patria y Rey» y por el pan de su casa" (*Nuestro Padre*, 725). De ahí que su matrimonio con Paulina, una rica heredera, y su asentamiento definitivo en Oleza, no respondan exactamente a causas puramente espirituales. Su amigo el canónigo penitenciario, muy dado a concertar matrimonios y sin duda no inocente en cuanto al de don Álvaro, lo corrobora en la libertad de sus pensamientos: "Recordó la tarde en que le había llevado [a don Álvaro] al "Olivar" de don Daniel, la misma tarde que se iluminó su alma con la idea de un matrimonio de *venturosas eficacias*"[5] (el subrayado es mío). Muy sutilmente aquí, Miró ha puesto en duda el supuesto desinterés del faccioso. Muy sutilmente también va delimitando la personalidad complicada de don Álvaro. De aquí que su oposición a vivir después de su matrimonio en el "Olivar" y a que Paulina visite a su padre moribundo, no sean a causa del celoso cuidado con que vela, tanto de "su virtud, como de su reputación."[6]

El matrimonio del carlista con Paulina Egea queda realizado con extrema facilidad. Auspiciado por los amigos olecenses de Álvaro y por el propio don Daniel Egea, quien no sólo lo aprueba, sino que lo desea calurosamente,[7] se realiza en un lapso muy breve, como si una presencia

---

Biblioteca Nueva, 1943) 724. Todas las citas se harán por esta edición, señalando el número de página.

[4] Así lo ha señalado Manuel Ruiz-Funes en la Introducción a *Nuestro Padre San Daniel*. (Madrid: Cátedra, 1988) 175, nota.

[5] Lo mismo insinúa Ian Macdonald en su edición a *El obispo leproso* (Alicante: Instituto de Cultura Juan Gil Albert, 1993): "Álvaro "no era rico" y don Daniel poseía la casa heredad de más renombre de Oleza," 419, nota 214.

[6] Cfr. Alfred W. Becquer, "El hombre y su circunstancia en la obra de Gabriel Miró," *Revista de Occidente*. (Madrid, 1958) 172.

[7] El ingenuo don Daniel se convierte en el primer admirador de Álvaro, como ya se ha señalado: "el enamoramiento de don Daniel Egea hacia el recién llegado a quien llega a considerar en su inocente fantasía, como posible hermano bastardo del príncipe Don Carlos," Rodolfo Cardona, "Tradición e innovación en *Nuestro Padre San Daniel*" (Harvard University Conference in Honor of Gabriel Miró, Harvard University, 1982) 47-61. Pero su atracción por don Álvaro está basada también en sus fantasías sobre la posible sangre real, aunque bastarda, del personaje. Cuando

extraña exigiera por causas inexplicables su inmediata celebración. Difícil resulta de comprender en la sensitiva y exquisita Paulina la súbita emoción que experimenta ante tan poco atractivo pretendiente. Varias circunstancias apuntadas en la novela podrían aclararla: en primer lugar, la estrecha vinculación e identificación de la muchacha con su padre, en este caso acentuada por la falta de madre y hermanos y el "enamoramiento" que don Daniel sufre por el faccioso, creyéndole, incluso, de sangre real; en segundo lugar, el mundo estrecho e inmóvil de Oleza, que fuerza a las mujeres a actitudes pasivas; en tercer lugar, una cuestión de orden psíquico: cuando la libido de una persona ha permanecido sojuzgada e insatisfecha por exigencias del mundo exterior, es susceptible de experimentar un incremento temporal, el cual puede transformarse en una sublimación.[8] Todas estas explicaciones están resumidas en una breve frase de Miró: "Y esos ojos que contenían tantas emociones bajaban como una gracia a su vida obscura de señorita lugareña" (*Nuestro Padre*, 725).

Los ojos son un símbolo significativo en las novelas de Oleza[9] (y, en general, en la obra de Miró). Los ojos de San Daniel, su patrono, "ojos duros, profundos, de afilado mirar, que atraviesan las distancias de los tiempos y el sigilo de los corazones, sobrecogen y rinden a los olecenses" (*Nuestro Padre*, 697). Es el patrón que Oleza ha escogido, de la misma manera que ha escogido a Álvaro Galindo, cuyos ojos establecen un paralelismo con los del santo: Paralelismo que descubre Paulina en una visita a su capilla, acompañada por su cuñada. "¡Míralo, que él te está mirando

---

descubre que tiene una hermana, desciende "como una espada la afirmación de don Álvaro," y don Daniel "renunció a que ese hombre tuviera ni una gota de sangre de príncipe" *Nuestro Padre San Daniel*, 750.

[8] Cfr. Sigmund Freud, "Sobre las causas ocasionales de las neurosis," *Obras completas*, (Madrid: Biblioteca Nueva, 1973) II, 1718-1722.

[9] "Hay que destacar aquí un aspecto que parece insignificante, pero que es importante por repetirse a lo largo de las novelas de Oleza: el valor de los ojos y de la mirada. Y no sólo en personajes -don Álvaro, Elvira, Paulina, Pablo, etc., sino, como vemos aquí, en las imágenes de los santos," Ruiz Funes, Introducción a Nuestro Padre San Daniel, p. 104, nota 19. Jorge Gulllén ha señalado también el poder de la mirada en la obra de Miró: "Unos ojos penetrantes escrutan el drama humano. Miró profiere vigorosamente su adhesión a la vida tal cual es, sin desvíos estáticos ni expurgos moralizantes," *En torno a Gabriel Miró*, (Madrid: Ediciones Arte y Bibliófila, 1969) 105.

ahora!," le ordena ésta. Y Paulina prorrumpe en gritos aterrorizados, mientras corre huyendo de su mirada: "Nuestro Padre San Daniel era un don Álvaro espantoso" (*Nuestro Padre*, 806).

Los ojos, la mirada, están representando una parte profunda de la personalidad del individuo. En el caso de Álvaro, lo mismo que en San Daniel, en los que domina la rigidez, la moral religiosa llevada al extremo, simbolizan esa parte del ser que la psicología conoce con el nombre de *super yo*, y que equivale a la conciencia moral. Este super yo puede ser riguroso en extremo, capaz de humillar y maltratar con la fuerza de su virtud, capaz de resucitar hechos pretéritos, como si sus acusaciones se fueran acumulando con el tiempo. Constituye una especie de representación de la moralidad, otorgada por Dios y esgrimida como fuerza para dominar a los demás; es la antítesis de la sexualidad, que existe en el hombre como instinto desde su origen, a diferencia del super yo, que se origina más tarde, cuando el individuo entra en contacto con la familia, la religión, las normas sociales, la enseñanza. El super yo se arroga las facultades de padre, pero sólo en lo que éste representa dureza, rigor, prohibiciones y castigos. Cuando los padres poseen esta características, casi siempre los hijos adquieren un super yo muy semejante.[10]

De esta manera, los ojos de don Álvaro revelan siempre a su super yo, tan fuerte en él, que ha ahogado a las otras instancias, apenas perceptibles. Para el pueblo de Oleza, familiarizado con la imagen de San Daniel, *esa* es la mirada de un santo, la que indaga, la que persigue, la que censura,[11] nunca la que ama. Es fácil, así, identificar a Álvaro con San Daniel, a quien no sólo se parece en los ojos, sino en las manos, "manos de estatua de sepultura" (*El obispo*, 908): "[las manos] aun parecidas a las del mismo santo, las manos y los ojos, según descubrió un día la Jimena, y le angustiaban ahora las manos y los ojos de un santo en un hombre" (*Nuestro Padre*, 759-760). Los ojos de Álvaro llamean como el carbón, pero su ardor es sólo por las causas "santas" (como el carlismo), o se inflaman como antorchas encendidas en persecución del "pecado"; hacen temblar hasta a los

---

[10] Cfr. S. Freud, "La disección de la personalidad psíquica," en *Nuevas lecciones introductorias al psicoanálisis*, en *Obras completas*, (III, 3132-3137).

[11] Aquí me parece evidente la intención de Miró . La religión y sus representantes, los que deberían sentir e impartir el amor, son solamente censores que se obsesionan por los pecados, incapaces de cualquier otro sentimiento, como don Álvaro.

más inocentes, como don Daniel, quien se estremece "bajo la llama negra de sus ojos" (*Nuestro Padre*, 750), o a Paulina, mientras besa a su hijo ("su madre le besó cohibida bajo la mirada del esposo" (*El obispo*, 911). Cuando Álvaro reprocha a su suegro enfermo que pida la presencia de Paulina, ya que la vista de su estado podría acarrearle la muerte, el anciano, desesperado, le reclama que es su mirada lo que la mataría.[12]

La esposa vive acechada por los ojos de Álvaro, que representan la presencia vigilante de su moral, no sólo una moral impecable, sino las posibles e hipotéticas fracturas de ella ("Y la miraba con rencor, amándola como si Paulina perteneciese a otro hombre" (*Nuestro Padre*, 885); "Los ojos de don Álvaro daban el parpadeo de las ascuas. Y esos ojos le acechaban como la tarde del Jueves Santo" (*El obispo*, 898); mira a su mujer en la frente y en la boca, pero nunca con amor, sino "dejándole un vaho de cera de la procesión del entierro" *(El obispo*, 874).

Esta personalidad extremadamente super yoica de Álvaro Galindo, expresada a través de sus ojos, excesivamente exigente con todos, pero más todavía consigo mismo, le lleva a horrorizarse de las flaquezas de su propia virtud. Parecería que su matrimonio con Paulina no es todo lo desinteresado que debería ser, y cualquier sospecha de ello le causa un malestar indecible. "Para una virtud tenebrosa, nada como una sospecha de ruindad" (*Nuestro Padre*, 750). Cuando le comunican al Obispo el noviazgo de Paulina y Álvaro, este piensa: "Estoy sonrojándome como un culpable, no siéndolo. Y miró rencorosamente al prelado."

Todas estas características de Álvaro Galindo llevarían a explicar sus andanzas carlistas, andanzas anteriores a las novelas de Oleza, que sólo se conocen a través de la narración que de ellas hace "Cara-rajada," su subordinado y secuaz en los crímenes bélicos.

La relación íntima "Cara-rajada —Álvaro revela mucho más acerca del ser íntimo de este último. Ahora son los ojos de otro los que lo persiguen hasta la angustia ("Y no podré vivir según he de ser, si yo no deshago mi vínculo con esos ojos" (*Nuestro Padre*, 779).

Desde que los dos hombres se conocen, en la facción carlista, se aborrecen instintivamente y se establece una relación desigual, donde uno trata de dominar y el otro de rebelarse. El crimen de un inocente lo comete

[12] "¡—La mataría, la mataría si le viese de ese modo que asusta!" *Nuestro Padre San Daniel*, (786).

físicamente "Cararajada," pero bajo la instigación psíquica de Álvaro ("Yo lo maté por don Álvaro; él lo sabe; pero si él hubiera ordenado su muerte, entonces yo lo salvo" *Nuestro Padre*, 743).

Cuando Álvaro se queda a vivir en Oleza reaparece "Cararajada" en su vida y éste comienza a perseguirlo con su mirada, una mirada que reaviva la escena del crimen en cada momento. Es de esta manera como "Cararajada" se convierte en el "otro" de Álvaro, removiendo su conciencia en cada encuentro: "Y en verdad, se trataba de un cadáver que el hijo de «Miseria» destapa con sus ojos. Tenia las muñecas amarradas a la argolla de un abrevadero y las sienes abiertas. Y no era suyo, sino del «otro». El otro le acusaba mirándole: «Yo maté al hijo del juez de Totana delante de su mujer, aún virgen, pero murió por culpa tuya» (*Nuestro Padre*, 776).

El tema del «otro», o del doble, está tratado en las novelas de Miró de una forma particular, teniendo en cuenta la peculiar personalidad de don Álvaro, como ya ha visto en algún momento la crítica.[13] Pero si se profundiza más, se puede observar que se trata muy claramente de un caso de paranoia, un complejo de persecución, donde el sujeto persigue a su propio *yo*, del cual trata de defenderse. El síntoma más importante es la conciencia de la culpa, lo cual lo lleva a no aceptar sus propias acciones y a depositarlas en otro, un doble que personaliza a lo más repulsivo de sí mismo, al propio diablo.

¿De dónde procede esta conciencia de culpa? Sin duda tiene varias fuentes, pero tal vez la más significativa es la distancia que separa al yo idealizado por el propio individuo de su realidad. Otra importante seria la tendencia al autocastigo. También puede verse como una protección del narcisismo, por medio de la cual el yo se defiende de las tendencias inaceptables o los actos indeseables cometidos.[14] Todas están perfectamente explicadas en una personalidad como la de Álvaro Galindo, caracterizada por una rigidez extrema. Su super yo le exige ser un hombre perfecto; sus instintos lo conducen al otro extremo y de ahí surgen sus conflictos internos, que lo conducen al desequilibrio.

La competencia entre los dobles literarios tiene una característica más:

---

[13] "*El otro* représente la fausset de sa vertue rigide" L. J. Woodward, "Les images et leur function dans *Nuestro Padre San Daniel* de Gabriel Miró," *Bulletin Hispanique*, LVI (1954) 117.

[14] Cfr. Otto Rank, *The Double*, (Chapel Hill: The University of North Carolina Press, 1971) 74-77.

existe entre ellos rivalidad por una mujer. Así es en *Nuestro Padre San Daniel*: "Cara-rajada" cree amar a Paulina (él, como olecense, la conoce antes que Álvaro); pero este es el dueño de ella. Son dos hombres con los ojos puestos en la misma mujer.

Toda la relación entre el señor Galindo y "Cara-rajada" (o su doble), se realiza a través de miradas: los ojos hablan y se acusan mutuamente: "El otro ["Cara-rajada"] le acusaba mirándole" Álvaro era el causante de la muerte del novio recién desposado. Y éste busca sus ojos para responderle sin palabras: "De todas lo asesinaste tu maneras,." Los ojos de "Cara-rajada" ríen y le comunican su mensaje: "¿A que no le salvas?... Y no le salvaste C...] Y yo, siempre que te encuentro, te digo con la risa de mis ojos: «¡Te pisé el corazón!». Don Álvaro sólo puede responderle con su mirada: "¡Eres un canalla!" (*Nuestro Padre*, 776-777).

Llega un momento en que ya no es necesaria la presencia física de "Cara-rajada" para trastornar a don Álvaro: se ha convertido en un elemento tan fuerte, que aun sin ella comienza a desesperarse hasta llegar al desequilibrio. Grita y trastorna su hogar. Su único fin es sacar a ese otro de su vida. "Lo echaré, echaré a ese hombre de la heredad esta noche para echarlo de mí" (*Nuestro Padre*, 779). Pero no sabe que no podrá, porque es una parte de sí mismo.

* * *

"La conducta sexual de una persona constituye el «prototipo» de todas sus demás reacciones," ha dicho Freud;[15] y, efectivamente, el comportamiento sexual de Álvaro Galindo revela su vida, sus actitudes, su infelicidad. Para él, debido a su terrible represión, de la cual se hablará después, la sexualidad no existe; ha vivido negándola antes de su matrimonio. Don Daniel, por medio de los testimonios del canónigo penitenciario don Cruz, lo describe con orgullo: "—¡Ahora cumple los cuarenta, la justa edad de matrimonio en un varón puro! Así piensa el señor penitenciario" (*Nuestro Padre*, 725). También Miró se refiere a "la timidez enjuta de su pasada juventud atormentadamente virginal" (*Nuestro Padre*, 782).

Durante su matrimonio tiene un hijo. La sexualidad no tiene otro fin

[15] S. Freud, *La moral sexual «cultural» y la nerviosidad moderna, Obras completas*, (II, 1258).

para Álvaro Galindo que la perpetuación de la especie, como su religión le ordena. El nacimiento de ese hijo ha terminado, aparentemente, con su actividad sexual. Miró lo revela explícitamente cuando describe una de sus raras y anormales expresiones de sensualidad: invadido por unos celos fantasmagóricos, en los que su fantasía es un hipotético amor entre Paulina y otro hombre, supone cómo el otro "la poseyera en todo su temperamento, todos los días, todas las noches; y él *por única vez*"[16] (el subrayado es mío).

No se sabe, ni Miró indica nada al respecto, cual es la causa de que Álvaro, olvidando el precepto de «creced y multiplicaos» haya tenido un solo hijo. Este resultará ingobernable para él: ha heredado su dureza, "el pliegue de su dureza, el mismo surco de la frente de piedra de don Álvaro" (*El obispo*, 898), al mismo tiempo que la gracia de su madre; se opone a él, se libera de sus mandatos, y poco a poco se va haciendo ingobernable. Sin embargo esto no parece suficiente para que su obligación de procrear termine. Será necesario explicarlo por su horror a repetir una experiencia sexual. Miró, a través de don Álvaro, presenta una personalidad en la que las tendencias represivas de los olecenses están llevadas hasta sus extremos. Ningún personaje, a excepción de su hermana Elvira, alcanza características tan violentamente extremadas, tan dañinas, tan negativas para él como para los suyos. Sin embargo, los dos son personajes reales, posibles, aunque se debatan en una terrible patología.[17]

Para entender las vicisitudes de una persona, es necesario saber de su formación, de su infancia, de su familia. En dos novelas como *Nuestro Padre San Daniel* y *El obispo leproso*, donde no hay un personaje central, sino una colectividad humana, en la que resaltan algunos individuos, esto seria imposible. Pero Miró logra mostrar, mediante unas mínimas y acertadísimas pinceladas, casi impresionistas, el microcosmos en que se ha formado Álvaro Galindo. Nos hace conocer a sus padres a través de sus efigies, reproducidas en dos retratos antiguos: "el caballero, desencajado y lívido, se parecía a la hija; la señora, de una belleza monjil, de ojos un poco oblicuos, lucía una

---

[16] Gabriel Miró, *El obispo leproso, Obras completas*, (Madrid: Biblioteca Nueva, 1943) 885. Todas las citas se harán por la misma edición, señalando el número de página.

[17] "Miro's art is a serious attempt to present life as it is," Ivette E. Miller, "illusion of reality and Narrative technique in Gabriel Miro's Oleza-Orihuela novels: *Nuestro Padre San Daniel* y *El obispo leproso*," *Critical Essays on Gabriel Miró*, (Ann Arbor: Society of Spanish and Spanish-American Studies, 1979) 74.

joya de ocre, recia, pesada, partiéndole los senos tímidos bajo el cendal de la basquiña" Junto a los retratos, la Virgen de los Dolores, con "el corazón de plata transido por los siete puñales, pero resplandecía como si se lo traspasasen muchas más espadas de dolor" (*Nuestro Padre*, 757). La presencia de los señores Galindo a través de sus efigies es importante en las narraciones y se relaciona con momentos amargos. Su incapacidad de amar es intuida por el nieto: "el señor Galindo y la señora Serrallonga que le miraban sin haberle visto y sin haberle amado nunca" (*El obispo*, 812); "¿Y esos, el señor Galindo, la señora Serrallonga que miraban a la nuera y al nieto sin amarles, les miraban rápidamente y se aprovechaban de esa fugacidad para saber que tampoco les habían amado a ellos?" (*El obispo*, 933).

La descripción del padre, aunque breve, es suficiente: "parecido a la hija." La hija, Elvira, es tal vez el personaje más vivo de las novelas. Devorada por el deseo[18] y por la sensualidad, vive en el juego de arremeter contra el "pecado" y de sentirse atraída por él, hasta que finalmente sus recursos son insuficientes para dominar la presión de sus instintos y se produce el trágico ataque histérico dirigido hacia la persona de su sobrino, que le cuesta la expulsión de su hogar.[19]

La señora Galindo parece en su retrato más sumisa que la hija, monjil, evasiva. Simbólica es, junto a la pareja, la Virgen de los Dolores, traspasada por sus siete espadas, pero aparentando estarlo por muchas más. Mediante este símbolo de exacerbado sufrimiento, Miró representa el ambiente familiar de los Galindo, junto con la faz "desencajada y lívida" del que la preside, y la aceptación autista de la madre. Estamos ante un núcleo humano de la burguesía provinciana, donde no parecen existir grandes problemas económicos ni sociales. ¿A qué se debe esa penetración del dolor en cada uno de sus miembros? No es posible explicarlo más que por la fuerza de sus instintos, por lo que la psicología denomina masoquismo, el cual, separado de sus componentes eróticos (que generalmente conlleva), no es más que una tendencia a la destrucción; o más precisamente, al sadismo, que no es más que el mismo instinto, pero vuelto hacia el exterior, con lo cual adquiere el carácter de agresión.[20] Lo cual permitirá comprender muchas de

[18] "Elvira est dévoré de désir," L. J. Woodward, 123.

[19] Cfr. mi artículo "Realidad y patología de un personaje mironiano," en *Estudios sobre Gabriel Miró*, (México: UNAM, 1979) 135-141.

[20] Cfr . S. Freud, *Nuevas lecciones introductorias al psicoanálisis, Obras completas*, (III, 3159-3160).

las actitudes de Álvaro con Paulina, con su hijo y hasta con su propia hermana. En relación con ésta, es reveladora la primera descripción que proporciona de ella, antes de que se presente como personaje real: "¡Elvira es sufrida y denodada como una santa!" (*Nuestro Padre*, 750). Es la descripción más halagüeña que un sádico puede proporcionar.

En ese hogar de impositiva represión, donde el dolor es la tónica que sus miembros deben seguir, se han formado Álvaro y Elvira Galindo, dominados por una religión cerrada, amenazante, obsesiva, donde el amor está siempre ausente. Tal vez la unión estrecha en que los dos hermanos viven de adultos existe desde su infancia: dos niños defendiéndose el uno con el otro de ese ambiente agresivo, adusto siempre. Pero también esa unión los ha llevado a una relación incestuosa, anormal, como adultos. Antes de casarse con Paulina, el varón de cuarenta años necesita "el consejo de su única hermana" (*Nuestro Padre*, 750), y resulta evidente que no puede vivir lejos de ella. Le hace abandonar el hogar establecido en Gandia para que gobierne y administre el nuevo de Oleza. Las palabras que años después pronuncia Pablo, son reveladoras: "—En mi casa llora siempre la mamá. Es que la mujer y el marido parecen los otros dos" (*El obispo*, 811). Elvira es, en realidad, la que maneja toda la situación y nada se hace sin su voluntad; "era la fuerte, la poderosa entre ellos" (*El obispo*, 929). Ella sabe manejar los celos patológicos de su hermano y manipular la "enfermedad" de Paulina para que Álvaro la domine a su antojo. Cuando la madre quiere asistir a las fiestas de fin de curso de su hijo, Elvira se siente mal, " excluida de toda porción de belleza y de toda fórmula de intimidad; y desde lejos miraba resignadamente a su hermano" (*El obispo*, 883). Pero no importa: ella sabe como reparar la situación; Paulina caerá enferma y será ella la que asista con su hermano a las festividades.

El estado de sometimiento de Paulina, aprisionada y sojuzgada, lo transmite Miró a través de una imagen. La primera vez que la familia sale a la calle, después del nacimiento del hijo y de muchos meses de encierro: "Iba [Paulina] entre el esposo y la hermana, y delante, el recién nacido en brazos de la criada de Gandia" (*Nuestro Padre*, 803). Imagen que recuerda a la de un reo, conducido por sus carceleros. El mando que Elvira Galindo ejerce y su imperiosidad masculina están simbolizados por otro elementos simbólico: las llaves: "todo se abría, se cerraba, se contaba bajo el poder, la vigilancia y las llaves de la señorita Galindo (*El obispo*, 814).[21]

La relación que entre si mantienen los hermanos Galindo es perfectamente coherente; dos criaturas reprimidas en un mundo sin amor se unen entre si para defenderse del entorno amenazante. La mujer, como inferior en ese ambiente, trata de identificarse con el varón como forma afectiva, identificación que se intensifica al reconocer los rasgos comunes con él. "La identificación aspira a conformar el propio *yo* análogamente al otro tomado como modelo."[22] Esta identificación entre hermanos de distinto sexo puede conducir con mucha facilidad a un conflicto edípico, a la homosexualidad.[23]

En las pocas ocasiones que ofrece Miró una muestra cálida de afecto en el triángulo Álvaro-Elvira-Paulina, no es nunca entre el matrimonio, sino entre Álvaro y Elvira. Cuando éste cree que "Cara-rajada" lo persigue una noche, junto a las tapias del "Olivar," y siente que, finalmente, se arroja sobre él, resulta no ser el temido personaje, sino su hermana, que lo ha seguido para protegerlo: "Elvira lo abrazaba, prorrumpiendo junto a su boca: —Perdóname. Sentí miedo de que ese hombre te acometiese a escondidas. Me puse ropas tuyas de las que tienes en el desván, y te he seguido. Nadie lo sabe: te lo juro. ¡Tu mujer dormía!" (*Nuestro Padre*, 783).

Una de las actitudes de Elvira es guardar todo bajo llave, en especial, los alimentos, "lo que se nos enseñó de pequeños" "¿Que se pudren y se pierden las cosas teniéndolas guardadas? Más se perderían dejándolas abiertas para todas las manos" (*El obispo*, 815). En un momento en que Paulina trata de "mitigar ese ávido gobierno" se produce una de tantas escenas violentas. Elvira declara ahorrar para el niño, ese "hijo vuestro tan mío como de vosotros." Y anticipando lo que más tarde sucederá, enfatiza que su actitud perseverará "aunque mi mismo hermano me eche de esta casa" (*El obispo*,

---

[21] Las llaves son un símbolo fálico, como los objetos que tienen la facultad de penetrar en el interior de un cuerpo. Cfr. S. Freud, *Los sueños, Obras completas*, (II, 2215).

[22] S. Freud, "La en Psicología de las identificación," masas y análisis del yo, en *Obras completas*, (III, 2565).

[23] "Perhaps he [Miró] encountered some mention of the Oedipical complex in his wide-ranging study of psychological topics, though it is more probable that by dint of his own artistic intuition—never divorced from his reading- he has described a "Freudian" syndrome," Kevin S. Larsen, "El hijo santo: An erasure in the Mironian Canon," *Harvard University Conference in Honor of Gabriel Miró*. (72).

815). El varón "de hueso y barba," aparentemente incapaz de sentir ternura, se ablanda en un raro momento: "Don Álvaro la tomó de los hombros, acercándola con ansiedad devota. Elvira se acongojó y sus sollozos vibrantes la revolvían en crujidos" (*El obispo*, 815). También se expresa el particular erotismo que existe entre ellos en otras escenas: "¡Yo resisto, Álvaro! —y suspiraba y se estremecía de abnegación [...] El caballero descansó sus manos en el hueso de los hombros de Elvira. —¡Eres para mi más que una hermana valerosa y grande! [....] Don Álvaro se agarraba las ropas, las barbas, la boina negra. Elvira quiso abrazársele, y él la rechazó" (*El obispo*, 778-779).

La identificación con la que Elvira se refleja en su hermano es evidente en su contacto con Paulina. En Álvaro existe, sin duda, una sensualidad apagada, que emerge a su pesar y que reprime brutalmente. La misma sensualidad se da en Elvira, mucho menos reprimida, ya que para ella no es sino una forma de perseguir "el pecado." Ante la belleza de su cuñada, sus sensaciones son muy semejantes a las de su hermano, aunque expresadas con más libertad. Cuando la conoce, queda subyugada por su virginal encanto: "Recorría a Paulina con una exactitud que le comunicaba todo el tránsito de la mirada por su cuerpo [...] y los ojos ávidos le hollaban esas suavidades de piel frutal con una sensación precisa y calmosa de palpos" (*Nuestro Padre*, 755).

Cuando nace el hijo y la belleza de Paulina parece florecer de nuevo, los dos hermanos sienten que se exacerba su sensualidad de una manera muy semejante. "Paulina sonreía, estremeciéndosele apasionadamente los pechos. Elvira se puso a su espalda y aspiró el perfume de su respiración. Le pareció sentirla como hombre" (*Nuestro Padre*, 804). En los momentos en que el hijo, ya adolescente, abraza a su madre, sentimientos encontrados golpean a la infeliz Elvira; celos suyos, los celos que su hermano podría sentir, y que ella asume, miedo al erotismo que la escena le produce.[24]

No hay duda de que el matrimonio Galindo se mueve en medio de una enorme represión, como muchos críticos han señalado ya,[25] represión que los dos hermanos han sufrido desde su infancia. Miró carga de tonos obscuros el ambiente en que estos personajes viven: Paulina teme hasta lo indecible

---

[24] "Y tía Elvira les apartó, porque se sonrojaba de verlos abrazados y tendidos bajo los velos de la cama de su hermano," *El obispo leproso*, (896).

[25] Cfr. Alfred Becker, op. cit., Márquez Villanueva, *La esfinae mirініana y otros estudios sobre Gabriel Miró* (Alicante: Diputación Provincial, 1990), Ivette E. Mlller, op. cit., Manuel Ruiz-Funes, op. cit. y tantos otros.

a Álvaro. Álvaro se teme a sí mismo, se reprime, reprime a los que lo rodean. Los dos hermanos, incorporados al mundo cerrado y levítico de Oleza, llevan con ellos su propio mundo, semejante o más extremo al que han adoptado. De esta manera, y en forma simbólica, Miró muestra que su crítica de Oleza es sólo una pequeña muestra que ejemplificaría el espíritu de tantas otras ciudades, con características semejantes. Características que se han señalado ya: una religiosidad mal entendida, una moral obsesionada por la sensualidad y una educación basada en estos principios.

La represión es, en realidad, un mecanismo de defensa para mantener alejados de la conciencia elementos que proceden de los instintos. El material reprimido ejerce, naturalmente, una fuerte presión sobre el individuo que lo soporta, y sólo con una gran fuerza (que a veces se debilita y fracasa en su empeño), puede mantenerlo en su lugar. La represión, pues, exige un esfuerzo continuado, esfuerzo que necesariamente deja un vestigio, el cual se transforma en angustia. Muchas son las consecuencias de una represión aguda; entre las más importantes, las fobias, la histeria, las neurosis obsesivas.[26]

En el caso de nuestros personajes es evidente que el material reprimido es la sexualidad. En Elvira, obsesionada por los "pecados" de los demás, se produce una verdadera neurosis, que sin duda debilita sus defensas, ya que la conduce a la escena final, en la cual, una vez debilitada la fuerza represora, se arroja sobre su sobrino en un auténtico ataque histérico (*El obispo*, 929).

La represión de Álvaro, 'su rigidez', según algunos personajes de la novelas[27] es, principalmente, la causa de su infelicidad, la causa del fracaso de su matrimonio. Miró se recrea en mostrar la oposición en los temperamentos de la pareja: frente a la dureza inquebrantable de Álvaro, la suave sensualidad de Paulina. El puede imponerse, gritar, odiar. No puede amar ni sentir. Apenas consciente de su incapacidad para penetrar en la sensibilidad de su mujer, se deshace en celos y odio.. Recuerda a la novia "sumisa, casta, inclinada como una sierva de un templo delante del ara y del sacerdote" y agradece a Dios el haberle escogido para "salvar" esa "vida primorosa" (*Nuestro Padre*, 781). Pero lo que destruye su relación con ella

---

[26] Cfr. S. Freud, *La represión*, en *Obras completas*, (II, 2053-2060).

[27] "—¡La frente de don Álvaro está rota por un pliegue como una herida abierta sobre su alma! [....] ¡Más puro y rígido el Dios de don Álvaro que el mismo don Álvaro! " *El obispo leproso*, (853).

es su imposibilidad para descubrir "las inexploradas virginidades del temperamento de su mujer, imposibilidad de la que "se complacía en la fiereza de su virtud amarga" (*Nuestro Padre*, 781). Paulina, perfecta "en la perfección de su figura, de su piel, de sus brazos, de sus dedos, de sus dientes, de sus trenzas; toda perfecta esperando la plenitud del amor." Y esta perfección mueve las lucubraciones de Álvaro: "Si Dios no lo hubiera guiado a Oleza, Paulina, formada delicadamente para el amor, sería de otro, o esperaría a ese otro con una inocencia y una avidez de perfección" (*Nuestro Padre*, 782). Sin embargo, el marido había acogido la belleza y la sensualidad de Paulina "con medidas exactas y éticas, velando lo demás y sellando con su mismo sacrificio irremediable, irremediable porque más que de un concepto de rigidez, se originaba de su voluntad" (*Nuestro Padre*, 781).[28] Pero esas medidas exactas y éticas no obstan para que Álvaro experimente unos celos patológicos por lo que pudiera haber sucedido con esa carne virginal si se hubiera transformado en "carne de delicias, sumergiéndose en una felicidad abominable de perversiones, de elegancias, de voluptuosidades [...] y odiaba en ella a la virgen para esa voluptuosidad desconocida, y se odiaba a si mismo porque no podía aceptarla...." (*Nuestro Padre*, 781 y 782).

Cuando nace el hijo y la belleza de Paulina se renueva, se incrementa en Álvaro la oleada de celos, y se retuerce "sospechándola deseable para todos los hombres" (*Nuestro Padre*, 803). Si fuera de «otro», fantasea Álvaro, entonces empezarían para éste las delicias que él no podía experimentar. Y buscaba a ese otro en sí mismo "y la guardaba de él aborreciéndolo, y algunas veces, aborreciéndola también a ella, como culpándola de su belleza" (*Nuestro Padre*, 803). La evidencia de que con el paso de los años la belleza de Paulina se acrecienta hace que se incremente el odio de su marido. Una escena terrible se desarrolla cuando la infeliz mujer pretende asistir al fin de los cursos de su hijo, en un momento en que la "enfermedad" que le aqueja periódicamente está a punto de aparecer. Esta "enfermedad" se presenta sin explicación alguna en una mujer aparentemente sana. Podría parecer, a primera vista, una forma de control

---

[28] Obsérvese que los términos precisos como 'rigidez', 'sadismo' etc., los emplea Miró con toda holgura y con buen conocimiento de causa. Lo que sucede es que no se sometía al pensamiento científico, "sino que veía lo que sabía de psicología moderna como un juego de posibilidades que aumentaría su alcance creativo," Kevin S. Larsen, "La ciencia aplicada: Gabriel Miró, Alfred Binet y el feteichismo," *Bulletin Hispanique*, LXXX. Núms. 1 & 2 (1986) 143.

de los hermanos Galindo para someter más fuertemente a la sojuzgada esposa. Pero su dulzura y sometimiento no parecen necesitar de más presiones externas. Probablemente sus causas son internas. "El conflicto entre sus deseos y sus deberes busca un refugio en la neurosis."[29]"La fantasías eróticas han surgido en Paulina con la aparición de un antiguo enamorado, un artista cuya personalidad es opuesta a la de Álvaro y cuya finura y delicadeza parecen concordar con ella. "Nada protege su virtud como la enfermedad."[30] Miró se detiene poco en este mal; Paulina no parece físicamente enferma; se trata, probablemente de un problema mental, que desaparece como se presenta, sin dejar huellas.

Álvaro se odia a si mismo por no poder sustraerse totalmente a los atractivos de su mujer; odia a su propia sensualidad "que le brincaba por toda la piel, golpeándole las sienes, el cuello, el costado" (*El obispo*, 885). Intuye, además, que su esposa es un arca cerrada para él; que si la llamara no haría más que espantarla, porque poseía "unas calidades de sensibilidad de las que don Álvaro no fue dotado" (*El obispo*, 885).

He aquí el ámbito en que se desarrolla la vida de los Galindo. Sabemos continuamente del llanto de Paulina; toda Oleza lo sabe; de las quejas inacabables de Elvira; de los gritos y de la pérdida de control del padre. El hijo crece y se mezclan en él la suavidad de la madre y la dureza del padre ("Entre sus ojos largos, un pliegue adusto le rompía la dulzura infantil," *El obispo*, 812). Cuanto más adulto se hace, más se opone al padre, más se alía con los que éste considera sus enemigos (Don Magín y el Obispo); a él se debe que el "Olivar" no se venda, como intenta Álvaro instigado por los jesuitas. Las dificultades con el hijo, siempre protegido par Paulina, contribuyen a cargar de tintes obscuros la vida de esta familia.

Miró ha revelado, con toda precisión psicológica, la situación de una pareja sometida a la más severa represión, descripción que corresponde exactamente a la realizada por Freud.[31] Ha ido planteando las circunstancias

---

[29] S. Freud, La moral «sexual» cultural y la nerviosidad moderna, en *Obras completas*, (II, 1257).

[30] id. id., p. 1257. Pero la enfermedad de Paulina tiene también otro origen: Su esfuerzo, inútil, por adaptarse a la única forma de vida posible para ella. "Se enferma a consecuencia de una tentativa de adaptarse a la realidad y cumplir las exigencias reales, labor a la cual se oponen en él invencibles obstáculos internos," S. Freud, "Sobre las causas ocasionales de las neurosis," *Obras completas*, (III, 1719).

[31] "Ya indicamos que en tales circunstancias [el imperio de la moral sexual

desde el principio de la narración; los caracteres, el ambiente, el lento desarrollo del tormento individual de cada personaje. Y todo ello va a tener un desenlace consecuente: Pablo, el hijo, se rebela contra su destino (y se tiene que someter a él); Elvira rompe finalmente la débil resistencia con que recubre su exacerbada sensualidad y la dirige hacia el adolescente. Se ha traicionado a sí misma y ha traicionado el amor de su hermano; éste lo expresa "con un grito desconocido" y Paulina ve el cambio que los hechos han establecido: "como si Pablo fuese viejo y como si Álvaro fuese niño" (*El obispo*, 929). La familia que parecía detenida para siempre en su sufrimiento, necesita tomar una decisión, lo cual implica un cambio. Elvira es arrojada para siempre del núcleo Galindo-Egea, una prueba más de la dureza inflexible de su hermano.[32] El resto de la familia, según la decisión de Álvaro, debe recluirse: "—¡Y nosotros nos encerraremos en el "Olivar"!" (*El obispo*, 933). Miró titula al último capítulo de la familia Galindo "La salvación y la felicidad." ¿La felicidad? Paulina se va a acercar a su infancia, a la felicidad de entonces. Pero ya no podrá recuperarla, como ella sabe bien: "¿Te bastará la improvisada felicidad de rebañaduras? Resultasteis desgraciados; una lástima, pero así era" (*El obispo*, 934).

¿Y Álvaro? Comienza una nueva vida de "ocio de caballero confinado, sin empresa ni designio que sentir ni consentirse" (*El obispo*, 937). Ha repudiado a su hermana. Se ha separado "del ardor de la causa, del odio y de la amistad del mundo suyo." Pero jamás se entregará a "la dulzura de sentirse." Seguirá con

"cultural"] el desenlace más próximo es la enfermedad nerviosa. Describiremos ahora en qué forma actúa tal matrimonio sobre el hijo único o los pocos hijos de él nacidos. A primera vista nos parece encontrarnos, en estos casos, ante una transferencia hereditaria que, detenidamente examinada, resulta no ser sino el efecto de intensas impresiones infantiles. La mujer no satisfecha por su marido y, a consecuencia de ello, neurótica, hace objeto a su hijo de una exagerada ternura, atormentada por constantes zozobras, pues concentra en él su necesidad de amor y despierta en él una prematura madurez sexual. Por otro lado, el desacuerdo reinante entre los padres excita la vida sentimental del niño y le hace experimentar, ya en la más tierna edad, amor, odio, celos," S. Freud, *La moral sexual «cultural» y la nerviosidad moderna,* (1260).

[32] "Álvaro es capaz de repudiar a su hermana que ha compartido su vida más tiempo y más íntimamente que Paulina," A. Becker, *El hombre y su circunstancia en la obra de Gabriel Miró,* (103).

"su dureza de piedra, su inflexibilidad mineralizada en su sangre. Siempre con horror al pecado." Y nunca podrá reclinar el corazón, porque su propia voz le empujará a la nada, con "el «anda, anda» del maldecido" (*El obispo*, 937).

Su represión ha triunfado sobre todo, ha alcanzado el éxito deseado. Ha logrado la indiferencia por todo, ya sin sintamos ni angustias.[33] No hay fantasías en él. No hay deseos. Sólo le queda la tendencia a andar, una sustitución en el vacío, un desplazamiento nimio, sin sentido alguno, en la completa indiferencia.[34]

He aquí el final. He aquí la historia de un personaje que, aunque tratada en breves pasajes, resulta una historia completa, congruente, verdadera, trágica. Las causas de esta tragedia están claramente enunciadas y censuradas por Miró. Con ese dominio sutil de la critica, que apenas se vislumbra, pero que denuncia el horror por las deformaciones psíquicas y sociales del hombre causadas por las presiones antinaturales y deshumanizadas.

UNIVERSIDAD NACIONAL AUTÓNOMA DE MÉXICO

[33] El proceso represivo lleva, en algunas ocasiones, a hacer desaparecer por completo cualquier tipo de afecto. "El enfermo observa entonces, con respecto a sus síntomas, aquella conducta que Charcot ha denominado la *belle indifférence des hystériques*," s. Freud, *La represión*, (2059).

[34] Cfr. S. Freud, *La represión*, (2060).

Garcilaso: prosa ajena y versos propios

ELIAS L. RIVERS

QUISIÉRAMOS EXPLORAR BREVEMENTE en este ensayo, dedicado a los 85 años ricamente productivos de don Luis Monguió, un aspecto del misterio de la versificación, de la composición en verso. En el famoso libro de Albert B. Lord, *The Singer of Tales* (Harvard University Press, 1960), tenemos un modelo para la composición puramente oral de la primitiva poesía épica: según Lord, quien se basaba en la práctica yugoeslava de la primera mitad del siglo XX, el juglar tenía en su memoria muchos conjuntos de fórmulas métricas asociados con ciertos protagonistas y episodios guerreros, con ciertos temas, y al enfrentarse con un público, este bien entrenado recitador, marcando un continuo ritmo repetitivo, sacaba de su memoria las fórmulas y epítetos métricamente apropiados al ir componiendo sus versos uno tras otro, sin ruptura de continuidad. "Mio Cid Ruy Díaz, que en buen hora cinxo espada,/venció dos reyes de moros en aquesta batalla..." Son discutibles algunos detalles de la teoría de Lord, pero en general nos da un modelo verosímil que es útil para explicar ciertos aspectos de la composición oral.

Ahora bien: ¿es radicalmente diferente, como pensaba Lord, la composición de los versos escritos? Es verdad que en la poesía épica del escritor Virgilio, a pesar del "fidus Achates" y el "pius Aeneas," no encontramos la repetición formulaica tan frecuente como se encuentra en la obra del mítico juglar ciego llamado "Homero"; sin embargo, parece que la continuidad del hexámetro dactílico, de un verso tras otro, seguía produciendo ecos de posibles fórmulas épicas. Mucho más tarde, los poetas neolatinos del Renacimiento, que ya no hablaban un latín de sílabas largas y cortas, muchas veces componían sus versos reproduciendo fragmentos de versos sacados de su memoria, las "iuncturae," o sea los "disiecta membra," de los poetas antiguos.

En las lenguas vernáculas, los poetas como Garcilaso, practicando la *imitatio* clásica, a veces transformaban en endecasílabos ciertos fragmentos de versos latinos que recordaban, y otras veces llegaban a imitar, o incluso traducir, textos escritos que tenían materialmente delante de sus ojos. En el primer caso, en las églogas de Garcilaso, por ejemplo, María Rosa Lida habla de "una taracea finísima, hecha no sobre el papel sino en el ánimo del poeta,"[1] es decir, una especie de composición mental, cuasi oral, basada en la memoria; en el segundo caso, en su Elegía I, por ejemplo, tenemos dos largos textos en versos latinos traducidos y repoetizados, por decirlo así, casi verso por verso, sobre el papel. Y en otros dos casos, por lo menos, la base de la imitación garcilasiana era un pasaje en prosa italiana. Vamos a considerar brevemente el Soneto VIII ("De aquella vista pura y excelente"), basado en un pasaje de *Il cortigiano* de Castiglione, traducido éste al castellano por Boscán antes de 1534; luego, más detalladamente, vamos a considerar algunos trozos de la larga narración de Albanio en la Egloga II, narración calcada sobre la de Carino, en la Prosa VIII de la *Arcadia* de Sannazaro. En ambos casos el punto de partida de Garcilaso era un texto italiano redactado no en verso sino en prosa, en hermosos períodos ciceronianos.

En cuanto al Soneto VIII,[2] la transformación más radical que impuso Garcilaso al principal texto imitado es el cambio de persona del protagonista, quien en la prosa de Castiglione, traducida por Boscán, era "el enamorado" genérico, en tercera persona; el soneto español, en cambio, se organiza a base de la primera persona del poeta petrarquista, sujeto gramatical, cuyos sentimientos se presentan sujetivamente. El tema clave de ambos textos es la oposición entre la presencia física de la dama, la cual causa gozo, y su ausencia, durante la cual la memoria causa sufrimiento. Garcilaso utiliza esta oposición para articular la totalidad de su soneto: los cuartetos terminan con

---

[1] Véase esta frase en su «Transmisión y recreación de temas grecolatinos en la poesía lírica española», estudio publicado en 1959 y ahora reunido con otros en *La tradición clásica en España* (Barcelona: Ariel, 1975) 43.

[2] Para el mejor análisis de este soneto, análisis que combina el estudio de las fuentes y de los contextos ideológicos con la exégesis de su sentido intrínseco, véase capítulo 3 de Antonio Gargano, «Garcilaso da Castiglione a Dante», *Fonti, miti, topoi: cinque studi su Garcilaso*, (Napoli: Liguori, 1988). También son importantes los comentarios de Daniel L. Heiple, *Garcilaso de la Vega and the Italian Renaissance*, (University Park: The Pennsylvania State University, 1994) 239-241.

la palabra "presente," y los tercetos empiezan con la palabra "ausente," con enfática rima yuxtapuesta y semánticamente antitética. Hay algunas coincidencias exactas de vocabulario: "espíritus," "ojos," "memoria." Pero a veces Garcilaso sustituye las palabras de Castiglione o Boscán por otras diferentes: "el corazón" es sustituido por "donde el mal se siente," "la hermosura" por "aquel bien," "el camino" por "los pasos." Es como si el poeta hubiera fundido en su mente el largo párrafo de Castiglione y hubiera vertido su esencia en el apretado molde formal del soneto, subrayando la fuerte oposición binaria entre cuartetos y tercetos, entre presencia y ausencia.

En el caso de unos centenares de versos de la Egloga II, en cambio, es más difícil sacar consecuencias claras de un cotejo verbal de estos versos con su fuente, que son varias páginas de prosa italiana. Inés Azar, en su libro sobre esta égloga, ha comparado y contrastado la historia de Albanio con la de Carino, después de establecer claramente el contexto de la narración, la organización del discurso y la forma del relato. Según ella, en la *Arcadia* de Sannazaro, Carino armoniza el angustiado yo del amor cortés con el mundo pastoril; Albanio, en cambio, mantiene la mortal locura de amor.[3] Los dos desenlaces diferentes se concretan, respectivamente, en la figura de las dos palomas de Sannazaro y en la de la fuerza del viento de Garcilaso, que en cada caso detienen el suicidio de Carino y de Albanio, respectivamente.

Tomando por supuesta esta diferencia entre una narración y otra, yo quisiera examinar una breve muestra, en un nivel verbal y métrico, de la transformación de la prosa de Sannazaro en versos de Garcilaso, para ver si podemos sacar algunas conclusiones generales sobre la versificación. En sus tercetos encadenados el poeta español no hace una libre imitación del conjunto, como en el caso del Soneto VIII, ni tampoco una exacta traducción prosaica al castellano, traducción que había de publicarse en Toledo en 1547, varios años después de escribir Garcilaso en Italia la Egloga

[3] Véase Inés Azar, *Discurso retórico y mundo pastoral en la «Egloga Segunda» de Garcilaso*, (Amsterdam: Benjamins, 1981) 118-119:

> Garcilaso transforma el desdén aparente en verdadero y definitivo rechazo; la temporaria «locura» de Carino en incesante enajenación; el gesto suicida, que llega hasta el límite pero cuidadosamente no lo cruza, en obstinada voluntad de morir; la inocencia de Carino, ignorante de causas, en la obsesiva autoconsciencia de Albanio; la desdicha ilusoria en auténtico conflicto moral entre razón y pasión.

II: para formar sus tercetos, el poeta le añadía y quitaba palabras al texto italiano, alargándolo unas veces y otras veces abreviándolo. Veamos algunos ejemplos; pondré primero el texto italiano, luego (entre paréntesis) la traducción casi literal publicada en 1547,[4] y finalmente los tercetos de Garcilaso, escritos entre 1533 y 1534.

mentre lo spirto regerà queste membra
(mientra el spiritu rigiere estos miembros)
(vv. 161-162):
...mientras rigere
aquestos miembros el espirtu mío...

En este caso, guardando como siempre el italianismo de "espirtu" en vez del español normal de "espíritu," Garcilaso sencillamente transforma el orden sintáctico de sujeto-verbo-complemento al orden de verbo-complemento-sujeto, para terminar así un endecasílabo y luego formar otro entero.

Mucho más complicado es el caso siguiente:

offerendogli ora la fiera testa del setoso cinghiale,
(unas veces ofreciéndole la fiera cabeça del cerdoso javalí,)
et ora le arboree corna del vivace cervo,
(otras vezes los ramosos cuernos del ligero ciervo,)
sovra gli alti pini appiccandoli
(sobre los altos pinos colgándolos)
191-196):
la *comilluda* testa ora llevando
del *puerco* jabalí, cerdoso y fiero,
del peligro passado razonando,
ora clavando del ciervo ligero
en algún sacro pino los ganchosos
cuernos, *con puro coraçón sincero...*

Podríamos comentar aquí muchos detalles: Garcilaso retiene, por ejemplo, los italianismos "testa" y "ora...ora...," y al mismo tiempo, seguramente por

---

[4] Se citará el texto de esta traducción según la reedición facsimilar (Cieza, 1966) de la *Arcadia de Jacobo Sanazaro ... traduzida nueuamente en nuestra Castellana lengua Hespañola ...* (Toledo, 1547).

un motivo métrico, convierte "gli alti pini" en "algún sacro pino." He subrayado otras palabras españolas añadidas por Garcilaso. En dos casos, las palabras "comilluda" y "puerco" parecen servir sencillamente como ripio, por decirlo así, para alargar dos sustantivos, ya de por sí semánticamente suficientes, rellenando de esta manera el endecasílabo. Más significativos son los versos finales de terceto, que redondean la frase; en estos versos las palabras nuevas no sólo presentan las rimas exigidas por versos anteriores sino que también añaden una nueva dimensión subjetiva al objetivismo de Sannazaro: en el v. 193 se alude a un nuevo diálogo sobre sustos superados, y en el v. 196 una nueva frase adverbial parece aludir a una actitud religiosa que tiene resonancia cristiana, dentro del contexto neopagano. En los dos casos, la traducción casi literal al principio del terceto nos va llevando de esta manera hacia una transformación innovadora en el último verso.

Pasemos ahora al episodio siguiente, aunque el lector quizá se aburra de la cacería de pájaros que ocupa en Garcilaso más de 100 versos, y que ocupa todavía más espacio en la prosa de Sannazaro: los dos autores describen detalladamente la caza con redes, con lima, con reclamos vivos, para sacar finalmente en consecuencia que el ingenio humano triunfa gustosamente sobre la astucia natural de las aves. En todo este pasaje, donde se observan pocas innovaciones generales de parte de Garcilaso, nos puede interesar observar sus transposiciones y transformaciones de detalle. Vemos por ejemplo cómo, al comienzo del pasaje, un prolongado período de Sannazaro se convierte en siete tercetos garcilasianos basados en tres o cuatro oraciones gramaticalmente independientes, lo cual le da un ritmo sintáctico diferente:

> Noi alcuna volta in sul fare del giorno, quando appena sparite le
> (Nosotros alguna vez entre día, cuando apenas las estrellas
>
> stelle, por lo vicino sole vedevamo lo oriente tra vermigli
> (despareciendo por el vezino sol viemos el oriente entre
>
> nuvoletti rossegiare, n'andavamo in qualche valle lontana dal
> (colorados ñublos bermejear, nos íbamos en algún valle de lejos
>
> conversare de le genti, e quivi fra duo altissimi e dritti
> (de la conversación de las gentes, y allí entre dos altísimos y
>
> alberi tendevamo la ampia rete, la quale, sottilissima tanto che

(derechos árboles tendíamos la ancha red, la cual era tan sotil

appena tra le frondi scernere se potea, *Aragne* per nome
(que apenas entre las hojas devisarse podía, y por tanto *Araña*

chiamavamo, e questa ben maestrevolmente, come si bisogna,
(por nombre la llamábamos, y aquésta bien amaestradamente, ansí

ordinata, ne moveamo da le remote parti
(como convenía, armada, nos movíamos desde las estremas partes

del bosco, facendo con le mani rumori spaventevoli, e con bastoni
(del bosque, haciendo con las manos espantoso ruido, y con palos

e con pietre di passo in passo battendo le macchie, verso
(y con piedras de paso en paso sacudiendo las matas, hacia

quella parte, ove la rete stava, i tordi, le merule e gli altri
(aquella parte donde la red estaba, los zorzales, las mirlas y

ucelli sgridavamo: le quali dinanzi a noi
(los otros pájaros gritaban, los cuales delante de nosotros

paurosi fuggendo, disavedutamente davano
(espantados huyendo, sin estar avisados, caían y daban con

il petto ne li tesi inganni, et in quelli inviluppate, quasi
(el pecho en los armados engaños, y en ellos revueltos casi como

in più sacculi diversamente pendevano.
(en muchos saquillos diversamente colgaban.)

vv. 203-223

En mostrando el Aurora sus mexillas
de rosa y sus cabellos d'oro fino,
humedeciendo ya las florezillas,
nosotros, yendo fuera de camino,
buscávamos un valle, el más secreto

y de conversación menos vezino.
    Aquí, con una red de muy perfeto
verde teñida, aquel valle atajávamos
muy sin rumor, con passo muy quïeto;
    de dos árboles altos la colgávamos,
y aviéndonos un poco lexos ido,
hazia la red armada nos tornávamos,
    y por lo más espesso y escondido
los árboles y matas sacudiendo,
turbávamos el valle con rüido.
    Zorzales, tordos, mirlas, que temiendo,
delante de nosotros espantados,
del peligro menor yvan huyendo,
    davan en el mayor, desatinados,
quedando en la sotil red engañosa
confusamente todos enrredados.

En el primer terceto la transformación más notable es la personificación del proceso impersonal del amanecer, la cual trae frases que no existen en Sannazaro: la Aurora tiene mejillas y cabellos, y riega las flores. Estas frases son a veces fórmulas clásicas: "mejillas de rosa," "cabellos de oro fino." Simultáneamente el "noi" o "nosotros," con el cual empieza Sannazaro este episodio, Garcilaso lo traslada del primer terceto al segundo, relajando así el suspenso sintáctico. En el tercer terceto la red ya no se llama "Araña" y en cambio está teñida de verde, otro detalle inventado; y los "dos árboles altos" se posponen hasta el terceto siguiente. Finalmente, señalaremos que los pájaros ya no "daban con el pecho en los armados engaños," sino que, mientras "del peligro menor iban huyendo, / daban en el mayor," antítesis inventada por Garcilaso. Todas estas transformaciones de detalle, que en efecto no cambian el sentido general del texto de Sannazaro, servían para hacerlo más flexible, abriéndole paso al habilísimo rehacer versificatorio de Garcilaso, tanto en sus rimas, a veces poco corrientes, como en sus unidades sintácticamente endecasilábicas. Las "mej*illas*" de la Aurora anticipan las "florec*illas*"; sus cabellos de oro "f*ino*" anticipan el "cam*ino*," fuera del cual está el valle "de conversación menos vec*ino*," aquel valle "secr*eto*" que anticipa la red de un verde muy "perf*eto*" y el paso muy "quï*eto*" de los cazadores. La invención de estas rimas acompaña la selección de palabras adecuadas para construir frases endecasilábicas y tercetos que terminan con coma de cláusula completada o con punto final de oración. (Solamente podemos cuestionar aquí un posible abuso del adverbio "muy" como ripio monosilábico.)

Por falta de tiempo debo concluir. No hemos mirado sino una breve muestra de unos 460 versos que escribió Garcilaso traduciendo libremente la prosa de Sannazaro, y no sé si a base de lo que hemos visto podremos sacar algunas consecuencias tentativas sobre el proceso de composición que se verificaba en la mente del poeta. Garcilaso sin duda tenía delante de sus ojos el texto de Sannazaro, y lo iba releyendo al componer mentalmente sus versos. Al releerlo, tenía siempre presente el fantasmal, pero exigente, molde fonético y sintáctico de los tercetos encadenados; al repensar en castellano el texto italiano, o mejor dicho al apropiárselo, iba quitando y añadiendo conceptos y palabras, transponiéndolas libremente, buscando y probando los acentos, las rimas y las frases más adecuados para rellenar el molde vacío que se iba concretando en su mente y en su pluma. Porque, en el fondo, creo yo, no hay ninguna composición escrita de versos que prescinda totalmente del mismo proceso mental y oral que conocían los juglares anónimos de nuestra prehistoria cultural; Homero también, por supuesto, era capaz de formar "una taracea finísima, hecha no sobre el papel sino en el ánimo del poeta."

SUNY, STONY BROOK

Los cuentos de Juana

RAFAEL SAAVEDRA

ALVARO CEPEDA SAMUDIO ES un escritor colombiano que no ha sido estudiado suficientemente por los críticos colombianos, primero porque en los años 50 aquéllos que se denominaban críticos no estaban preparados para explicar los nuevos cambios que el joven escritor estaba haciendo en las letras colombianas. Segundo porque los críticos posteriores y los actuales le hemos dejado en el olvido, a pesar de habérsele reconocido como el escritor que inició la modernidad en Colombia.[1]

Los trabajos que sobre el escritor existen, por lo general, están centrados en su novela *La casa grande*, unos pocos se detienen en sus cuentos de *Todos estábamos a la espera* o en uno o dos cuentos de *Los cuentos de Juana*. En cuanto a sus trabajos periodísticos hay una buena recopilación hecha por el crítico francés Jacques Gilard bajo el libro *Al margen de la ruta*, el mismo crítico hizo el prólogo a la edición de *Todos estábamos a la espera*; pero nuestra crítica, repito, lo ha hecho a un lado y sólo existe una antología sobre Cepeda Samudio realizada por Colcultura, sin embargo un trabajo tipo obra completa no la hay y ya nos acercamos al cuarto de siglo de su muerte.

Si nos detenemos en su libro *Los cuentos de Juana* (1972) se observará que no existe un solo trabajo que lo analice. Se ha tomado tal o cual cuento. Sucede así, quizás porque equivocadamente se le ve como un libro menos serio que *La casa grande* o *Todos estabamos a la espera*. Mi trabajo, entonces consistirá en demostrar lo contrario: Que es un libro muy importante en la literatura colombiana, y que el libro guarda correspondencia en calidad con toda la obra cepediana.

Si alguien tiene en sus manos uno de los mil ejemplares de su primera edición, el libro deberá dejarle de inmediato un sabor extraño, debido a que

---

[1] Germán Varqas así lo afirmó en el V Congresos de Colombianistas en Cartagena en 1988.

su presentación es de exquisita belleza; y al empezar a leer sus textos, éstos surgen como extraños, desordenados y sin secuencia inmediata, encontrará que el libro va entre serio y alegre, que es una tomadura de pelo, y hasta podrá preguntarse, ¿Es esto literatura? Este hecho, su desorden, su alteración a los patrones conocidos, su falta de unidad (aparente) es lo que hace importante al libro. Este es su mérito porque es un acto ex-profeso del autor, tal como puede leerse en las páginas 5 y 6 que dicen:

> Para eso precisamente está la introducción: para que no la entienda nadie.

En otras palabras los creadores (pintor-escritor) aúnan esfuerzos para buscar nuevas formas de expresión que rompan con los modelos tradicionales, superados ya por Cepeda tanto en *Todos estábamos a la espera* y en *La casa grande* sino también con las tontas imitaciones garciamarquianas que ya empezaban a hacer furor.[2] Buscaban una nueva etapa en donde los géneros se pudieran mezclar, por ejemplo: pintura y literatura, buscaban hacer un libro diferente a todos cuanto antes se habían escrito, y lo lograron.[3] De esta manera, los textos del libro no pueden estar desligados, pues en su misma intención de desordenalidad, se hallará su unidad.

Para una aproximación de lectura analítica se debe leer con sumo cuidado el mencionado diálogo introductorio; pero en especial se debe tener siempre en mente el epígrafe con que se inicia el libro: "The road of excess leads to the palace of wisdom" (El viejo Blake) que traducido sería: "El camino del exceso conduce al palacio de la sabiduría." Esta es pues, la afirmación base y en consecuencia debemos preguntarnos: ¿Cuál es el exceso

---

[2] Para 1970 García Márquez era reconocido tanto en el país como en el exterior, especialmente por *Cien años de soledad*. En la introducción Alvaro Cepeda afirma no haberla leído porque el fue cómplice de la misma. Ángel Rama en *La narrativa de Gabriel García Márquez. Edificación de un arte nacional y popular*, en la página 47 menciona el problema que se plantearon los jóvenes barranquilleros y las posibles salidas a la problemática. Por otra parte, el mismo Ángel Rama, elogia en carta especial el libro de Cepeda Samudio. Esta última información proviene de voz de Teresa Vda. de Cepeda Samudio.

[3] El libro se publicó en Barranquilla en 1972, por lo tanto su introducción corresponderá a la misma fecha o a uno o dos años antes.

en este libro y qué enseñanzas nos deja? A la primera parte de esta doble pregunta se podría responder que siendo Alejandro Obregón un pintor y Alvaro Cepeda escritor, es un exceso el intercambiarse sus oficios, y por reflexiones sostenidas en el diálogo de la introducción, los creadores admiten que su intercambio no los conducirá a nada. El colorario desprendido sería: Que el oficiar un arte para el cual no se está preparado o dotado es un exceso. Justo lo que estaba ocurriendo con los críticos de ese momento (principios de los años 70) y lo anterior se confirma en la medida que se relee la introducción, pues allí encontraremos un texto cuyo tema central es la inconformidad de las artes plásticas de la Costa Atlántica frente a la voz de la metrópoli. Esta introducción es una voz de rebeldía costeña:

> "Vamos a ver si ahora, usando otros símbolos, más elementales y aparentemente más manoseados, van a oír la gran verdad de Obregón que vamos a gritar a coro, coro ensordecedor, coro costeño, coro de hombres y no de mariconcitos con pantaloncitos ajustados a entecas nalguitas bogotanas" (*Los cuentos*... 6).

Aunque es explícito lo anterior, hay que ir con cuidado, que no todo es "grito ensordecedor," porque muy calladamente, leyendo entre líneas, se descubrirá que el libro no es un conjunto de cuentos, como se podría pensar a partir de su título, es una novela, la novela de Juana y no los cuentos de Juana, es su película y que a los creadores les llevó varios años hacerla realidad.

> "Pero hemos llegado a un acuerdo: Obregón va a escribir "Los cuentos de Juana," esa novela que hace diez años estoy pintando" (*Los cuentos*... 5)

Cabe recordar aquí que *La casa grande* se publica en 1962 o sea que este proyecto se empezó a gestar aun antes de la publicación de esta novela, y es así como lo demostraré más adelante, pues en esta parte es más importante definir el tipo de novela del cual nos está hablando, ya que no puede ser ésta ni la tradicional, ni la llamada experimental porque ellas fueron superadas por el libro de cuentos de *Todos estábamos a la espera*, en donde cada cuento fue escrito con una técnica diferente y con *La casa grande* en que hace uso de las técnicas del escribir moderno. Cepeda Samudio, al hablar de novela es este caso, lo está haciendo bajo un concepto diferente, como dicen: "Están cansados del arte que se hace hoy y que se ha hecho en toda la historia" (*Todos*... 6). Están en la búsqueda de otras formas que caben muy bien dentro de lo que Alvaro Pineda Botero define como la novela Postmoderna:

> "la novela postmoderna es aquella en la que las categorías tradicionales de espacio continuo, tiempo lineal, caracterización sicológica convincente de los personajes, visión ordenada del universo, existencia de verdades objetivas y de principios trascendentes, han sido menguadas o suprimidas, dando paso a una visión de estilos y géneros sin principios organizadores; y sobre todo, a la crisis del sujeto y del objeto."[4]

Y *Los cuentos de Juana* está enmarcado dentro de estos parámetros. De ahí que se ve al libro como caótico, o tomadura de pelo. Por otra parte, sería este libro una novela de tipo circular, pues la primera información que tendremos de su protagonista, aparece justo en la misma introducción y esta información nos remitirá, luego, a los dos últimos textos del libro. En la introducción dice así:

> "Siempre recuerdo aquel pedazo de Calderón que me hacían aprender en el colegio de Ciénaga, frente al templete, que hizo que Juana se pegara un tiro, al recordar, justamente al salir del casamiento, que ella estaba rota, aquella..." (*Los cuentos*... 6).

Y los dos textos finales tratan del casamiento de Juana y su suicidio "sin motivo alguno" y de un cuadro sinóptico de la vida, la película de Juana. Y es que Juana cubre tiempo y espacios en todos los textos, algunas veces por ser protagonista, otras por ser testigo, en algunos casos como referencia de algún chisme o de alguna noticia. Y se mueve entre Tucson o Sabanilla, pertenece a los tiempos de García Márquez o al de Bartolomé de las Casas, pueden encarnarse en una niña o ser una adulta confidente. Es decir goza de la calidad de ser ubicua.

El lector que quiera aproximarse a los textos de Juana, salvando los

---

[4] Este es un concepto bastante amplio y que apareció en el artículo "La novela colombiana: La propuesta de los noventa." Ponencia presentada en el *VIII Congreso de Colombianistas Norteamericanos*, (U. de California, Irvine, 28 de 30 de Junio de 1993).

bellos dibujos, debe tener en mente la idea de Julio Cortázar sobre los lectores activos. Únicamente de esta manera sabremos que Juana es rubia, nacida en Arizona y que muere en Ciénaga; y entre estos puntos geográficos se pueden intercalar los siguientes datos personales:

Juana conoció al grupo de Barranquilla y allí le oyó contar a Gabo la "historia del hombrecito de la Avena Quáquer," supo de lo que había detrás del "Ahogado." Juana tiene algunas amigas, una de ellas es Feliza, bogotana y escultora, otra es María Zenobia que le escribe a Arizona. También, Juana ha comprado una casa en Sabanilla y le gusta este pueblo porque allí está su mar y allí mismo, escuchó la historia de Lucila Ariza, la tía de Lucho, la que se comieron un día sus perros. Juana por otra parte, acompaño a Fray Bartolomé de las Casas y Pujol en el juego de las charadas. De su infancia sabemos que aprendió a leer la Biblia y no en la Alegría de Leer como lo hacían los colombianos. A ella le gusta indagar por el pasado familiar de los habitantes de *La casa grande* y a ella le han ocultado la ausencia del Padre, y en un paso extraordinario abre los postigos de la casa que dan al mar y las muñecas que hacía adquieren ojos. Finalmente, Juana tiene un romance con el narrador, amigo de Dick, su futuro esposo, y éste, aparentemente, secunda los encuentros. Juana se casa por la iglesia con Dick y luego de salir desposada, se suicida porque se siente culpable por no ser virgen.

Así que Juana internaliza la problemática del honor de la mujer latina, siendo ella gringa. Es decir, sufre las consecuencias de su asimilación cultural a la inversa, no de Sur a Norte; sino de Norte a Sur, lo que sería un caso de exceso, que nos remite al epígrafe del libro.

Ahora en caso de que no hubiera quedado claro el desarrollo de la vida de Juana, posiblemente una de los muchos cuerpos de paz, que vinieron a Colombia por los años 60 y 70, se debe ir al último texto del libro *Barranquilla en Domingo*, que es un guión para hacer una película sobre Juana. Si se admite lo anterior, entonces Alvaro Cepeda no escribió un libro de cuentos, escribió cuentos y otros textos, que juntos formarían una novela, su segunda novela. Si se desea, también es un libro de cuentos aislados. Hecho sorprendente en sí, que pondría al libro y al autor en la misma línea de los libros "extraños" al estilo Rayuela[5] y que el autor lo pondría en los

[5] Relacionar a Cepeda Samudio con Cortázar no es desproporcionado. En su registro periodístico de agosto de 1951 nos dice: "Cuentos. Ha llegado a Colombia el último libro del extraordinario cuentista argentino Julio Cortázar. Destinatario, en la mejor tradición de Felisberto Hernández y Norah Lonqe, presenta una serie de

linderos de la postmodernidad por la transgresión y contaminación de los géneros.

Si se mira el libro con la única idea de valorar los cuentos, se hallarán textos literarios preciosos en su estilo y temática, fuera de cualquier marco anterior o posterior en la literatura colombiana. Léanse por ejemplo: "Desde que comenzaron a recortarle..." Y se estará dentro de la línea del cuento fantástico, e incluso cualquiera podría pensar que es un cuento extraviado de Julio Cortázar. Si se desea leer el cuento que sigue a la introducción: "Las muñecas que Juana hace no tienen ojos," que dentro de mi estudio, cierra un tríptico en la obra de Cepeda, cuyo primer cubículo es el cuento "Vamos a matar los gaticos" del libro *Todos estábamos a la espera*, la parte central es la novela *La casa grande*.[6] El cuento en mención, "Las muñecas que Juana hace...," que tiene la característica de ser al mismo tiempo un guión para película por el estilo en que está escrito, y cuya temática devela el fin de los hermanos de la hacienda Gabriela: Juana, que es la menor y a quien se le había ocultado la muerte del Padre, abre los postigos que dan al mar y en ese instante, en un exacto uso del realismo mágico, las muñecas que eran sin ojos, cobran éstos. Es decir, los habitantes de *La casa grande* se enfrentan por primera vez a la realidad, al deterioro de la vida sensorial.

En "Desde que Juana compró la cerbatana ya no se aburre los domingos," aparece un tópico recurrente en los trabajos de Cepeda: la soledad, en este caso de una extranjera, quien para distraerse lanza venablos envenenados desde su cuarto a los jugadores de fútbol del campo que está al frente. Sin embrago Juana no comprende por que cada domingo tanto el número de jugadores como el de espectadores disminuye. Sirvan de ejemplo los anteriores tres cuentos; pero recuérdese, que todos tienen un rasgo, un tono, un toque original; además complementado por unos dibujos con iguales características.

Para el anterior análisis he tenido en mente toda la obra del autor, es posible que otros trabajos limitados a un solo texto fragmento de su obra sean válidos e importantes; pero para acercarnos al trabajo de este olvidado escritor es mejor tener toda su obra presente, sólo así se recuperará la unidad temática que su autor le imprimió. Y es que en el trabajo de Cepeda nada

---

cuentos en los cuales la línea que divide la realidad de la irrealidad ha desaparecido. Y quien podría trazarla definitivamente." (*En el margen*... 370).

[6] La idea del tríptico la desarrollé en mi tesis de grado titulada "Alvaro Cepeda Samudio: Una vocación literaria diferente." SUNY, Albany, 1991.

es suelto, por ejemplo, exploremos un poco en la idea de hacer este libro, el de escribirlo y de acompañarlo con dibujos, no fue algo de la noche a la mañana porque si leemos bien el cuento titulado: "Un cuento para Saroyan" del libro *Todos estábamos a la espera*, encontraremos que el joven Al (Alvaro), estudiante de la Columbia University, tiene que ir a una tienda en busca de un texto para su clase so pena de no ser admitido el día siguiente. El estudiante recoge el dinero que tiene para ir en su compra y aunque es insuficiente sabe que le darán un crédito. Llega hasta la librería, pero pronto su atención se detiene no en el libro exigido, sino en otro y es éste en últimas el que compra. Antes de hacer la transacción sostiene el siguiente diálogo con la dependiente, conocida de él:

> "Que esto Sandy?"
> "Son los cuentos de Saroyan,"
> "Quien es Saroyan?'
> "Es un armenio que nació en Fresno"
> "¿Dónde es eso?"
> "California. Los cuentos son extraordinarios."
> "No sabía."
> "Ha hecha cosar extraordinarias en el teatro y en la novela también. No has oído hablar de La Comedia Humana?"
> "Si es una película con Mickey Rooney."
> "No, es un libro de Saroyan."
> "Y de El Tiempo de tu vida?"
> (...)

Continuaban el diálogo en la misma tónica, pero luego viene una descripción del libro que nos recordará mucho a *Los cuentos de Juana*:

> "El libro es grande y con dibujos limpios en verde, rojo y amarillo. Pienso que me gustaría tener este libro para ver todos estos dibujos que ilustran los cuentos (...)
> Me gustan los dibujos. Si los cuentos son como los dibujos, me gustaría tener este libro." (*Todos*... 78-79).

El resultado fue, como dije, que Al compra el libro y no sabemos si lo admiten en clase al día siguiente. Para nosotros los críticos y para la literatura colombiana es que desde que Cepeda escribió este cuento (1951) tenía en mente hacer un libro similar. Se concretó el hecho con la amistad del pintor Alejandro Obregón.

Así que el libro es un espléndido regalo para la vista y para el oído, para la vista por el trabajo perfecto, sincronizado entre los textos narrados, y las líneas de color trazadas en amarillos, rojos, verdes y azules como sólo lo podía hacer el maestro Obregón.

Valorar el trabajo del pintor es inútil porque quedaría haciendo el ridículo, pues no soy crítico de pintura y no quiero caer en los extremos del viejo Blake. Sin embrago, me atrevo a hacer una sugerencia: Que si se hace una nueva impresión del libro se respeten a toda costa los tamaños del libro para que no pierda la visión de conjunto, porque sólo un ojo entrenado puede notar la diferencia entre los espacios en blanco y los de color, espacios que fueron sabiamente trabajados por el maestro Obregón.

En conclusión: el libro *Los cuentos de Juana* puede verse como una novela, la vida de Juana o su película. O se pueden leer los textos como cuentos aislados. En el libro hay varias mezclas de género y de artes, se transgreden las leyes de la narración vanguardista, lo que hace que se catalogue a su autor en un pre-postmodernista. El libro engrandece la literatura de la Costa Atlántica y la Nacional, es un bello libro en donde hay un positivo contraste entre las pinturas y los textos narrativos. El arte de escribir y el de pintar rivalizan en belleza; pero los dos se complementan. Los textos no son desligados o caóticos como pudiera pensarse en un momento; por el contrario guardan consonancia con toda la obra de Cepeda Samudio. En fin, los dos artistas le dieron un toque mágico a la literatura de los setenta, con este hermoso libro; aunque lo hayamos ignorado o peor olvidado.

SUNY, NEW PALTZ

OBRAS CITADAS

Cepeda, Alvaro. *Los cuentos de Juana*. Ediciones ACO, 1972.

———, *Todos estamos al espera*. Bogotá: Plaza y Janes, 1980.

———, *En el margen de la ruta*. Oveja Negra, 1985.

Flores ocultas de poesía cubana: imágenes fundacionales de una cultura

ELIANA SUÁREZ RIVERO

LA AMBICIOSA TAREA DE una re-escritura de la historia literaria de Hispanoamérica es empeño que ha venido ocupando a un respetable número de investigadores en las dos últimas décadas de nuestra labor crítica. Esa ingente labor, propuesta por críticos como Alejandro Losada, Françoise Pérus, Hernán Vidal y Ana Pizarro, entre otros, tiene como premisas de justificación dos pivotes centrales: uno, que la mayoría de los estudios consagrados por el uso no contempla las literaturas hispanoamericanas *de modo integral*, vale decir, soslaya las circunstancias sociohistóricas de su producción y desarrollo y el análisis ideológico de las modalidades de visión y forma que en nuestros países adopta el hecho literario; y otra, que la visión de mundo de la élite dominante que rige la diseminación cultural en la mayoría de nuestros países hispanoamericanos es, en muchos casos, la divulgada en las metrópolis, donde el estudio de las formas artísticas pertenecientes a esas naciones es un ejercicio de interés más que nunca matizado por la complacencia en "lo nuevo," lo mágico, lo criollamente pintoresco y lo estéticamente original, de acuerdo a los criterios de dicha visión.

Hace ya algunos años nos referíamos al fenómeno que denominamos "ideología de la exclusión,"[1] por el cual se produce una sistemática marginación de escritores/escritoras vinculados a un proyecto social no aceptable para la élite cultural dominante, o vistos como "no representativos" de una supuesta cultura nacional que, a menudo, es la cultura de las clases altas. Parte importante de dicha exclusión la constituyen los llamados

[1] En "Apuntes para una historia integral de la literatura hispano-americana," presentación ante la American Association of Teachers of Spanish and Portuguese. San Diego. diciembre de 1978.

"autores menores" (muchos de ellos mestizos o negros, caribeños, o mujeres), los cuales, dentro del amplio panorama de la literatura latinoamericana, representan generalmente la producción literaria de países no vistos como grandes centros culturales o considerados marginales al conjunto hispano por su status neocolonial: tales son los casos, digamos, de la literatura panameña y la puertorriqueña. Y ya dentro ya de las respectivas literaturas nacionales, los "menores" son aquéllos que no llegan a alcanzar un aliento artístico de fuerza. Sin embargo, ellos son componentes reveladores de esa matriz basal de los hechos culturales y literarios producidos por un pueblo-nación, y de hecho—como ha señalado el crítico y ensayista cubano Cintio Vitier en el caso de los poetas—apresan o traslucen "esencias que escapan a los logros que llamamos definitivos." [2]

En Cuba, desde hace algunos años, se ha venido proponiendo un modelo histórico de estudio que contemple la plasmación de una cultura como fenómeno necesariamente extensible a sus manifestaciones más elementales, con todo el caudal de pequeña virtud estética que se espiga en los exponentes y artífices menores. Así se ha contemplado el cuadro de formación de la literatura nacional cubana desde la segunda mitad del siglo XVIII, cuando comienzan a darse las condiciones requeridas para que el país se constituya como nación. A partir de ese punto lo criollo y lo nacional se desarrollan como elemento cultural y literario a través del tiempo, para llegar a acendrarse —como bien señala el historiador Jorge Ibarra—en cultural nacional popular en las primeras tres décadas del siglo XX, habiento tenido como precursor iluminado a José Martí en los albores de la Independencia, y ostentando su definitiva constitución en una nación "para sí" (o sea, no una neocolonia) a partir de 1959. [3]

Por lo tanto, el examen crítico de los soslayados como "oscuros" o

---

[2] "Aviso preliminar," *Flor oculta de poesía cubana (siglos XVIII y XIX)*. Escogida y presentada por Cintio Vitier y Fina García Marruz. Biblioteca Básica de Literatura Cubana (La Habana: Editorial Arte y Literatura, 1978) 13. Todas las citas posteriores del libro remiten a la misma edición.

[3] Ideas desarrolladas por Jorge Ibarra en sus trabajos "Notas sobre nación e ideología" y "Fracaso y triunfo de la nación cubana," *Ideología mambisa* (La Habana: Instituto Cubano del libro, 1972), y en "La constitución del pueblo-nación y el proceso de formación de la cultura nacional y popular" y "La imagen nacional popular en la poesía cubana," *Nación y cultura nacional* (La Habana: Editorial Letras Cubanas, 1981).

"menores" se impone como tarea decisiva en una reflexión sobre la fundación de la nacionalidad. Si, como también expresa Ibarra, la poesía de tendencia nacional es "la que asume los destinos nacionales, desde el módulo sensible de una individualidad histórica determinada" pero sin entender que "lo cubano en la poesía" sea el lenguaje o los símbolos sino "una actitud espiritual" ("La imagen nacional popular..." 33), a nosotros nos parece adecuado establecer relaciones unitivas entre el lenguaje poético representativo y esa actitud espiritual, la que el pensador alemán Johannes Pfeiffer llamara *temple de ánimo*. Así se podrá ampliar la indagación, afectuosa a la par que rigurosa, de las imágenes fundacionales de la âltura cubana.

Si los poetas populares, urbanos o campesinos, los publicados en pequeñas tiradas fuera de los círculos consagrados del momento, los representativos de una subcultura étnica o de clase, las poetisas o poetas de escasa lectura y los trovadores de improvisación forman esa urdimbre sobre la que descuellan después los poetas de talla mayor, también forman parte del panorama los textos fallidos como producto estético de nota; es decir, la producción de corto vuelo de los escritores reconocidos, o la obra de los que han sobresalido en otras esferas de la actividad humana y no precisamente en la de las letras. En el caso de Cuba, nos referimos específicamente a la producción literaria menor del período formativo de la nación, cuando ésta cuaja en objetividad, conciencia y espíritu a partir de la gesta bélica del levantamiento de Yara en 1868, y completa el ciclo hacia 1882 con la supresión de la esclavitud en todo el país por la Ley Moret, para después culminar en la integración revolucionaria martiana de lucha independentista. Como formula Ibarra, ése es el momento en que se impone "la ideología integracionista del cubanismo revolucionario de Martí y de Maceo" ("Fracaso y triunfo de la nación cubana," *Ideología mambisa*. 72).

Una lectura de textos poéticos menores tiene como punto de partida a Manuel de Zequeira y Arango, primer lírico reconocido en nuestro siglo XVIII, cuya "Oda a la Piña" —siguiendo pautas señaladas por los cánones neoclásicos—populariza la descripción arquitectónica de aquella Habana iluminista durante el reinado del Borbón Carlos III, y continúa hasta contemplar el desarrollo de la gesta emancipadora de 1895.[4] Dicha lectura

[4] Uno de los pocos críticos no cubanos que estudia esta obra es por cierto, Luis Monguió. Véase su artículo "Un paradigma del neoclasicismo americano: Manuel de Zequeira y Arango," ed. Julio Ortega y José Amor y Vázquez. *Conquista y contracon-*

puede rastrear esas esencias fundamentales de lo nacional cubano en el ciclo histórico de su aparición, acumulación y fijación, vistas tanto a la luz de su plasmación lírica simbólica como bajo el prisma de ese temple de ánimo o "actitud espiritual" que las informa. A ese efecto, dedicamos nuestra atención a dos colecciones de poesía menor que tienen como parámetros cronológicos el tramo que va desde 1792 hasta 1899, y que recogen todo el florilegio de textos reunidos por amor a la mínima pero reveladora cubanía: son ellos *Flor oculta de poesía cubana (siglos XVIII y XIX)* [5] y *Los poetas de la guerra*, glosados y presentados por José Martí en 1892.[6] Es justicia reiterar que estas páginas nuestras se encuentran continuamente en diálogo con textos marcadores de una indagación mayor sobre lo fundacional: entre varios de ellos, que se acotan obligatoriamente al calce, destaca el clásico *Lo cubano en lo poesía* de Cintio Vitier,[7] con el cual estas reflexiones, y aun otras primarias a las que aludimos, tienen una muy larga y raigal deuda.

De las características del "ser cubano"—esa conciencia individualizada como persona de arraigo nacional, inmersa en una cultura y una historia, que asume su entorno y su evolución sicológica en común — se han señalado con gran penetración un conjunto de diez, que en la opinión autorizada de Cintio Vitier comenzaron a perfilarse desde finales del siglo XVIII, coloreando la producción poética cubana y dándole ya en el XIX esa particularidad específica de su modo de ser, de sentir y de comunicar.[8] Entre esas características nos interesa destacar en especial dos, que de manera ya

quista: la escritura del Nuevo Mundo. (El Colegio de México; Brown University, 1994) 397-404.

[5] Op. cit., nota 2. El "Aviso preliminar" es de Vitier (13-15) y el "Prólogo" de García Marruz (17-60). La selección de textos y presentación individual de cada poema se deba a los dos críticos alternadamente.

[6] "Catorce años van pasados ... desde que por sorpresa o desmayo comenzó la tregua en Cuba [desde 1878]," comenta el Maestro en "Los poetas de la guerra," prólogo a la edición de *Patria* (New York, 1893). Aquí manejamos el doble texto presentado por Serafín Sánchez, *Héroes humildes y los poetas de la guerra*. Colección Historia de Cuba (La Habana: Editorial de Ciencias Sociales, 1980); tomada de la primera edición, también habanera, hecha por la Imprenta de Rambla y Bouza, 1911.

[7] Cintio Vitier, *Lo cubano en la poesía*. 2 ed. (La Habana: Instituto del Libro, 1970).

[8] "Lo cubano se nos ha iluminado bajo diez principales especies, categorías o esencias: arcadismo, ingravidez, intrascendencia, lejanía, cariño, despego, frío, vacío, memoria y ornamento" (op. cit., 573).

intuitiva, ya reflexiva, se hallan entre las claramente percibidas por el observador externo de nuestra realidad; nos referimos a las que Vitier denomina la *intrascendencia* y el *cariño*. Rasgos son éstos que inclusive han servido, en ocasiones menos propicias, para estereotipar al cubano; de sobra se nos viene a la memoria la conocida imagen de nuestro ser nacional como despreocupado, alegremente bullicioso, desbordante de cálido afecto y amante del "choteo," superficial y livianamente jocoso, en suma. Así se le representa en forma generalizadora cuando no se atiende a otras peculiaridades más asentadas y graves de su idiosincracia.

Según Vitier, cada rasgo, "especie o esencia incluye un cúmulo de valores y significados que han ido revelándose en el proceso histórico" (*Lo cubano...*, 574); esos valores comprenden, al caracterizar lo intrascendente, "la suave risa y la antisolemnidad, el juego, la despreocupación, la provisionalidad, la inconsecuencia, el choteo, el *galleo* y la irresponsabilidad." Al ocuparse de lo *cariñoso*, esta especie esencial se define en las variantes de "suavidad y refinamiento en el trato, lo ideal de la belleza juvenil modesta, costumbres criollas, círculo abrigado y penumbroso de la familia, centro de la madre o la abuela, ternura y mimo en la amistad, cadencia (danza y contradanza)" (ibid.) Una lectura de los textos menores arriba nombrados, *Flor oculta...* y *Poetas de la guerra*, conduce al efectivo hallazgo de dichas esencias, destiladas en múltiples ocasiones por los líricos de nuestra preindependencia, y —como se verá más adelante— dialécticamente copresentes en una fusión cubana de lo trascendental y grave con lo liviano y leve, de lo entrañablemente afectuoso a nivel íntimo con lo desenfadadamente desprendido a nivel colectivo. Ello se apreciará en la dedicación cubana a lo central de su ser y a su defensa; en otras palabras, esa "criatura despreocupada de toda sustancia y trascendencia" (*Lo cubano...*, 223) que bordea casi a toda hora la jocosidad, estará también siempre "dispuesta a la ira justa, al dolor y al sacrificio" (ibid.), como lo demostró su tenaz arrojo y persistencia en la gesta de liberación colonial que se extendió treinta años. A la luz del momento actual, cuando lo nacional cubano se perfila más que nunca en una mezcla imponderable de afecto y de coraje, es particularmente apropiado releer nuestra historia poética en lo que ella nos revela de esa mixtura, inextricablemente ya fundida en el carácter del pueblo-nación y entretejida en las manifestaciones más robustas o más delicadas de nuestra cultura.

De entre lo que Fina García Marruz llamara "pequeña selva de flor" (*Flor oculta...* 17), se entresacan composiciones que, a la vez que espejo de imágenes y motivos de las categorías de lo cubano a nivel de lenguaje, exhiben por sobre todo una actitud—revelada especialmente en el tono—que las denota como portadoras de esos destellos de cubanía esencial que se acendraban en la época cimera de fundación nacional. Martí, con su iluminada visión, hubo de observar cómo se traslucían en la conducta humana y en el verso humilde de los poetas insurrectos "la púdica ternura de los afectos del hogar y el chiste certero y abundante, como sonrisa de desdén, que florecía allí continuo en medio de la muerte" ("Los poetas de la guerra" 42). Nótese la combinación extraordinaria y ya cubanísima del cariño hecho dulzura familiar o amorosa, y la intrascendente vena humorística de quien toma el peligro a la ligera y la ocasión con cierto desenfado desdeñoso de la propia vida, porque no teme perderla en la lucha libertadora. Los motivos del amor son reiterados como símbolo de refugio y salvación personal en medio de la guerra: así en la repetida glosa titulada "¡Vida mía!," del bravo peleador Ramón Roa, cuyas seis décimas estróficas repiten el estribillo "Yo pienso en ti, vida mía" para acompañar cada momento del día en la manigua, o campo de batalla.

Cuando al pie de la trinchera
desde lejos se divisa
flameando a la fresca brisa
de mi Cuba la bandera
si el enemigo se espera
que nos ataque ese día,
los cubanos a porfía
ponen el pecho a la guerra
y al dar un ¡viva! a mi tierra
"yo pienso en ti, vida mía"
(*Los poetas*... 170-171)

Se hacen notar los motivos caros al verso patriótico popular (trinchera, bandera, enemigo, el "pecho a la guerra") engarzados todos en una actitud desafiante que aúna dos ánimos amorosos—la mujer y la patria—en conjunción de retórica lírica y de temple guerrero. El tono, revelador de sentires del combatiente - cantor, descubre la intrascendencia que se otorga a la vida, que nada vale sin la libertad.

Otro ejemplo feliz de esta fusión de amor y combate, con toques de ligereza, lo constituye el en su tiempo muy declamado romance de "El combate de Atollaosa," escritor por el capitán del Estado Mayor de la División de Sancti Spíritus, Antonio Hurtado del Valle, quien se firmaba "El Hijo del Damují." Fechado en 1870, el poema describe el encuentro entre las tropas españolas y los insurrrectos cubanos, con sentires complementarios en dos voces colectivas —la "gente cubana" (los rebeldes) y las mujeres insurrectas, quienes esperan a sus hombres amados en la alegría y el orgullo de la victoria:

Ya sale de nuestra fila
la voz "el parque se agota":
"¡pues al machete!" gritamos
todos con voz estentórea,
y cual se lanza a la playa
una resonante ola
que impelida por el viento
salta las ásperas rocas,
así la cubana gente
avanza, avanza furiosa
sobre la línea de fuego
de aquella aguerrida tropa.
....
Las insurrectas cubanas
con la nueva se alborozan
y cantan de esta manera
en sus recónditas chozas:

"Tejamos todas, amigas,
a los cubanos coronas
que acaban de hacerse
dignos del amor de las criollas.
¡Que viva la Patria! Aquella
fuerte columna española
que en continuas correrías
era el coco de nosotras,
aquellos hombres audaces
que iban profanando chozas
por llevarse a las mujeres
presas a pobladas zonas,
se batieron con los nuestros
en montes de Atollaosa,
y huyeron como lebreles
los bravos de Tarragona.
(*Los poetas....*, pp. 140-141)

Apuntemos cómo la nota cuasijocosa y dicharachera se filtra en el digno tono épico mediante el verso "era el coco de nosotras," y la ironía de referirse a los españoles que huían como a los "bravos" añade a lo que llamó Martí en el prólogo "anécdota gloriosa y picante del tiempo fuerte y bueno" (112). He aquí la fusión del *cariño* y la *intrascendencia* en sus mejores momentos, expresados en un tono afirmador de la cubanía que no olvida la levedad en los momentos más importantes de su fundación: el combate por la independencia. Ello ha llevado a apuntar a Vitier, con referencia a "El combate de Atollaosa," lo cabal de esta integración de lo vitalmente serio con lo leve, de lo comprometido y lo desdeñoso:

Además de la fidelidad histórica, son notables la zumba y la

> celeridad cubanísimas —en la línea de tantos romances y décimas populares—-, que diseñan otra fidelidad gestual, caracterológica, llena de un ardiente y risueño coraje, despegado de sí mismo.
> (*Flor oculta*... 240)

La colección *Los poetas de la guerra* está imbuida de ese desenfadado arrojo que convoca al coraje y que también lo desafía, en una actitud de broma tan ligera como cubana. Así sucede en los versos improvisados de Fernando Figueredo, hijo del bayamés "Perucho," autor del Himno Nacional de Cuba, y en las anécdotas que sobre dos de los más conocidos versificadores recuerda Martí en su prólogo:

"Y si se habla con Fernando Figueredo es de no alzar la mano del papel, porque pinta como si se les viese a toda aquella campaña de gloria, y no hay canción que él no sepa, ni memoria tierna o picante, ni quien le gane a contar con intención y cariño, ni quien saque más risas cuando narra el ataque al poblado de Yara, en que para conocerse en la oscuridad los cubanos entraron desnudos de cintura arriba, y tener camisa era cosa infeliz; pero no fue tan bien como pudo en aquella ocasión a los cubanos, porque los españoles los burlaban en unas estrofas bizcas, cantadas a coro en la retreta, y a las que Fernando contestó con dichosa parodia, que los voluntarios mismos de Yara cantaban después:

> Sin camisas, triunfantes, entraron,
> ante el mundo mostrando, orgullosos,
> que aunque pobres son libres, dichosos,
> siervos no de un tirano opresor.'

Pero lo mejor de Fernando es cuando cuenta cuán mal le pareció a aquel gigante ingenuo, al leal y genioso Modesto Díaz, que Tomás Estrada (quien fuera después el primer Presidente de la República de Cuba) tuviese de secretarios a Francisco La Rua y a Ramón Roa:—'Ven acá, hombre: ¿cómo han consentido que Tomás haga eso?' —'Pero don Modesto, si son dos magníficos patriotas'. 'Mira, hombre, qué patriotas ni que magníficos: pues a mí me han dicho que son dos sinvergüenzas'. —'Don Modesto, ¡si no hay quien les ponga punto a esos mozos!, ¿qué malqueriente le dijo esa maldad?' —'Hombre, mira: a mí no me dijeron que eran sinvergüenzas: a mí me dijeron no más que eran poetas'" (114-115).

El oficio poético, según se echa de ver tanto en la anécdota relatada por Martí como en la plasmación misma de la colección, no sólo es secundario a la tarea de las armas sino que por añadidura es socarrona y zumbonamente confundido con lo de "ser sinvergüenza." Toque de intrascendencia éste al que no se escapan ni la devoción patria de los insurrectos cantores del amor y del combate: La Rua, autor de las tristes endechas " A Emma," y Roa, compositor del poema "La carga" (en honor de la batalla de Las Guásimas) y de la ya mencionada glosa "Yo pienso en ti, vida mía."

No sólo en el producto lírico de los insurrectos conocidos, que fue improvisado sobre la marcha y fijado para la memoria patria en las presentaciones de Fernando Figueredo, Serafín Sánchez, Néstor Carbonell y Gonzalo de Quesada, compiladores de estas rimas, aparece el tono zumbón que delata la actitud intrascendente, además de un particular desafío al español y sus tropas que adopta el lenguaje bravucón y antipoético del dicho popular. Ello también se trasluce en la significativa minorísima expresión de la décima anónima, recogida tanto en *Poetas de la guerra* como en *Flor oculta*... De sus autores se dice a veces que parecen ser de "los más chispeantes y entendidos jóvenes de la Revolución" (*Poetas* 182), y sus versos fueron memorizados y repetidos tanto por los campesinos como por los habitantes urbanos. En ellas se nota el particular mote de "godo" referido al español, nombrando al enemigo con desdén y mofa. Así en las décimas tituladas "Al ejército libertador," muy cantadas en su tiempo:

Bala, tizón y machete
con el godo han de acabar
si no queremos estar
siendo de España el juguete.
Cansados ya de sufrir
el yugo de los tiranos
han jurado los cubanos
por su libertad morir.
Ninguno quiere vivir
tratado como un zoquete;
el garrote o el grillete
nos espera, si cedemos
y es preciso que les demos
bala, tizón y machete.

Con asesinos, ladrones
están haciendo la guerra;
porque vienen de su tierra
más hambrientos que gorriones.
Se llevan nuestros millones,
que es lo que quieren buscar;
y al que no logre escapar,
¡pobre si se queda aquí
pues el valiente mambí
con el godo ha de acabar.

(*Poetas*... 182-183)

Al sobrenombre de "godo" se opone el de "mambí," título que se dio históricamente al insurrecto cubano en las luchas de la Independencia.

Similar característica tonal, y aun léxica, se distingue asimismo en dos décimas anónimas de 1875 recogidas por Emilio Bacardí en *Crónicas de Santiago de Cuba*, e incluidas en *Flor oculta*.... La primera se hace eco del tono despectivo y la actitud orgullosamente desafiante de los insurrectos mambises, usando el término "zoquete" en vez de "godo" de la glosa de campamento antes citada, si bien con otro matiz:

La bayoneta europea
que se dice tan terrible
pudo haber sido invencible
hasta el puente de Alcolea.
Pero en Cuba no se crea
el dicho de esos zoquetes,
de Serranos y Topetes,
de Prim y de su donaire,
que la batalla de Baire
la ganaron los machetes.
(*Flor*..., p. 249)

La segunda décima ofrece también el binomio *amor-combate* en una romántica vena patriótica, asimismo plasmada en los motivos de la bandera y el machete, para después culminar en la ordinaria pero fuertemente expresiva frase del soldado común, que va con el resto de la tropa a "dar de palos" al español:

Queda, paloma, en tu rama
ya vuelo en mi potro alado,
y llevo en mi cinto atado
mi cortante yaguarama.
Patrio amor mi pecho inflama
al ver la cubana enseña,
y pues España se empeña
y pues que se empeña España,
vamos a repartir leña
en la tierra de la caña.
(ibid.)

El temple de ánimo de los hablantes poéticos en estas décimas es de desafiante actitud desdeñosa hacia la metrópoli y sus representantes, y plasma la voz épica menor del insurrecto en su variación intrascendente del valor, aun cuando dicha intrascendencia sea casi una exigencia de la rima monótona y ripiosa de la versificación. También es suma, no obstante, de la seriedad esencial del asunto poético en fusión con la levedad desenfadada ante el peligro que el cantor quiere expresar.

Cuando efectuamos la lectura de los textos poéticos menores encontramos asimismo el otro rasgo caracterizador del cariño, presente no sólo en las variedades diversas anteriormente señaladas, sino que a veces fundidas en la urdimbre del texto que convoca a la lucha. Por otra parte, si revisamos la producción —digamos "paraliteraria"—de los héroes reconocidos, y aun de los próceres de la patria, hallamos en ella destellos de cubanía expresada con la ligereza y la levedad cariñosa que Vitier adjudica a lo cubano. De nuevo, motivación y tonalidad se fusionan para plasmar esa gracia delicada distinguible ya en nuestra poesía desde las letrillas de "Plácido," el gran poeta mulato de la colonia. Así vemos en la obra de Carlos Manuel de Céspedes, padre de la nación y primer patricio criollo libertador de esclavos, quien además de ser distinguido luchador abolicionista, versifica textos en forma romanceada. Intrascendente y afectuoso resulta el tono lírico de su composición menor "La mariposa"; si bien es patente en ella el cúmulo de motivos poéticos evocadores de la libertad, simbolizada en el vuelo del brillante insecto, también lo es la ligereza y levedad temática de ese revolotear. Por añadidura, notemos en el romance, que cito a continuación, la despreocupación de ese "mariposeo" en el ir y venir del vuelo, rasgo que a ratos se ha hecho sentir también como peyorativo del carácter nacional:

Ya por el aire vano
se lanza bulliciosa
y enamorado el sol
la besa y tornasola;
y la convierte en záfiro
y en ópalo la torna,
o un diamante la finge
que el espacio azul corta,
baja a la tierra rápida,
sin tino gira loca;
mas con arte se burla
del niño que la acosa;
ya de él parece que huye,
ya vuelve y le provoca,
y de sus blandas alas
el rostro ya le roza;
(*Flor*... 139-140)

El temple de ánimo, si bien no discernible en una voz poética de primera persona (que aquí se oculta en lo impersonal), se destila no obstante en calificativos que connotan una actitud leve y juguetona, voluble como la mariposa o la mujer coqueta mencionada en otra parte del texto.

En otro caso, nos encontramos con Fernando Figueredo, quien en su glosa de campamento titulada "El combate de Báguano," introduce esas ternezas de tipo familiar que Vitier caracteriza como "centro de la madre o la abuela:"

Ya dentro del campamento
se introducen los soldados:
fuego se oye a todos lados,
que no cesa ni un momento:
mientras sus pliegues al viento
suelta la enseña estrellada,
a bayoneta calada,
nos atacan fieramente.
¡Y en tanto, siempre en mi mente
te llevo, madre adorada!
(*Poetas*... 176)

Cinco de las décimas de esta composición reiteran el motivo, casi a manera de estribillo, finalizando con versos como "¡pienso en ti, madre querida!," o "¡pienso en ti, madre adorada!" Nótese la fusión del motivo combate, utilizado aquí funcionalmente como una guerra necesaria, con el del cariño familiar, también no sólo insoslayable sino sagrado. Claro está que toda la configuración temática y formal de estos textos está dada por la retórica y la tonalidad de un romanticismo menor (tardío si se quiere) que permea la lírica de nuestra América en los momentos de constitución de sus diferentes naciones, y en las Antillas hispanas en la época de gestación de su independencia decimonónica.

Al final del período que hemos incluido en nuestro cronología se halla también un curioso ejemplo —con ecos por cierto martianos— en que la caracterización de lo cariñoso y familiar toma para sí elementos del combate emancipador, en vez de lo contrario. En un texto de José Joaquín Pérez aparecido en *El Fígaro* de La Habana en 1899, y titulado "Un mambí" se apropia el poeta del conjunto de rasgos externos de la poesía mambisa para configurar un elemento afectivo filial y paternal, ya fuera de la pauta formal romántica de las otras composiciones menores, y aun adentrándose en el lenguaje y la visión de aquel primer modernismo que presentara Martí siete años antes en su *Ismaelillo*:

Ah! yo tengo un mambí de ojos azules
y ensortijada cabellera rubia,
que aún dos años no cuenta, y ya presume
ser un audaz libertador de Cuba.
Apenas sale el sol, desnudo salta
con ímpetu marcial, desde la cuna,
y dando vivas, mi bastón de caña,
para servirle de corcel, empuña.
Blandiendo un palo, cual si fuera el quimbo,
corre, vuela, ya ansioso por la lucha,

al patio, a su manigua, aquel invicto
y temible adalid en miniatura.
....
Después... el sol de América en la frente
gloriosa irradia del mambí que triunfa,
y erguido en su corcel, alto el machete,
da el grito redentor de "¡Viva Cuba!"
(*Flor oculta*... 340-41)

La liviandad intrascendente se hace doméstica en el recuento casero del niño y sus juegos, que en otras estrofas se acompaña de hermanitas y de animales domésticos, detalle por lo demás que acerca esta poesía menor a la vena prosaísta que aparece en la lírica hispanoamericana de esos años finiseculares. El temple de ánimo dado de sí por la voz poética primaria es uno que revela no sólo afecto paternal íntimo y fresca ligereza del acercamiento a lo infantil, sino también orgullo en la integración patria del juego y la inocencia. Vamos así apuntando cómo el conjunto de textos líricos menores destila esencias de lo nacional en un proceso que incluye tanto la plasmación versificadora del combate como su fusión con las variantes del amor, y aun la utilización de simbolismos a la inversa: el afecto familiar en unión al amor patrio que guerrea. Tanto el cariño como la intrascendencia, si se aceptan como rasgos definitorios integrales de lo cubano, se revelan en formas de poesía popular y culta tal y como es cultivada por figuras no mayores de nuestra literatura.

Lo intrascendente de la cubanía que se perfila en el XIX se acercará también a la fusión con el cariño por medio del tema de la mujer y lo femenino, ya obligatorio en nuestra poesía para aquellos años del romanticismo y posromanticismo literarios. Como ha dicho Fina García Marruz en el prólogo a *Flor oculta*..., "Durante más de medio siglo la imagen de la mujer que canta nuestra poesía es la de esta joven [risueña y apacible como la naturaleza], a veces "inconstante" y casi siempre rodeada de una especie de inconsciencia sonriente. Es la muchacha toda virtud que toca el clave.... es la joven que calla y ríe.... es una joven "modesta," risueña, cantarina, trabajadora. No es del todo la criolla lánguida y ya regalada [de un poema de José Zacarías del Valle].... Si la "indiana" que cruza airosa un poema de Palma con sombrilla y calzado verde parece revivir en el siboneísmo de Fornaris y Luaces, en la guajira del "Cucalambé" o en la mulata de Creto Gangá, esta joven inocente que se confunde con la criolla del quitrín, aunque quizás no es la misma, aparece en nuestra poesía bajo una imagen persistente: la de la doncella muerta." (32-33). Ahí están las elegías de José Victoriano Betancourt, Ursula Céspedes, Joaquín Lorenzo Luaces, Luisa Pérez de Zambrana y Juan Clemente Zenea. Una vez más se da la oposición entre lo intrascendente y leve de una imagen femenina decorativa y grácil y la seriedad gravísima de la muerte, en los textos titulados "coronas fúnebres."

Los temas y motivos femeninos se amplían y extienden a la actitud lírica o temple de ánimo impreso en el texto, cuando el autor de los poemas es una mujer: de ello son ejemplos composiciones de la malograda Adelaida del Mármol, muerta a los diecisiete años, y de Ursula Céspedes de Escanaverino, pariente lejana del patriota emancipador Carlos Manuel de Céspedes, en cuya hacienda La Demajagua se dio el primer grito insurrecto en octubre de 1868. Ursula Céspedes compone unas quintillas en torno al popular poeta apodado "El Cucalambé" (Juan Cristóbal Nápoles Fajardo), en las cuales refleja la vena campesina improvisadora de los versos de aquél, y también la intrascendencia tanto temática como tonal de dicho poeta. Ella canta en la ciudad oriental de Bayamo, junto al río Bibiribí, cuyo nombre refuerza el ocasional estribillo del "fresco y juguetón" poema:

> Dime, poeta que aclamo
> Como el indio a su Semí,
> ¿Si yo desde aquí te llamo
> Tú no vendrás a Bayamo
> A ver el Bibiribí?
> Ven a cantar, que tú cantas
> Tan dulce como el sinsonte
> Y cuando la voz levantas
> Disminuyes y agigantas
> Las nubes del horizonte.
> Ven con la graciosa indiana
> Que te ha cautivado a ti;
> Será tu esposa y mi hermana
> E iremos por la mañana
> Los tres al Bibiribí.
> (*Flor oculta*... 187)

Pero es Adelaida del Mármol, en su inusitado poema "Razones de una poetisa," quien plasma quizás mejor que nadie la ironía de la situación femenina ilustrada a mediados del XIX. En tono zumbón recoge motivos de lo cotidiano y casero con ligereza y gracia; el temple de ánimo poético revela una actitud crítica de las ideas tradicionales sobre la educación de la mujer, lograda en el lenguaje intencionadamente irónico de lo ordinario que aquí se opone a la ilustración literaria:

Y qué ¿tanto os maravilla
que una joven poetisa
que admira a Larra y Zorrilla,
borde una fina camisa
o teja un chal o mantilla?
¡Cuántas veces lentamente
con plácida inspiración
formé una octava en mi mente,
y mi aguja diligente
remendaba un pantalón!
Y una producción de Heredia
recitaba entusiasmada
tomando punto a una media;
ved, pues, que no impide nada
al alma que el genio asedia.
Y si algún día el destino
me obliga a barrer mi alcoba,
¿creéis que haga un desatino?
Veréis manejar con tino
a una poetisa, una escoba.
(*Flor oculta...*, p. 174)

En cuanto a la mujer como tema poético, éste se alía en innumerables ocasiones al empleo de costumbres cubanas, renglón categorizador o subvariante del cariño. La lírica menor del XIX, tocada por la vertiente romántica popularista del costumbrismo literario, recoge en continuas instancias esa estampa o uso urbano de la sociedad de la época, que poetiza en documento testimonial de nuestra cultura.[9] Así puede el lector

[9] A algunos de estos rasgos ha aludido Roberto González Echeverría en su

complacerse en las descripciones de los paseos en quitrín (carruaje de dos ruedas) por las avenidas habaneras; de las serenatas, copiadas como letras de música en los textos menores, y en los clásicamente cubanos autógrafos en abanico. Estos constituyen casi un subgénero de lo "paraliterario," que se sitúa fronterizamente entre el texto oral improvisado y la letrilla con pie obligado del salón de tertulias y fiestas. Muchos de los versitos que se escriben en las varillas ostentan una gracia reminiscente de coplas y seguidillas españolas, pero el rejuego gestual y textual de la costumbre, unido al coqueteo liviano de los criollos en sus ocasiones sociales, formula toda una expresión cubana en su afecto galante y en su ligereza. De la colección de "Abanicos cubanos" que se ofrece en *Flor oculta....*, se espigan algunos que originalmente fueron recogidos en 1882 en un tomo titulado *Abanicos autográficos*:

¡Ay! quién fuera vientecito
cuando usted se abanicara,
para pasar por su cara....
y quedarme muertecito.
(Ignacio Sarachaga)
Cuando rías, cubana,
 que tu abanico
tu semblante acaricie
 muy suave y tibio;
 mas cuando llores,
que moviéndose presto
 tu pena borre.
(Domingo Figarola Caneda)
Su cubanito pie,
su talle, su cabeza y manecitas,
todo su ser de usté...
¡Cuántas cosas pequeñas y bonitas!
(Diego Vicente Tejera)
Dicen, niña, que arrojas
el abanico

---

artículo "Albumes, ramilletes, parnasos, liras y guirnaldas: fundadores de la historia literaria latinoamericana," *Conquista y contraconquista...*, cit. *supra*, 489-503.

cuando, triste, recuerdas
un mal amigo.
¡Agita el aire
si alguna vez te hablan
de Enrique Hernández!
(E. Hernández)
(*Flor oculta*... 378-79)

Nótese que es en estas rimas minorísimas donde se da cabal esa criollez liviana y sensual que acertadamente se podría calificar de *sandunguera*, y que ella plasma en sí una de las subcategorías del cariño a la vez intrascendente, encarnada en la menor expresión posible de lenguaje literario popular.

O quizás sea en otra zona limítrofe con la literatura donde se halle la concreción de un coqueteo criollo que es asimismo componente caracterizador de esa cubanía del cariño que propone Vitier: nos referimos a la letra de las danzas musicales, compuestas en muchos casos por poetas de estro menor. Una curiosa muestra está constituida por la danza cubana del músico-poeta mambí Benjamín Giberga, quien además de distinguirse honrosamente en labor de rescate cuando el naufragio del vapor "Tillie," que se dirigía a Cuba con una expedición revolucionaria, compuso esta airosa y juguetona letra para su danza "Efectos contrarios," publicada en la revista *Cuba y América* en enero de 1898:

Tu amor te pedí anhelante
Y al contestarme que No,
El rubor de tu semblante
Tus sentimientos vendió.
Pasó algún tiempo: —¿Me amas?
Pregunté, y al decir Sí
Tus ojos, que son dos llamas,
Con desdén fijaste en mí!
Ya recobrada la calma,
Cavilando descubrí,
Que están en tu Diccionario
Trocados el no y el sí.
Extraño vocabulario
Que ya tarde comprendí!
Trajo un No dicha a mi alma,

Y con un Sí la perdí.
(*Flor oculta*... 324)

Algunos podrán decir que en este rastreo de lo cubano por las páginas de nuestros versificadores menores se anda un camino que va de lo sublime a lo ridículo. Lo que estas páginas tratan de apuntar, sin embargo, es la confluencia de lo grave y lo leve a niveles extremos, fusión ligada a la expresión de una—llamémosle así—sensibilidad nacional. Dicha sensibilidad se iba configurando en lo criollo, y desembocaría después en lo nacional popular en la tercera década del siglo XX; pero ya en el XIX, en la poesía menor, desplegaba sus perfiles iniciales.

Tal vez podamos aseverar que en esa rima menor se encuentra, embrionaria, una asunción de destino nacional en lo que respecta a eso que denominábamos, con palabras de Jorge Ibarra, "el módulo *sensible* de una individualidad histórica determinada." Si objetivamente la conciencia nacional empieza a echar raíces a partir de la declaración emancipadora de 1868, ya la poesía menor de la gesta independentista posterior da de sí los confluentes a la esencia mayor que con posterioridad culminará en "lo cubano." Y si en este rasgo definitorio de nuestra personalidad colectiva como pueblo-nación admitimos la presencia categorizadora de la intrascendencia y el cariño, en sus varias subespecies, entonces nos será dado percibir la poesía menor como muestrario lírico de una raigambre nacional. De ahí que en esas flores ocultas, si bien oscurecidas por destellos mayores que culminan asimismo en el XIX con la obra de José Martí, podamos detectar trazos de una cubanidad ejemplar que no es sólo inconstante, leve y voluble, sino también heroica en el afecto y cariñosa en lo bélico; una cubanidad que siempre tuvo—en feliz unión de los opuestos—frente a su imagen superficial, lo que Vitier termina denominando el "empeño fundacional de la trascendencia, de la gravedad, de la sustancia." Es el mismo crítico quien nos recuerda lo que vuelve a reiterarse en estas páginas:

> Ninguna literatura está hecha sólo de cimas. Hay un tejido normal y continuo, que el tiempo va sepultando, sobre el cual se alzan los momentos más altos, significativos y perdurables. Lo que estas cumbres deben a aquellos valles, salpicados de flores efímeras, no puede medirse ni debe subestimarse. Quizás un estudio apasionante sería el de la relación entre la poesíamayor y la menor —e incluso la fallida, la que llamamos "mala"—de cada período. En todo caso, el poeta "menor," o

el poeta "mayor" en sus producciones no excepcionales, a veces apresa—o roza, o trasluce—esencias que escapan a los logros que estimamos definitivos. Y cuando esto ocurre, la diferencia entre mayor y menor desaparece.
(*Flor oculta*... 13)

Es ese estudio que se sugiere el que nos da qué pensar si establecemos conexiones con otras literaturas y sus producciones menores, sus flores ocultas. La lectura de lo menor en toda producción literaria bien podría llevarnos a una dimensión más amplia: el encuentro con una inequívoca y a la vez plurivalente voz nacional, compuesta de toda esa tela de voces rescatadas sobre las que descuellan los solistas mayores. Es en esa tela, en esa urdimbre, donde se perciben hilos conectores y donde se distinguen franjas limítrofes que nos llevan a ensanchar nuestra propia concepción de lo que es género literario y de lo que es texto; que nos llevan a reflexionar sobre el establecimiento de las jerarquías canónicas, y sobre la naturaleza de los criterios por los cuales se llega a dichas delimitaciones. Pero más que nada es la existencia de ese coro, de esa plurivalencia constitutiva de una cultura y una producción literaria nacionales, la que queremos aquí dejar como imagen final; tal vez así los pétalos de esas florecillas no sean tan a menudo descartados con el desdén con que a veces los historiadores literarios los deshojan.

UNIVERSIDAD DE ARIZONA

Anton Raphael Mengs in Spanish Literature

JOHN H. R. POLT

THE PRADO MUSEUM COMMEMORATED the two hundredth anniversary of the birth of Anton Raphael Mengs with a special exhibition in 1929, and the bicentennial of his death with another exhibition in 1980; but not long ago his paintings hung only in a smallish room on its third floor, not infrequently closed. Mengs's name is hardly a household word today. In his time, however, he was considered a major painter, and he was revered in the Enlightened Spain of Charles III. My purpose here, after clearing up two persistent misconceptions, is to trace his impression on Spanish letters.

Most Spanish scholars call Mengs a Bohemian painter; and he was, in fact, born on March 12, 1728 in Aussig an der Elbe (in Czech, Ústí nad Labem), while his parents, according to one of his first biographers, were vacationing in that "piccola e malinconica città della Boemia" (Bianconi 145). Ismael Mengs, Anton's father, lived in Dresden with a housekeeper, Charlotte Bormann, who was pregnant with their third child. Since Ismael was already known for his nonchalance in religious matters, he may have feared that news of his illegitimate family might prejudice his standing as Saxon court painter, and he took great pains to keep its existence a secret. As the time for Anton's birth drew near, he took Charlotte to the nearest non-Saxon town, Aussig, bringing her and the child back to Dresden a few weeks later, just as he had done on his 1725 "vacation," which had produced his daughter Theresia Concordia. Anton never saw his birthplace again. Ismael eventually married Charlotte, who died not long after the birth of their fourth child (*Allgemeines Lexikon*, s.v. Mengs, Theresia Concordia; Pelzel 11-12, 272n33; Woermann 14).

By birth, then, Mengs was indeed a Bohemian painter—just as Boccaccio was a French writer, having been born in Paris. In his time, however, he was widely and not unreasonably believed to have been born in

Dresden (Pelzel 10-11). Long residence in Rome and marriage to a Roman had their effect: Mengs's correspondence, even with the Austrian Anton Maron, is in Italian, and he spoke Italian to his friend (and fellow-German) Johann Joachim Winckelmann (Voss 652). Yet he considered himself a Saxon and signed his paintings "Ant. Raphael Mengs Saxo" (see his portrait of Ferdinand IV of Naples, Sánchez Cantón 12 and plate VIII, and his *Parnassus).*

The other murky aspect of Mengs's life is his supposed Jewish origin. The *Allgemeines Lexikon der bildenden Künstler* calls his father "Ismael Israel Mengs," and says that *Ismael's parents* were of Jewish descent. Sánchez Cantón makes Ismael an observant Jew (3), and Águeda Villar calls him a "pintor judío" (Catalogue 78). A more recent scholar extends the Jewishness to Charlotte, with Ismael converting to Protestantism (Grafinger 31). Some authors go farther still: according to *The Jewish Encyclopedia* and Sánchez Cantón (37), Anton Raphael abjured Judaism in order to marry a Catholic. A Spanish book dealer advertised Mengs's *Obras* as the work of "uno de los escasos judíos admitidos oficialmente en la corte de España." This supposed lack of "limpieza de sangre" affected Mengs's status long after his death: when German forces, thanks to the Munich Agreement, occupied Aussig in 1938, they changed all politically incorrect street names, and the Mengsgasse, insufficiently "Aryan," became the Conrad-von-Hötzendorf-Strasse (Umlauft 679-80, 784). This name lasted only until 1945; but by then the old name had become politically incorrect for being German, and the street was named after Prokop Diviß, a Czech scientist and musician of the eighteenth century, but no native of Aussig.[1]

Ismael Mengs was born in Copenhagen, of German or Dutch parentage; the name Israel does not appear in early literature or in Ismael's signature and is probably a confusion with Ismael (Pelzel 267-69). Neither Woermann nor Justi says anything about Jewish descent; Pelzel finds no evidence for it and states that Ismael "was raised as a Protestant and officially regarded himself as such" (9). In his house he had a German Bible, and when he took his family to study in Rome he registered them as Lutherans; but he seems really to have practiced no religion and was never seen in church (Bianconi 144, 149; Woermann 13; Pelzel 268-69nn6-7). Being a crypto-Jew might have

---

[1] The post-war name was communicated to me in 1971 by Dr. Jan Libicky of Ústí and Labem (Aussig).

made him indifferent toward outward manifestations of Christianity, but it might also have made him eager to prove himself a good Christian in an age when Jewishness was hardly a social asset. Ismael's behavior therefore proves nothing. According to Bianconi, the Mengs children had no idea what their religion was, "perchè il padre non fece mai loro l'onore di dirglielo, e molto meno di condurli in Chiesa" (146). At the age of twenty-one Anton Raphael converted from his nominal Lutheranism to Catholicism, prior to his marriage in Rome to Margarita Guazzi (Woermann 87)—unnecessarily, it would seem, since upon his birth in Aussig, where there were no Protestants at the time, he had been baptized in the Roman Catholic faith (Umlauft 192, 329, 784).

His father named Anton Raphael after Antonio Allegri (Correggio) and Raffaele d'Urbino and with single-minded, even maniacal, rigor prepared him to rival these great prdecessors. After Augustus III of Saxony discovered the young man's talent, he made him a court painter at the unprecedented age of seventeen, and his chief court painter at twenty-three (Woermann 84, 168). With the permission of his patron Anton Raphael then returned to Rome for further study and work; and from there Augustus sent him to Naples to portray his daughter, Queen Maria Amalia, and her family. King Charles of Naples had patronized the excavations at Herculaneum and Pompeii, and he prided himself on his collection of antiquities (Pelzel 128); and Mengs's devotion to ancient art, stimulated by his friendship with Winckelmann, may have helped to recommend him to the King. At any rate, the royal couple were so pleased with Mengs that when, in 1759, Charles succeeded to the throne of Spain as Charles III, they decided to take him to Madrid as court painter, providing him with housing, a carriage, horses, servants, artistic supplies, and a substantial salary (Azara XII-XIV; Woermann 175). His commitments in Rome delayed his move to Madrid until 1761. He would reside in Spain from then until 1769, and again from 1774 until 1776.

When Mengs came to Spain in 1761, he set a new direction in the development of Spanish painting, which had declined from its splendid tradition, with most Spanish artists knowing little of artistic currents abroad (Sánchez Cantón LV; Águeda, "El ideal ..." 31, "Mengs ..." 446). Mengs considered painting an imitation of nature, capable of surpassing nature in some respects (Mengs, *Obras* 11). This imitation, however, is not to be slavish copying, but an "ideal" imitation, "that is, it must imitate those parts of natural objects that convey to us the unique essence of the thing we perceive" (203, translation mine). Art is thus for Mengs a way to knowledge, through analysis and subsequent reconstitution. Its most important part is intellectual, not physical:

> Me parece indubitable que la parte más noble de la pintura no es la que solamente deleita la vista y hace que las obras gusten a hombres del todo ignorantes del arte, sino que aquellas partes son las más apreciables que satisfacen el entendimiento y contentan a los que hacen uso de las potencias del alma. (231)

"Invention," one of its essential parts, ennobles the art of painting; it is "la verdadera poesía del cuadro formada ya en la mente del pintor, el cual representa después el caso como si le hubiese visto" (234). Painting, for Mengs, is a noble or liberal art, because it requires study, a superior intellect, and a noble spirit, besides being a means for the acquisition of honor and nobility (202). A painter, in other words, is not a "mere" artisan. Mengs grew angry when Giacomo Casanova argued that since he could chat while painting, he worked with his hands more than with his soul (Casanova 3: 628).

Mengs looked for inspiration to the ancients, believing that the Greeks had achieved excellence through a "philosophical" approach to nature and that the moderns could match and surpass them (*Obras* 215, 228; Pelzel 117, 119). Apart from the Greeks, Mengs's ideals were the Italian painters of the Renaissance, especially Correggio and Raphael. Gothic and Moorish styles, as well as the opulence of Baroque sculpture, he considered manifestations of poor taste (*Obras* 185, 188).

Modern critics hold different views of Mengs's aesthetic theories (see, e.g., Voss 652; Pelzel 167; v. Einem, ed. of Mengs, *Briefe* 18-21; Águeda, Catalogue15), but in his time he was esteemed as a theorist and historian of art as well as for his skill with the brush. In 1762 he published his *Gedanken über die Schönheit und den Geschmack in der Malerei;* other writings, along with a translation of the *Gedanken,* were published posthumously by his friend and biographer José Nicolás de Azara. According to Azara, Mengs was born "to restore the arts"; he "was a philosopher and painted for philosophers," and his art tells us more about the "movements of the soul" than could "the greatest philosopher since Socrates" (Azara II, XVI, XXV; cf. Voss 654). Azara compares Mengs to Apelles, the great Greek painter of Antiquity (XXXI); and upon Mengs's death, he had his bust placed in the Roman Pantheon next to that of Raphael, with an inscription proclaiming him "pictor philosophus" (Azara XXXIII-XXXIV). Mengs's student Heinrich Füger called him "ein durch die Wissenschaft gebildeter Künstler, der mit philosophischem Scharfsinn die Kunst ausübt" (Pelzel 179). The Spanish art historian Juan Agustín Ceán Bermúdez saw in Mengs the "pintor filósofo ... que ilustró el reino con su enseñanza, y adornó el palacio real con sus obras inmortales" (1: LX). Mengs, he writes, began each work with "la más filosófica y detenida meditación"; he was the greatest modern painter in Europe and the restorer of art, and his writings the best treatise on painting in any language (3: 126-28).

Five years after his arrival in the Spanish capital, Mengs was named first court painter (Honisch 63). As such, besides painting, he advised the King about the royal art collections, judged the work of contemporary Spanish painters, and assisted in the direction of such royal factories as the tapestry works in Madrid. Well before the creation of the Prado Museum, he recommended establishment of a public art gallery in the Buen Retiro Palace with part of the royal collections (Luna 321, 329-34). In the tapestry works, Mengs, in spite of his love of Antiquity, introduced Spanish popular scenes painted by native artists (Sánchez Cantón XXXIX-XL). According to Ceán, all the ambitious painters in Madrid came to Mengs, "in whom they found a teacher and protector who guided them along the right path and obtained commissions and promotions for those he considered worthy." Among these proteges were Francisco Bayeu, Mariano Maella, Gregorio Ferro, Francisco Ramos, and Francisco Agustín (3: 129). Bayeu was brought from Saragossa in 1762 to assist Mengs, who obtained for him a post in the academy of art, the Real Academia de San Fernando, as well as employment on the frescoes of the royal palace (Sánchez Cantón XIX, XXVIII; Águeda, "Mengs ..." 450). Mengs was also on good terms with Manuel Salvador Carmona, one of Spain's leading engravers, who engraved some of his work and shortly before the painter's death married his daughter, Anna Maria Theresia (Águeda, Catalogue 22).

Bayeu's brother-in-law, Francisco Goya, may have met Mengs in Rome in 1771, introduced by his fellow-Aragonese, Azara (Águeda, "El ideal ..." 31; cf. Gassier-Wilson 36). At any rate, in 1774 Mengs, influenced by Bayeu, called Goya to Madrid to paint cartoons for the tapestry works, a task that he executed under Mengs's direction (Gassier-Wilson 41-42; Goya 152). Two years later Mengs praised Goya's abilities and recommended him for commissions and a regular salary (Gassier-Wilson 46). Goya was an independent spirit but a talented assimilator. Whether by the pressure of the circumstances or by choice, he reflects the influence of Mengs in his early portraits and in his religious paintings; and in 1778 he undertook to make etchings of paintings by Velázquez that Mengs had praised in comments published only two years earlier (Águeda, "El ideal …" 36-37; Gassier-Wilson 48-50). Upon Mengs's death, Goya, pointing out that Mengs had brought him into the royal service, applied for the vacant post of court painter; but the choice fell on a more experienced Mengs protege, Maella (Gassier-Wilson 58).

King Charles was pleased with Mengs and treated him with every consideration. He provided him with a house and allowed him free access to the royal presence (Casanova 3: 577). He carried some of Mengs's paintings with him as the court moved from one royal residence to another (Bianconi 188). After paying him a generous salary and fringe benefits, he allowed Mengs to retire on half pay, retaining his title as Primer Pintor de Cámara, with no obligations beyond advising young Spanish painters in Rome. In addition, the King granted pensions to Mengs's five daughters and promised his protection to his two sons (Bianconi 202, Woermann 290). When Mengs's writings were published in Spain, they were printed by the Imprenta Real.

As the King's painter, Mengs not unreasonably expected to play an important part in the Academia de San Fernando; on the other hand, some of the members were not keen on being lectured by a foreigner who thought he knew better how things should be done. Apart from matters of pride, there were two major points of contention. Mengs believed that the Academy should be primarily a school of and for artists, yet it also contained highly placed laymen who saw it as a tool in the government's program of enlightenment and development. These members dominated the Academy, when in Mengs's view they should have had no voice in its affairs. In addition, Mengs believed that the training of artists should include theoretical work, especially lessons in perspective and human anatomy. He succeeded in instituting such instruction, but it was resented and not always effective (Sánchez Cantón XXVI-XXXV; Águeda, "Mengs …," esp. 448-49; Úbeda, esp. 449-53, 460). In spite of these disputes, however, the Academy declared Mengs to be "el primer pintor de Europa" (Sánchez Cantón XXIX) and, as we shall see, repeatedly memorialized him after his death.

In spite of the favorable conditions of his employment, the good will of the King, his fruitful relations with some Spanish artists, his growing appreciation of Spanish art (especially of Velázquez; see*Obras* 221-22), and his high reputation, Mengs was not happy in Spain. His family was not comfortable in Madrid (Woermann 210), and much of the time he spent there he was alone. His work habits, according to Bianconi and Azara, were very demanding; and fresco painting damaged his health (Bianconi 198 et passim). Complaints about health and low spirits are frequent in the letters Mengs addressed to his students in Rome, as in this passage written in 1768:

> ... le assicuro come avanti Dio che tutto vede, che mai nel mondo ho visuto piu humigliato e piu aflitto, io sono costretto di spendere tutto in questo paese e vivo privo dogni sorte di piaceri ... le fatiche sempre aumentano, l'arte sempre piu mi pare sfugirme da mani, il desiderio di far megli [sic] mi leva la consolazione delle mie fatiche, le mie forze deteriorano quasi giornalmente[,] la gioventu mia passa, senza che io possi meritare fra un Popolo di enemici ... per tutto questo e per altri affanni ho perduto ogni allegria, nè la vita e piu desiderabile per me.
> (*Briefe* 53, orthography as printed)

Two weeks later, Mengs declares, "io non posso niente in questo paese, e meno nel Academia" (54; cf. 42, 73, 75). In 1774 his friend Pietro Paolo Giusti, who served in the Imperial embassy in Spain, reported that Mengs was "besonderlich abgeneigt" against Spain, mainly because he felt slighted in the distribution of honors from the court (*Berichte* ... 6: 390, 12: 66, 13: 127). For Mengs, Rome was home and the artistic center of the universe. "Unhappy virtually from the day of his arrival [in Spain], he grew increasingly discontent and melancholic as the years passed" (Pelzel 128, 147). But how much happier would he have been elsewhere? Even his admiring early biographers speak of his timidity, his gloomy nature, and his quick temper (Azara XLII, VIII; Bianconi 222).

Still, Mengs made important friends in Spain. The Spaniard closest to him was Azara, a diplomat and man of letters who was also a friend of Bernardo and Domingo de Iriarte (Corona 74), active figures in Spanish political and cultural life. It may be through Azara that Mengs came to know them and their brother, the poet Tomás; Mengs gave a self-portrait to Bernardo de Iriarte (Azara LII). Tomás de Iriarte's friend, the playwright and poet Nicolás Fernández de Moratín, planned to send his son, the more famous Leandro, to Rome to study art with Mengs (Andioc 54n93), a plan never carried out. Mengs painted and enjoyed the friendship of Pedro Rodríguez de Campomanes, a powerful political figure of the Enlightenment

(Azara LI); in 1768 he dined with Campomanes and with Pablo de Olavide, the reformist governor of Seville (Casanova 3: 615-16). Campomanes subsequently cited Mengs's contribution to improving and propagating instruction in drawing, and predicted that his paintings would rival the best of Raphael (Campomanes 110 and n14). In 1776 Campomanes was asked by Gaspar Melchor de Jovellanos, a fellow-Asturian serving as a magistrate in Seville under Olavide, to place Jovellanos' associate and protege Ceán Bermúdez, the future historian of art, as a student of Mengs, so that he might profit from the teaching of "that famous artist from whom Spain expects the restoration of good taste in painting" (Jovellanos, *Obras completas* 2: 42, 44). This request was granted (Ceán 3: 127); but the relationship was brief, since Mengs left Spain about four months after the date of Jovellanos' letter. In the company of other distinguished figures, Mengs was a regular guest in the house of the celebrated architect Ventura Rodríguez (Jovellanos, *Obras publicadas* ... 1: 375a). Another friend was Antonio Ponz, learned author of a*Viaje de España* which describes Spain's artistic treasures and in which Mengs's appreciation of Spanish art was printed in 1776. Ponz's volumes not only list and describe the works of Mengs; they repeatedly cite Mengs's judgments on other painters, recognize his authority as a theorist (670), and proclaim Ponz's friendship with the painter (125, 976, 1235).

These connections, his artistic reputation, and the favor of the King all contributed to the impression that Mengs left on Spanish letters of the late eighteenth century. Already in 1763, not long after the painter's arrival in Spain, the Marqués de Santa Cruz declared that in the decoration of the new royal palace "los profesores [i.e., artists] que Europa venera por sus maestros dejarán vinculada en los más singulares esfuerzos del arte la recomendación de los adelantamientos de nuestro siglo, la enseñanza y admiración de los venideros" *(Distribución 1763* 66). One of these master artists, though not named here, was Mengs.

In 1775 the poet Tomás de Iriarte composed a Latin inscription "for Mengs's self-portrait":

> Antonius Raphael Mengs,
> optimus pictor, se ipso pictore dignus,
> quo penicillo
> sui nominis comparavit aeternitatem,
> sui etiam oris imaginem aeternavit.
> Anno MDCCLXXV.

(Iriarte 7: 414)

[Anton Raphael Mengs, greatest of painters, worthy of being painted by himself, immortalized his face with the same brush with which he gained the immortality of his fame.]

The same thought appears in Iriarte's Epístola VII, dated January 8, 1776, during Mengs's last year in Spain, in which we read:

Es de mi sala el principal ornato
del sabio Mengs el célebre retrato;
inestimable don de este grande hombre,
que con aquel pincel tan arrogante
con que en Europa eternizó su nombre,
también ha eternizado su semblante,
y al paso que a sí mismo se ha igualado
en su copia, a sí mismo se ha excedido.
(*Poetas líricos*: 2: 33a)

This self-portrait, Iriarte goes on to say, hangs amidst paintings by Vandyck, Murillo, Velázquez, Cano, Da Vinci, Titian, El Greco, and Bosch—a distinguished company.

Iriarte's Epístola IX, dated May 20, 1776, speaks of his three best friends: one is dead, he says; another, far away;

mas otro vivo y presente
la suerte me ha concedido.
Mengs, el célebre sajón,
con su amistad me envanece;
yo en la mía le distingo.
Y no preguntes la causa,
si de aquel pincel divino
viste alguna vez tan sólo
un leve rasgo, un descuido.
De mi justa inclinación
no es el único incentivo
saber que Europa le ofrece
aplausos tan merecidos.

El móvil de mi afición
es el deleite, el hechizo
con que sus obras me pagan
lo mucho que las admiro.
Su imaginación fecunda,
su diseño corregido,
sus tintas inimitables,
su carácter expresivo;
el conciliarse, obedientes
a su delicado tino,
con el juicio y la verdad,
la novedad y el capricho;
aquel transformarse en bulto
lo que sólo es colorido,
lucir la naturaleza,
eclipsarse el artificio,
todo tiene en sí un oculto
e inexplicable atractivo,
tiene un no sé qué de encanto,
de misterio o de prodigio.
Logra, en suma, reünir
su gusto sólido y fino
lo mejor de lo moderno
a todo lo bueno antiguo.
Si Hayden conociera a Mengs,
pronto se hicieran amigos,
y Horacio lo fuera de ambos
más que los tres lo son míos.
Pintor, músico y poeta
observan en sus estilos
la misma buena elección,
el primor y arreglo mismo.
(*Poetas líricos* 2: 33a)

Mengs here represents classical taste in his art, as Haydn and Horace do in theirs. Note, incidentally, that Iriarte calls him a Saxon.

The friendship with Mengs may have left yet another trace in the work of Iriarte. In a letter published in 1780, the painter writes:

> Algunos están en el error de que la sola práctica vale más que todas las reglas, y que sin ellas ha habido grandes artífices. Esto es falsísimo, como podría demostrarlo si hubiese necesidad de ello. *Sin razón y sin reglas será casualidad hacer algo bueno;* no siendo posible llegar a un fin determinado sin guía segura que nos conduzca a él. (*Obras* 392, emphasis added)

The idea is hardly original; but is it only coincidence that idea and wording should reappear two years later in Iriarte's most famous fable, *El burro flautista,* whose moral is "Sin reglas del arte, el que en algo acierta, acierta por casualidad"? Iriarte takes his outline from Florian's *L'Âne et la flute (Fables,* Book V, Fable V; Navarro González 15n), but Florian does not apply the story to the arts or formulate its moral in words similar to Iriarte's.

Admiration for Mengs appears repeatedly in the works of Jovellanos, the greatest representative of the Enlightenment in the Spain of the second half of the eighteenth century, a refined conoisseur of art, friend and patron of Goya, and a friend of Mengs's friends, though there is no indication of his having met the painter. In 1781, during the ceremonies accompanying the distribution of prizes by the Academia de San Fernando, Jovellanos read an *Elogio de las bellas artes,* in which he traces the development of Spanish painting and, coming to the reign of Charles III, devotes the following encomiastic paragraphs to Mengs, who had died in Rome two years earlier:

> ... y cuando quisiera tratar de aquellos [artistas] cuya fama ha fijado ya la muerte, veo la sombra de un profesor gigante, que descuella entre los demás y los ofusca: la sombra de Mengs, del hijo de Apolo y de Minerva, del pintor filósofo, del maestro, el bienhechor y el legislador de las artes.
>
> Sí, señores; nosotros debemos a Mengs estos honrosos títulos; y cuando yo los atribuyo a su memoria, creo que mi boca es sólo un órgano destinado a hacer la expresión de nuestros comunes sentimientos. Mas no penséis que Mengs ha muerto para nuestra academia ni para España. Su nombre vive y vivirá en la más distante posteridad. Vivirá en sus discípulos, esperanza de nuestras artes; vivirá en el célebre museo que adorna estas moradas, vivirá en sus divinas obras, vivirá en sus profundos escritos, tesoro de inestimable doctrina, que se puede llamar el catecismo del buen gusto y el código de los profesores y amantes de las artes...

Obras publicadas 1: 360a)

Mengs, "the son of Apollo and of Minerva," is prized both for his art and for his learning, both as a model and as a guide. The museum to which Jovellanos refers is probably the huge collection of plaster casts of ancient statuary that Mengs had left the academy on his departure from Spain. The notes to the *Elogio* cite the authority of Mengs's writings (*Obras publicadas* 1: 361n10, 363n53).

Mengs was, for Jovellanos, "el primer pintor de la tierra" (*Obras publicadas* 1: 375a). In 1789 he adduces the authority of "el sabio Mengs" to demonstrate the excellence of Velázquez's art and the importance of his *Las meninas* (*Obras en prosa* 195, 200). In his correspondence with the painter Fray Manuel Bayeu (brother of Francisco), Jovellanos three times cites the example of Mengs, and specifically of "el sabio Mengs, en el sublime cuadro del *Descendimiento*" (*Obras completas* 5: 509, 520, 521; cf. Arteaga 90, quoted above). A unique sublimity of style is also the quality Jovellanos identifies with Mengs in a letter to Tomás de Verí (*Obras completas* 4: 286). These appreciations of Mengs apear not in a public forum, where praise for the painter might be flattery of his royal patron, but in the frank intimacy of private correspondence.

Mengs also appears in Jovellanos' diary. Recording a conversation about painting, and recalling the *Annunciation* that Mengs was completing when he died, Jovellanos notes: "Talento de Mengs: sus obras. Descripción de la última" (*Obras completas* 6: 624). Ever alert to artistic treasures on his travels, in 1795 he gives an enthusiastic account of another "un estupendo cuadro de la Anunciación," which he attributes to Mengs, in a church in Castrogeriz (*Diarios* 2: 95-96, 149). He seems to have owned a Mengs sketch of the musician Saxier (*Obras completas* 5: 482); and while imprisoned on Majorca in 1805, he took solace from a Mengs painting hung in his cell (*Obras completas* 4: 173). A volume of Mengs's drawings of heads by Raphael was prescribed as a model for the drawing classes of the Real Instituto Asturiano that Jovellanos founded in Gijón (*Obras publicadas* 2: 411a).

Antonio Ponz, friend of Jovellanos and of Mengs, recalls the painter in the fourteenth volume of his*Viaje de España*, published in 1788, after Mengs's death, and explains that unlike most of his contemporaries, Mengs had excelled in all three noble arts, painting, sculpture, and architecture, to whose study he had sacrificed his health and his life, equaling the greatest artists of the Renaissance in his dedication and knowledge (1238).

I have seen no indication that Esteban de Arteaga, Spain's leading aesthetic theorist of the late eighteenth century, knew Mengs; but after the painter's death Arteaga became an intimate friend of Azara (Batllori, ed. of Arteaga XXIV-XXV). In his *Investigaciones filosóficas sobre la belleza ideal* (1789), he recommends Mengs's account of Spanish painting published by Ponz (91) and mentions Mengs with the likes of Plato and Diderot as an authority on aesthetics (34), crediting him with giving new currency to the term "ideal" as applied to art. His own discussion of the topic, he states, will only be a commentary on and clarification of the thought of Mengs (72). He cites Mengs's paintings in the company of Raphael's (80) and finds his *Descent from the Cross* "a sublime example of the most perfect ideal [art]" (90). Comparing a *Virgin* by Murillo and Mengs's painting of *The Soul*, Arteaga claims that he cannot judge the relative merit of the two painters, but that

> en la primera me parece que tengo delante de los ojos una serrana hermosa, pero en la segunda percibo un deleite de otra clase, un deleite que me hace olvidar todo lo que hasta ahora he visto en punto de hermosuras femeniles, y que me renueva la sensación que varias veces me han ocasionado la lectura de Platón, la de algunos sonetos sublimes de Petrarca y las sinfonías de Tartini ejecutadas por Nardini. (154)

In spite of Mengs's quarrels with the Academia de San Fernando, the Academy repeatedly commemorated him during its triennial distribution of prizes, occasions on which some of the lay academicians would read speeches or poems. For the first such celebration after the painter's death, the published "Resumen de las actas de la Academia" devotes four pages to Mengs, sketching his career and calling him the most skilled artist of the age (*Distribución 1781* 4-7). Jovellanos presented his *Elogio de las bellas artes*; and Francisco Gregorio de Salas, a modest but popular poet, read his *Copia poética del último cuadro que pintó don Antonio Rafael Mengs y representa la Anunciación de Nuestra Señora, el cual se halla actualmente en el dormitorio del Rey nuestro Señor* (*Distribución 1781* 113-20), a composition of 244 verses beginning as follows:

> Copio del sabio Mengs el bello cuadro
> que con diestro pincel y justa idea
> en los umbrales de la triste parca

ofreció, imitador del blanco cisne,
por grata ofrenda del postrer aliento
a los pies del ibero regio trono
del tercer Carlos, su mayor Mecenas …

Mengs died while working on this painting and wished in it to reproduce the effect of a sonata by Corelli (Azara XXVII-XXXI). Salas similarly aims to recreate the painting in another artistic medium, though in effect he necessarily describes Mengs's work, while also interpreting and at times amplifying it, adding material of his own (Urrutia, esp. 503). He concludes:

Esta es la copia de la insigne obra
que de una vez tan sola representa
todo cuanto la larga y sucesiva
narración de mis versos se dilata
para hacer entender el noble asunto,
misterioso sentido y sacra empresa
que en ella con tal gracia se contiene,
ventaja concedida a la pintura
y en que el pincel excede al dulce plectro.
Este, vuelvo a decir, es el famoso,
grande y último cuadro celebrado
del ya difunto Mengs, a quien alaban
mejor sus obras que mi tosca pluma.

Six years after this celebration, the featured speaker, Pedro Luján de Silva y Góngora, Duke of Almodóvar, an aristocratic man of letters best known for his translation of Raynal's history of the conquest of the Americas, referred to the "superior talento y singularísimo mérito del inmortal Mengs, … el mayor pintor de Europa," and to his "ingenio filosófico" (*Distribución 1787* 62-64). Juan Meléndez Valdés, a friend of Jovellanos and the greatest Spanish poet of the eighteenth century, then read an ode, *El deseo de gloria en los profesores de las artes,* in which Mengs appears burning with the flame of ambition:

y tú, Mengs sobrehumano,
tú, malogrado Mengs, en ella ardiendo,
los pinceles no sueltas de la mano:

ve tus divinas tablas envidiosa
Natura, y tu alma grande aún no reposa.
 Pero, ¡oh memoria aciaga!,
él muere, y en su tumba el genio helado
de la pintura yace. La hechicera
gracia, la ideal belleza, la ingeniosa
composición, la hermosa
verdad del colorido, la ligera
expresión, el dibujo delicado ...
¡Ah! ¿dónde triste mi memoria vaga?
Deja que satisfaga,
noble academia, a mi dolor; de flores
sembrad la losa fría: estos honores
son al pintor filósofo debidos,
al émulo de Apeles.
Y tú, insigne Carmona, repetidos
en el cobre nos da de sus pinceles
los milagros; que ¡oh cuánta, oh, cuánta gloria
guarda el tiempo a la suya y tu memoria!
    (Meléndez 2: 909; *Distribución 1787* 86-87)

Mengs is not only "superhuman," the "rival of Apelles," the "pintor filósofo"; he is identified with the very spirit ("genio") of painting. As in Iriarte's verses, his work is praised in technical terms of analysis. The last four verses refer to the engravings of Mengs's paintings prepared by his son-in-law.

The public of 1787 could next hear Ignacio Núñez Gaona's *Canto a la imaginación, a la gloria y al amor de las artes,* whose verses place Mengs in the company of Raphael, Michelangelo, Leonardo da Vinci, Titian, Rubens, and Velázquez (*Distribución 1787* 102-03).

Outside the precincts of the Academy, also in 1787, the tireless literary and cultural polemicist Juan Pablo Forner recalls Mengs as a "nombre respetable" that has been defiled by being mentioned by *El Apologista Universal* (Forner xx); that periodical, the year before, had grouped "el célebre Mengs" with Titian, Maella, and Bayeu in an attack on Forner (15: 272-76).

Three years later, in 1790, the featured orator in the Academy was the naval officer, man of letters, and friend of Jovellanos, José de Vargas y Ponce, who praised the art of engraving for providing portraits of Spain's greatest men. Vargas names kings, heroes, writers, and a single painter, Mengs, whose self-portrait had been engraved by Carmona (*Distribución 1790* 71). Vargas was followed by Manuel José Quintana, an eighteen-year old disciple of Meléndez who was to become poet laureate of Spain and who had already participated, at the age of fifteen, in the ceremonies of 1787. Quintana was only four years old when Mengs left Spain for the last time and so could hardly have known him; yet in 1790, eleven years after Mengs's death, Mengs and Raphael are the only artists mentioned in the more than two hundred verses of an *Epístola* in which Quintana encourages a painter as follows:

> Ya Mengs y Rafael te precedieron
> en la carrera de tan noble empresa.
> Imítalos, Valerio: ellos pintaron
> con dignidad la Religión divina,
> y en su augusta nobleza la mostraron.
> De pasmo al orbe atónito llenaron
> con su sublimidad y expresión viva.
> Y la mano del tiempo que derriba
> los mármoles y torres más enormes,
> jamás removerá de sus asientos
> aquel altar que la brillante gloria
> a su estudio ha elevado y sus talentos.

The conclusion of the poem again evokes the same glorious pair:

> Ánimo, pues, Valerio: insta y apura
> los secretos del Arte en tus tareas;
> que el genio y la razón siempre te guíen.
> Así te igualarás a los varones
> que ya te han precedido; así se sube
> de la áurea eternidad a las mansiones,
> do el grande Rafael y Mengs divino
> tienen su asiento en esplendor contino.
> (Quintana 94, 98; *Distribución 1790* 86, 92)

Mengs's glory, which Quintana declared perpetual, survived in the triennial celebrations of the Academy for several more years. In 1793

Clemente Peñalosa, clergyman and political writer, spoke of the superior aesthetic effect produced by the products of "the fertile imagination of Mengs or Correggio" (*Distribución 1793* 74); in 1799 Ramón Cabrera, lexicographer and literary scholar, taking up in prose the theme of Núñez Gaona's earlier verses, praised monarchs who favored such great artists as Michelangelo, Raphael, Titian, Rubens, Velázquez, and Mengs (*Distribución 1799* 92). By 1802, however, a generation had passed since Mengs's death; and José Luis Munárriz, translator of Blair's *Lectures on Rhetoric and Belles Lettres* and that year's academic orator, recalls an anecdote concerning Mengs, but without explicit praise for him (*Distribución 1802* 96).

Outside the capital, the Royal Academy of Fine Arts of Saragossa, in 1801, speaks glowingly of its countryman Azara and of the *Obras* of Mengs, "en que hace las más acertadas reflexiones sobre la belleza y gusto de la pintura ... Puede considerarse esta obra como la verdadera filosofía de la pintura y de las artes ..." (*Actas Zaragoza* LII). The Academy acknowledges Mengs's influence on its work, presumably that of his "Carta ... a un amigo sobre la constitución de una academia de las bellas artes" (*Obras* 389-402). On the same occasion Dr. Agustín Alcaide recalls Mengs as the "filósofo pintor" who left "maravillas que son la admiración de los sabios y de los ignorantes." Not content with this tribute, he indulges his imagination: "¡Ah! ¡Cómo hubiera sido yo también su amigo! ¡Con qué atención escuchara sus sabias reflexiones! ¡Cómo hubiera penetrado en su estancia! Tal vez le encontrara dirigiendo sobre el marfil las manos de su hija, preparando este admirable don para coronar como lo hizo el mérito de don Manuel Salvador Carmona" (CVIII). The mention of ivory is probably a reference to miniature painting; Anna Maria Mengs, wife of Carmona, was an artist in her own right, elected to the Academia de San Fernando in 1790 (Pelzel 288n112).

In 1803 the Royal Academy of Mathematics and Fine Arts of Valladolid met to distribute prizes, and Fray Andrés del Corral, professor emeritus of Bible, explained that thanks to the writings of Mengs, artists must no longer complete their education by traveling to Italy (*Actas Valladolid* 65-66).

As late as 1830, the poet Félix José Reinoso quotes Mengs's judgment on Velázquez in a note to his *Las artes de la imaginación*, though the painter does not appear in the verses of the poem itself (*Poetas líricos* 3: 221n6).

Mengs was also remembered outside the academies and outside the circle of consecrated poets; ms. 17.676 of Spain's Biblioteca Nacional, a collection of compositions by various poets and in various hands, contains an anonymous *Idilio* lamenting his death in four hundred heptasyllabic verses (ff. 93-103). Since the *Idilio* speaks glowingly of the twin sons of the Prince of Asturias, it can be dated between September 1783, when they were born, and October-November 1784, when first one and then the other died (Cotarelo 281-82). The verses thus follow Mengs's death by four or five years. The handwriting is unknown to me; as for authorship, I feel confident only in saying that the poem's combination of hyperbole and awkwardness suggests that it is not the work of any of the better-known poets of the age. It presents an unidentified water deity mourning the death of Mengs:

Mis lágrimas escriban
en pedernales [sic] fuentes
tu historia, para eterno
padrón de los terrestres,
tu muerte los mortales
desde el alba celebren
hasta que el día en brazos
de opaca noche muere.
Y hasta la común madre [Nature]
tus exequias endeche,
que mejorar pudiste
con tus ricos pinceles.

The speaker quotes the laments of Father Tiber:

Murió mi Mengs divino;
murió el más excelente
pintor que de su esfera
vio el luminar celeste.
¡Oh saber malogrado!
¡oh vida floreciente!,
antes de tiempo dados
al filo de la muerte.
Divino arte, alto ingenio,
colores esplendentes,
donde llegar no pudo
de siglos mil la serie.
Esclarecido Antonio,

de estas edades fénix,
tu vida en tus eternos
matices se renueve.
. . .
¿Quién enseñará agora
cuál principio conviene
a aquella tan noble arte,
hechizo de las gentes?

Tiber goes on to link Mengs's name with that of Apelles and to praise his depiction of nature. Deprived of Mengs's person, he is reduced to contemplating Mengs's paintings; and he apostrophizes death:

¿A qué región llevaste
el pincel más valiente
que en círculos de siglos
gozó la humana especie?
¿Qué dirán de ti agora
las tres artes más fieles
al verse sin su lumbre,
sin su maestro al verse?
¿Qué dirá el Manzanares,
qué la corte luciente
que es madre de las ciencias
y un tiempo te dio albergue?
¿Quién su docta Academia
lustrará tan prudente,
ejemplos sin par dando
que imiten sus donceles?
. . .
Ya se acabó el hechizo
de príncipes y reyes,
ni tienen ya qué admiren
el peregrino y huésped.
Faltó a Naturaleza
quien sus primores vence;
en fin faltó el asombro
de todos los vivientes.

Ingenio sobrehulmano,
a ti solo se deben
honras que en cierto día
el claro sol renueve,

. . .

Que en fin cuando del orbe
trastornados los ejes,
den flores las esferas,
den astros los vergeles,

. . .

entonces estas honras,
gran Mengs, faltarte pueden,
y a tu sien la corona
de inmortales laureles.

As do better-known, and better, poets, this writer proclaims Mengs's art superior to Nature herself and sees in it and in the learned painter's teachings the basis for his eternal fame.

While we have here limited ourselves to the comments of Spanish writers, Mengs's fame and glory extended throughout Europe. In 1764 Winckelmann dedicated his *Geschichte der Kunst des Altertums* to Mengs, whom he calls the greatest artist of his time and perhaps of times to come (Pelzel 2). Frederick the Great commissioned work from Mengs (Pelzel 79ff.); Diderot praised his art (Pelzel 77); Catherine II commissioned two paintings (Azara XLIII) and on Mengs's death gave orders to buy all the pictures in his estate, whatever the price (Nikulin 11). A relief based on Mengs's *Parnassus* adorns the portico of the Academy of Arts in St. Petersburg (Nikulin 12). After his death, Mengs's works were published in several countries and several languages. Goethe, in 1788, finds them "infinitely interesting, ... in every sense an excellent book; there is no page that one does not read with clear profit" (*Italienische Reise*, March 1, 1788, in *Werke* 7: 498). Still, as the eighteenth century ended, Mengs's standing as painter and philosopher, at least outside Spain, was in sharp decline (Pelzel, esp. 231ff., 254). His bust was removed from the Pantheon in 1820 (Pelzel 168-69 and n378).

Some recent critics have in part rehabilitated Mengs's reputation. Pelzel considers Mengs "a painter of major talents" who was "one of the last major painters of the Renaissance-Baroque tradition" (260-62), a judgment similar to Woermann's (293); von Einem calls him "the most important representative of the new classicism" of the late eighteenth century (ed. Mengs, *Briefe* 9); Xavier de Salas sees him as a Neoclassical theorist and "a great painter" who developed a unique style and gave form in his work to "a dream of beauty" (in Águeda, Catalogue 7-9). This dream met with an enthusiastic response in the Spanish literary world, among major writers and among more humble ones, on official occasions when the name of Mengs was linked with that of his royal patron, and on the more private level of personal letters and individual collections. Those who had known the painter personally (Azara, Ceán, Ponz, Iriarte) were joined by numerous others who only knew his works (e.g., Jovellanos, Meléndez, Quintana) in paying tribute to his skill and his knowledge. Not surprisingly, some of his most vocal admirers were authors who, like Iriarte, Meléndez, and Quintana, shared his ideas of good taste and his admiration for Antiquity and who, to varying degrees, represent Spanish literary Neoclassicism; but even Jovellanos, who increasingly appreciated Gothic architecture and a new, more Romantic, aesthetic, remained steadfast in his admiration for Mengs. For a quarter of a century after his death, Spanish prose and verse, consistently taking up the notes first sounded by Azara, celebrated Mengs as the modern Apelles, excelling all other painters and Nature herself, teacher and philosopher of art. Mengs left his mark on Spain's painting, but also on her literature.

UNIVERSITY OF CALIFORNIA, EMERITUS

WORKS CITED

Actas de la Real Academia de las nobles artes, establecida en Zaragoza con el título de San Luis, y relación de los premios que distribuyó en 25 de agosto de 1801. Saragossa: Medardo Heras, [1801].

Actas de la Real Academia de matemáticas y nobles artes, establecida en Valladolid con el título de la Purísima Concepción, y relación de los premios que distribuyó en su junta pública de 7 de diciembre de 1803. Valladolid: Pablo Miñón, [1803].

Águeda Villar, Mercedes. "El ideal de belleza en Mengs-Bayeu-Goya." *Archivo Español de Arte* No. 217 (1982): 30-37.

———. "Mengs y la Academia de San Fernando." *II Simposio sobre el padre Feijoo y su siglo.* Oviedo: Cátedra Feijoo. 2 (1983): 445-76.

———. Text in catalogue of the 1980 exposition at the Museo del Prado. *Antonio Rafael Mengs 1728-1779.* Madrid: Ministerio de Cultura, Dirección del Patrimonio Artístico, Archivos, Museos, 1980.

Allgemeines Lexikon der bildenden Künstler von der Antike bis zur Gegenwart. Eds. Ulrich Thieme, Felix Becker, Hans Vollmer. 37 vols. Leipzig: Seemann, 1907-50.

Andioc, René, and Mireille Andioc, eds. *Diario (Mayo 1780-Marzo 1808).* By Leandro Fernández de Moratín. Madrid: Castalia, 1967.

El Apologista Universal: obra periódica que manifestará no solo la instrucción, exactitud y bellezas de las obras de los autores cuitados que se dejan zurrar de los semicríticos modernos, sino también el interés y utilidad de algunas costumbres y establecimientos de moda.

Arteaga, Esteban de. *La belleza ideal.* Ed. Miguel Batllori. Clásicos Castellanos. Madrid: Espasa-Calpe, 1955.

Azara, José Nicolás de. "Noticias de la vida y obras de don Antonio Rafael Mengs, Primer Pintor de Cámara del Rey." In Mengs, *Obras.*

Berichte der diplomatischen Vertreter des Wiener Hofes aus Spanien in der Regierungszeit Karls III. (1759-1788). Despachos de los representantes diplomáticos de la Corte de Viena acreditados en Madrid durante el reinado de Carlos III (1759-1788). Ed. Hans–Otto Kleinmann. 14 vols. Madrid: Deutsch-Spanisches Forschungsinstitut der Görres-Gesellschaft, 1970-88.

Bianconi, Gian Lodovico. *Elogio storico del cavaliere Anton Raffaele Mengs con un catalogo delle opere da esso fatte.* In *Opere.* 4 vols. Milan: Classici Italiani, 1802. 2: 141-239.

Campomanes, Pedro Rodríguez de. *Discurso sobre la educación popular de los artesanos y su fomento.* Madrid: Sancha, 1775.

Casanova de Seingalt, Jacques. *Histoire de ma vie suivie de textes inédits.* Ed. Francis Lacassin. 3 vols. Paris: Robert Laffont, 1993.

Ceán Bermúdez, Juan Agustín. *Diccionario histórico de los más ilustres profesores de las bellas artes in España.* 6 vols. Madrid: Viuda de Ibarra, 1800.

Corona Baratech, Carlos E. *José Nicolás de Azara: un embajador español en Roma.* Saragossa: Institución "Fernando el Católico," 1948.

Cotarelo y Mori, Emilio. *Iriarte y su época.* Madrid: Sucesores de Rivadeneyra, 1897.

Distribución de los premios concedidos por el Rey nuestro señor a los discípulos de las tres nobles artes, hecha por la Real Academia de San Fernando en la junta general de 3 de junio de 1763. Madrid: Gabriel Ramírez, [1763]. The same title, except for changes in date, the substitution of "pública" for "general," and the omission in some cases of "tres," heads publications for the years 1781, 1787, 1790, 1793, 1799, and 1802, printed in Madrid by Ibarra or his heirs.

Forner, Juan Pablo. *Pasatiempo de D. Juan Pablo Forner en respuesta a las objeciones que se han hecho a su Oración Apologética por la España.* Madrid: Imprenta Real, 1787.

Gassier, Pierre, and Juliet Wilson. *The Life and Complete Work of Francisco Goya with a catalogue raisonné of the paintings drawings and engravings.* New York: Morrow, 1971.

Goethe, Johann Wolfgang von. *Werke*. Ed. Rudolf Alexander Schröder. 8 vols. Bergen: Müller & Kiepeneuer, 1949-50.

Goya, Francisco. *Cartas a Martín Zapater*. Ed. Mercedes Águeda and Xavier de Salas. Madrid: Turner, 1982.

Grafinger, Christine Maria. "Anton Raphael Mengs—Ein Künstler jüdischer Abstammung und das Papyruskabinett der Bibliotheca Apostolica Vaticana." *Jewish Art* 16 (1990): 30-45.

Honisch, Dieter. *Anton Raphael Mengs und die Bildform des Frühklassizismus*. Münstersche Studien zur Kunstgeschichte 1. Recklinghausen: Aurel Bongers, 1965.

Iriarte, Tomás de. *Colección de obras en verso y prosa*. 8 vols. Madrid: Imprenta Real, 1805.

Jovellanos, Gaspar Melchor de. *Diarios*. Ed. Julio Somoza. 3 vols. Oviedo: Instituto de Estudios Asturianos, 1953-56.

———. *Obras completas*. Ed. José Miguel Caso González. Colección de Autores Españoles del Siglo XVIII 22. 6 vols. to date. Oviedo: Centro de Estudios del Siglo XVIII (Instituto Feijoo de Estudios del Siglo XVIII), Ilustre Ayuntamiento de Gijón, 1984-.

———. *Obras en prosa*. Ed. José Caso González. Madrid: Castalia, 1969.

———. *Obras publicadas e inéditas*. Vols. 1, 2. Ed. Cándido Nocedal. Biblioteca de Autores Españoles 46. Madrid: Rivadeneyra, 1858. 5 vols., 1858-1956.

Justi, K. "Raphael Mengs." *Preussische Jahrbücher* 28 (1871): 109-31.

Luna, Juan J. "Mengs en la corte de Madrid. Notas y documentos." *Anales del Instituto de Estudios Madrileños* 17 (1980): 321-38.

Meléndez Valdés, Juan. *Obras en verso*. Ed. Juan H. R. Polt and Jorge Demerson. Colección de Autores Españoles del Siglo XVIII 28. 2 vols. Oviedo: Cátedra Feijoo, Centro de Estudios del Siglo XVIII, 1981-83.

Mengs, Anton Raphael. *Briefe an Raimondo Ghelli und Anton Maron*. Ed. Herbert von Einem. Abhandlungen der Akademie der Wissenschaften in Göttingen, Philologisch-Historische Klasse, Series 3, No. 82. Göttingen: Vandenhoeck & Ruprecht, 1973.

Mengs, Antonio Rafael. *Obras*. Ed. José Nicolás de Azara. 2d ed. Madrid: Imprenta Real, 1797.

Navarro González, Alberto, ed. *Poesías*. By Tomás de Iriarte. Clásicos Castellanos. Madrid: Espasa-Calpe, 1953.

Nikulin, Nikolai. Introduction. Trans. Vladimir Vezey. *Anton Raphael Mengs*. Leningrad: Aurora, 1984.

Pelzel, Thomas. *Anton Raphael Mengs and Neoclassicism*. New York, London: Garland, 1979.

Poetas líricos del siglo XVIII. Ed. Leopoldo Augusto de Cueto. 3 vols. Biblioteca de Autores Españoles 61, 63, 67. Madrid: Rivadeneyra, 1869-75.

Ponz, Antonio. *Viaje de España, seguido de los dos tomos del* Viaje fuera de España.

Ed. Casto María del Rivero. Madrid: Aguilar, 1947.

Quintana, Manuel José. *Poesías completas.* Ed. Albert Dérozier. Madrid: Castalia, 1969.

[Sánchez Cantón, Francisco Javier]. *Antonio Rafael Mengs. 1728-1779. Noticia de su vida y de sus obras con el catálogo de la exposición celebrada en mayo de 1929.* Madrid: [Marinas,] 1929.

Úbeda de los Cobos, Andrés. "Propuestas de reforma y planes de estudio: la influencia de Mengs en la Real Academia de Bellas Artes de San Fernando." *Archivo Español de Arte* No. 240 (1987): 447-61.

Umlauft, Franz Josef. *Geschichte der deutschen Stadt Aussig: eine zusammenfassende Darstellung von der Stadtgründung bis zur Vertreibung der Deutschen.* Bayreuth: Hilfsverein Aussig, 1960.

Urrutia, Jorge. "Una práctica de transposición semiótica: «Copia poéticas del quadro de la Anunciacion.»" *Estudios sobre literatura y arte dedicados al profesor Emilio Orozco Díaz.* 3 vols. Granada: Universidad de Granada, 1979. 3: 501-13.

Voss, Hermann. *Die Malerei des Barock in Rom.* Berlin: Propyläen-Verlag, [1924].

Woermann, Karl. "Ismael und Anton Raphael Mengs." *Zeitschrift für bildende Kunst,* 5 (1894): 7-14, 82-91, 168-76, 208-15, 285-93.

Tabula Gratulatoria

Jordi Aladro-Font
Rafael Alberti
Manuel Alvar
Elena Alvar
Nicolás E. Álvarez
José Anadon
Arthur L. Askins
Ben Belitt
Guiseppe Bellini
Edna Benítez
Peter A. Bly
Woodrow Borah
Rafael Bosch
Ángeles Bosch
Enrique Rodríguez Cepeda
Arnold Chapman
Jaime Cisneros
Alicia Colombi de Monguió
Jorge Cornejo Polar
Antonio Cornejo-Polar
David Dabaco
Washington Delgado
Brian J. Dendle
John C. Dowling
Manuel Durán
Jamie Ferrán
Eugenio Florit
Merlin Forster
Margit Frenk
Rodolfo Galán

Marisa García Verdugo
Mary M. Gaylord
Juan Gilabert
Cedomil Goiç
Peter B. Goldman
Roberto Gómez
James Higgins
John Keller
Richard Kinkade
Robert Kirsner
Jacques LaFaye
Tom Lathrop
Lily Litvak
Juan M. Lope Blanch
Esther Murillo-Williams
Dana Nelson
Estuardo Nuñez
Paciencia Ontañón de Lope Blanch
Julio Ortega
John H. R. Polt
Beverley Polt
Jorge Puccinelli
Ricardo Ramos-Tremolada
Daniel Reedy
Georgina Rivers
Elias L. Rivers
Rafael Saavedra
Ernesto Sábato
Donald Shaw
Mark Soto Smith
Eliana Suárez Rivero
Robert ter Horst
Mario Vargas Llosa
Elsa Villanueva
Almut Wolf